LES GRANDES PLAIDOIRIES DES TÉNORS DU BARREAU

Quand les mots peuvent tout changer

Matthieu Aron

LES GRANDES PLAIDOIRIES DES TÉNORS DU BARREAU

Quand les mots peuvent tout changer

Nouvelle édition augmentée

Mareuil
Éditions

ISBN 9782372540445

Pour vous tenir informé des prochaines publications de Mareuil Éditions, rendez-vous sur : www.mareuil-editions.com

Ce livre est la réunion de deux ouvrages parus respectivement en 2010 et 2013 aux Éditions Jacob-Duvernet. Nous en publions ici une version actualisée et augmentée en 2020.

Sommaire

III. La justice mise en accusation

IV. Au cœur de la société

V. La politique à la barre

VI. Combat pour la liberté et l'égalité

VII. La plaidoirie de Robert Badinter

Introduction

Le procès est un huis clos unique. Les débats judiciaires, à de très rares exceptions près, ne sont pas enregistrés. Les caméras et les micros sont donc interdits dans les salles d'audience. Les paroles s'effacent, s'évaporent, disparaissent à tout jamais.

Pour vous donner à lire ces 51 plaidoiries réunies pour la première fois dans un même ouvrage, il m'a fallu partir à la recherche de mots envolés. J'ai donc privilégié le plus souvent des procès auxquels j'avais assisté en tant que chroniqueur judiciaire durant une vingtaine d'années.

Pour certaines plaidoiries captées ou sténographiées lors de grandes audiences historiques, ce fut chose aisée. Pour d'autres, beaucoup moins. Quelques avocats écrivent encore quasiment intégralement leurs plaidoiries. Ils ont accepté de me les confier, je les en remercie. D'autres rédigent au moins une trame. En me reportant à mes propres notes d'audience et en les comparant à celles de mes confrères, je me suis livré à un travail de reconstitution, en essayant toujours de ne trahir ni le style, ni l'esprit des textes, pour m'approcher au plus près de la réalité. Les puristes y trouveront peut-être à redire. Tant pis.

Restait une inconnue, la plaidoirie orale prononcée souvent dans l'exaltation d'une audience, allait-elle résister à la froideur de l'écrit ? Il me semble que oui. À la lecture, les textes conservent une vraie force. Ils traduisent toute l'intensité du procès. C'était à mes yeux essentiel. Je souhaitais vous faire partager l'émotion unique et absolue qui transpire d'une salle d'audience. Les prétoires sont des lieux de tragédie et les avocats, comme les magistrats, en sont les acteurs. Acteurs au vrai sens du terme.

Qu'on y songe un instant, il faut une bonne dose d'inconscience ou d'orgueil pour penser que l'on peut faire basculer une vie avec une « simple » plaidoirie. Et pourtant, ils n'en doutent pas, fiers d'appartenir à une profession ou le verbe est encore roi. À l'heure de l'image et du tout numérique, les avocats croient toujours à la puissance des mots. Pour infléchir un juge ou amadouer un jury, diminuer une peine ou au contraire faire lourdement condamner un coupable, pour restaurer une dignité bafouée ou panser les blessures de ceux que la vie a malmenés. Leurs mots sont des glaives ou du baume sur les plaies. Plaider, disent-ils, c'est «*partir au combat*». Avec comme seule arme, la parole. Ils s'avancent alors dans le prétoire la peur au ventre. Mais aussi les forces décuplées par l'envie de convaincre. Il faut les avoir observés lorsqu'ils rejoignent leurs bancs après avoir livré bataille. Ils sont exsangues, recouverts de sueur, épuisés, comme s'ils revenaient de la guerre. Ce n'est donc pas un hasard si l'avocat est devenu une figure classique du cinéma ou des feuilletons télévisuels. Un «héros» moderne qui posséderait, ou qui possède, un pouvoir extraordinaire : agir sur le destin des hommes par la seule force du verbe. Est-ce pour cette raison que fort loin d'être «démodés», ils sont plus nécessaires que jamais ? Dans notre société ou le lien social se délite, ou le pouvoir politique semble ne plus rien maîtriser, l'avocat – et son corollaire, le juge – incarne un recours, un moyen accessible et efficace de peser sur la complexité du monde. Rien d'étonnant donc si notre monde se judiciarise chaque jour un peu plus, et si le droit est devenu omniprésent. La médecine, la santé, l'enseignement, la culture, Internet, la sexualité, la vie des familles, les entreprises, les associations… il n'est plus un domaine qui ne soit pas envahi par le procès, et l'Histoire s'écrit parfois dans les prétoires.

Nombre de lois sont nées lors de grands procès. À Bobigny, Gisèle Halimi met en accusation une France rétrograde, et instruit le procès d'une loi obsolète qui empêche les femmes de disposer librement de leur corps. En 1976, Paul Lombard, en défendant Christian Ranucci, se bat contre sa vieille ennemie : la peine de mort. D'autres grandes affaires ont fait évoluer la société. Le procès de Véronique Courjault a permis de lever le tabou du déni de grossesse. À Bordeaux, le procès de Maurice Papon a revisité un demi-siècle d'histoire de France. À travers Jérôme Kerviel, le «*trader qui valait 5 milliards*», c'est aussi un système financier devenu fou qui est convoqué à la barre.

Plaider c'est aussi bien souvent être amené à devoir défendre l'indéfendable, l'inacceptable, l'insupportable. Comme lorsqu'Éric Dupond-Moretti défend un mari violent et saoul qui a tué sa femme. Dans les procès criminels, l'avocat dissèque les passions : haines, hontes, non-dits, humiliations, pulsions, perversions, rêves inassouvis... Il ressemble alors à une sorte de grand prêtre plongeant au cœur de l'humain, dans un rite qui semble à tout jamais immuable.

Comme il y a 2 000 ans, les accusateurs accusent, les défenseurs défendent, et la procédure demeure exclusivement orale. L'extrême simplicité de son cérémonial fait du procès l'un des derniers lieux où l'humanité peut devenir lisible. Les avocats s'en font chaque jour les interprètes, et leurs plaidoiries sont autant de modes d'emploi pour ceux qui veulent comprendre les multiples facettes de l'âme. Même les criminels ont à nous apprendre sur nous-mêmes. Les avocats le savent depuis longtemps. Quand je leur demandais quel était, en définitive, le sens profond, pour eux, de l'art de plaider, ils m'ont souvent fait une réponse identique : «*Ramener l'accusé dans la communauté des hommes, même si c'est le pire des salauds.*» En ce sens, les plaidoiries sont toujours un pari sur l'humanité. Un pari qui repose sur une foi inébranlable : les avocats osent croire que les mots peuvent encore tout changer.

I. AU NOM DE L'HISTOIRE

1. Le procès du maréchal Pétain

Au moment où il comparaît devant ses juges, le maréchal est déjà un vieillard. Philippe Pétain est âgé de 89 ans. Pour lui éviter des allées et venues, pendant la durée des débats, un appartement a été sommairement aménagé dans le cabinet du greffier. Ce 23 juillet 1945, premier jour du procès, bien avant l'heure de l'audience, on se bouscule devant le poste de contrôle. Les gradins de bois, construits pour l'occasion, sont pris d'assaut. Le public a bien conscience de vivre un instant historique : la comparution d'un maréchal de France devant la Haute Cour de justice pour trahison et intelligence avec l'ennemi. Dès midi, la salle se remplit et la chaleur est vite étouffante. L'accusé arrive à 13 h 30. Vêtu de kaki, il porte comme unique décoration la médaille militaire. Selon les comptes rendus de l'époque, il s'assoit, pose son képi et ses gants sur la petite table disposée devant lui et attend. Il semble complètement étranger à ce qui se passe. Il est absent. Le président Mongibeaux, le visage un peu empâté, orné d'une barbiche, prend la parole : « *L'accusé qui comparaît aujourd'hui a suscité pendant de longues années les sentiments les plus divers, depuis un enthousiasme et une sorte d'amour, jusqu'à la haine et l'hostilité violente. À la porte de cette audience, où les passions doivent s'éteindre, je tiens à dire que nous ne connaissons qu'une seule passion, sous un triple aspect : la passion de la vérité, la passion de la justice et la passion de notre pays.* » Après avoir ajouté que l'Histoire jugerait les juges eux-mêmes, il déclare les débats ouverts. La Haute Cour de justice chargée de juger Philippe Pétain est composée de vingt-quatre jurés : douze parlementaires tirés au sort dans l'Assemblée, douze membres d'organisations de la Résistance et trois magistrats professionnels. Philippe Pétain, après avoir entendu la lecture de l'acte d'accusation, demande la parole pour lire une déclaration : « *La Haute Cour, telle qu'elle est constituée, ne représente pas le peuple français et c'est à lui seul que s'adresse le maréchal de France, chef de l'État. Je ne répondrai à aucune question... J'ai passé ma vie au service de la France... L'occupation m'obligeait à ménager l'ennemi, mais je ne le ménageais que pour vous ménager vous-mêmes... Pendant que le général de Gaulle, hors de nos frontières, poursuivait sa lutte, j'ai préparé les voies à la Libération, en conservant une France douloureuse mais vivante. À quoi, en effet, eût-il servi de libérer des ruines et des cimetières ? Si vous deviez me condamner, vous condamneriez un innocent et c'est un innocent qui en porterait le poids, car un maréchal de France ne demande de grâce à personne.* » Philippe Pétain ne prononce pas un mot de plus durant le procès. Pendant que ses trois avocats, Maîtres Lemaire, Payen et Isorni, ferraillent eux sans relâche, interrogeant longuement les témoins qui se succèdent au cours de ces trois semaines d'audience, qu'ils soient à charge – comme Édouard Daladier, Paul Reynaud, Léon Blum – ou à décharge – comme le général Weygand ou le pasteur Boegner. Le 11 août 1945, dans un silence de plomb, le procureur général Mornet requiert : « *On a failli faire perdre à la France sa raison de vivre en lui enlevant son honneur. Cela, c'est le crime inexpiable auquel il n'est ni atténuation, ni excuse... C'est la peine de mort que je demande à la Haute Cour de justice de prononcer contre celui qui fut le maréchal Pétain.* » Le 14 août, Jacques Isorni lui réplique. Âgé de 34 ans, l'avocat au visage juvénile, balayé par une large mèche de cheveux noirs, est tétanisé par l'enjeu. « *Affalé sur une chaise de velours,* a-t-il écrit plus tard, *je devais être d'une pâleur touchant au vert. Pour me soutenir, la maréchale ne m'offrait complaisamment que de l'eau de Vittel dans le verre du maréchal...* »

Isorni se lève, pétrifié, un brouillard devant les yeux. Peu à peu, sa voix de cuivre porte. Vingt ans après, l'écrivain Jules Roy, ancien aviateur, qui servit Pétain avant de rejoindre la RAF, fit revivre cet instant unique : « *Qui pouvait résister au romantisme d'Isorni ? Un dieu le possédait. Il tendait des bras implorants. La foi qui le brûlait gagnait comme un incendie que le vent attise. Tassé par l'émotion, l'accusé disparaissait au fond de son fauteuil. On n'en respirait plus. Des larmes commençaient à couler sur les joues. Aujourd'hui encore, il arrive que des hommes qui, pourtant, n'ont pas assisté à cette plaidoirie, en citent des passages par cœur, tant ils furent bouleversés par les extraits qu'en publièrent les journaux d'alors.* »

Plaidoirie prononcée par Jacques Isorni le 14 août 1945 devant la Haute Cour de justice

Au seuil de mes explications, je voudrais vous livrer, non pas une conception mais l'idée qui sans doute a présidé à la politique du maréchal pendant quatre années.

La politique du maréchal était la suivante : sauvegarder, défendre, acquérir des avantages matériels, mais souvent au prix de concessions morales. La Résistance a eu une conception contraire : elle ne cherchait point à éviter les sacrifices immédiats. Dans la continuation du combat, elle voyait, d'abord, des avantages moraux. Peut-être trouverez-vous, dans l'antinomie de ces deux thèses, une raison du drame français auquel je reviendrai tout à l'heure.

Mais la vie des États n'est pas la vie des individus. S'il est grave qu'un individu acquière des avantages matériels ou défende ces avantages matériels au prix de concessions morales, dans la vie de l'État, il en va autrement. Les concessions morales qui étaient susceptibles de porter atteinte à l'honneur du chef, c'était le chef seul qui les supportait. Mais les avantages matériels, ils étaient pour qui ? Ils étaient pour le peuple français.

On nous a dit : « *Peut-être aurait-il mieux valu que ce ne fut pas un maréchal de France.* » Messieurs, il fallait justement que ce fût un maréchal de France qui pouvait seul supporter de telles concessions, les offrir en sacrifice, alors que les avantages étaient pour les Français, qu'eux seuls en bénéficiaient.

Et puis, Messieurs, la deuxième notion, je voudrais l'emprunter à un dialogue qui s'était institué à cette barre entre M. le Procureur général et M. Léon Blum. M. Léon Blum, invoquant le serment, pensait que la magistrature aurait dû le refuser. Et M. le Procureur général s'écriait : « *Mais que serait-il arrivé si les magistrats français avaient refusé de prêter serment ?* »

Et c'est encore M. le Procureur général qui apportait lui-même la réponse dans son réquisitoire, lorsqu'il disait : « *Mais la magistrature, à laquelle je rends hommage, a sauvé des quantités de vies françaises.* » C'est exact.

Messieurs, le procureur général est orfèvre… Si vous aviez interrogé un préfet de police, il vous aurait dit : « *Il y a eu des erreurs ; il y a eu, de la part de certains, des crimes ; mais la police dans son ensemble a sauvé elle aussi des quantités de vies françaises.* »

Si vous vous adressiez à tous les chefs d'administrations, à tous ceux qui sont à la tête de corps constitués, ils vous diraient la même chose : « *Nous avons sauvé ce que nous avons pu sauver dans le domaine qui était le nôtre.* »

Sous quelle forme le maréchal Pétain est-il accusé d'avoir aidé l'Allemagne ? Je retiendrai les deux principaux griefs : la Légion des volontaires français et le Service du travail obligatoire.

En ce qui concerne le Service du travail obligatoire, je veux dire que, loin d'apporter une aide à l'Allemagne, c'est là que l'action du Gouvernement français a été la plus efficace et la plus protectrice.

Veut-on prétendre que sans le Gouvernement du maréchal Pétain, il n'y aurait jamais eu de travailleurs français en Allemagne ?

Lorsque les Allemands ont exigé que des travailleurs français partent pour l'Allemagne, il y avait deux solutions. La première consistait à refuser d'une manière brutale, et les Allemands « *se servaient* » comme ils voulaient. La deuxième c'était d'entrer, en apparence, dans le jeu des Allemands et de chercher, par tous les moyens, à freiner leurs efforts, et puis, étant entré dans ce jeu, de conserver la possibilité de nous occuper des travailleurs, partis au-delà de nos frontières. Entre les deux solutions, le Gouvernement du maréchal a choisi. Je voudrais vous apporter ici des chiffres, des chiffres plus éloquents que n'importe quel argument.

Quelles ont été les exigences allemandes ? Il y a eu, entre le 5 juin 1942 et le 1er août 1944, cinq demandes. On a demandé cinq tranches de travailleurs :

– Première tranche : 400 000 hommes.
– Deuxième tranche : 400 000 hommes.
– Troisième tranche : 220 000 hommes.
– Quatrième tranche : 500 000 hommes.

– Cinquième tranche : 540 000 hommes.

C'est-à-dire au total, 2 060 000 hommes, et sans aucune contrepartie. Telles étaient les exigences du *gauleiter* Sauckel.

Or, entre le 5 juin 1942 et le 1er août 1944, il n'est parti pour l'Allemagne que 641 000 – il n'est parti que… vous me comprenez – que 641 000 hommes, c'est-à-dire un peu plus du quart des demandes allemandes et, en contrepartie, le Gouvernement a obtenu, par la Relève – je ne discute pas le mot – mais pendant cette même période où 641 000 travailleurs sont partis, la France a obtenu le retour de 110 000 prisonniers et la transformation en travailleurs libres de 250 000 prisonniers de guerre.

Or, il est un fait important qui ne s'est produit dans aucun autre pays que la France : pas une femme – et sur l'intervention personnelle du maréchal – pas une femme n'a quitté le territoire français pour le travail obligatoire.

D'autre part, par le Service du travail, le Gouvernement obtenait que de telles charges ne pèsent pas exclusivement sur la classe ouvrière. Un certain nombre de jeunes bourgeois sont allés partager avec les ouvriers la dureté du travail des usines, peut-être d'une manière insuffisante. Mais croyez-vous que si les Allemands avaient pris eux-mêmes les ouvriers dont ils avaient besoin, ils se seraient adressés à des hommes qui, par leur formation, étaient incapables de rendre les services qu'ils attendaient d'eux ?

Si bien que par la manière dont le Gouvernement a freiné les départs en Allemagne, un quart seulement des exigences allemandes a été satisfait ; alors qu'en Belgique, 80 % de la classe ouvrière est partie, la proportion en France est de 16 %.

N'est-ce point un résultat que vous devez conserver gravé dans votre esprit au moment de votre délibéré ? Est-ce que vous ne devez pas penser que par l'action du maréchal, alors qu'on réclamait 2 millions de Français, 600 000 seulement sont partis ? Est-ce que vous ne devez pas penser qu'alors qu'on demandait des femmes, toutes les femmes de France qui l'ont voulu sont restées à leurs foyers ?

Il y a, dans la France occupée, un phénomène unique : c'est le seul pays qui n'ait pas connu, en 1944, plus de nationaux en Allemagne qu'il y en avait en 1940. Par le retour des prisonniers – 700 000 – il s'est établi une compensation dont aucun autre pays occupé n'a bénéficié. Il y avait 2 millions de Français, en 1940, en Allemagne. En 1944, il y avait toujours 2 millions de Français.

On a beaucoup reproché au maréchal de leur avoir indiqué, dans un discours, qu'ils travaillaient pour la France. M. le Procureur général y voyait une cruelle ironie. N'y voyons pas d'ironie!... Ces hommes, Messieurs, étaient des exilés. Ils étaient loin de tout, séparés de leurs familles, séparés de la France. Est-ce que vous ne croyez pas que celui qui représentait pour eux la Patrie, que celui-là devait leur adresser un appel: «*Mais nous pensons à vous, vous n'êtes pas abandonnés*»? Devait-il leur dire pour les accabler davantage dans leur solitude et dans leurs durs travaux: «*Vous travaillez pour l'ennemi*»?

Il leur disait: «*Vous travaillez pour la France.*» Ce n'était qu'un encouragement moral.

Et puis, ces hommes, en partant, en acceptant cet exil, avaient permis aux autres de rester; ils avaient aidé les femmes françaises à rester et, dans cette mesure, offrant à la France leur dur sacrifice, c'est bien pour notre Patrie qu'ils avaient travaillé.

Après les «humiliations», voulez-vous que nous parlions des «persécutions»? Je parlerai d'abord des lois raciales.

Quelle était la politique allemande dans les pays occupés? Éliminer les juifs de toute espèce d'activité, quelle qu'elle fût.

Allait-il y avoir, en France, une politique différente? Vous savez quelle en était la cruauté. Ai-je besoin de le rappeler?

Quelle devait être la politique du maréchal vis-à-vis des juifs? Ce qu'il avait fait pour d'autres: essayer de dresser une espèce d'écran entre les exigences du vainqueur provisoire, et ceux que ces exigences devaient atteindre.

Est-ce que cela veut dire que les antisémites qui existaient dans tous les pays n'ont pas profité des circonstances pour esquisser une danse sauvage du scalp autour de ceux qui allaient souffrir? Je le sais. Mais le maréchal en était-il responsable?

En matière de lois raciales, puisque vous êtes chargés de juger le maréchal Pétain, seul, il n'y a qu'une seule chose qui compte: ce que fut son action personnelle. Il a promulgué une loi qui a interdit à un certain nombre de juifs des activités qu'ils exerçaient normalement. Il a promulgué une loi qui a défini le juif, c'est incontestable. Mais c'est lui qui, en Conseil des ministres, a imposé la disposition légale qui prévoyait les exceptions en faveur des Anciens combattants et de leurs familles.

C'est lui qui a empêché le port de l'étoile jaune en zone libre.

C'est lui, et c'est lui seul, qui a empêché que la loi dont a parlé M. Roussel, et qui allait dénaturaliser tous les juifs ayant acquis la nationalité française depuis 1927 fût promulguée.

C'est lui, pour vous montrer son état d'esprit, qui traitait Darquier de Pellepoix de tortionnaire.

Et, comme je n'ai qu'un souci, celui d'être véridique, c'est lui aussi qui avouait devant le pasteur Boegner, son impuissance désolée devant des atrocités dont il n'était pas responsable...

Mais la grande iniquité, c'est de vouloir rendre le maréchal Pétain responsable de toutes ces atrocités qui ont été commises par les Allemands. La grande iniquité, c'est de confondre les mesures prises par les Allemands avec les mesures prises par le maréchal Pétain.

Je m'adresse, au-dessus de vous, à tous les juifs qui ont souffert qui accablent aujourd'hui le maréchal. Je leur demande : Ce serait à refaire ? Voudriez-vous qu'il n'y ait pas une zone libre où vous aviez trouvé un abri provisoirc, alors pourtant que le statut du maréchal Pétain y était appliqué ?

Renonceriez-vous à cette zone libre sans le maréchal Pétain ? Voudriez-vous que dans cette autre partie de France vous eussiez été obligés également de porter l'étoile jaune ?

Je ne le crois pas.

On m'objecte : par la politique du Maréchal, on a livré indirectement aux Allemands les juifs en donnant leurs noms, leur identité, leurs adresses.

Non, non, ce n'est pas vrai ! Dans tous les pays occupés – c'est même la loi internationale de l'occupation – il continue d'exister une police chargée de l'ordre intérieur de la Nation.

Rappelez-vous l'époque. C'était l'époque où on ne pouvait pas manger sans carte d'alimentation, où nous étions tous, quel que soit notre rang, soumis à un recensement, où l'autorité devait connaître notre identité. Les Allemands pouvaient, par un simple placard sur des murs, exiger que les juifs se fassent connaître. Ceux qui ont couru tous les risques en se soustrayant au recensement, les auraient courus de la même façon. Mais, quoi qu'il arrivât, ce recensement des juifs se serait fait par l'entremise des Allemands, comme il s'est fait par l'entremise de la police française.

Le maréchal Pétain n'a livré personne. Devant la dure loi de l'ennemi, il n'a cherché qu'un palliatif.

Il aurait peut-être mieux valu, mais pour lui seul, laisser agir les Allemands. Là encore, on a fait des concessions morales pour tâcher de sauvegarder, dans la mesure du possible, des avantages matériels dont bénéficiaient les juifs.

Je me rappelle que, lorsque la loi française venait frapper un juif, nous nous servions tous ensemble de cette loi pour le soustraire aux Allemands. Vous connaissez bien, Messieurs, les magistrats, certains de vos collègues qui, avec nous, avec l'aide des parquets, ont fait ce métier sauveur. Mais si nous n'avions pas disposé de la loi française invoquée devant les Allemands, ceux-ci eussent été livrés à eux-mêmes, et les juifs entièrement livrés aux Allemands.

Je sais, Messieurs, que les comparaisons avec des pays que nous ne connaissons pas ont quelque chose, parfois, de fallacieux et d'arbitraire, mais je ne puis m'empêcher de donner ces chiffres, recueillis dans la presse :

Sur 5 500 000 juifs qui résidaient en Pologne en 1939, 3 400 000 ont été massacrés par les nazis. À Varsovie, 5 000 seulement, sur les 400 000 ont survécu. Quelles que soient les souffrances des juifs français – je ne parle pas des souffrances individuelles mais des souffrances collectives – est-ce que la proportion de leurs malheurs est aussi grande que pour les juifs de Pologne ? Je ne le pense pas. C'est la seule l'action du gouvernement du maréchal qui les a, peut-être faiblement, mais protégés quand même.

Et j'en arrive à ce qui préoccupe peut-être le plus certains d'entre vous : le maréchal et la Résistance, le maréchal et le maquis. Messieurs de la Résistance, je me tourne plus particulièrement vers vous. N'attendez pas de moi – ce serait indigne de nous – n'attendez pas de moi que je fasse une distinction entre le bon et le mauvais maquis. Je laisse cela à d'autres. Je pense que, s'il y a des critiques à adresser au maquis, il n'y a pour avoir le droit de le faire que ceux qui y ont participé. Je pense, pour ma part, qu'un des merveilleux phénomènes du maquis de la Résistance, c'est d'avoir fait, de Français adversaires, des Français fraternels, parce qu'ils ont souffert les mêmes souffrances, que les mêmes espoirs les ont animés et qu'une même victoire a couronné leurs sacrifices. Je pense que la Résistance, c'est le signe de la vitalité d'un peuple : je pense que la Résistance, c'est sa volonté de survivre. Pourquoi voudriez-vous que celui qui fut un des plus glorieux soldats français ait été hostile à cette Résistance ?

Paul Valéry disait à l'Académie, s'adressant au maréchal Pétain : « *Monsieur, vous avez, à Verdun, assumé, ordonné, incarné cette Résistance immortelle !* »... Ah ! Je sais bien quel est le cri de vos consciences : vous vous rappelez la police qui vous a traqués, vous vous rappelez la milice qui vous a combattus, et si vous, qui êtes des juges, vous ne criez pas vengeance, je sais des vôtres qui ont atrocement souffert et qui, eux, crient vengeance.

Mais je voudrais essayer de vous faire comprendre quelle a été l'attitude du maréchal vis-à-vis de vous, quelle a été son attitude vraie, non pas tant du chef de l'État, que celle de l'homme.

Le maréchal a vécu toute sa vie dans l'armée. Je crois très sincèrement que ses pensées intimes allaient à l'armée secrète. Je crois très sincèrement qu'il n'était peut-être pas, par ses dispositions intellectuelles, accessible à ce mouvement qui a été un jaillissement populaire venu des profondeurs de la Nation. Il pensait aux armements clandestins, il pensait à l'armée d'Afrique. Il n'avait peut-être pas l'état d'esprit nécessaire à vous comprendre dans votre action. Il y a surtout une considération de fait : à partir du moment où la Résistance est devenue active, où elle est entrée au combat avec plus de force, passant du réseau de préparation à l'activité combattante, alors, déjà, vous le savez, le maréchal ne gouvernait plus : il avait délégué ses pouvoirs au chef du gouvernement et il vivait dans une espèce de zone de silence dont le caractère tragique ne nous échappe pas lorsqu'on pense que cette zone de silence entourait celui qui avait, en nom, la responsabilité suprême... Je sais que des membres de son cabinet étaient en contact avec vos organisations mais c'est, néanmoins, déformé que venait jusqu'à lui l'écho de votre action.

Je plaide avec une loyauté totale, je plaide sincèrement ; ne doutez pas de ce que je dis. Au fort de Montrouge, j'ai souvent parlé au maréchal de la Résistance. Il la connaissait, certes, mais si vous saviez comme il a été trompé sur la réalité de votre action !... Il est incontestable que des hommes sont venus jusqu'à lui, qui eux, avaient des arrière-pensées politiques et qui mettaient sur le compte du maquis ce qui n'était que des actes exceptionnels commis par d'autres ou qui profitaient de la désorganisation de la Patrie. C'est vrai. Mais, dans son cœur, celui qui avait été, depuis Verdun, comme le disait Valéry, l'incarnation de la Résistance éternelle, pouvait-il être contre vous ?

Enfin, Messieurs, il faut que vous connaissiez un document : c'est la lettre du maréchal Pétain à Pierre Laval relative à la milice. Cette lettre, elle est tardive, je le sais, je ne vous cache rien. Mais elle fait suite à de nombreuses protestations. Laissez-moi, Messieurs, vous en lire les principaux extraits :

« *Des faits inadmissibles et odieux me sont quotidiennement rapportés et je vous en citerai quelques exemples... Des preuves de collusion entre la milice et la police allemande nous sont chaque jour apportées. Des dénonciations, des livraisons de prisonniers français aux autorités de police allemandes m'ont été maintes fois signalées et par les plus hautes autorités départementales. J'en ai eu un exemple dans mon entourage. J'insiste sur le déplorable effet produit sur des populations qui peuvent, dans certains cas, comprendre les arrestations opérées par les Allemands, mais qui ne trouveront jamais aucune excuse au fait que des Français livrent à la Gestapo leurs propres compatriotes et travaillent en commun avec elle.* » Voilà la prophétique protestation qu'adressait solennellement le maréchal Pétain à Pierre Laval. Voilà quels étaient les sentiments intimes du maréchal Pétain.

J'ai encore dans l'oreille un cri jailli de ce côté-ci de la Haute Cour. Un des juges s'est écrié : « *Et nos morts !* »

Ces morts, croyez-moi, nous les pleurons ensemble.

Mais d'autres Français sont morts, eux aussi, sous les balles allemandes et qui, au moment de mourir ont crié : « *Vive le maréchal !* »

J'ai une lettre touchante, écrite à son père par un jeune homme, presque un enfant, la veille de sa mort, la veille du supplice qu'allaient lui infliger les Allemands.

« *Je sais le coup terrible que cela va te porter et je t'en demande bien pardon. Et si cela peut être une consolation pour toi, je vais faire en sorte que tu sois fier de moi. J'entends mourir courageusement, fièrement, en vrai Français, et faire honneur à mon pays. C'est la dernière et seule chose que j'aurai pu faire pour toi. Il faut que tu saches et répètes que ma dernière parole sera: "Vive le maréchal! Vive la France!"»*

Ah! Si des hommes sont morts sous les balles allemandes en criant: «*Vive le maréchal!*», ne pensez-vous pas qu'ils ont mené le même combat que vous? Si des hommes ont été déportés, ont souffert en criant: «*Vive le maréchal!*» ne pensez-vous pas qu'ils ont mené le même combat que vous? Vous vous êtes ignorés souvent, heurtés parfois. Mais le sentiment profond qui faisait battre vos cœurs, qui vous faisait répandre votre sang, ne pensez-vous pas que c'était le même? Cependant, alors que vous animait ce sentiment commun, alors que vous vous sacrifiiez à un même idéal, nous sommes aujourd'hui en présence de ce qu'on peut appeler le drame français.

Ce drame, pourquoi existe-t-il? Et c'est à vous de le dénouer.

Je vous ai livré la pensée du maréchal. Je vous ai livré son action. Je vous ai rappelé ces hommes qui sont morts comme les vôtres mais qui, eux, criaient: «*Vive le maréchal!*» Je crois profondément, j'ai la conviction que vous avez tous mené le même combat. Maintenant, vous êtes parvenus à l'heure peut-être la plus solennelle de la justice française. Vous avez fait parler les morts. Vous avez appelé à votre barre le témoignage de ceux qui ont été persécutés. Vous avez ranimé le souvenir des captifs, qu'à mon tour j'appelle à votre barre les vivants, ceux qui ont été libérés, ceux qui ont été protégés. Vous avez entendu la voix des hommes qui sont partis; laissez-moi entendre celle des femmes qui sont restées. Qu'ils viennent tous aujourd'hui, qu'ils forment cortège au maréchal et qu'à leur tour ils protègent celui qui les avait protégés. Mais si, malgré tout ce que je viens de dire, si malgré le sentiment de la vérité qui est en moi, vous deviez suivre le procureur général dans ses réquisitions impitoyables, si c'est la mort que vous prononcez contre le maréchal Pétain, eh bien! nous l'y conduirons. Mais je vous le dis, où que vous vous trouviez, à cet instant, que vous soyez à l'autre bout du monde, vous serez tous présents. Vous serez présents, Messieurs les magistrats, vêtus de vos robes rouges, de vos hermines et de vos serments. Vous serez présents, Messieurs les parlementaires, au moment où la délégation que le peuple vous a donnée de sa souveraineté s'achèvera. Vous serez présents, Messieurs les délégués de la Résistance, au moment où ce peuple n'aura pas encore consacré vos titres à être ses juges. Vous serez tous présents ! Et vous verrez, au fond de vos âmes bouleversées comment meurt ce maréchal de France que vous aurez condamné. Et le grand visage blême ne vous quittera plus… Et je ne l'évoque, ce tragique, cet inhumain spectacle du plus illustre des vieillards lié à la colonne du martyre, je ne l'évoque que pour vous faire peser tout le poids de votre sentence.

Non, non, il ne faut pas espérer de la clémence d'un autre. Si la clémence est dans la justice, elle doit être d'abord dans vos consciences.

Songez seulement à la figure que donnerait à la France à travers le monde une telle horreur et songez que le peuple atterré se frapperait la poitrine.

Mais, je le sais, de telles paroles sont vaines, superflues. Les cris de la haine, le débordement des passions, les outrages sans mesure ont expiré au seuil de votre prétoire et elle est, enfin, venue l'heure de la souveraine justice.

Nous l'attendons, sûrs de tous les sacrifices consentis. Nous l'attendons avec la sérénité des justes. Nous l'attendons comme le signe de la réparation. Nous l'attendons aussi avec tous les souvenirs de notre longue Histoire, de ses fastes et de ses misères, de ses agonies et de ses résurrections.

Oui, en cette minute même, tous ces souvenirs se lèvent irrésistiblement en nous, comme ils doivent se lever en vous-mêmes et forment l'image de l'éternelle Patrie.

Depuis quand notre peuple a-t-il opposé Geneviève, protectrice de la ville, à Jeanne qui libéra le sol ? Depuis quand, dans notre mémoire, s'entr'égorgent-elles, à jamais irréconciliables ? Depuis quand, à des mains françaises qui se tendent, d'autres mains françaises se sont-elles obstinément refusées ?

Ô ma Patrie, victorieuse et au bord des abîmes ! Quand cessera-t-il de couler ce sang plus précieux depuis que nous savons qu'il n'y a plus que des frères pour le répandre ? Quand cessera-t-elle, la discorde de la Nation ?

Au moment même où la paix s'étend enfin au monde entier, que le bruit des armes s'est tu et que les Mères commencent à respirer, ah ! que la paix, la nôtre, la paix civile évite à notre terre sacrée de se meurtrir encore !

Magistrats de la Haute Cour, écoutez-moi, entendez mon appel. Vous n'êtes que des juges ; vous ne jugez qu'un homme. Mais vous portez dans vos mains le destin de la France.

Verdict

Le 15 août 1945, la Haute Cour condamne le maréchal Pétain à la peine de mort, à l'indignité nationale, à la confiscation de ses biens. Tenant compte du grand âge de l'accusé, la Haute Cour de justice émet le vœu que la condamnation à mort ne soit pas exécutée.

Le 17 août 1945, le général de Gaulle, président du gouvernement provisoire de la République, commua la peine du maréchal en détention perpétuelle.

2. Le procès Barbie

Le procès du chef de la Gestapo de la région lyonnaise s'ouvre le 11 mai 1987. C'est l'épilogue d'une très longue traque.

Après la guerre, Klaus Barbie, le «*massacreur*» de Jean Moulin, le bourreau des enfants d'Izieu, bénéficie d'abord de la protection des services secrets américains et se réfugie en Bolivie. Il met aussitôt ses «compétences» au service de la dictature. En 1971, les «*chasseurs de nazis*», Serge et Beate Klarsfeld, le débusquent à Lima mais il faudra attendre la chute de la dictature bolivienne pour que le gouvernement français obtienne enfin son extradition. En février 1983, Klaus Barbie arrive en France. Quatre ans plus tard, il comparaît devant les assises du Rhône.

L'ancien gestapiste choisit une fois de plus la fuite. Une fuite symbolique, certes, mais une ultime violence faite à ses victimes ou à leurs représentants. Au troisième jour des débats, il quitte le box et retourne dans sa cellule. Son avocat, Jacques Vergès, resté seul, multiplie les outrances. En affirmant que l'État français, durant la colonisation, s'est conduit de la même façon que l'occupant nazi, il cherche à dédouaner le «*boucher de Lyon*» dont il n'hésitera pas d'ailleurs à demander l'acquittement. Pour atténuer les responsabilités de son client, il se fait l'accusateur des «*traîtres*» de la Résistance qui ont dénoncé leurs frères d'armes pour avoir la vie sauve. Il déstabilise les témoins sans ménagement, met en doute leur parole quand ils racontent que c'est bien Barbie qui les a torturés. L'«*avocat du Diable*», comme il aime à se définir, focalise sur lui la haine destinée à l'absent. «*C'est le premier procès*, notera Bernard-Henri Lévy, *où le héros n'est pas l'accusé mais son avocat.*»

La fuite de Barbie ne donnera finalement que plus de force à la parole des victimes et des rescapés. La presse et le public – focalisé au premier jour sur la figure du «*monstre*» et le sourire qu'il affiche dans son box – découvrent des témoignages bouleversants et le procès devient autant œuvre de mémoire que de justice. Ainsi nul n'a oublié l'histoire que vient raconter Sabina Zlatin, âgée de 80 ans. Début 1942, cette jeune femme née à Varsovie, puis naturalisée, installe une colonie – pour y accueillir et protéger les enfants juifs – à Izieu dans l'Ain, une zone placée alors sous occupation italienne. En 1944, lorsque les nazis prennent le contrôle de la région, les troupes de la Gestapo, sous le commandement de Klaus Barbie investissent le camp et arrêtent 44 enfants, ainsi que sept adultes qui les encadrent. Tous sont embarqués en camion vers le fort Montluc, à Lyon, avant d'être expédiés à Drancy, puis vers les camps de la mort. Sabina Zlatin, absente au moment de la rafle, explique à la barre comment elle a essayé de les sauver par tous les moyens. Au péril de sa vie, elle se rend à Vichy : «*Revêtue de mon uniforme d'infirmière de la Croix-Rouge, j'ai demandé à voir un haut fonctionnaire à l'hôtel du Parc [où Pétain a installé son gouvernement]. Je lui ai raconté la tragédie et je lui ai demandé : "Pouvez-vous faire quelque chose pour les enfants ?" Il est alors sorti de la pièce et, quand il est revenu, ce fut pour me dire : "Qu'avez-vous donc à vous occuper de ces sales youpins."*»

Toutes les démarches de Sabina Zlatin resteront vaines. Les enfants d'Izieu iront à Auschwitz, le plus jeune est âgé de 4 ans. «*Je me suis demandé où étaient les enfants arrivés avec nous dans les trains, a raconté lors du procès un rescapé. Dans le camp, il n'y avait pas d'enfant. Ceux qui étaient déjà là depuis longtemps me dirent : "Tu vois cette cheminée qui ne s'arrête pas de fumer ?... Tu ne sens pas une odeur de chair cuite ?"...*»

À l'heure des plaidoiries, c'est l'avocat Gilbert Collard qui a prêté sa voix aux enfants d'Izieu.

Plaidoirie prononcée en juin 1987 par Gilbert Collard, avocat des parties civiles, représentant « les enfants d'Izieu » lors du procès de Klaus Barbie devant la cour d'assises du Rhône

Ils sont partis pour les camps de la mort, le 6 avril 1944, de la colonie de vacances d'Izieu, où ils se cachaient, en chantant « *Vous n'aurez pas l'Alsace et la Lorraine !* » Ces voix d'enfants, si elles viennent jusqu'à nous dans leur clarté fragile, disent tout de la lutte entre les faibles et les brutes. Klaus Barbie n'est plus là ; au troisième jour de son procès, il a fui l'audience. Sa place vide dans le box des accusés en dit long sur la lâcheté des brutes, sur leur surdité inhumaine, sur leur mépris, toujours actif, des victimes. Il tourne le dos. Un déserteur sur le front de la justice, voilà ce qu'est le tortionnaire. De ce procès on aura tout appris et rien appris. Tout appris en ce sens que l'homme ordinaire, « *anormalement normal* », desséché par le « *refus de l'autre* », comme le diagnostiquent les psychiatres, peut se vautrer dans l'annihilation gustative, atroce, méthodique de son semblable, qu'il nie en tant qu'être humain. Rien appris en ce sens, et c'est l'impasse du sens, qu'on ne sait toujours pas comment la métamorphose horrible s'accomplit qui transforme le petit employé en monstre historique. Je cherche la dignité des mots qui pourraient faire parvenir jusqu'à vous la réalité des souffrances, de l'humiliation, de la néantisation de l'être.

Que sont les mots d'avocat pour raconter la nuit des âmes, l'assassinat des enfants, la déchirure d'une mère, d'un père, les trains à bestiaux humains, les camps industriels de la destruction, la « *serpillisation* » des hommes, que sont les mots pour dire ce que les mots n'avaient jamais imaginé ? Le cri, oui le cri, poussé comme dans un cauchemar par Sabina qui, tournée vers le box vide, s'interroge, semblant voir son bourreau : « *Je le demande, les 44 enfants, c'était quoi ? Des maquisards ? Des résistants ? C'étaient des innocents.* » Oui, ce cri enferme l'ogre de la Gestapo dans l'incommensurabilité de son crime. Elle a tout dit, tout pleuré. Et la prétention de nos mots vides d'expérience douloureuse s'incline devant la mère des 44 victimes.

Si nous sommes là, c'est que nous croyons appartenir à la civilisation de la parole, le crime étant l'échec de la parole, la négation de l'autre. C'est pourquoi Jacques Vergès se permet beaucoup d'outrances, c'est pourquoi Klaus Barbie n'est plus là, face aux fantômes de ses victimes. On confronte ici l'image sereine de la justice à la grimace de l'injustice. Chaque avocat dépose en ce lieu, simplement un message, les morts ne reviendront pas, un message, celui des survivants, celui des parents des victimes, celui de la fragilité du bonheur, des heures en famille, des heures sans la peur, des nuits sans les puits, des silences sans les épouvantes, des visages sans les répugnances, des voisins sans les témoins délateurs. Nous avons le devoir, que cela plaise ou non, de rappeler à nos consciences confortables, que si tout a commencé sans que l'on s'en aperçoive ou, pire, sans que l'on veuille s'en apercevoir, par le mépris, la lâcheté devant la réalité, l'indifférence, l'apeuré commerce politique des places à conserver, tout processus comparable n'est pas devenu tout à fait impossible.

Ce n'était pas en 1941, mais quarante ans plus tard, qu'un instituteur écologiste, maladivement féru de nazisme et collectionneur de totems hitlériens, assassinait un enfant de 8 ans à coups de barre de fer et de poignard de combat. C'était non loin de la Sainte-Baume, en pleine Provence, à Auriol. Ce n'était pas un crime de fou, mais l'aboutissement idéologique minable d'une bande de tarés, les hommes du SAC, postier, instituteur, légionnaire, commerçants, des gens ordinaires, appréciés des voisins et amis de la police. C'était l'aboutissement d'un complot fomenté par un commando où l'on retrouvait ensemble, réunis par le principe du chef, le maître d'école, trois postiers, un baroudeur déchu, un faux colonel. Bilan, huit morts, dont le petit Alexandre, 8 ans, presque l'âge des enfants d'Izieu. Un mal microscopique à l'échelle du mal universel. Le gigantisme de l'horreur ne se fabrique-t-il pas à partir des individualités qui y concourent ? On n'est pas en paix avec les démons de l'homme. On ne le sera jamais.

Vous allez juger Klaus Barbie, son sort ne fait pas de doute, mais en même temps sa descendance, les petits haineux de la vie, les concierges à cadavre, ceux qui persévèrent dans l'idéologie de la haine des autres. Soyons prudents, le monde n'a pas fini de nous faire frémir. Ce n'est pas seulement une période de l'histoire que vous allez avoir à juger à travers l'un de ses criminels, mais un système de salauds qui a, comme cela, des survivances, ici et là, sur la planète. Après avoir entendu tous les témoins, ceux de la baraque aux juifs, ceux des interrogatoires impitoyables, ceux des crimes, ceux des déportations, ceux des humiliations quotidiennes, il ne nous reste d'audible que leur souffrance et leur incompréhension. Ce procès devrait nous obliger à répondre au regard suppliant du petit André : pourquoi me veulent-ils tant de mal ? Qu'est-ce que j'ai fait ? Pourquoi ? Répondre, tu étais juif, ils étaient racistes, nazis, antisémites, répond, certes, mais ne dit pas tout, car ces brutes étaient aussi des hommes qui avaient des femmes, des enfants, des yeux pour ne pas pleurer. Pourquoi ! Au-dessus de cet abîme, il nous faudrait pouvoir plonger dans les profondeurs ténébreuses de la conscience humaine pour comprendre. La nuit arrive à pas de loup avec les loups. L'enfant d'hier et d'aujourd'hui a peur des loups. Ici, on juge un loup dans une meute. Je n'ai aucun doute sur le verdict. L'enfant juif assassiné, ce sont tous les enfants du monde. «*Pour ce crime odieux d'Izieu, il n'y a ni pardon ni oubli*», a laissé entendre dans le chaos de son désespoir, la folle de douleur, Sabina Zlatin. Elle a raison ! Un verdict, c'est ici une seconde de justice dans un siècle d'injustice, de violence et de crimes planifiés. À l'échelle gigantesque de l'horreur, c'est peu, mais dans l'ordre symbolique c'est considérable. En fin de compte, au moment des comptes, c'est la civilisation du droit, de l'humanisme, qui triomphe. On juge un salaud en y mettant des formes dont il fut toute sa vie incapable. Son inhumanité ne méritait pas tant d'humanité. Simplement, et ce n'est pas rien, cet effort nous définit dans notre humanité. Un enfant nous y conduit par la main, du plus loin, de la nuit des assassinés. Si seulement un instant, il nous était possible de voir cette ribambelle d'enfants s'en aller main dans la main, inoffensifs, dans la lumière d'avril, de ce petit village perdu dans les contreforts du Bugey, encadrés de nazis goguenards, pour les camps d'extermination ; cet instant terrible, à lui seul, hurlerait le mal que notre colère a à demeurer dans les limites de la justice. Je n'ai pas de mots, au moment de cette vision intérieure, pour qualifier l'ordure nazie. Je suis à bout de mots. Qu'il crève en prison !

Verdict

Le 4 juillet 1987, la cour d'assises du Rhône a condamné Klaus Barbie à la réclusion criminelle à perpétuité.

3. Le procès de Paul Touvier

Le 17 mars 1994, la justice a rendez-vous avec l'Histoire. Paul Touvier, renvoyé devant la cour d'assises des Yvelines, pour avoir fait exécuter 7 otages juifs à Rillieux-la-Pape en juin 1944, est le premier citoyen français à devoir répondre du pire des crimes, le crime ultime : le crime contre l'humanité. Ce procès, les associations de victimes l'espèrent depuis si longtemps. Un demi-siècle après la fin de la Seconde Guerre mondiale, se réjouissent-elles, la France ose regarder son passé en face, enfin ! La presse et les historiens attendent eux aussi beaucoup de cette audience. Trop sans doute. Paul Touvier, chefaillon sans envergure – qui, à la tête d'une phalange de voyous, a pourchassé, racketté, pillé, torturé, violé les juifs – n'a rien d'un idéologue. Il a eu un rôle bien moindre que René Bousquet, le chef de la police de Vichy (qui, lui, ne sera jamais jugé).

Il n'a pas l'aisance intellectuelle du préfet Maurice Papon (dont le procès aura lieu trois ans plus tard). De plus, âgé de 79 ans, il est déjà un vieillard fort diminué. Il comparaît enfermé dans un box de verre – protection contre un éventuel attentat – telle une momie plongée dans du formol. À moitié sourd, il se montre incapable de répondre aux interrogatoires. Le président de la cour d'assises est donc contraint de relire les déclarations que l'ex-milicien a faites au cours de l'instruction. Paul Touvier hoche la tête quand il ne prétend pas ne plus se souvenir de rien. « *C'est faux* », lâche-t-il parfois. Ou « *c'est exact* », se contredisant d'une audience à l'autre, voire d'une minute à l'autre. Les débats s'éternisent. Ils seront cependant sauvés de l'ennui grâce à un extraordinaire défilé de témoins à la barre du tribunal. Des hommes d'Église, en particulier des moines sortis de leur couvent, pour les besoins de la justice, viennent tour à tour se justifier du soutien qu'ils ont accordé à

Touvier. Condamné à mort par contumace à la Libération, le milicien n'aura en effet jamais cessé de fuir. Fervent catholique, il trouve refuge auprès de nombreux prêtres et passe toute son existence à errer d'église en monastère. En août 1947, il se marie clandestinement dans une chapelle de la rue Monsieur-le-Prince, à Paris. Deux enfants naîtront de cette union. C'est donc en famille que Paul Touvier frappe, dans les années qui suivent, à la porte des couvents. Il séjourne à l'abbaye d'Hautecombe en Savoie, au couvent des dominicains d'Évreux, à la Chartreuse-de-Portes dans l'Ain, ou à l'abbaye Saint-Pierre-de-Solesmes dans la Sarthe. Il est finalement arrêté le 24 mai 1989 au prieuré Saint-Joseph à Nice. L'audience vire d'ailleurs parfois à la mise en accusation de cet étrange réseau «pro-Touvier». Mais Jacques Trémolet de Villers, l'avocat de la défense, lui-même un catholique traditionaliste, veille à ne rien laisser passer. Omniprésent, il joue habilement des absences de son client – Paul Touvier semble parfois dormir – et devient peu à peu le personnage central du procès. Élève de Jean-Louis Tixier-Vignancourt, rond, courtois, habile, il emprunte en virtuose tous les méandres de la procédure. Sans jamais hausser le ton – il est très exactement l'inverse de Jacques Vergès qui, lorsqu'il défendit Klaus Barbie, multiplia les esclandres et les provocations –, Trémolet explore tous les dédales du dossier. «*Le droit, rien que le droit*» dit-il, faussement naïf. Car bien sûr, ses arguments juridiques ne sont jamais innocents. Ils visent tous à requalifier les crimes reprochés à Touvier, non plus en crimes contre l'humanité mais en crimes de guerre, donc prescrits. Pour y parvenir, Jacques Trémolet de Villers s'engouffre dans toutes les failles du dossier, et elles sont nombreuses. La France ayant toujours eu du mal à admettre les responsabilités de Vichy dans le génocide, la justice a accumulé les contradictions dans sa définition des crimes contre l'humanité, applicable à un Français. Brillant orateur, flamboyant, Jacques Trémolet de Villers va plaider durant cinq heures pour Paul Touvier.

Plaidoirie prononcée par Jacques Trémolet de Villers, l'avocat de Paul Touvier, le 19 avril 1994, devant la cour d'assises des Yvelines

Il n'y a pas une chose à juger, il n'y a pas un symbole, il n'y a pas une histoire, il n'y a pas l'Histoire, il n'y a pas Vichy, il n'y a pas la France, il y a Paul Touvier !

Il y a le procès de Paul Touvier !

Et c'est très émouvant de penser que, vous qui êtes là, vous allez juger. Vous allez mettre le point final à cette fantastique histoire judiciaire. D'ailleurs, ce point final a un véritable nom, vous allez prononcer votre arrêt. Ce mot d'arrêt dit tout. Vous allez mettre un terme et ce terme, vous allez le mettre au nom du peuple français.

On vous l'a dit : « *Vous êtes ici au nom de la France.* » Elle n'est pas ici ou là la France ! Elle n'est pas dans le box ! Vous ne jugez pas la France. Vous jugez au nom de la France. Vous n'êtes pas la France de 1789 contre celle d'avant 1789, la France de gauche contre celle de droite, la France de la lumière contre celle des ténèbres, la France des valeurs fondamentales contre celle de l'abjection. Ah ! L'abjection ! Ah ! Comme il m'a fait plaisir celui qui m'a envoyé l'abjection dans la figure ! Je suis la voix de « *l'abjection* ». Et j'en suis fier parce qu'en vérité votre ligne de démarcation n'existe pas. Vous êtes véritablement la France, toute la France. Et, c'est en son nom que vous allez juger, rendre un verdict qui sera historique.

Vous allez dire *non* à la question qui vous sera posée.

Non, Paul Touvier ne s'est pas rendu complice d'un crime à Rillieux-la-Pape, les 28 et 29 juin 1944.

Non, la tragédie de Rillieux-la-Pape n'est pas un crime contre l'humanité.

Qu'est-ce que le crime contre l'humanité ? Le Tribunal militaire international de Nuremberg a été constitué, en 1945-1946, pour juger, entre autres, les criminels contre l'humanité. À ce tribunal, on n'a déféré ni Pétain, ni Laval, ni Darnand. Dans les cours de justice qui ont jugé Philippe Pétain, Laval et Darnand, aucun crime contre l'humanité ne leur a été reproché et pourtant on ne leur a pas fait de cadeaux : Pétain a été condamné à mort, Laval aussi, et il a même été fusillé, alors qu'il était mourant.

Il est vrai que Laval ne voulait pas tomber sous des balles françaises. Il s'était fait apporter – on sait par qui, je crois, mais ce n'est pas à moi de le dire – une petite fiole de poison. Quand on est venu lui annoncer qu'il allait être exécuté, que ces messieurs sont entrés dans la cellule et qu'Albert Naud, son défenseur, lui a dit: «*Monsieur le Président, il faut que vous soyez courageux*», il s'est caché sous sa couverture et il a avalé le poison. À ce moment-là, Me Naud, croyant à un mouvement de peur, a été scandalisé et lui a dit: «*Mais enfin, Monsieur le Président, de la dignité, du courage.*» Puis il a vu l'homme pris de convulsions, le regard vitreux. Tous ont compris. On se précipite pour lui faire un lavage d'estomac. On essaye de le remettre debout. Impossible. Alors le procureur général, qui avait été un fidèle procureur général du gouvernement de Vichy et qui avait requis fidèlement contre Laval, a cette phrase étonnante: «*Il n'y a qu'à l'attacher sur le brancard, on dressera le brancard et comme ça on pourra le fusiller.*» À l'honneur de la robe d'avocat, Albert Naud réplique: «*Monsieur le procureur général, si vous faites cela, le monde entier le saura par ma bouche.*» On a laissé Laval se redresser tout seul. On ne refera jamais le procès Laval. Comme le dit très bien son gendre, M. de Chambrun: «*Il n'y a pas eu de procès Laval, il y a eu un assassinat judiciaire.*»

Ni dans ce qu'on a reproché à Laval, chef nominal de la milice, ni dans ce qu'on a reproché à Darnand, chef réel de la milice, il n'est fait mention de crime contre l'humanité. Cinquante ans plus tard, on vient chercher quelqu'un qui n'est pas un sous-fifre mais qui est un subordonné, et on lui dit: «*Vous, vous avez commis un crime contre l'humanité.*» On lui a dit cela alors que ses chefs n'ont pas été condamnés à ce titre.

L'un des chefs de file de l'école historique la plus sévère contre Vichy, Jean-Pierre Azéma a été interrogé sur Vichy à la télévision. Le journaliste lui demande: «*Peut-on dire que Vichy est criminel contre l'humanité?*» Il répond: «*Non.*» Vous avez constaté comme moi que Jean-Pierre Azéma n'a pas fait partie des historiens appelés à témoigner devant ce tribunal…

Il y a une raison juridique qui interdit la qualification de «*crime contre l'humanité*». Le Tribunal international de Nuremberg a défini, d'une façon sur laquelle on ne peut pas revenir, quelles étaient les organisations jugées criminelles : on y trouve la Gestapo, le parti nazi, l'État nazi, mais pas la milice. La milice n'y est pas, c'est ainsi. Comme Nuremberg n'existe plus, comme son rôle est terminé, vous ne pouvez pas, vous, qualifier la milice de criminelle contre l'humanité. Vous n'allez pas rendre un arrêt dont certains considérants au moins diraient : «*Attendu que la milice est ceci ou cela.*» Vous allez répondre par «oui» ou par «non». Sur ce point, vous ne pouvez pas avoir d'autre certitude que celle-ci : jamais la milice n'a été jugée criminelle contre l'humanité par le Tribunal international de Nuremberg constitué pour juger les criminels contre l'humanité se rapportant à la période de 1940-1945.

Voilà pourquoi je dis que le procès Touvier n'est pas le procès Barbie. Quand l'accusation a assimilé le procès Touvier au procès Barbie, elle s'est trompée volontairement. Elle a cherché à vous tromper. Je n'ai pas assisté au procès Barbie. Je n'ai pas de jugement ni d'opinion sur le procès. Mais ce que je sais, c'est que Barbie était un cadre de la S.S., un cadre de la Gestapo et que la Gestapo a été jugée criminelle contre l'humanité par Nuremberg. Ce préalable existait. La cour d'assises de Lyon était en droit d'estimer qu'une présomption de culpabilité pouvait peser sur Barbie parce qu'il était membre et dirigeant de la Gestapo – à condition que l'on prouve aussi sa responsabilité personnelle.

Mais il n'y a rien de tel dans le cas de Paul Touvier. Rien. La milice n'a pas été déférée à Nuremberg. La milice n'a pas été jugée criminelle contre l'humanité.

En tout cas, ce qui est vrai, ce qui demeure – je vous demande de le noter parce que je n'y reviendrai pas – c'est que le général Oberg a été gracié. Quand de Gaulle revient au pouvoir en 1958, il gracie Oberg, le chef de la S.S. en France, et Knochen, son adjoint, les deux «*chefs de l'enfer organisé*». Tous deux sont morts dans leur lit en Allemagne, tranquillement.

Paul Touvier est ici. La disproportion par rapport à Oberg est tout de même éclatante. Paul Touvier est le chef du 2e service de la milice ! On vous a dit : «*Milice égale S.S.*» Eh bien, jouons le jeu jusqu'au bout. Acceptons par hypothèse que «*milice égale S.S.*». Qu'est-il arrivé au chef de la S.S. ? Il est rentré chez lui. Gracié.

Mais Paul Touvier, lui, est ici !

La première fois que je me suis trouvé avec Paul Touvier dans le bureau de M. le juge d'instruction pour le débat contradictoire – il s'agissait de savoir s'il serait maintenu en détention ou mis en liberté – j'avais 44 ans. J'ai regardé M. Getti qui en avait à l'époque 42, et M. le représentant du parquet qui en avait 40, et je leur ai dit: «*On juge le père ici! Tous les trois nous sommes nés après la guerre. Lui, il était dans la guerre, et nous allons le juger ensemble pour ce qu'il a fait pendant la guerre alors qu'aucun de nous ne sait ce qu'était cette guerre!*» Aucun de nous trois – et aucun de nous ici – ne peut dire ce qu'il aurait fait à ce moment-là. «*Il n'avait qu'à ne pas y être!*» Le fait est qu'il y était.

Non, décidément, ce n'est pas possible! Les enfants ne peuvent pas juger le père. Mais ce n'est pas notre père! Si! C'est la génération de votre père. Mais il y en a qui ont été résistants?... Bien sûr, il y en a qui ont été résistants et d'autres, victimes... Tout cela est vrai mais, pour juger, il faut pouvoir se mettre dans les circonstances dans lesquelles se trouvait celui qu'on va juger. Le temps passé rend impossible cette recomposition. Et cette raison suffit pour qu'on ne puisse pas le juger!

Des crimes de guerre, il s'en est commis pendant la guerre de 1939-1945 des deux côtés, et des crimes de guerre sans proportions avec la fusillade de Rillieux! Au début de cette affaire, M. l'abbé Jean Toulat a écrit dans *La Croix* une série d'articles intitulée: «*La guerre, c'est le crime même.*» Je cite de mémoire: «*Le bombardement de Dresde, 175 000 morts civils en une journée, un enfer de feu et de flammes déchaîné par les bombes incendiaires, un gigantesque crématoire pendant une journée et une nuit, 760 avions de la RAF pour frapper d'horreur la population allemande. Il n'y avait pas un militaire à Dresde, et on le savait mais il s'agissait précisément de frapper d'horreur la population. C'est un monstrueux crime de guerre.*»

Celui qui a ordonné cela n'est passé devant aucun tribunal. Sir Winston Churchill a donné son nom aux plus belles avenues des plus belles villes de France. Après Hiroshima et Nagasaki, le président Truman a dit: «*C'est une très belle victoire de la science.*» Les victimes étaient toutes civiles. Il est mort des centaines de milliers de femmes et d'enfants! C'était nécessaire? Le Japon a été frappé d'une telle horreur que la guerre s'est arrêtée? Je veux bien. C'était la criminelle nécessité de la guerre? Acceptons…

Ce qui est sûr, c'est qu'on ne les a pas jugés.

Mais l'Amérique n'était pas une puissance de l'Axe. Donc on ne la juge pas. On félicite les héros lanceurs de ces bombes, on les décore. C'est comme ça la guerre! Malheur aux vaincus et vivent les vainqueurs! On raconte qu'après avoir pris connaissance du jugement du tribunal de Nuremberg, le maréchal Montgomery a dit à l'un de ses compagnons: «*La prochaine, il faudra absolument la gagner, sinon ce sera notre tour.*» Propos d'homme de guerre…

On dira, je sais, que ce n'est pas parce qu'on ne condamne pas les uns qu'il ne faut pas condamner les autres. Ceux qui ont été jugés à Nuremberg étaient certainement des criminels et on les a condamnés. De toute façon, l'ampleur de leurs crimes était établie. Je veux bien… Mais vous ne pouvez pas dire à quelqu'un que vous accusez d'être responsable de la mort de sept juifs: «*Je vous applique, cinquante ans après, le texte de Nuremberg parce que vous êtes un criminel contre l'humanité!*» Ce n'est pas possible car vous mettriez l'accusé sur le même plan que celui qui a organisé l'extermination générale. Une formule plus littéraire que juridique veut faire de Paul Touvier «*un complice de la Shoah*». Eh bien non!

Je connais aussi la formule, très littéraire, de M. André Frossard: «*Le crime contre l'humanité, c'est tuer quelqu'un parce qu'il est né.*» Quand ces mots frappent l'oreille, la mémoire les retient. Mais, à la réflexion, on est bien obligé de constater que c'est une formule creuse. Et elle est doublement creuse. Par défaut de qualificatif, d'abord: pour qu'il y ait «*crime contre l'humanité*», il faut tuer quelqu'un parce qu'il est né ou juif ou polonais ou tchèque ou français. Ensuite, parce qu'elle néglige l'ampleur, également constitutive du crime contre l'humanité. Cette formule littéraire n'a rien à voir avec le droit. Elle est très exactement… de la littérature!

J'ai entendu hier M. l'avocat général dire à la fin de ses réquisitions: «*La peine de mort n'existe plus, M. Touvier en profite, c'est régulier. Mais je lui applique et je vous demande de lui appliquer la peine maximale prévue par le Code pénal: la réclusion à perpétuité.*»

À Nuremberg, il y a eu seulement deux hommes condamnés pour crime contre l'humanité et pour crime contre l'humanité seulement. Tous les autres condamnés l'ont été à la fois pour crime de guerre et crime contre l'humanité. Ce qui fait qu'on ne sait pas quelle part de leur condamnation s'applique au crime de guerre et quelle part au crime contre l'humanité. Mais deux, deux en tout et pour tout, ont été condamnés pour crime contre l'humanité, dont von Schirach, le *gauleiter* de Vienne, celui qu'Hitler avait nommé pour gouverner en son nom l'Autriche et notamment la ville de Vienne. Il a été reproché à von Schirach la déportation de 50 000 juifs de Vienne. Pour des faits d'une telle ampleur et rentrant dans le cadre du plan concerté, il a été condamné en 1946, à Nuremberg, à vingt ans de prison…

Vingt ans de prison au *gauleiter* von Schirach, représentant de l'Allemagne nazie !

Il n'est pas possible non plus – ce sera ma dernière partie – il n'est pas possible en équité, non, il n'est pas possible de condamner l'homme que vous avez à juger – parce que c'est un homme que vous avez à juger, et non un symbole ! Il n'est pas possible de le condamner pour la vie même de notre pays ! Il n'est pas possible de le condamner en raison même de ce qui est au cœur de cette affaire, la mémoire, et particulièrement la mémoire des victimes.

Vous allez juger un homme et, quoi que l'on en ait dit, cet homme a cinquante ans de plus qu'au moment des faits. Aujourd'hui, Paul Touvier est vieux. Mon confrère Me Nordmann vous a dit : «*Au tympan des cathédrales, dans les représentations sculptées du Jugement dernier, on voit des vieux en enfer…*» Votre justice n'est pas de cet ordre-là : vous, vous n'envoyez pas les gens en enfer ! D'ailleurs, si certains vieux vont en enfer, ce n'est pas pour ce qu'ils ont fait cinquante ans avant leur mort, mais pour ce qu'ils sont au soir de la vie, pour une impénitence qui se continue jusqu'à la fin. Mais laissons cela : ce sont les jugements divins !

Mesdames et Messieurs, on ne peut pas faire l'économie de l'épaisseur de ce qui s'est passé entre 1944 et 1994.

Quelle épreuve il a subie ! Et sa femme et ses enfants ! Ces audiences, toute leur vie étalée, tournée et retournée…

Ne croyez-vous pas qu'ils ont tous assez payé ? Car ils ont payé tous les quatre ! Si vous l'envoyez en prison, ce sont les quatre que vous briserez. Écoutez-moi ! Ils n'ont rien d'autre, ils n'ont rien d'autre au monde que leur unité ! C'est leur seule richesse ! Quand Paul s'est marié avec Monique, il n'avait rien. Rien ! Pas même un état civil ! « *Quand on n'a que l'amour, pour habiller, mâtins, pauvres, malandrins de manteaux de velours...* » Ils n'ont rien d'autre ! Vous rendez-vous compte ? Ils n'ont rien d'autre !

Et vous détruiriez ce nœud familial !

Non, ce n'est pas possible !

Ce n'est pas possible !

Vous n'allez pas détruire ce nœud !

Vous n'allez pas détruire le seul bien qu'ils aient.

Le meilleur résumé de tout ce que je viens de vous dire, c'est l'abbé Pierre qui l'a donné. Ça s'est passé vendredi soir, il y a trois jours, à la fin de la dernière audience des parties civiles. Vers 11 heures, mon épouse m'a appelé : « *Viens voir, il y a l'abbé Pierre à la télé. Il parle de l'affaire Touvier.* » Vous connaissez l'abbé Pierre, il tient des propos parfois un peu primesautiers. J'ai répondu : « *L'abbé Pierre ? Tu me raconteras.* » Et puis, j'y suis allé. Et j'ai entendu ceci : « *Ce pauvre vieux* – ce sont ses mots –, *ce pauvre vieux, il a assez payé, qu'on lui foute la paix... !* » Oui, c'était bien résumé. Et c'était juste – vraiment juste.

Cinquante années ! Cinquante années pendant lesquelles il y a eu des amitiés et des joies, mais cinquante années dominées effroyablement par une peine plus forte que toutes les autres : « *Vous n'appartenez pas à la Nation, vous n'appartenez pas à la société, vous en êtes exclu...* »

Ah, oui, Paul Touvier, il l'a eue la contrepartie de sa vie familiale extraordinairement unie, de ses amitiés, de ses joies ! « *Vous êtes exclu de la société. Vous êtes celui que l'on ne peut pas voir. Vous êtes le monstre !* »

Cela suffit !

Cela suffit !

J'ai gardé Charles de Gaulle pour la fin. On peut difficilement dire que son avis n'a pas de poids. Écoutez, écoutez ce qu'il dit dans ses *Mémoires de guerre* : « *De ces miliciens fonctionnaires, policiers, propagandistes, il en fut qui répondirent aveuglément au postulat de l'obéissance. Certains se laissèrent entraîner par le mirage de l'aventure, quelques-uns crurent défendre une cause assez haute pour justifier tout. S'ils furent des coupables, nombre d'entre eux n'ont pas été des lâches. Une fois de plus, dans le drame national, le sang français coula des deux côtés. La Patrie vit les meilleurs des siens mourir en la défendant avec honneur. Hélas, certains de ses fils tombèrent dans le camp opposé. Elle approuve leur châtiment, mais elle pleure tout bas ses enfants morts. Elle les berce dans son chagrin. Voici que le temps fait son œuvre. Un jour les larmes seront taries, les fureurs éteintes, les tombes effacées, mais il restera la France.* »

Mesdames et Messieurs, j'ai commencé en vous disant : « *C'est au nom de la France que vous allez rendre votre décision.* »

Je le répète en finissant : c'est au nom de la France que vous allez rendre un beau verdict d'acquittement. Un beau verdict de paix. Un beau verdict de justice. Vous ferez ainsi quelque chose de bien, quelque chose de noble, quelque chose de ferme. Vous allez rendre un verdict assis sur le droit que je vous ai rappelé, assis sur le droit qui est plus fort que tout, assis sur la vérité des faits telle qu'on peut la connaître aujourd'hui, vérité qui repose sur l'aveu de l'accusé qu'on ne peut écarter, car nous n'avons que l'aveu de l'accusé, mais nous avons tout l'aveu de l'accusé. Vous allez rendre un verdict assis sur ce sens supérieur de la justice qui rappellera à un juridisme quelque peu déchaîné, disons-le, qui rappellera à des passions partisanes qui n'ont rien à faire ici, qui rappellera qu'il ne faut pas mélanger la douleur et la haine, qu'il ne faut pas mélanger la mémoire et la vengeance, qu'il ne faut pas mélanger l'hommage dû aux morts innocents et la vengeance contre celui qui n'a pas été l'instrument volontaire de leur mort.

Vous avez entendu une chose terrible. On vous a dit que votre « oui » à la question posée serait un honneur rendu à la mémoire des victimes.

Mais croyez-vous que l'honneur des victimes tienne à la condamnation, cinquante ans après, de celui qui a été l'instrument involontaire de leur supplice ?

Les parties civiles le prétendent. Eh bien, moi, je ne le crois pas. Je ne le crois pas ! Je ne le crois pas parce que les morts ne peuvent pas demander une condamnation injuste. Une injustice, au contraire, ternirait leur mémoire.

Au cours d'une audience à la chambre d'accusation, j'ai entendu Me Libman s'écrier: «*Les enfants d'Izieu ont trouvé leur sépulture dans la condamnation de Klaus Barbie!*» Quelle horreur! Comment peut-on faire parler ainsi des enfants? Comment peut-on ainsi faire parler des enfants morts? Ce n'est pas possible! Ou faut-il comprendre que ce n'est pas la ferveur qui vous conduit, vous, les parties civiles, que ce n'est pas la piété qui vous conduit, que c'est un autre sentiment. Certainement, si c'était la ferveur et la piété qui vous conduisaient, vous n'auriez pas l'idée d'une pareille vengeance.

Il se sera commis beaucoup de crimes contre l'humanité en notre siècle. Il s'en commet beaucoup aujourd'hui, particulièrement dans ce Moyen-Orient qui devrait être un lieu béni du monde. Je connais un petit garçon victime de ces crimes contre l'humanité. Il a le visage tout criblé par l'obus qui a emporté à côté de lui sa mère et son frère. Il s'appelle Élie Mansour. Il a le regard bleu des beaux enfants d'Orient. Il a été interrogé un soir à l'émission de Mireille Dumas, *Bas les masques*. À celle qui l'interrogeait comme «*enfant de la guerre*», Élie a dit: «*J'ai pardonné à ceux qui ont tué mon père, ma mère et mon frère parce que, si on ne pardonne pas, la vie n'est plus possible.*»

Vous allez rendre un verdict qui n'a pas besoin du pardon, qui n'a pas besoin d'indulgence, qui n'a besoin que du droit et de la vérité. Vous rendrez ainsi un verdict de paix, d'honneur et de justice.

Verdict

Le 19 avril 1994, la cour d'assises des Yvelines a condamné Paul Touvier à la réclusion criminelle à perpétuité pour complicité de crimes contre l'humanité, en raison de son rôle dans l'exécution de 7 otages juifs à Rillieux-la-Pape en juin 1944.

4. Le procès de Maurice Papon

« *Tout cela ne m'émeut pas beaucoup.* » Une phrase lapidaire qui résonne comme une insulte à la mémoire des déportés... C'est avec ces mots méprisants qu'en 1981, Maurice Papon réagit aux premières accusations portées contre lui dans *Le Canard enchaîné* en pleine période d'élections présidentielles. À l'époque, il est encore ministre du Budget du gouvernement de Raymond Barre. Seize ans plus tard, le 7 octobre 1997, après une interminable traque judiciaire, l'ancien haut fonctionnaire du régime de Vichy se présente devant la maison d'arrêt de Gradignan en Gironde pour y être incarcéré. Son procès s'ouvre le lendemain et la France s'apprête à juger à travers lui l'une des pages les plus sombres de son histoire. Les acteurs de cette audience hors normes ne le savent pas encore mais ils vont participer au plus long procès de l'Histoire de France – il va durer près de six mois – plus long même que celui de Jeanne d'Arc. Maurice Papon est un homme âgé – il a 87 ans – et son avocat, Jean-Marc Varaut détaille le bulletin de santé de l'accusé dès l'ouverture des débats. L'ancien ministre a été opéré d'un triple pontage coronarien et souffre de crises d'angines de poitrine qui peuvent se compliquer d'œdème du poumon. L'avocat réclame avec force la libération du « *plus vieux prisonnier du monde* ». La cour d'assises obtempère, l'accusé comparaîtra donc libre. Une décision lourde de conséquences : après le prononcé de sa condamnation, Maurice Papon pourra prendre la fuite et se réfugier un temps en Suisse, avant finalement de se rendre aux autorités.

En attendant, à Bordeaux, face aux douze jurés, il doit répondre d'une terrible accusation : une complicité de crime contre l'humanité pour avoir, en tant que secrétaire général de la préfecture entre 1942 et 1944, aidé et facilité l'organisation de nombreuses rafles de juifs. Le 15 octobre, il s'exprime une première fois. Debout, mains jointes dans le dos, il déroule les neufs décennies du film de sa vie. D'emblée, le prétoire est stupéfait par l'aisance de sa parole. La mémoire est intacte, le verbe clair, le style précis et incisif. Maurice Papon discourt comme s'il se trouvait face à un parterre de députés ou de sénateurs. C'est l'antithèse d'un Paul Touvier, qui lors de son procès, diminué physiquement, s'avéra incapable d'aligner plus d'une phrase. Les quarante avocats représentant les victimes de la Shoah comprennent que le combat face à un tel adversaire sera rude et incertain. Ils vont devoir batailler pour obtenir un verdict de condamnation. D'octobre à avril, les audiences se succèdent, parfois entrecoupées par des «*pauses médicales*»: l'ancien ministre sera hospitalisé plusieurs fois pendant les débats. Semaine après semaine, le procès, tel un bateau qui s'enfonce dans la brume, revisite les méandres de la collaboration et le rôle des hauts fonctionnaires du gouvernement pétainiste. Londres ou Vichy? Partir ou rester? Démissionner ou obéir? Un individu peut-il être considéré comme responsable lorsqu'il est le maillon d'une chaîne de décision? En dehors de l'enceinte judiciaire, de nombreuses voix dénoncent la «*culture de la repentance*» et jugent inutile de raviver les anciennes blessures. Pourtant, les débats à l'audience font apparaître l'écrasante responsabilité du régime de Vichy dans l'extermination des juifs de France. Maurice Papon, fidèle à la position qu'il a toujours adoptée, continue de nier, farouchement. Il affirme n'avoir fait qu'obéir aux injonctions de l'occupant et surtout, inlassablement, il soutient avoir tout ignoré du sort qui était réservé aux déportés qui partaient de Bordeaux, direction Drancy, puis arrivaient dans les camps d'extermination en Pologne. Une seule fois, une seule, il sera pris en défaut: le jour où il dit avoir pleuré avec sa femme un soir de Noël 1943, après qu'un nouveau convoi fut parti de Bordeaux. Le président de la cour, Jean-Louis Castagnède, lui fait alors remarquer: «*Si vous pleuriez à Noël 1943, n'est-ce donc pas que vous connaissiez le sort qui leur était réservé?*» Cette fois-là, Maurice Papon est resté coi.

Mi-mars, au cinquième mois du procès, alors que l'avocat général s'apprête à requérir vingt ans de réclusion criminelle, le temps des débats s'achève et sonne l'heure des plaidoiries. Nous en avons retenu trois. Celle d'Arno Klarsfeld, tout d'abord. Le jeune «*dandy des prétoires*» trop photographié, agace avec ses cheveux longs et ses rollers. Imprévisible, il n'a pas hésité à remettre en cause la légitimité du président de la cour d'assises. Ses confrères lui en ont beaucoup voulu. Mais Arno Klarsfeld est bien plus qu'un simple trublion. Après s'être concerté avec son père Serge, le «*chasseur de nazis*», il a volontairement bousculé la stratégie élaborée par les autres avocats des parties civiles. Pour les Klarsfeld, père et fils, il est en effet nécessaire, au regard de la vérité historique, d'établir une échelle des peines entre les nazis et leurs complices. À leurs yeux, Maurice Papon est coupable de crime contre l'humanité mais il ne mérite pas la peine maximale. Arno Klarsfeld va parler durant deux heures. Peut-on dire qu'il a véritablement plaidé? Le ton est monocorde, il lit son texte, parfois le débite au pas de charge. Et pourtant, la magie de la cour d'assises opère, le jeune Klarsfeld arrive à transmettre une incroyable émotion. À travers sa voix éraillée, les petites victimes de la Shoah racontent l'indicible.

Plaidoirie prononcée par Arno Klarsfeld, avocat des parties, le 10 mars 1998 devant la cour d'assises de Bordeaux, lors du procès de Maurice Papon

Tous ces visages… Je représente Ita et Jacky Junger. Ita avait 7 ans, Jacky en avait 3. Ils étaient nés en France. Sur la photo, Ita se tient aux côtés de son frère. Ita sourit à ses parents, Jacky fixe l'objectif, un peu boudeur. Instant de vie qui a traversé le temps pour réapparaître fugace devant nous sur ces écrans, à présent remontés, où, audience après audience, on a regardé, examiné, scruté notes, lettres et comptes rendus à la recherche d'une signature, d'initiales ou d'une explication.

Sur ces écrans au cours de ces cinq mois, on a vu surtout se superposer des listes. Audience après audience, des listes, des dizaines de listes interminables, listes sur lesquelles nous recherchions des noms, exhumés des archives, des noms exhumés de l'oubli.

Lorsque Maurice Papon affirme qu'il existe deux réalités, il n'a pas tort. L'une, affective, classe, efface et parfois modifie les moments vécus, une réalité *a posteriori*, la réalité des souvenirs. La seconde, qui ne classe pas, n'efface pas, ne modifie pas les moments passés mais les restitue tels qu'en eux-mêmes : la réalité des archives, la réalité des listes. Les listes comme les archives ne mentent pas, elles ne trompent pas. Sur 75 000 juifs déportés, 11 000 enfants. Sur 75 000 juifs déportés, 1 500 venaient de Bordeaux. Sur ces 1 500 déportés de Bordeaux, 220 étaient des enfants. Sur les listes, ils se succèdent parfois à la queue leu leu, accrochés à un père ou à une mère, ou alors seuls, désemparés entre deux noms de famille qui ne sont pas de leur famille. Ces noms longtemps oubliés, assoupis dans un long sommeil de plus d'un demi-siècle, nous sont à présent familiers.

Ceux qui ont fait le voyage jusqu'à Auschwitz savent qu'en dépit du temps, en dépit de ces cinquante-sept ans passés, le ciel polonais, où s'échappaient naguère les fumées des crématoires, conserve en mémoire le cri d'un peuple qu'on assassine. « *Tout cela ne m'émeut pas beaucoup !* » déclarait Maurice Papon au journal *Le Monde* le 7 mai 1981, au lendemain des révélations sur son implication personnelle dans la déportation de plus de 1 500 juifs, hommes, femmes et enfants de la région de Bordeaux entre 1942 et 1944. Lorsque, seize ans plus tard, Paul Amar le confronte aux visages de Rachel et Nelly Stopnicki, ces deux fillettes ramenées par son service des questions juives et versées *in extremis* dans le convoi du 26 août 1942 emportant dans ses wagons 79 autres enfants de moins de 16 ans, Maurice Papon, les balaie d'un geste excédé :

« *Maurice Papon, si cela était à refaire, le referiez-vous ?*

— Oui, si c'était à refaire, je le referais ! »

Peu d'événements émeuvent Maurice Papon.

Lorsqu'il pleure sur un convoi de déportés, il choisit comme réceptacle de ses larmes le seul, l'unique convoi pour lequel les familles juives ont été arrêtées par les Allemands alors que pour tous les autres, pour les neuf autres convois pour Drancy, des familles identiques dans la peine et la souffrance ont été raflées puis transférées à Drancy par une police française aux ordres du secrétaire général pour le préfet régional. Peu d'événements émeuvent Maurice Papon.

Pourtant il y a seize ans, en 1981, Maurice Papon aurait pu choisir d'entrer dans l'histoire comme un exemple. Il aurait pu choisir de condamner l'homme qu'il avait été quarante ans auparavant et les actes qu'il avait commis. Il aurait pu choisir, s'il avait eu la notion de la grandeur de la France, de faire œuvre pédagogique pour les générations futures de hauts fonctionnaires appelés à diriger. Il aurait pu expliquer à quelles tragédies peuvent conduire le souci de la carrière, la quête de l'intérêt et l'absence de compassion. Une lettre de regrets sans complaisance écrite par un ministre de 70 ans sur le mal commis par un secrétaire général de préfecture régional de 32 ans aurait, peut-être, en partie, contribué à racheter le mal commis. Mais l'homme n'a pas changé : « *Si c'était à refaire, je le referais !* » Maurice Papon n'a eu ni la volonté ni l'abnégation nécessaires pour se hisser au-dessus de lui-même, pour accomplir ce que les auteurs et les philosophes qu'il aime à citer lui murmuraient, sans doute, non dans le creux de l'oreille mais dans celui de sa conscience. Ce n'est pas à l'éducation, à la culture ni aux postes qu'on juge un homme, Maurice Papon, c'est aux actes qu'il accomplit et aux sacrifices qu'il consent.

Sautant d'une IIIe République agonisante à un régime placé sous le signe de la Révolution nationale et de l'antisémitisme d'État, puis à une IVe et à une Ve République, Maurice Papon s'est toujours efforcé d'être du côté du pouvoir, du plus fort et des honneurs. Pour demeurer à cette place où il avait pris l'habitude d'être, Maurice Papon a été contraint, par la force des choses et par son choix personnel, à tout nier en bloc. Nier en dépit des évidences.

Il y a bientôt soixante ans, en pleine civilisation, en se servant de procédés méthodiques, la cruauté raciale nazie a atteint son paroxysme. [...] Pour mener à bien cette colossale entreprise d'extermination, il a fallu deux catégories de criminels : ceux qui perpétraient directement les assassinats massifs, la base de cette hiérarchie du crime, et ceux qui tuaient de derrière leurs bureaux, ceux qui donnaient des ordres de tuer ou dont les activités contribuaient à l'organisation du crime. Maurice Papon a accompli sans enthousiasme mais avec une redoutable efficacité les instructions des nazis en prenant soin de se couvrir auprès de ses supérieurs hiérarchiques. On ne trouve pas en Maurice Papon une volonté haineuse d'accomplir le mal, on trouve en revanche une froide volonté de s'y associer en pleine connaissance de cause et cela afin de promouvoir sa carrière. La «carrière», maître-mot de ces jeunes hauts fonctionnaires, tels Bousquet, Leguay ou Papon, issus d'un même milieu, des mêmes écoles, s'étant assis sur les mêmes bancs des mêmes facultés et partageant la même avidité de pouvoir et de reconnaissance sociale. Tous ces beaux parcours de jeunes hommes pressés qui conduiront l'un à fournir aux nazis l'indispensable police française pour rafler les familles juives, le deuxième à négocier les rafles sur l'ensemble de la zone occupée et le troisième à rassembler, pour les livrer au bourreau nazi, les familles juives de la région de Bordeaux.

«*Quand je me suis installé dans mes meubles à la préfecture*, a dit Maurice Papon, *j'étais un jeune fonctionnaire sans expérience.*» Un peu plus de franchise, Maurice Papon, ou moins de modestie ! Quand il s'installe à Bordeaux en juin 1942, Maurice Papon a déjà une longue expérience administrative derrière lui. Sept années pour un jeune homme anxieux d'arriver, qui, selon ses propres dires, est curieux d'observer pour comprendre et appliquer, sont suffisantes pour connaître les hommes et les mécanismes. Sept années passées au ministère de l'Intérieur.

Le jeune Maurice Papon qui s'installe à Bordeaux en juin 1942 n'est pas un antisémite farouche, il n'est pas non plus hitlérien, il accepte cependant la responsabilité du service des questions juives de la préfecture de Bordeaux en zone occupée. Un Maurice Papon qui sait déjà que plusieurs milliers de juifs sont morts de malnutrition et des conditions d'hygiène effroyables des camps d'internement français. Il l'accepte parce qu'il pense que l'Allemagne va gagner la guerre. Il l'accepte parce qu'il sait que son gouvernement veut sa place dans la nouvelle Europe nazie. Il l'accepte parce que, Maurice Papon, lui aussi, veut une place et une place éminente dans cette nouvelle Europe, dirigée par les nazis et dans cette nouvelle France, forgée par la révolution nationale. Il l'accepte enfin parce que le service des questions juives est un poste de responsabilité.

Au cours de l'une des audiences, Maurice Papon a affirmé que nul n'avait songé à comparer les listes de transfert aux listes de déportation, laissant évidemment entendre par-là que certains des enfants auraient pu être sauvés à Drancy et, en ce cas, il s'en serait attribué le mérite. J'ai effectué ce travail pour les 81 enfants transférés de la gare Saint-Jean à Drancy le 26 août 1942. 30 de ces 81 enfants sont quasi immédiatement partis par le convoi du 31 août 1942 vers Auschwitz. Ce convoi emportait avec lui 950 déportés. À la libération du camp, sur ces 950 déportés, 6 hommes avaient survécu, aucune femme et aucun enfant. 2 de ces 81 enfants sont partis par le convoi du 2 septembre 1942 vers Auschwitz. Ce convoi emportait avec lui 1 016 déportés. À la libération du camp, sur ces 1 016 déportés, 30 hommes avaient survécu, aucune femme et aucun enfant. 5 de ces enfants, dont les 4 enfants Griff, sont partis par le convoi du 11 septembre 1942. Dans ce convoi, 1 000 déportés. À la libération d'Auschwitz, sur ces 1 000 êtres humains que transportait ce convoi, 13 hommes avaient survécu, aucune femme et aucun enfant. 7 de ces enfants sont partis par le convoi du 14 septembre 1942. En tout, ils étaient 1 000 dans les wagons de ce convoi. À la libération du camp, 45 hommes avaient survécu, aucune femme et aucun enfant. 3 de ces enfants sont partis par le convoi du 18 septembre 1942. Il y avait 171 enfants en tout dans ce convoi qui comprenait 1 000 déportés. À la libération du camp, 22 hommes avaient survécu, aucune femme et aucun enfant. 31 enfants sont partis par le convoi du 21 septembre 1942. 175 enfants sur les 1 000 juifs de ce convoi. À la libération du camp, 29 hommes avaient survécu, aucune femme et aucun enfant.

Oui, Maurice Papon, j'ai effectué ce travail et vous ne pourrez pas faire arguer par votre défenseur qu'on ne sait pas quel a été le sort de ces enfants. Ce travail, je ne l'aurais certainement pas effectué si je ne l'avais vu faire, par quelqu'un d'autre, sur une échelle malheureusement autrement plus vaste. Des nuits entières, des années entières, je l'ai vu à la recherche du nom d'un enfant juif, d'une date ou d'un lieu de naissance, d'une adresse ou d'une commune, d'un lieu d'arrestation ou de détention. À la recherche aussi de l'ombre de visages sur des photos jaunies. Cet homme, je l'ai vu aussi compter des noms sur les listes, des noms qui n'étaient pas destinés à devenir des « *noms sur les listes* » mais à vivre, aimer et transmettre. Cet homme ne comptait pas seulement les noms, il leur restituait leur état civil, leur itinéraire, leur dignité. Cet homme les arrachait à la nuit de l'oubli, il les ramenait à la lumière du jour. Par son travail, il les extrayait de l'anonymat. D'objets de l'histoire, cet homme transformait ces milliers de victimes en sujets de l'histoire. De ces noms que vous avez voulu nier, de ces noms que vous avez voulu jeter dans l'oubli du temps, il faisait à nouveau des êtres humains. Et c'est contre cet homme, mon père, que vous avez jeté votre ultime vilenie, en portant plainte contre lui pour avoir fait pression sur la justice alors que c'est sur l'histoire qu'il a fait pression afin qu'elle dise, enfin, la vérité.

1942-1998, plus d'un demi-siècle. C'est sans doute la première fois dans l'histoire de l'humanité que ceux en charge de juger un homme auront vu le jour postérieurement au crime commis. Cela peut donner le vertige. Cela ne doit pas effrayer. Jamais sans doute aussi un criminel aura si peu fui et aura autant recherché les hauts postes et les honneurs alors qu'il avait contribué à souiller l'image du pays qu'il disait servir. Alors que Paul Touvier faisait cavale, cherchant refuge d'un monastère à l'autre, Maurice Papon faisait carrière, passant d'une préfecture à l'autre, entrant à l'Assemblée nationale pour achever la plus brillante carrière d'un haut fonctionnaire de Vichy, finissant par siéger dans un gouvernement de la Ve République.

La déportation de 75 000 juifs de France dont 11 000 enfants est un crime contre l'humanité. Ce crime contre l'humanité est le résultat d'une longue chaîne politique, administrative et policière. On doit s'efforcer de juger les maillons de cette chaîne en fonction de leurs responsabilités respectives. Maurice Papon a été un maillon intermédiaire de cette chaîne. Voilà pourquoi sa condamnation est indispensable. Indispensable, par exemple, pour la mémoire de ces 11 enfants juifs que Maurice Papon a choisi de livrer en août 1942 aux barbares nazis alors qu'il pouvait, sans risque personnel aucun, les faire disperser. Indispensable aussi pour la mémoire du peuple français qui, contrairement à ses élites, a voulu et su réagir, pendant l'été 1942, lorsqu'il comprit que les familles juives arrêtées par la police française étaient convoyées vers la mort. Indispensable pour tous ceux qui, à l'instar de Maurice Papon, auraient pu mais ont choisi de ne pas faire carrière au sein d'un régime qui, de sa seule initiative, a décidé de faire des juifs des boucs émissaires de la défaite. Indispensable pour les futures générations de Français afin que soit clairement et, espérons-le, définitivement condamnée une administration prête à apporter son concours à des mesures ignominieuses du moment qu'elles se trouvent couvertes par des instructions hiérarchiques. Indispensable pour les familles des victimes qui attendent depuis plus d'un demi-siècle que justice leur soit rendue.

Les Fils et Filles des déportés juifs de France, et les autres parties civiles que je représente, les familles de tous ces enfants : Rachel et Nelly Stopnicki, Jacques et Jacqueline Junger, Jacqueline Grunberg, Henri et Jeanine Plevinski, Jeannette, Maurice, Simon et Léon Griff, André et Arlette Sztajner qui m'ont accompagné pendant toute la durée de ce procès, vous font confiance, Mesdames et Messieurs les jurés, pour que vous condamniez Maurice Papon à la peine qui vous semblera équitable et qui deviendra de ce fait une peine exemplaire.

***

Ce jour-là, la salle est comble. Le barreau de Bordeaux n'aurait, pour rien au monde, voulu rater l'événement, des avocats parisiens ont fait le déplacement, ses quarante confrères des parties civiles attendent, suspendus à ses lèvres… Jean-Marc Varaut se lève, sa voix rauque, sereine, qui semble vous hypnotiser, retentit dans le prétoire ; l'avocat entame l'une des plus intenses, des plus mémorables, des plus longues plaidoiries jamais prononcées dans une cour d'assises. Il parle durant quatre après-midi. En 2002, il racontait cet instant si particulier où le défenseur debout, face aux jurés, s'apprête à prononcer ses premières phrases : « *J'ai le cœur qui bat plus vite que d'ordinaire. Je gonfle ma poitrine du souffle nécessaire pour soutenir les premiers mots de l'exorde. Cet instant doit tout à la fois dissiper le trac toujours présent, plus ou moins intense selon les circonstances de la cause, et capter l'attention bienveillante de l'auditoire obligé. Je garde le silence quelques fractions de seconde, quelques secondes si je le puis, pour que me regardent ceux que je regarde les yeux dans les yeux ; car l'œil aussi écoute. Le silence qui précède la parole fait partie de la parole.* »

Juriste, philosophe, historien, monarchiste et fervent catholique, Jean-Marc Varaut a défendu Maurice Papon avec la profonde conviction que l'ancien secrétaire général de la préfecture de Gironde n'avait pas, cinquante-quatre ans après la fin de la guerre, à rendre compte de ses actes devant les jurés. Il était persuadé qu'il s'agissait d'une hérésie, tout à la fois au regard de l'histoire et de la justice.

Plaidoirie prononcée par Jean-Marc Varaut, l'avocat de Maurice Papon, les 24, 30, 31 mars et 1er avril 1998 devant la cour d'assises de la Gironde

Peuple français ! Peuple français, c'est à toi que je parle par cette adresse à ceux qui sont appelés à juger en ton nom. Peuple prompt à juger mais aussi peuple juste qui revient sur ses jugements quand le temps lui est donné de mesurer ce qui sépare le mensonge triomphant de la réalité d'un temps où il était plus difficile de connaître son devoir que de le suivre. Oui, il y avait deux types de sauveurs, les uns au-dehors, libres dans les combats ; les autres, au-dedans de la longue nuit de l'Occupation, voués à un autre combat, celui de la patience. Au cours de ces longues journées, ont été relevées des bribes de vérité sinon des vérités enfouies dans l'inconscient collectif, par un examen de conscience que le débat judiciaire a rendu possible. La condamnation de la complicité du régime de Vichy, elle, ne peut plus être niée ou relativisée et vous pourrez ainsi sans hésitation et sans scrupule acquitter Maurice Papon qui ne saurait en être le bouc émissaire.

Ce procès fait à Bordeaux à Maurice Papon continue le procès fait à Vichy, ses chefs et ses principaux exécutants après la Libération, et qui a pris dans l'Histoire le nom d'épuration.

C'est le dernier procès de l'épuration. Le procès fait au maréchal Pétain, chef de l'État, en fut la figure emblématique. La reprise de l'épuration par ce procès est bien ce qu'Henry Rousso a appelé une justice impossible, car ce procès mêle indistinctement les incertitudes et les choix inconscients de la mémoire, les controverses passionnées de l'Histoire, la disparition ou l'incapacité de témoigner des vrais « *sachants* » et le caractère évidemment lacunaire des archives.

Ce procès tardif porte sur des événements, des actions, des abstentions et des instructions qui se situent au-delà du demi-siècle. C'est comme juger en 1848 les acteurs de la Terreur et le génocide de la Vendée ; en 1926, les Communards pour leurs crimes de 1870 et les Versaillais pour leurs abominables représailles ; en 1972, les exécutions pour l'exemple de 1917. Comme si l'on devait juger la complicité des autorités françaises dans le génocide du Rwanda en l'an 2052. C'est ce qui explique que les historiens Henry Rousso, André Kaspi, Michael Marrus aient estimé que la place des historiens, qui ne sont pas des témoins, n'était pas dans un procès pour servir d'alibi aux parties. L'Histoire qui, par définition, se révise, et plus souvent que ne sont révisés les arrêts de justice, a sa place dans les colloques, les amphithéâtres et les publications plus que dans les prétoires. Mais c'est bien pourtant un jugement sur l'Histoire que les parties civiles vous ont demandé de prononcer.

Essayons de comprendre les quatre étapes de ce qu'Henry Rousso a nommé le «*syndrome de Vichy*», qui a conduit à ce procès.

Entre 1944 et 1954, c'est la phase de deuil. La France affronte les séquelles de l'épuration. D'une part, on célèbre tout un peuple entier de résistants que symbolise l'homme du 18 juin et, d'autre part, s'opère autour de cette reconstitution rassurante une réhabilitation ou une compréhension des intentions et des actes du maréchal Pétain, tout autant résistant, opposé à son double maléfique, Laval.

De 1954 à 1971, c'est la phase de la mémoire résistante, sous l'angle de la mémoire gaulliste, dont l'histoire, selon les Mémoires de guerre qui sont alors publiés, s'est écrite à Londres. Le concours national de la Résistance est introduit dans les collèges en 1964. La même année est votée la loi sur l'imprescriptibilité des crimes contre l'humanité. Et surtout, le 19 décembre 1964, les cendres de Jean Moulin sont transférées au Panthéon au cours d'une grandiose cérémonie ordonnancée autour du général de Gaulle, et de l'axiome développé par André Malraux dans son discours : «*La Résistance, c'est de Gaulle : de Gaulle, c'est la France.*»

À partir de 1970, c'est la phase du refoulé. De Gaulle est mort. La France se retrouve travaillée par le remords de ne pas correspondre au rêve historique soutenu par le verbe mythique du général. C'est la diffusion, retardée et controversée, du film de Marcel Ophuls. À l'image d'une France unanimement résistante est opposée, au travers de la ville choisie de Clermont-Ferrand, une démythification de l'Occupation où les Français sont dépeints hésitants à l'heure des choix, et plus souvent lâches, ou en tout cas attentistes, plus qu'héroïques. Ce sont les films : *Lacombe Lucien*, *Section spéciale*,

L'Affiche rouge, *Les Guichets du Louvre*, *M. Klein*. Et en 1973 paraît le premier livre de Robert Paxton.

Enfin, à partir de 1974, c'est la phase du retour de la mémoire juive. Jusqu'alors, la volonté de témoigner des rescapés n'avait produit qu'un nombre limité de témoignages. Comment transmettre en effet cette expérience qui n'avait pas de précédent pour la rendre dicible? Primo Levi écrivit *Si c'est un homme*. Mais, pendant plusieurs années, son livre capital ne trouva pas d'éditeur, puis, édité, n'eut que peu de lecteurs, car il n'y eut longtemps pas d'oreilles pour recueillir les témoignages sur l'anéantissement total programmé et exécuté de ceux qui avaient commis «*le crime d'exister*», selon la formule d'André Frossard. Les rescapés voulaient en 1945 se fondre dans la nation dont ils avaient été séparés. Ce sont leurs descendants qui ont voulu ouvrir le procès de Vichy. Le devoir de mémoire devint le référent des nouveaux réquisitoires occultant totalement le droit à l'oubli et parfois le devoir de vérité.

Et c'est ainsi que l'on est passé d'un refoulement massif à une culpabilité massive. Culpabilité qui cherche des boucs émissaires. Mais aussi cette mémoire retrouvée est devenue une mémoire instituée. Elle fonctionne comme un disque rayé, butant toujours sur le même point, la politique antisémite de Vichy, devenue le paradigme de la faute.

Maurice Papon, nous le savons et nous allons le revoir, n'a jamais pris une initiative personnelle, détachable de sa fonction. Il n'y a aucun acte à sa charge équivalent à la décision de Paul Touvier de faire exécuter 7 otages juifs, à l'instigation du chef local de la Gestapo, en représailles à l'exécution de Philippe Henriot, alors que Vichy avait interdit les représailles. Il n'y a rien de comparable à la rafle des enfants d'Izieu par Klaus Barbie, chef du bureau IV du Sipo-SD de Lyon, dans le cadre de la politique d'extermination du service criminel dont il était le responsable local.

Les arrestations et séquestrations sont arbitraires, mais elles s'inscrivent alors dans une structure gouvernementale et administrative que l'on nomme «*les autorités constituées*». La préfecture n'est pas la milice. L'arrêt de renvoi s'y réfère en articulant que Maurice Papon a agi «*sans ordre des autorités constituées*». C'est le contraire. Illégitime à ses yeux, Vichy n'en était pas moins une autorité constituée qui avait une légalité formelle.

Pour ce qui est des arrestations des juifs et de leur séquestration à Mérignac, on doit constater que Maurice Papon n'y a pas concouru, ni de son fait personnel, ni par des instructions finalisées données par lui-même à la police et on ne voit pas dans ses interventions le zèle, l'adhésion et la foi fervente, l'empressement qui caractérisent la complicité criminelle lorsqu'il s'agit de qualifier le crime contre l'humanité.

Le convoi du 26 août 1942 est la croix de ce procès puisque c'est à son occasion que 15 des 50 enfants appréhendés en juillet 1942, ensuite dispersés et mis à l'abri, ont été regroupés sur la décision allemande de les réunir à leurs parents. Nous savons aujourd'hui que cette réunion est une réunion dans la mort puisque leurs parents avaient été immédiatement déportés et gazés. Il est scandaleux d'avoir affirmé, pour la première fois, que les enfants arrêtés en juillet puis dispersés et remis à des familles d'accueil auraient été arrêtés sur ordre de Papon qui se trouverait ainsi complice de leur séquestration ! Quel ordre ? C'est oublier que si le camp de Mérignac était français et gardé par des Français, il était sous contrôle allemand étroit. Ce sont les Allemands qui décidaient des internements et des libérations. Aucune libération n'intervenait sans leur visa.

Les parties civiles, en affirmant que Maurice Papon connaissait la solution finale, sans en connaître cependant le détail technologique, pour pouvoir fonder l'accusation de crime contre l'humanité, se conduisent comme des négationnistes. Elles affirment, sans aucune preuve sérieuse, sinon quelques tracts, quelques journaux clandestins ronéotypés et quelques rares émissions, que Maurice Papon savait et devait savoir ce que personne ne savait et ne pouvait savoir. Elles sont dans l'incapacité de se fonder sur un témoignage de survivants. Tous disent que c'est en arrivant à Auschwitz qu'ils ont su et compris. Elles ne peuvent invoquer le témoignage d'aucun contemporain. Tous disent le contraire et beaucoup sont venus le dire à la barre. Elles sont dans l'impossibilité de pouvoir se référer à un seul des historiens de la déportation et du génocide. Tous affirment le contraire, et trois d'entre eux sont venus le dire à la barre. Elles espèrent confondre la mémoire, une mémoire tissée d'oublis, de stéréotypes et d'amalgames, avec une histoire faite de témoignages tardifs, d'une perception différée du sort spécifique des juifs et d'une volonté commémorative d'autant plus active qu'elle a été longtemps muette. Pour faire d'un accusé «*emblématique*», comme on dit aujourd'hui, le moyen de juger et condamner la complicité de l'État vichyste.

Citons par exemple William Casey, qui fut le directeur de la CIA, qui pendant la guerre fut un adjoint proche du fondateur du légendaire OSS (Office of Strategic Services), ancêtre de la CIA: «*Je n'ai jamais pu comprendre pourquoi, alors que nous savions tant de choses sur l'Allemagne et sa machine de guerre, nous en savions si peu sur les camps de concentration et l'ampleur de l'holocauste. Nous savions, de manière vague, que les juifs étaient persécutés, qu'ils étaient raflés dans les pays occupés et déportés en Allemagne, qu'ils étaient internés dans des camps, où ils étaient victimes de sévices et d'assassinats. Mais bien peu d'entre nous (aucun, peut-être) n'étaient capables de se représenter le massacre dans toute son horreur.*»

Les rumeurs qui commençaient à circuler en 1943 semblaient si monstrueuses qu'elles étaient impensables, donc impossibles. C'est ce que dit Raymond Aron, qui dirigeait à Londres *La France libre*, dans ses *Mémoires*: «*Au niveau de la conscience claire, ma perception était à peu près la suivante: les camps de concentration étaient cruels, dirigés par des gardes-chiourmes recrutés non parmi les politiques, mais parmi les criminels de droit commun, la mortalité y était forte, mais les chambres à gaz, l'assassinat industriel d'êtres humains, non, je ne l'avais pas imaginé, et parce que je ne pouvais les imaginer, je ne l'ai pas su.*»

C'est en mars 1945 que les premières révélations commencent à paraître à la suite de la publication de larges extraits du rapport de jeunes juifs slovaques, Rudolf Urba et Alfred Wetzel, qui se sont évadés le 7 avril 1944 de Birkenau. Ils se sont donnés pour mission de faire connaître ce qui se passe à Auschwitz.

Ainsi, Maurice Papon aurait dû savoir ce que les victimes, elles, ne savaient pas! Mais il ne savait pas ce que ne savaient pas les déportés, les témoins, les résistants et les fonctionnaires de Bordeaux. Faute d'avoir établi cette connaissance qui seule caractérise le crime contre l'humanité, vous répondrez non à la question double de la complicité de droit commun et du mobile qui caractérise le crime contre l'humanité.

Si Maurice Papon avait été le grand ordonnateur de la déportation des juifs de Bordeaux dans la connaissance de leur sort final – ce que tous savent maintenant qu'il n'a pas été –, toute peine serait incommensurable avec ce qui s'est passé là-bas. Mais sachant à quoi s'est ramené son rôle, toute condamnation, quelle qu'elle soit, condamnation conjuratoire pour l'exemple et pour satisfaire ceux et celles qui verraient dans un acquittement le déni de leur deuil, serait une régression vers les sentiments les plus primitifs et une injustice. Une injustice et une déchirure nationale.

Mesdames et Messieurs les jurés, vous êtes libres de toute crainte. Et vous n'êtes plus seuls ! Lors de ce procès, vous avez présidé une grande leçon. Elle n'exige pas un sacrifice injuste. Ce sacrifice éclabousserait la mémoire et la rendrait vaine. Vous savez ce que Maurice Papon, dont la vie a été vouée au bien commun des Français, a su, pu et voulu. Vous savez le droit. Vous voulez être justes. Vous n'avez pas à le justifier. Mais vous avez à répondre non à l'injustice que serait sa condamnation.

***

Son engagement absolu au service des victimes de la Shoah a marqué toute sa vie. Michel Zaoui est l'un des très rares avocats à avoir participé aux trois grands procès français qui ont essayé de leur rendre justice : celui de Klaus Barbie, le gestapiste, celui de Paul Touvier, le milicien, et celui de Maurice Papon le haut fonctionnaire. En ce lundi 16 mars, c'est donc lui qui a la lourde responsabilité de conclure les quarante plaidoiries des parties civiles. « *Après moi*, dit-il, *viendra l'appréhension terrible du silence qui couvrira la voix des victimes.* » Le vice-président du Conseil représentatif des institutions juives, calé en retrait du pupitre, regardant fixement la cour, prononce un discours magistral qui lui ressemble : profond, engagé, maîtrisé. Dans un style limpide, d'une voix fluide, il accuse Maurice Papon d'être l'auteur d'un « *crime de bureau* ». Un crime administratif qui a la particularité d'éloigner le bureaucrate de sa victime. Michel Zaoui reprend à son compte la phrase de Kafka : « *Les chaînes de l'homme torturé sont faites en papier de ministère.* »

Plaidoirie prononcée par Michel Zaoui, avocat des parties civiles, le 16 mars 1998, devant la cour d'assises de la Gironde lors du procès de Maurice Papon

Monsieur le président, Madame et Monsieur de la Cour, Mesdames et Messieurs les jurés, il m'incombe la lourde responsabilité de clore les voix des parties civiles qui, pendant dix-sept années, ont réclamé justice et réclamé d'être reconnues comme victimes des agissements criminels de Maurice Papon.

D'ordinaire, devant une cour d'assises, l'environnement du crime de droit commun est connu : un ou plusieurs morts, des pièces à conviction, des témoins directs, parfois indirects, des empreintes digitales ou génétiques. Or qu'avons-nous ici ? Au lieu de cadavres, nous avons des listes de noms, de prénoms, d'adresses, des listes de nationalités. Au lieu d'experts médecins légistes, nous avons des témoins historiens. Au lieu de pièces à conviction (couteaux, pistolets, haches, fusils, etc.), nous avons des rapports, des notes, des comptes rendus, des instructions administratives. Au lieu d'un accusé ordinaire, nous avons devant nous un homme qui a connu une carrière exceptionnelle.

Lorsque vous jugez un crime ordinaire, le criminel va comparaître et on va l'interroger sur sa vie familiale, professionnelle, son environnement affectif. On va essayer de comprendre cet accusé, de trouver un lien entre sa vie privée et l'acte criminel qu'il a commis. Ce n'est plus le cas dans le crime contre l'humanité. Dans le crime contre l'humanité, on n'est plus dans le cadre de la sphère privée de l'accusé. Peu me chaut la vie privée et psychologique de Maurice Papon. Dans le cadre du crime contre l'humanité, on abandonne la sphère de la vie privée. Au moment où Maurice Papon prend en main le service des questions juives, il entre dans la vie publique, dans la vie politique. Nous ne sommes plus dans le cadre de la vie privée d'un individu. Et cela, c'est une différence supplémentaire entre crime contre l'humanité et crime ordinaire de droit commun.

En conséquence, on va interroger l'environnement de Maurice Papon, non son environnement familial mais sa vie politique, sa vie publique, et c'est cela qui nous intéresse. C'est la raison pour laquelle nous avons fait venir les grands témoins historiens. On nous l'a déjà reproché aux procès Barbie et Touvier. Cet argument et cette position sont habituels. Or, nous avons fait venir ces historiens pour nous parler de cette vie publique dans laquelle s'est mû Maurice Papon, c'est cela que nous avions besoin d'entendre. Car si vous l'enlevez du régime de Vichy, Maurice Papon n'est rien. Il est une huître sur une plage et rien d'autre. Mais, dans le régime de Vichy, vous allez comprendre pourquoi il a agi de telle ou telle manière. Maurice Papon est la traduction de ce qu'est le régime de Vichy, il en est une sorte de figure emblématique.

Maurice Papon veut faire entrer les contours du crime contre l'humanité dans un cadre qui nous est à tous plus habituel, celui du crime de droit commun. Mais ce cadre est trop étroit. Prenons quelques exemples. Dans un crime de droit commun, il y a un heurt, il y a un face-à-face, un corps-à-corps entre le criminel et sa victime. Il y a une proximité entre les deux par l'utilisation d'une arme, par exemple. En revanche, le crime administratif est géré par une bureaucratie criminelle. Par définition, le bureaucrate est loin de sa victime. Il n'y a pas de proximité entre le bureaucrate et sa victime. Rappelez-vous le cas du Dr Michaelson, ami de Maurice Papon. Il y eut là un face-à-face et il n'y aura pas de crime parce que Maurice Papon lui dira de partir vite. Lorsque Papon est derrière son bureau, il n'y a pas de corps-à-corps avec ses victimes, il y a cette mise à distance entre le criminel et sa victime.

Il y a d'autres différences entre le crime de droit commun et le crime administratif. En droit commun, c'est le criminel qui va vers sa victime. Par exemple, il va chez son voisin et lui tire dessus. Mais avec le crime contre l'humanité c'est l'inverse. L'assassin ne va jamais vers les victimes. L'assassin de bureau va envoyer sa victime vers le lieu du meurtre, vers Drancy et plus loin encore. Avec le crime contre l'humanité, ce sont les victimes qui vont vers le lieu de leur anéantissement. Avec le crime administratif, le crime de bureau, les massacres sont anonymes, les victimes ne figurent que sur des listes. Les auteurs ne sont pas connus non plus, personne n'a tué, personne n'a de sang sur les mains. Le service des questions juives répond à un ordre allemand pour un convoi prévu le jour même et la machine va se mettre en marche. Les trains partiront à l'heure. On aurait pu imaginer qu'ils partent en retard, mais non, ils partent tous à l'heure. C'est cela la machine bureaucratique française qui se met en marche.

Nous sommes face au crime de bureau.

Le crime contre l'humanité est ici un crime unique qui se décompose en une infinité d'actes criminels indissociables les uns des autres. C'est pourquoi il ne peut être dissocié du crime administratif, et nous sommes bien loin du crime ordinaire de droit commun dans son sens traditionnel. Maurice Papon, qu'il le veuille ou non, a participé à cette chaîne de mort où chaque maillon est d'égale importance. Dans le crime administratif, les auteurs sont dispersés tout au long de cette chaîne et sont souvent si nombreux qu'ils ne se connaissent pas. Un individu seul ne peut pas être complice d'un crime contre l'humanité. Cela passe obligatoirement par la mise en œuvre d'un réseau de fonctionnaires. Cinq, dix, cinquante, cent, on ne peut pas savoir. Il faut que le processus administratif se mette en marche pour que le crime administratif se mette en place.

Rappelez-vous ce qu'a dit Maurice Papon sur le cas Librach qui va passer par Mérignac, avant de partir à Drancy. Maurice Papon a ce mot terrifiant: «*C'était la fin de la procédure.*» C'est un mot terrible! Mais quand on y réfléchit, cela signe bien le crime de bureau. Léon Librach va se retrouver à Drancy à l'issue de toute une procédure administrative. La sécheresse du propos de Maurice Papon fait penser à la phrase de Kafka: «*Les chaînes de l'humanité torturée sont faites en papier de ministère.*» Cette expression m'a sauté au visage parce que je me suis dit: c'est exactement cela! En 1942-44, le service des questions juives, ce sont des «*papiers de ministère*». Et qu'est-ce qu'il y a sur ces papiers? Des noms de juifs qui n'ont rien demandé à personne, des personnes qui demandent seulement de vivre. Et les papiers du service des questions juives vont les envoyer à la mort.

Nous sommes, là encore, toujours dans cette distinction qui me hante, celle du crime administratif opposé au crime ordinaire. Ce crime administratif constitue un enchaînement. C'est une sorte de crime qui passe de main en main et qu'on se transmet. C'est parce qu'il passe de main en main qu'on ne sait jamais quand il commence. Et c'est parce qu'on ne sait pas quand il se commet que, dans leur quasi-totalité, les criminels contre l'humanité n'ont jamais avoué. La spécificité du crime contre l'humanité est qu'il ne s'avoue pas. Personne ne pourra reconnaître devant une cour d'assises qu'il a commis un crime contre l'humanité parce que cela ne peut pas reposer sur les épaules d'une seule personne. La totalité des actes criminels sont commis par 20, 30 ou 50 personnes, c'est pour cela qu'on n'avoue jamais un crime contre l'humanité. La complicité, pour répondre à Maurice Papon, elle est là.

Monsieur le président, Madame et Monsieur de la Cour, Mesdames et Messieurs les jurés, j'en ai terminé. Ce procès, je crois, est essentiel pour la mémoire de notre pays. Il a montré que les cinquante-cinq ans passés n'ont pas favorisé l'oubli mais brisé l'amnésie française. C'est faire œuvre de justice mais l'œuvre de justice, cette grande affaire des hommes, est là aussi pour porter secours à la solitaire douleur des survivants et de ceux qui vivent dans leur chair la mémoire de la tragédie. L'œuvre de justice est là pour apporter une réponse qui ne soit pas indigne de l'irréparable. En manifestant sans relâche notre exigence de vérité et de justice, c'est un peu comme si nous leur avions fait cortège, à eux, qui ne connaissent pour ultime demeure que la terreur et la cendre. Mais il faut bien en finir. J'éprouve une appréhension terrible devant le silence qui va succéder aux paroles de mes confrères et aux miennes en cet instant, ce silence qui va couvrir les voix des parties civiles qui ont cherché à vous expliquer leur souffrance et à vous démontrer la responsabilité pleine et entière de Maurice Papon, coupable de complicité de crime contre l'humanité. Votre verdict fera qu'elles ne continueront plus à vivre dans le silence et dans l'oubli.

Verdict

Le 2 avril 1998, la cour d'assises de la Gironde condamne Maurice Papon à dix années de réclusion criminelle pour complicité de crime contre l'humanité.

5. Le procès de la SNCF pendant la Seconde Guerre mondiale

Le procès intenté à la SNCF, par la famille Lipietz, pour complicité de crime contre l'humanité, est l'une de ces affaires complexes et passionnantes où la douleur des victimes doit se frayer un chemin au travers des controverses historiques, des intérêts économiques ou politiques et des contraintes imposées par le droit.

Résumons : en 1998, le procès de Maurice Papon, secrétaire général de la préfecture de Bordeaux sous l'Occupation et l'examen minutieux de son rôle dans l'organisation des convois de déportés jettent une lumière crue sur la « *bureaucratie criminelle* » qui a permis l'extermination des juifs. Parmi les maillons de la chaîne : la SNCF, qui a consciencieusement affrété les trains de la mort. Georges Lipietz en sait quelque chose : en 1944, il a été embarqué dans les wagons à bestiaux de la compagnie pour être transféré à Drancy d'où il a vu partir des milliers de victimes vers les chambres à gaz. Il en a lui-même réchappé mais, quarante ans après, alors qu'une cour d'assises juge enfin Papon et que le passé ressurgit, Georges Lipietz décide de faire ce que personne n'a encore osé en France : attaquer la SNCF.

Il lui faudra du courage et de l'opiniâtreté. Il a d'abord contre lui le droit : une loi (datant de 1946) interdit en effet de demander réparation à l'État français pour les actes du gouvernement de Vichy. « Illégal », donc censé n'avoir jamais existé. C'est seulement en 2001, après un arrêt du Conseil d'État renversant cette jurisprudence, que Georges Lipietz (auquel se sont joints son demi-frère et deux de ses parents également transférés à Drancy) peut initier une procédure. Georges Lipietz a aussi contre lui la plupart des historiens et des associations de déportés, celle de Serge

Klarsfeld en tête. Comme nombre de spécialistes de la période, le célèbre chasseur de nazis estime que la compagnie de chemins de fer, réquisitionnée par les autorités, agissait sous la contrainte et ne pouvait s'opposer aux demandes des Allemands. Son fils, Arno (par ailleurs avocat de… la SNCF dans des procès similaires engagés aux États-Unis par près de 300 plaignants) est encore plus virulent. «*Ces plaintes, contraires à la vérité historique et démagogique, diluent la responsabilité de ceux qui furent vraiment chargés de la déportation des juifs de France.*» De plus, s'indigne-t-il, «*elles souillent la mémoire des 1 647 cheminots fusillés ou déportés sans retour*». Georges Lipietz brise en effet un autre tabou français: il malmène la légende dorée de la SNCF, entreprise «résistante» magnifiée par *La Bataille du rail*, le fameux film de René Clément. Enfin, la croisade solitaire du rescapé de Drancy menace d'énormes intérêts économiques, confortant la plainte collective déposée aux États-Unis et l'appel au boycott de ces élus de Californie ou de Floride qui ne veulent pas de la SNCF, «*complice, selon eux, de la déportation des juifs*», dans les appels d'offres pour la construction de lignes à grande vitesse.

En 2006, pourtant, après des années de procédure, la plainte est examinée par le tribunal administratif de Toulouse. Mais Georges Lipietz n'est plus là pour assister à cette petite victoire, il est mort trois ans plus tôt. Son fils Alain (ex-député européen et dirigeant d'Europe Écologie-Les Verts) et sa fille, Hélène (sénatrice et également membre d'EE-LV) ont poursuivi le combat, affrontant le plus souvent incompréhension ou insinuations infamantes (leur démarche serait motivée par l'espoir de compensations financières !). Aujourd'hui, ils se disent satisfaits d'avoir ouvert le débat et de compter parmi ceux qui ont obligé la SNCF à regarder en face ses «*années noires*».

Ainsi, en novembre 2010, à l'occasion d'un voyage de son PDG, Guillaume Pepy, en Californie, la compagnie exprimera pour la première fois «*sa profonde peine et son regret pour les conséquences de ses actes*». Certes, ce repentir est d'abord destiné à préserver les contrats en cours aux États-Unis. Mais un an plus tard, Guillaume Pepy renouvelle ses excuses sur le territoire français et érige en «lieu de mémoire», un terrain de la gare de Bobigny d'où sont partis plus de 20 000 juifs. Enfin, en février 2012, l'entreprise franchit une nouvelle étape dans sa «politique de transparence», donnant copie de la totalité de ses archives de la Seconde Guerre mondiale au Mémorial de la Shoah à Paris, au centre Yad Vashem de Jérusalem et à l'Holocaust Museum de Washington.

Pour retracer cette longue «*bataille du rail*» judiciaire, nous avons choisi de publier presque *in extenso* la plaidoirie de Rémi Rouquette, avocat de la famille Lipietz. Ancien maître de conférences, spécialiste reconnu du droit administratif et auteur de plusieurs ouvrages sur le sujet[1].

Rémi Roquette n'est pas, contrairement à son confrère Yves Baudelot qui défend la SNCF, un ténor du barreau, rompu à l'art oratoire. «*Pourtant*, dit Hélène Lipietz, *il a délivré papa de la souffrance de ne pas être reconnu comme victime*», en trouvant une voie juridique – devant un tribunal administratif – pour faire aboutir sa plainte. Lors du procès, il a su aussi trouver les mots pour en retracer tous les enjeux.

Plaidoirie prononcée par Rémi Rouquette, avocat de la famille Lipietz, le 16 mai 2006, devant le tribunal administratif de Toulouse

Monsieur le président, Mesdames et Messieurs les Conseillers, 12 millions de personnes déportées pour leur race, leur religion (juifs, tsiganes, noirs), leur homosexualité, leur handicap, leur opposition politique ou leur participation à la résistance ont été exterminées par les nazis, dont environ 6 millions de juifs. Un nombre infime est revenu des camps d'extermination. Un plus grand nombre a pu échapper à la déportation, grâce surtout à l'aide des Justes, aux faux certificats de baptême, aux caches clandestines, à la fuite par l'Espagne.

Mes clients furent de ceux-là et ne furent sauvés que parce que, tard arrêtés, ils étaient encore à Drancy quand le camp fut libéré.

1. Notamment *Petit traité du procès administratif* (Dalloz), *Cultes, laïcité et collectivités territoriales* (Le Moniteur).

Pour ces raisons, je vous prierai d'excuser l'inhabituelle longueur de mes observations, si éloignée de l'usage devant les juridictions administratives. Mais les faits particulièrement tragiques confèrent à ce procès une dimension exceptionnelle.

En préliminaire aussi, je voudrais remercier la juridiction d'avoir enregistré l'affaire sous l'appellation «*consorts Lipietz*». Les ayants droit de Georges Lipietz ont des métiers où ils ne craignent plus que leur origine familiale ne nuise à leur carrière ou à leur vie sociale. En revanche, certains descendants du frère de Georges Lipietz exercent des métiers où la judaïté peut, hélas, être encore un handicap. La famille préfère donc, et c'est à vous que je m'adresse spécialement, Monsieur, Madame le Commissaire du Gouvernement, ainsi qu'à vous, Mesdames et Messieurs de la presse, que vous parliez des consorts Lipietz sans citer le nom des autres requérants.

La famille de mes clients est originaire de Pologne. Certains de ses membres, fuyant déjà en 1929 l'antisémitisme de la Pologne, s'étaient réfugiés avant-guerre en France. Ils avaient obtenu, en 1933, la nationalité française, à l'exception de Georges Lipietz, qui ne l'a acquise qu'après la guerre. La majorité de ceux restés en Pologne a péri, dans les ghettos ou les camps, dont le père de Georges Lipietz, qui était avocat à Varsovie. Et ceux réfugiés en France n'ont échappé à ce sort tragique que par un miracle, dans des conditions que je rappellerai brièvement avant d'aborder la responsabilité de l'État, celle de la SNCF et la question de l'évaluation du préjudice.

Le rappel du contexte, d'abord…

Le procès Papon est encore trop récent pour que quiconque ignore les agissements de l'État français et de la SNCF pendant l'Occupation. Néanmoins, cette horreur absolue doit toujours être rappelée pour que nul ne l'oublie, ou pire ne la nie.

Si les persécutions en Allemagne commencent dès la prise de pouvoir, c'est pendant la guerre que l'État nazi met en place sa politique d'extermination systématique, la tristement célèbre «solution finale».

Dès le début de l'Occupation, l'État vichyste non seulement prête la main («lois» d'exclusion du 3 octobre 1940 et 2 juin 1941), mais prend des initiatives non demandées par les nazis. Le calendrier est bien connu[2]. L'exclusion de la vie sociale (interdictions professionnelles, confiscation des biens, suppression de la nationalité française, etc.) n'est que le prélude. Dès janvier 1941, Vichy crée le « Commissariat général aux questions juives », qui prépare l'internement, puis la déportation des juifs, la première en France ayant lieu le 27 mars 1942. Et d'ailleurs, contrairement à ses propres affirmations, il arrête non seulement les juifs étrangers mais aussi plus de 24 000 citoyens français.

Chacun le sait, mais il faut encore le répéter, c'est la police française et non la Gestapo qui procède aux rafles, en particulier la rafle du Vélodrome d'hiver (près de 13 000 personnes arrêtées les 16 et 17 juillet 1942) – à laquelle mes clients ont réchappé, je l'ai dit, par miracle – et toutes les rafles postérieures. La zone prétendument libre n'échappe en rien à ces rafles. Vichy prévoit, dès août 1942, de « *livrer* » au moins 10 000 juifs étrangers et apatrides et décide de supprimer les exemptions pour les enfants. Et à Toulouse, le préfet Cheneaux de Leyritz, puis son successeur, dont nul ne paraît savoir ce qu'ils sont devenus, organisent méthodiquement les arrestations, la déportation et la livraison des juifs. Malgré tout, dans cette zone libre, il est plus facile aux Justes d'aider les persécutés et les protestations publiques, notamment des Églises, freinent le rythme des arrestations et transferts vers Drancy. La zone libre est donc un peu moins dangereuse pour les juifs. Je dois notamment rendre hommage à Monseigneur Saliège, archevêque de Toulouse, qui fit lire au cours des messes du dimanche 23 août 1942 une lettre pastorale de protestation : « *Les juifs sont des hommes, les juives sont des femmes. Les étrangers sont des hommes, les étrangères sont des femmes. Tout n'est pas permis contre eux [...]. Ils font partie du genre humain. Ils sont nos frères comme tant d'autres.* » Cheneaux de Leyritz tenta, en vain, d'interdire la lecture de cette lettre dans les églises. La protestation de Monseigneur Saliège ne reste pas isolée et l'on doit aussi citer Monseigneur Théas, évêque de Montauban qui lut une lettre analogue.

Les consorts Lipietz, comme beaucoup d'autres juifs, savent que le Midi est un peu moins périlleux et ils se sont installés à Pau, cherchant à fuir par l'Espagne. Ils ont pu obtenir de faux certificats

2. Voir par exemple Klarsfeld, *Le Calendrier de la persécution des juifs en France*, Éditions FFDJF.

de baptême et l'un d'eux n'est pas circoncis. Le 8 mai 1944, victimes d'un anonyme délateur, ils sont arrêtés par la Gestapo de Pau et transférés à Toulouse où ils sont remis à la police française. L'État français prend le relais car Vichy a obtenu de l'occupant le privilège douteux de rafler les juifs. C'est la police française, sous les ordres du préfet de Toulouse qui les détient dans une prison spéciale, où ils sont gardés pendant deux jours par des gardiens de prison de l'administration pénale française. Les faux papiers ne sont pas restitués et la préfecture de Haute-Garonne n'accomplit aucune démarche auprès de la Gestapo pour récupérer les papiers.

Le 10 mai 1944, la SNCF intervient. Mes clients sont enfermés dans un fourgon à bestiaux, dont les minuscules fenêtres sont garnies de fer barbelé ; le voyage dure 30 heures dans une atmosphère étouffante, les prisonniers ne recevant à boire (de la Croix-Rouge) qu'une seule fois, à Limoges. La famille est ensuite enfermée à Drancy, gardée par des gardes mobiles français, jusqu'au 17 août 1944, date de la libération du camp, grâce au consul de Suède en France, Raoul Nordling, qui vint donner l'ordre aux gendarmes français d'ouvrir les portes du camp, alors que Paris livrait la dernière bataille pour sa liberté…

Si les consorts Lipietz ont échappé à l'extermination, qui a été le lot de tant de millions de victimes, c'est principalement parce qu'à cette époque, la circulation des trains devient plus difficile, grâce notamment aux plasticages des cheminots. Et parce que les nazis (notamment le S.S. Aloïs Brunner) ont utilisé le train qui devait servir à des déportations pour fuir et emporter le fruit de leurs pillages, accrochant quand même à ce dernier train un wagon de déportés.

Ces abominables faits rappelés, il convient d'en venir au droit.

Venons-en maintenant à notre demande contre l'État.

Certes, ce procès, dont il semble que ce soit le premier devant la juridiction administrative (si l'on excepte l'action de Papon pour se faire garantir par l'État de sa condamnation envers les victimes et l'action d'une fédération de déportés suite à ce procès) paraît venir bien tard après les faits. Cela n'est pourtant nullement un obstacle à une demande dont le bien-fondé est évident.

D'abord, parce que cette demande différée est parfaitement explicable.

Pendant des décennies, la République a feint de considérer qu'elle ne continuait pas le régime de Vichy. Politiquement incontestable, cette affirmation soutenue par les adversaires de Vichy est pourtant une aberration juridique. Vichy était un gouvernement despotique, il n'en était pas moins le gouvernement du même État qu'est la France : il n'y a aucune succession d'États et d'ailleurs les relations diplomatiques continuent avec les États neutres, notamment avec les États-Unis. L'ordonnance du 9 août 1944 portant rétablissement de la légalité républicaine a certes réputé nuls les actes dits «*lois du gouvernement de Vichy*», mais cette annulation rétroactive n'a frappé que les actes les plus odieux. Surtout, aucune loi n'a jamais exonéré l'État de sa responsabilité pour les actes commis pendant l'Occupation. On voit d'ailleurs après-guerre, les conseils du contentieux administratif et le Conseil d'État condamner l'État à payer des sommes dues à des entreprises pour des marchés et réquisitions faits par Vichy. De même, des procès en responsabilité sur des affaires ordinaires ont eu lieu comme si de rien n'était. Du reste, la SNCF s'est fait payer par la République les billets de train commandés par Vichy, comme ceux ayant servi à transporter mes clients, facturant au demeurant des billets de troisième classe alors qu'il s'agissait de wagons à bestiaux.

La génération de la Résistance a mis entre parenthèses le régime de Vichy et ce n'est pas avant la fin des années 1970 que les historiens commencent à se pencher sur la France de Vichy, grâce notamment à l'ouverture des archives. Les travaux d'historiens sur le rôle réel de Vichy, sur sa complicité dans la solution finale ne sont publiés et connus que dans les années 1980.

Une fois les faits établis devant l'Histoire, il a encore fallu que la génération politique née après la guerre vienne au pouvoir pour que la République affirme sa repentance pour les exactions de Vichy. Et je dois ici saluer le président de la République Jacques Chirac. En déclarant, le 16 juillet 1995, lors de la commémoration de la rafle du Vel d'Hiv : «*Ce jour-là, la France a commis l'irréparable*», il a enfin reconnu que l'ignominie de Vichy doit être assumée par l'État.

Vous comprendrez aisément que les victimes survivantes, marquées à jamais par l'atrocité de l'extermination de leurs coreligionnaires, ne disposant d'aucun travail d'historien, ne pouvaient que faire leur ce discours dominant de rupture et ne pouvaient pas psychologiquement intenter des procès contre les adversaires de Vichy pour obtenir réparation des préjudices causés par Vichy. Le Conseil d'État lui-même, fortement épuré, était pris dans la même ambiance.

Même les avocats d'origine juive, dont certains sont pourtant de grands administrativistes n'ont jamais, semble-t-il, pensé à faire un procès analogue à celui que vous avez à juger. Ce n'est certainement pas par incompétence, mais parce que l'idée de demander réparation à la République des exactions vichystes était tout simplement inconcevable avant que les générations ne passent.

Pour que ce procès ait pu se faire, il a fallu une conjonction de plusieurs facteurs. Le premier tristement banal, est que les survivants, quand vient l'âge de la retraite, ont vu ressurgir dans leur mémoire ce qu'ils avaient tenté d'occulter depuis la Libération. C'est ainsi que Georges Lipietz, hélas décédé avant cette audience, a été frappé par une immense douleur quand, vers la soixantaine, tous ces faits horribles ont ressurgi. Le second est que la justice pénale a pu, elle aussi fort tardivement, juger quelques affaires. Le dernier facteur est le hasard qui a fait qu'un avocat spécialisé en droit administratif a eu l'occasion d'entendre, dans une conversation informelle, M. Georges Lipietz parler de son arrestation, de Drancy et de son désespoir d'identifier une personne physique survivante qu'il pourrait poursuivre. Rappelons à ce sujet que Aloïs Brunner n'a jamais pu être extradé de Syrie où il avait semble-t-il trouvé refuge.

Le raisonnement était dès lors très simple. Les faits étaient un crime contre l'humanité, mais étaient également du point de vue du droit public une faute de service ou ayant un lien avec le service du préfet de Toulouse et de ses services. Un procès administratif était possible et d'ailleurs quelque temps plus tard, le Conseil d'État confirmera, à propos de l'affaire Papon, que l'État est responsable pécuniairement des conséquences du crime contre l'humanité commis par ce dernier.

Le temps écoulé est donc non seulement parfaitement explicable mais il ne constitue pas un obstacle à l'action engagée, malgré ce qu'en disent les deux défendeurs. Rappelons que le président

Jacques Chirac a aussi déclaré, le 16 juillet 1995 : « *Nous conservons à [l']égard [des 76 000 déportés juifs de France] une dette imprescriptible.* »

On ne peut être que désagréablement surpris que, malgré cette position politique claire, un groupe de hauts fonctionnaires ait décidé le 25 novembre 2003, ainsi que c'est relaté dans un document produit par l'État en février 2006, d'invoquer la prescription quadriennale dans les litiges de STO et dans ceux des persécutions antisémites, puis l'a fait dans le présent litige. L'assimilation des deux persécutions prouve d'ailleurs qu'ils n'ont rien compris à la spécificité de la Shoah.

Mais puisque, dans cette affaire, la parole du président de la République n'est rien, venons-en au droit.

Sur la forme, ni la prescription quadriennale ni la prescription de dix ans ne sont régulièrement invoquées par l'État. Sur ces questions techniques, je m'en rapporte entièrement à mes écritures. Mais je voudrais quand même souligner l'inconvenance du ministère de la Défense qui, onze jours avant l'audience, a notifié à M. Georges Lipietz une décision opposant la prescription quadriennale, alors qu'il savait parfaitement que celui-ci était décédé, les héritiers ayant repris l'instance par un acte que le greffe a bien entendu communiqué à l'État.

En premier lieu, les victimes ayant pu intenter un procès pénal contre une personne physique bénéficient de l'imprescriptibilité. Ceci est une discrimination envers celles qui n'ont pas pu le faire faute de responsable vivant et identifié... Surtout, l'accord de Londres du 8 août 1945 portant statut du tribunal militaire international a défini le crime contre l'humanité sans évoquer la question de la prescription. Ce silence signifie clairement que ces crimes ne sont pas prescriptibles. Il faut en effet interpréter les textes internationaux à la lumière des principes généraux du droit international et des principes communs aux États. Or, bien des États, notamment anglo-saxons, ignorent la prescription. Le droit international ignore tout autant ce mécanisme. Dans ces conditions, la loi du 26 décembre 1964 confirmant l'imprescriptibilité des crimes contre l'humanité n'a nullement supprimé une prescription qui n'a jamais existé, mais a simplement interprété le droit antérieur pour rappeler l'imprescriptibilité.

On sait que la jurisprudence judiciaire a toujours considéré que cette imprescriptibilité s'étend à l'action en réparation, et n'a jamais exigé qu'une condamnation pénale soit effective pour que joue l'imprescriptibilité. L'État soutient cependant qu'il devrait en aller autrement en droit administratif, sans guère argumenter à ce sujet. Mais la spécificité du crime contre l'humanité transcende les divisions du droit. Ce n'est pas seulement parce que les règles de prescription valent quelles que soient les parties (Code civil, art. 2227) que l'imprescriptibilité joue aussi dans la présente affaire. C'est surtout parce que le crime contre l'humanité a été perpétré avec la complicité active de l'État français. Pour citer le commissaire du gouvernement Austry dans une affaire proche, c'est «*parce que le processus engagé en vue de l'extermination de la communauté juive ne résulte pas seulement de la folie de dangereux criminels, mais n'a été permis que par une planification bureaucratique assurée par des fonctionnaires consciencieux, que les crimes contre l'humanité peuvent n'être pas seulement des fautes personnelles*». Il ajoutait: «*Nous ne voyons pas comment, alors, vous pourriez opposer la prescription civile que vous appliquez également en matière de responsabilité administrative en vertu de l'article 2277 du Code civil [...] tout comme d'ailleurs vous pourriez admettre que soit opposée la prescription quadriennale*.»

Comme le disait fort justement le professeur Claude Lombois, une des justifications de l'imprescriptibilité est que « le temps passé, loin de faire dépérir les preuves, permet, par le dépouillement plus avancé des archives, une meilleure manifestation de la vérité. Le scandale de l'immunité du crime ne s'émousse pas avec le temps, bien au contraire». Et cela vaut en droit administratif comme en droit privé. Rappelons que toute la lumière n'est pas entièrement faite sur les crimes de Vichy, toutes les archives ne sont pas encore dépouillées, à Toulouse comme ailleurs.

Il n'y a pas lieu de distinguer quand la loi internationale et française ne distinguent pas. L'imprescriptibilité implicitement décidée par les accords de Londres du 8 mai 1945 (portant statut du tribunal de Nuremberg) ne distingue ni selon les États, ni seulement les juridictions, ni selon le type d'action. Les États-Unis ne s'y sont pas trompés. Fortes de lois de compétence universelle, leurs juridictions ont condamné, à la demande de Français, plusieurs personnes morales de droit français pour les crimes contre l'humanité commis pendant cette période. La SNCF a déjà été condamnée, par un arrêt certes non définitif; l'État français est poursuivi. Tout porte à croire qu'il n'y a aucun obstacle à des condamnations définitives par les juridictions américaines en raison des crimes de Vichy ou de la SNCF.

L'enjeu du jugement à intervenir est aussi là. Si vous deviez juger que la prescription s'applique en droit administratif – même si vous l'écartez pour des raisons de forme – alors il y aurait encore davantage de victimes qui iront plaider aux États-Unis. Vous ne feriez que renforcer ce mouvement qui fait juger aux États-Unis des institutions françaises pour des actions en réparation intentées par des Français, qui souvent ne sont même pas résidents américains. Comment reprocher aux victimes de l'antisémitisme de Vichy d'aller plaider aux États-Unis si l'action en France est vouée à l'échec ?

Si, au contraire, vous écartez la prescription parce que l'action en réparation d'un crime contre l'humanité est toujours imprescriptible, quelle que soit la juridiction, alors la France pourra juger toutes ces affaires où l'action pénale est impossible. Au-delà de l'enjeu direct du présent procès, vous pouvez aussi, et vous devez, juger dans un sens qui sauvegarde la souveraineté française.

C'est pourquoi je vous demande de juger avant tout que l'action en réparation est imprescriptible quelle que soit la juridiction, même si vous pouvez renforcer votre motivation par des considérations plus spécifiques au présent litige.

J'en viens maintenant au bien-fondé évident de notre demande contre l'État. Je serai beaucoup plus court sur ce point. J'observerai en préliminaire que les faits ne sont pas contestés par l'État et sont établis par les pièces produites. Ce que je vous demande n'a rien d'extraordinaire, c'est seulement de faire application des principes les mieux établis de la responsabilité administrative, même si je dois dire quelques mots sur la compétence administrative.

Vous savez que l'État est responsable des fautes de ses fonctionnaires, dès lors qu'elles ont un lien avec le service ou sont commises pendant le service. Or, il est indiscutable que le préfet de Haute-Garonne et ses subordonnés agissaient dans le cadre du service en enfermant mes clients. Et ce service n'était pas le service de la Police judiciaire, mes clients n'ayant jamais commis d'infraction ou été soupçonnés d'en avoir commis. Ils étaient privés de leur liberté parce que juifs, un point c'est tout. Et ce n'est pas davantage une voie de fait : les agissements des services, pour constitutifs qu'ils soient d'un crime contre l'humanité, n'en étaient pas moins fondés sur les prétendues « lois » de Vichy. Les arrestations dont il s'agit sont un crime contre l'humanité. Le procès de Nuremberg l'a établi de manière définitive. Elles sont *a fortiori* des fautes de service. La responsabilité est évidente, et n'est d'ailleurs pas contestée par l'État, qui s'est borné à opposer la théorie du forfait de pension, moyen de défense manifestement inopérant depuis que cette notion a été abandonnée par le Conseil d'État, tant elle était contraire au droit conventionnel.

Examinons maintenant la responsabilité de la SNCF.

La SNCF conteste à la fois votre compétence, invoque la prescription trentenaire et discute même sa responsabilité.

Une telle profusion de défenses n'est guère compatible avec le discours de son président-directeur général, M. Gallois, qui prétendait assumer les responsabilités de la SNCF. Elle n'est pas davantage compatible avec la repentance ambiguë que la SNCF paraît formuler sur son site internet [3].

Sur la compétence de la juridiction administrative... Toute la thèse de la SNCF est basée sur le fait que ses rapports avec ses usagers sont régis par le droit privé.

Il est certes regrettable que le droit français ignore le principe d'Estoppel interdisant à une partie de se contredire aux dépens de son adversaire. La SNCF, qui n'hésite pas devant les juridictions des États-Unis, à soutenir qu'elle a droit aux immunités du droit local réservées aux États étrangers, ne peut pas soutenir sans se contredire devant le juge français qu'elle n'a noué avec les consorts Lipietz que des relations ordinaires de transporteurs à transporté.

Quoi qu'il en soit, les consorts Lipietz n'ont jamais, c'est l'évidence, demandé à être transportés à Drancy, et n'ont jamais acheté les billets de train (achetés par la préfecture de police). Ils n'étaient pas des usagers du service public industriel et commercial de la SNCF. Le service public qu'elle gérait, consistant à déporter des innocents vers Drancy, était administratif et la responsabilité

3. http://www.french-railways-ww2.org/

est délictuelle et non contractuelle. Ce service était administratif non seulement parce que les personnes transportées l'étaient contre leur gré, mais aussi parce que la SNCF exerçait des prérogatives de puissance publique, contraignait les juifs, les privait de nourriture, d'eau et de sanitaires, les gardait dans les wagons à bestiaux dont elle avait muni de barbelés les toutes petites ouvertures pour empêcher toute évasion. Elle avait d'ailleurs le monopole du transport ferroviaire des voyageurs, monopole qui est par lui-même une prérogative de puissance publique, ainsi que l'a jugé le tribunal des conflits [4].

Or, il est constant que la responsabilité délictuelle ou quasi délictuelle d'un service public administratif relève du juge administratif lorsque le service détient des prérogatives de puissance publique et que leur exercice est à l'origine du dommage.

Et comment peut-on sérieusement nier que le pouvoir dont disposait la SNCF de transporter des personnes sans leur consentement est une prérogative de puissance publique, que d'ailleurs aucun État démocratique ne s'octroie ? La SNCF agissait avec des prérogatives de puissance publique et ses fautes ne se confondent pas totalement avec celle de l'État.

En ce qui concerne la prescription, tout ce qui a été dit sur l'État est transposable à la SNCF. Le raisonnement est simple : la SNCF et ses agents ont prêté leur concours à un crime contre l'humanité, dont l'imprescriptibilité s'étend à l'action en réparation, allant du reste bien au-delà des exigences des nazis.

Il importe peu que les personnes morales ne fussent pas responsables pénalement à cette époque puisqu'on ne demande pas sa condamnation pénale, mais sa condamnation pour les fautes qu'elle a commises en exerçant ses prérogatives de puissance publique, fautes dont la constatation n'exige nullement une condamnation pénale préalable.

Je dois toutefois ajouter que le préjudice moral consécutif aux faits commis en 1944 est un préjudice continu qui dure jusqu'à la mort des victimes, de sorte qu'en tout état de cause la prescription n'a pas commencé à courir ni pour Georges Lipietz, qui a engagé l'action de son vivant, ni pour Guy S…, qui est en vie.

4. Tribunal des conflits, 23 septembre 2002, sociétés Sotrame et Metalform c/GIE Sesam-Vitale, Lebon p. 550.

En outre, le rôle de la SNCF n'a été établi que tardivement, puisque c'est dans le cadre d'une convention de recherche signée entre la SNCF et le CNRS le 13 novembre 1992, sur une proposition de l'Association pour l'histoire des chemins de fer en France (AHICF) que le rapport Bachelier, qui mériterait certainement d'être complété, permet de connaître les faits[5].

Encore a-t-il fallu qu'un autre miraculé, M. Kurt Werner Schaechter, fasse des recherches clandestines dans les archives, et diffuse des informations au grand dam de certains historiens, pour que la question commence à être étudiée. Et c'est encore son action qui a permis qu'une plaque soit apposée, en 2006 seulement, à la gare de Noé près de Toulouse d'où partaient les convois, y compris celui qui transportait les consorts Lipietz.

Sur le fond maintenant…

En défense, la SNCF fait valoir que certains cheminots ont résisté. Certes, mais cela n'exonère en rien la responsabilité de la SNCF.

Les documents produits, et notamment l'importante enquête de M. Bachelier[6], qu'en son temps la SNCF s'est plu à faciliter, montrent que non seulement la SNCF n'a absolument rien fait pour tenter de ralentir le rythme des transports dont elle était chargée mais que, bien au contraire, elle occupait son énergie à protester contre les interventions des nazis dans l'exploitation ferroviaire puis, après-guerre, à se faire payer des transports de déportés ! Jamais elle n'a rien fait, ni tenté de faire quoi que ce soit pour ralentir le rythme des convois, même après le débarquement des Alliés.

Pis encore, il est établi qu'elle a suggéré des mesures pour lutter contre les réfractaires au STO, ce qui montre son zèle à collaborer avec les nazis.

Et si la SNCF soutient que son rôle était imposé par la convention d'armistice franco-allemande, le moyen de défense est inopérant. En effet, l'article 13 de la Convention d'armistice imposait de remettre des trains à l'occupant, non à l'État français, or c'est pour le compte de l'État français que la SNCF a transporté mes clients à Drancy.

5. http://www.french-railways-ww2.org/
6. L'ouvrage papier étant épuisé, cf. le site www.ahicf.com

La SNCF n'allègue même pas qu'elle aurait demandé que la garde des juifs soit assurée par des forces militaires ou de police, n'allègue pas avoir reçu des ordres d'utiliser des wagons à bestiaux surpeuplés au lieu de trains de voyageurs, de priver les juifs d'eau, d'hygiène et de nourriture. Bref, elle ne démontre nullement qu'elle était contrainte d'assurer les transferts dans les conditions où ils ont été exécutés.

Sur le préjudice enfin…

Ce qu'il est convenu d'appeler le préjudice moral des requérants est considérable. La demande en justice a volontairement négligé les préjudices moraux antérieurs à l'arrestation du 8 mai 1944, pourtant non négligeables. Par exemple, Georges Lipietz a été interdit *de facto* de se présenter au concours de l'École Polytechnique et c'est son fils qui y est entré. Elle a aussi écarté les préjudices non spécifiques comme le STO.

Ces préjudices nés de l'arrestation et de ce qui s'en est suivi sont à la fois des préjudices subis immédiatement et permanents. En 1944, les préjudices sont non seulement la privation de liberté, la détention et le transport dans des conditions effroyables, mais surtout la crainte permanente de la déportation avivée par le spectacle des départs en déportation. Et tous savaient que nul ne reviendrait vivant. Les gardes mobiles français qui pointaient leurs armes sur les enfants raflés puis déportés ne faisaient qu'ajouter à l'angoisse : angoisse d'une mort abominable et d'une injustice absolue, Nuit et Brouillard. Ces juifs de France ont même été gardés jusqu'au bout par les Français, alors même que les nazis avaient quitté Drancy et c'est grâce au consul de Suède qu'ils ont été libérés.

Comme beaucoup de survivants, mes clients ont réussi à vivre en occultant toute cette période. La vie professionnelle et familiale leur donnait des dérivatifs qui occultaient le drame et ils s'étaient donnés pour règle de n'en jamais parler. La culpabilité d'avoir survécu freinait toute velléité de réclamer justice. Avec la cessation de l'activité professionnelle, le travail de mémoire de la société française, les procès Touvier, Papon et d'autres, tout est ressurgi de ce passé mal enfoui.

Non seulement les cauchemars des survivants durent jusqu'à leur mort, mais perdurent après leur mort dans les cauchemars de leurs descendants.

La France a commis l'irréparable. Pas seulement des individus dont quelques-uns seulement ont été condamnés, mais la France, ses institutions, l'État et la SNCF notamment. Même si les condamnations pécuniaires sont toujours par nature des substituts imparfaits à une impossible réparation, il importe que l'État et la SNCF soient condamnés car ils sont responsables, responsables du crime de leurs représentants et préposés.

Pour ces raisons et pour toutes celles exposées dans la procédure écrite, je vous demande de condamner solidairement l'État et la SNCF à indemniser les victimes, de faire jurisprudence pour toutes les victimes de Vichy.

Jugement

En juin 2006, le tribunal administratif de Toulouse a condamné, en raison de leurs responsabilités respectives, l'État et la SNCF à verser 5 000 et 10 000 euros aux membres de la famille Lipietz. Quelques semaines plus tôt, lors de l'audience, le commissaire du gouvernement avait lui aussi requis, pour la première fois dans ce type de dossier, une condamnation, sans toutefois évoquer la notion de crime contre l'humanité, comme le demandaient les plaignants. De la même manière, les juges n'ont pas relevé un crime mais «*une faute de service qui engage la responsabilité de l'État*». Ils ont également souligné que «*l'administration française ne pouvait manifestement ignorer que leur transfert [...] a facilité une opération qui devait normalement être le prélude à la déportation des personnes concernées*». Suite à ce jugement, seule la SNCF a fait appel (l'État est donc définitivement condamné). Le 27 mars 2007, la cour administrative d'appel de Bordeaux a infirmé la décision de première instance. Sans juger sur le fond, elle a considéré que la justice administrative n'était pas compétente pour examiner cette affaire. La famille Lipietz s'est pourvue en cassation. Mais le 21 décembre 2007, le Conseil d'État a rejeté son recours.

6. Le procès d'Abdelkader Merah

À l'aube du printemps 2012, la France découvre l'horreur des attentats islamistes avec les tueries sanglantes de Toulouse, premier épisode d'une série tragique qui semble ne jamais devoir prendre fin. Ce 19 mars 2012, la sonnerie vient de retentir dans la cour de l'école juive « Ozar-Hatorah » de Toulouse. Il est tout juste 8 heures lorsqu'un jeune homme gare son scooter devant l'établissement, descend de son véhicule et abat aussitôt un professeur, Jonathan Sandler, qui tentait de protéger ses deux jeunes fils, Gabriel (3 ans) et Aryeh (6 ans). Le tueur, qui porte une caméra sanglée sur la poitrine, assassine ensuite froidement les deux enfants. Puis il pénètre dans l'école, agrippe la petite Myriam Monsonégo (8 ans) par les cheveux et lui tire dessus mais son arme s'enraie. Il se saisit alors d'un autre pistolet et tue la fillette.

Dans la semaine précédente (entre les 12 et 15 mars 2012), le même homme, Mohamed Merah, avait assassiné trois militaires : le maréchal des logis-chef Imad Ibn Ziaten, un Français d'origine marocaine du 1er régiment du train parachutiste, le caporal Abel Chennouf, le 1re classe Mohamed Legouad, et en avait blessé grièvement un quatrième, Loïc Liber.

Le 21 mars 2012, Merah, qui a été identifié par la police, se retranche dans son domicile. Il est lourdement armé. Le siège va durer trente heures. Finalement, le Raid donne l'assaut et abat le terroriste. Cette série d'assassinats sera ensuite revendiquée par l'organisation Jund al-Khilafah (« Les soldats du califat »), affiliée à Al-Qaida.

Si, dans un premier temps le terroriste est présenté par la direction des services de renseignements français comme un « loup solitaire », cette thèse sera très vite battue en brèche. Mohamed Merah a bien bénéficié de nombreux soutiens, dont celui de son frère aîné, Abdelkader, l'idéologue du clan Merah, parti durant de nombreuses années se former dans des *madrasas* salafistes du Caire, et qui se faisait appeler « Ben Laden ».

Le 2 octobre 2017 s'ouvre son procès devant la cour d'assises spéciale de Paris (composée uniquement de magistrats professionnels). Abdelkader Merah est renvoyé pour « association de malfaiteurs terroriste criminelle » et « complicité d'assassinats et tentatives d'assassinats commis en relation avec une entreprise terroriste ». Il est condamné à vingt ans de réclusion. Les juges ont considéré qu'il partageait bien les motivations terroristes de Mohamed et qu'il avait contribué à l'endoctriner. En revanche, ils ont rejeté l'accusation de complicité matérielle. Cette décision provoque l'incompréhension des familles des victimes. Aussi, lorsqu'Abdelkader Merah comparait de nouveau devant la justice, elles espèrent bien que sa complicité active dans la préparation des assassinats sera cette fois-là retenue.

Dans ce procès en appel, Latifa Ibn Ziaten, la mère du soldat Imad Ibn Ziaten, assassiné par Mohamed Merah sur un parking désert de Toulouse le 12 mars 2012, est défendue par Francis Szpiner. Ce ténor du barreau va employer toute son énergie et son talent à démontrer comment Abdelkader Merah a prêté aide et assistance à son frère à tous les stades de l'organisation des attentats terroristes.

Plaidoirie de Francis Szpiner prononcée pour Latifa Ibn Ziaten, le 12 avril 2019, devant la cour d'assises spéciale de Paris, dans le cadre du procès d'Abdelkader Merah

Mesdames et messieurs les jurés,

Pour la première fois depuis la guerre d'Algérie, on a tué des hommes car ils portaient l'uniforme de la République.

Pour la première fois depuis Vichy, on a tué des enfants car ils étaient juifs.

C'est dire la gravité des faits que vous avez à juger. Ils nous imposent et nous obligent à faire l'effort de justice.

Ce n'est pas un délit d'opinion qui est reproché à Abdelkader Merah, il ne lui est nullement fait grief d'avoir des idées radicales. Non, ce que vous devez juger, c'est une affaire de terrorisme.

Abdelkader Merah ne s'est pas converti à l'islam. Il s'est converti au terrorisme.

Je plaide ici pour Latifa Ibn Ziaten, une mère Courage qui, quarante jours après la mort de son fils, décidait de fonder une association pour qu'aucune autre mère n'ait à pleurer son enfant. Une association créée dans la douleur mais qui, partout en France et dans le monde, essaie d'aider ceux qui appellent au secours. Des appels de familles françaises dont les adolescents se sont convertis et dont les mères ne savent plus comment réagir.

Et, face au courage et à la dignité de cette mère, je ne peux m'empêcher de faire le parallèle entre les victimes et les bourreaux.

Vous avez deux femmes qui sont nées toutes les deux de l'autre côté de la Méditerranée. L'une en Algérie, l'autre au Maroc. Ces deux femmes vont venir en France et y vivre dans des conditions difficiles. Ces deux femmes vont avoir exactement le même nombre d'enfants. Cinq.

L'une va élever ses enfants dans la haine de la France. Et sur ces cinq enfants, trois seront terroristes. Mohamed Merah, l'auteur des crimes de l'école juive de Toulouse et qui a tué les soldats. Son frère, Abdelkader, qui est dans le box de la cour d'assises. Sa sœur, Souad, qui est en fuite après avoir accompagné son mari en Syrie. Et puis, de l'autre côté, vous avez Latifa Ibn Ziaten qui a élevé ses enfants dans l'amour de la France, le respect de la République, et qui a donné à notre pays un professeur des écoles, un policier, une fille qui travaille dans un musée d'art moderne, un quatrième enfant qui œuvre dans le monde associatif et enfin Imad, qui a été tué parce qu'il était soldat et qu'il portait l'uniforme de la France.

Lorsque j'entends certains dire : « *Voilà deux femmes qui chacune ont perdu un fils* », ce propos m'est intolérable. Mme Merah a choisi d'offrir un fils aux terroristes. Cette femme qui enseignait à ses enfants que « *les Arabes sont nés pour tuer les juifs* », cette mère qui a eu la possibilité de voir son fils, Mohamed, avant l'assaut du

Raid et qui aurait pu essayer de le convaincre de vivre, n'a même pas essayé. Elle est fière de ses actes.

Je rappelle que, ces dix dernières années, plus de 150 de nos soldats sont morts en opérations extérieures. Et vous pouvez y ajouter le tribut du sang que paie chaque année la gendarmerie nationale. Chaque matin qui se lève est une possibilité de mourir. Cela peut être en Afghanistan comme dans un supermarché à Trèbes. Quand on est la mère d'un soldat, on ne s'habitue pas. Latifa Ibn Ziaten n'aurait jamais imaginé qu'un dimanche tranquille à Toulouse, un homme puisse abattre son fils de sang-froid.

Nous ne sommes pas là pour faire l'oraison funèbre d'Imad Ibn Ziaten, si ce n'est qu'il est mort debout, qu'il a refusé de se coucher malgré les injonctions de Mohamed Merah, et qu'il est mort en soldat.

Comme le disait André Malraux, si «*le tombeau des héros est le cœur des vivants*», alors le tombeau d'Imad, c'est le cœur de Latifa.

Certains se plaignent ici de la place accordée aux victimes dans le procès pénal. Mais s'il n'y avait pas les victimes, il n'y aurait jamais eu certains procès. Je pense en particulier à celui de Maurice Papon. Heureusement qu'il y a les victimes, car même si elles dérangent, même si elles peuvent se plaindre, il leur arrive aussi de montrer aux juges qu'ils commettent des erreurs.

Il nous faut maintenant en venir aux faits.

La chronologie est ce qui parle le mieux. Elle montre que les deux frères qui sont soi-disant fâchés sont en réalité passés par les mêmes écoles coraniques en Égypte et qu'ensuite, lorsque Mohamed est au fin fond de l'Afghanistan, celui qu'il essaie de contacter tout le temps, c'est son frère Abdelkader, car celui-ci vient d'avoir le feu vert pour commettre un attentat.

Puis il y a le retour de Mohamed en France. On achète alors les armes : un pistolet-mitrailleur Sten, un revolver Python, un fusil à pompe et un pistolet-mitrailleur Uzi, trois pistolets automatiques Colt 45, puis on loue le box et on repère la cible.

Cette cible, elle est claire : ce doit être un soldat ayant servi en Afghanistan. Et le malheur veut qu'Imad Ibn Ziaten, dans l'annonce qu'il passe sur Internet pour vendre sa moto, mentionne par honnêteté : «*Je suis militaire.*» Comme il a passé plusieurs années en opération extérieure, il peut ainsi justifier pourquoi sa Suzuki possède si peu de kilomètres au compteur.

Qui a consulté cette annonce sur Internet ? Que savons-nous de cette connexion ?

D'abord, qu'elle s'est faite depuis le domicile de Mme Merah. Or, cette femme ne se sert pas d'Internet. Ensuite, que cette connexion n'a pas pu se faire à distance. Enfin, que Mohamed Merah n'était pas présent ce jour-là. Quand on a interrogé sa mère, et qu'elle ne se doutait pas de l'importance de cette question, elle a bien dit que Mohamed n'avait pas dîné chez elle à cette date. Donc, à son domicile, à 23 heures, qui reste-t-il ? Une seule personne : Abdelkader.

Le 4 mars 2012, on a donc la cible, on s'est procuré les armes, on a loué le box. Il faut maintenant trouver le moyen de commettre le crime.

Pour cela, les deux frères ont besoin de voler un scooter. Abdelkader et Mohamed partent donc en chasse. L'aîné est au volant de sa voiture, le cadet Mohamed occupe le siège passager parce que c'est lui, le voleur habile. Abdelkader n'est là que pour servir de couverture « au cas où ».

Une fois le scooter dérobé, une fois le rendez-vous pris avec Imad pour soi-disant lui acheter sa moto, Abdelkader Merah va chercher à se forger un faux alibi.

Il invente une partie de foot qu'il aurait jouée avec son oncle le jour et à l'heure du crime. Sauf que, lorsqu'on questionne et l'oncle et la tante immédiatement après les faits, tous les deux ne mentionnent pas cette partie. Ils en évoquent une autre, qui est intervenue plusieurs heures avant le crime. Ce n'est qu'un an plus tard qu'ils diront se souvenir d'une seconde partie de foot, plus tardive.

Moi, je dis qu'ils mentent.

Le 12 mars 2012, tout est donc en place. Mohamed Merah a donné rendez-vous à Imad sur un parking isolé de Toulouse pour lui acheter sa moto. En réalité, il lui a tendu un piège. Il est 16 heures, Mohamed Merah, qui est juché sur son scooter et qui a vissé sur son casque une caméra GoPro afin d'enregistrer son acte terroriste, interroge Imad : « *T'es militaire ?* » Imad répond positivement, puis Merah lui intime l'ordre de s'allonger. Imad refuse.

Il est alors abattu d'une balle dans la tête. Mohamed Merah prend ensuite la fuite sur le scooter Imax qu'il a volé quelques jours plus tôt.

Où se trouve Abdelkader à cet instant ? Est-il en train de jouer au football, comme il l'expliquera plus tard ? Moi, je suis persuadé qu'il était présent sur les lieux. Les images de la caméra GoPro et, surtout, la bande sonore qui a été conservée, en attestent.

Je sais que les premiers juges n'ont pas retenu cet élément, lorsqu'on entend Imad interpeller Mohamed et lui demander : « *C'est ton frère, là ?* », c'est donc bien qu'il a vu quelqu'un. Et à cet instant, que répond Mohamed ? « *Oui, il va nous rejoindre.* » Eh bien moi, je soutiens qu'à cet instant, Abdelkader est en retrait, au volant de sa voiture, en couverture, comme lors du vol du scooter.

En réalité, vous êtes un lâche, monsieur Abdelkader Merah, car, pour échapper à une lourde condamnation, vous n'hésitez plus désormais à renier votre frère.

Par calcul, vous minimisiez vos premières déclarations en garde à vue.

À l'époque, pourtant, vous expliquiez que, si vous aviez un fils, vous l'appelleriez Mohamed et que vous étiez fier de ce qu'avait fait votre frère.

Mais, aujourd'hui, en condamnant ses actes du bout des lèvres, vous rendez sa mort inutile et vous le reniez.

Votre attitude est à l'image de l'acte commis : c'est de la lâcheté.

Mes derniers mots sont pour vous, madame. Personne ne vous rendra votre fils, mais la France vous rendra justice. Et ce n'est pas une figure de style.

Vous, les juges, vous jugez pour le bien du peuple en respectant les droits de chacun et je suis heureux et fier que M. Abdelkader Merah soit défendu par les meilleurs d'entre nous, des avocats combatifs, car il n'y a pas ici de justice d'exception. Ce n'est pas parce que le sang a coulé que nous devrions oublier nos principes.

Mais l'état de droit, ce n'est pas l'état de faiblesse. Et la lecture du dossier est suffisamment convaincante. S'il y a des cours d'appel, c'est bien qu'il arrive à des premiers juges de se tromper. Comment peut-on écrire, dans une motivation, que la présence d'Abdelkader lors de la commission des faits n'avait pas été établie ?

J'en suis convaincu, madame, la justice aujourd'hui triomphera et vous pourrez, je l'espère, rentrer chez vous enfin apaisée.

Verdict

Le 18 avril 2019, la cour d'assises spéciale de Paris a condamné Abdelkader Merah à trente ans de réclusion criminelle pour « association de malfaiteurs » et « complicité d'assassinats ».

II. DES CRIMES ET DES DOUTES

1. L'affaire d'Outreau

L'affaire d'Outreau devrait rester comme l'une des plus ahurissantes erreurs judiciaires de l'après-guerre. En mai 2004, dix-sept personnes comparaissent devant les assises de Saint-Omer, accusées de faire partie d'un réseau de pédophilie, présentées comme de vrais monstres, qui vendent, violent et parfois même tuent des enfants. Il y a le curé sadique, l'huissier lubrique, la boulangère faisant commerce de cassettes pédo-pornographiques ou le chauffeur de taxi qui s'est rendu complice de cet odieux trafic. Le lieu du crime : la tour du Renard, une cité HLM qui, à en croire l'instruction, serait devenue un haut lieu du commerce d'enfants dans le Nord de la France. C'est un conte d'ogre pour adulte. Parmi les accusés, treize se disent innocents. Ils sont dénoncés par les quatre autres, deux couples de voisins. Mensonges ou vérités ? Qui est coupable ? Qui est innocent ?

Lorsque le procès démarre, personne, ou presque, ne croit aux dénégations des martyrs d'Outreau. Et puis, audience après audience, l'accusation s'effrite. L'inimaginable devient peu à peu vraisemblable. Les treize innocents ont été pris dans la spirale infernale d'une instruction menée exclusivement à charge. L'accusatrice principale, Myriam Badaoui, a réussi à mystifier le jeune juge Burgaud, la parole des enfants a été imprudemment sacralisée, les assistantes sociales, qui avaient dénoncé le pseudo-réseau, ont été abusées. Treize hommes et femmes ont subi des années de détention préventive pour rien. Des familles ont été brisées par ce cauchemar kafkaïen. Ce terrible constat est flagrant dès le premier procès d'Outreau. Et pourtant, la cour d'assises de Saint-Omer ne blanchit que sept accusés. Il faudra attendre le second procès en appel, à Paris, pour que les six autres innocents soient enfin acquittés à leur tour. Maître Hubert Delarue a vécu les deux procès d'Outreau. Il se souvient de l'arrestation de son client, l'huissier Alain Marécaux, de son transfert au Palais de justice de Boulogne, de cette foule qui réclamait à grands cris «*la peine de mort*». Il se rappelle surtout du jour où il a découvert, effaré, le vide du dossier. Aussitôt, il convoque une conférence de presse. «*Aucun journaliste n'est venu, nous étions devenus aussi infréquentables que nos clients.*» Hubert Delarue est un avocat solide comme le roc, un défenseur-né et un homme de cœur. À Saint-Omer, il a plaidé durant trois heures l'innocence d'Alain Marécaux.

Plaidoirie prononcée par Hubert Delarue, avocat de l'huissier Alain Marécaux, le 29 juin 2004 devant la cour d'assises de Saint-Omer

Mesdames, Messieurs.

En quelques instants, la vie d'Alain Marécaux a basculé pour toujours. Il est devenu ce notable dévoyé qui s'en allait satisfaire ses turpitudes et ses fantasmes dans les quartiers défavorisés de la banlieue boulonnaise. Il est devenu ce notable perverti qui s'en allait faire son marché d'innocence.

Dans cette affaire, l'émotion, la réprobation légitime que suscitent ces crimes terribles a tout emporté sur son passage. Les digues de la raison se sont rompues, les sécurités judiciaires se sont évanouies, le scénario du pire s'est mis en place: l'émotion tellement plus forte que la raison, la parole de l'enfant sacralisée qui devient une preuve, la pauvreté des investigations, la négation de la présomption d'innocence, l'inversion de la charge de la preuve, la procédure exclusivement menée à charge.

Mais, ne nous trompons pas, ce terrible dossier n'est ni un cas isolé, ni le fruit de l'inexpérience d'un jeune juge froid et distant. Ce dossier témoigne d'abord de l'évolution de la relation adulte-enfant dans une société qui se cherche de nouveaux repères, qui hésite et qui doute. Dans un système judiciaire marqué, quoi qu'on en dise, par le poids de l'aveu et par la prédominance du verbe, la parole sacrée ou sacralisée de l'enfant devient une preuve accablante devant laquelle, comme l'a si bien dit le psychiatre Bensousan : « *La raison abdique, la psychologie régresse, et le fantasme domine.* »

L'affaire de Myriam Badaoui – car plutôt que « l'affaire dite d'Outreau », qui stigmatise injustement ce petit village du Boulonnais, on devrait dire, et ce serait tellement plus juste, l'affaire Badaoui – cette affaire illustre, jusqu'à la caricature, cette dérive sociale, morale et judiciaire qui nous interpelle, au-delà des hommes qui l'ont conduite, pour que nous retrouvions à l'avenir le chemin de la raison. Ce chemin qui protège la victime et préserve les innocents. Ce chemin qui refuse de remplacer une violence par une autre, évitant ainsi que l'innocence meurtrie ne devienne l'innocence meurtrière.

Faut-il se réjouir « *d'avoir eu raison trop tôt* », et d'avoir, tels des Cassandres, annoncé, dès le mois de mai 2001, que l'on faisait fausse route ? Faut-il que je rappelle qu'avec mon confrère Frank Berton, nous avons demandé, au tout début de l'année 2002, que cette affaire soit délocalisée ? En vain. Avec tous les autres, nous avons hurlé dans le désert de la pensée unique et du politiquement correct, alors même que nous étions tous infréquentables. Au nom de cette incompréhension, de ce sentiment d'inutilité, de l'humiliation, de la souffrance immense de celles et de ceux que nous accompagnons, faut-il que l'avocat devienne procureur, au moment où il est opportun d'ouvrir le procès de l'institution et de vous dire ce que nous avons sur le cœur ? Ce moment viendra. Ce n'est pas le débat d'aujourd'hui. Ne nous trompons pas d'enceinte. Témoins et acteurs de ce procès exceptionnel, vous en avez, Mesdames et Messieurs, saisi l'essentiel et progressivement compris comment le drame s'était joué et comment le piège diabolique s'était refermé sur tous ces innocents, dont la faute originelle était d'avoir, à un moment ou à un autre de leur existence, croisé le chemin de Myriam Badaoui ou de l'un de ses enfants martyrs. Myriam Badaoui est la clef de cette affaire.

Myriam a rencontré le juge Burgaud, son prince charmant, et elle est devenue « *la reine Myriam* ». Personnalité immature, enfantine, capricieuse, futile, séductrice, manipulatrice, elle n'en restait pas moins, et de manière paradoxale, attachante, humaine. Pour la première fois de sa vie, on l'écoutait et on avait même « *des égards*». On la prenait au sérieux, elle existait et «*plus que je dis, plus que vous voulez que je dise*». C'est ainsi que, de petites vérités en gros mensonges, mêlant la réalité sordide de la tour du Renard, le fantasme et la fiction la plus totale, on est passé d'une triste mais banale affaire d'inceste familial à cette «*saga judiciaire*» qui a fait le tour du monde médiatique. Réseaux pédophiles, proxénétisme de dimension internationale, notables corrompus venant, à la dérobée, abuser d'enfants pauvres, ecclésiastiques pervertis, artisans dévoyés, Myriam a fait la synthèse de ce qu'elle avait vu, entendu, compris d'une affaire que l'on a médiatisée à l'excès. L'imagination de Myriam, débordante et débridée, a fait le reste. À première vue, c'était déjà grotesque, à la réflexion c'est encore pire. Car, plus le dossier avance, plus Myriam en rajoute et cela en devient totalement ridicule.

Le juge Burgaud va finir par le comprendre, mais trop tard. Il sera sauvé par sa mutation, mais le mal est fait, et comme le disait, bien mieux que moi, mon confrère Éric Dupond-Moretti, souvenons-nous que la justice n'a pas la culture de l'excuse.

La faute originelle, ce n'est pas de s'être fourvoyé, mais bien d'y avoir persisté. Tout ce qui a été vérifié a invalidé les élucubrations de Myriam et de ses fils. Il en va ainsi de la piste belge, des films pédophiles, des recherches ADN, des perquisitions et des fouilles dans le jardin de M. Delay. L'institution a malheureusement tenu tout cela pour inexistant, privilégiant, au-delà du raisonnable, la parole des enfants. Ce qui n'a pas été fait ou vérifié, malgré nos demandes insistantes, pressantes et réitérées, tout cela va permettre la réalisation du drame.

Et puis, la question fondamentale du dossier d'Outreau c'est: pourquoi cette inégalité des citoyens devant la loi? Un traitement identique pour tous les mis en cause aurait rapidement démontré la totale absurdité des accusations portées. Pourquoi poursuivre les uns et écarter les autres, alors que des accusations semblables sont portées contre tous? En refusant la mise en œuvre de ce principe élémentaire, objectivement indiscutable, le juge va «privilégier» les uns, qui seront durablement emprisonnés, et dont l'existence sera détruite, au détriment des autres, qu'il aura oubliés. À la question que je lui posais, «*mais pourquoi cela? Ce n'est pas logique*», il me répondait invariablement: «*Ne vous tracassez pas pour les autres, on verra plus tard.»* On a vu. Ces hommes et ces femmes sont venus témoigner devant vous et ce fut «*le carnaval des innocents chanceux*». C'est, je crois, la faute la plus grave qui ait été commise à la justification de laquelle le juge Burgaud n'a jamais apporté de réponse. Il était insuffisant, illusoire et dangereux, de croiser la parole d'une mythomane avérée avec celle d'un enfant fou, comme l'a qualifié, dans son réquisitoire, M. l'avocat général, et de faire reposer l'essentiel, que dis-je, toute la procédure sur ce tandem branlant de l'enfant Dimitri et de Myriam. Il aurait fallu passer cette parole fantasmée, évolutive, contradictoire, mensongère au tamis des éléments objectifs et susceptibles d'être matériellement vérifiés, ce qui aurait conduit d'abord à relativiser celle-ci et ensuite, bien sûr, à l'écarter. Ça n'a pas été fait ! Le juge Burgaud a pris pour argent comptant les délires de Myriam. Chacun d'entre vous a gardé en mémoire les lettres qu'elle lui adressait du fond de sa prison et qui en disent long sur la relation d'emprise et de séduction qui s'est progressivement tissée entre eux. Enfin, il convenait de ne pas minimiser, dans une affaire aussi terrifiante, le poids d'une puissance médiatique, naturellement orientée, les effets de la rumeur et de la contamination des enfants entre eux, mais également des «*adultes croyant bien faire*», comme ces assistantes maternelles au grand cœur qui vont «*mener l'enquête*», en référant à l'administration départementale, dont le mérite principal est de n'avoir rien vu pendant quatre ans et d'avoir mis ensuite «*les bouchées doubles*» pour rattraper leur retard… Comme pour se faire pardonner.

Mesdames, Messieurs, lorsque l'institution judiciaire s'éloigne ou s'affranchit de ses principes fondateurs, alors, la porte est grande ouverte à l'erreur judiciaire parce que la justice au fond devient totalitaire.

Verdict

Le 2 juillet 2004, la cour d'assises de Saint-Omer a condamné Alain Marécaux à 18 mois de prison avec sursis pour attouchements sexuels. L'huissier a fait appel. Le 1er décembre 2005, la cour d'assises de Paris l'a acquitté.

2. Le procès de Christian Ranucci

Marseille, 28 juillet 1976. Il est 4 h 13 du matin. Une lame d'acier de 70 kilos s'abat sur la nuque du supplicié. Sa tête tombe dans une malle de sciure. Christian Ranucci est mort. Il avait 22 ans. Quarante-huit heures plus tôt, dans sa cellule de la prison des Baumettes, le jeune homme lisait – sans le savoir – son dernier livre, *Les Rêveries du promeneur solitaire* de Jean-Jacques Rousseau. Christian Ranucci est alors persuadé qu'il va rester en vie. Les radios viennent de l'annoncer dans des flashs spéciaux : le président de la République lui a accordé la grâce présidentielle. Sa mère, elle, découvre l'information à la télévision, en regardant FR3 Marseille, et se précipite, folle de joie, au cabinet de Paul Lombard. L'avocat, désemparé, doit lui expliquer qu'il s'agit d'une erreur. Valéry Giscard d'Estaing n'a pas signé la grâce et il ne la signera pas. Deux jours plus tard, Christian Ranucci est conduit devant la guillotine et à 5 h du matin, un surveillant scotche sur la porte de la prison le procès-verbal relatant son exécution. Paul Lombard, qui a assisté son client jusqu'à son dernier souffle, sort livide et tremblant de la maison d'arrêt. Il vient de vivre « *la journée la plus atroce de sa vie* ». Un cauchemar qui n'a jamais cessé de le hanter.

Trente-quatre ans ont passé lorsqu'il nous reçoit dans son appartement parisien proche du jardin du Luxembourg. Lorsqu'il évoque le souvenir de ce « *terrible échec* », il baisse insensiblement la voix : « *Je me souviens des bruits horribles qui brusquement viennent saigner le silence. Un premier bruit sourd : c'est le corps du supplicié que l'on met en place. Un second bruit de catastrophe : c'est le couteau qui s'abat. Et puis le dernier bruit : celui du seau d'eau que l'on lance sur la machine pour laver le sang d'un jeune homme.* » L'avocat n'a pas non plus oublié « *l'odeur de mort* » qui a entouré le procès de Christian Ranucci. Le 9 mars 1976, l'accusé comparaît pour le meurtre de Maria-Dolorès Rambla, une petite fille de 8 ans enlevée dans une cité marseillaise et découverte, deux jours plus tard, poignardée près d'une route d'Aix-en-Provence. Christian Ranucci a été arrêté après avoir pris la fuite à la suite d'un accident de voiture qui s'est produit à proximité des lieux du crime. Un couple d'automobilistes délivre un témoignage accablant contre lui. Les Aubert sont convaincus de l'avoir aperçu en train de s'enfuir avec la fillette. Après vingt heures d'interrogatoire, le jeune homme passe aux aveux. Par la suite, il ne cesse de se rétracter mais la machine judiciaire est en marche. À l'ouverture des débats, le pays est en ébullition, traumatisé par un autre fait divers : Patrick Henry, le meurtrier d'un petit garçon à Troyes, vient d'être interpellé quatre jours plus tôt. «*À mort !*» crie l'opinion publique. Les médias ne sont pas en reste. Alors qu'il commente en direct à la télévision un reportage sur Patrick Henry, le présentateur Yves Mourousi s'exclame : «*Salaud : c'est le mot qui a été employé. Et vous venez d'en voir un sur votre écran !*» Son confrère Roger Gicquel ouvre le journal de 20 heures de TF1 par sa désormais célèbre formule : «*La France a peur !*» Le journal *Le Petit Parisien* effectue une enquête auprès de ses lecteurs : plus de 90 % d'entre eux (sur un échantillon de 80 000) sont favorables à la peine de mort pour les assassins d'enfants.

C'est dans ce climat de haine et de fureur collective qu'est jugé Christian Ranucci. Les audiences vont durer deux jours, dans une salle surchauffée, «*une véritable étuve*» se souvient Paul Lombard. L'avocat, alors âgé de 49 ans, a déjà une belle carrière derrière lui – il s'est notamment illustré dans l'affaire de Bruay-en-Artois – mais l'«*épouvantable*» procès Ranucci le marquera à jamais. D'emblée, son client se met à dos les jurés. Froid, distant, voire arrogant, il conteste des détails mineurs et s'enferme dans une attitude suicidaire. En face, les parents de la petite Maria-Dolorès ont choisi pour les représenter un jeune avocat talentueux, Gilbert Collard, qui ferme toutes les brèches ouvertes par la défense. L'avocat général Viala, dans un réquisitoire magistral, achève de les refermer. Et comme si cela ne suffisait pas, au moment où il se lève pour plaider, Paul Lombard, tétanisé par la chaleur, le visage d'une pâleur absolue, submergé par l'angoisse, est frappé par une extinction de voix. La situation aurait pu tourner au ridicule si l'avocat n'avait pas su utiliser le peu de voix qui lui restait pour atteindre au tragique. Durant trois heures, comme un forcené, il plaide l'acquittement et se bat contre sa vieille ennemie : la mort.

Plaidoirie prononcée par Paul Lombard, avocat de Christian Ranucci, le 10 mars 1976, devant la cour d'assises des Bouches-du-Rhône

Mesdames et Messieurs les jurés.

En cet instant où je prends la parole pour Christian Ranucci, j'ai dans cette enceinte de justice face à moi trois adversaires. Vous, Maître Collard, qui avez su avec une belle humanité prêter votre voix aux parents de la petite Maria-Dolorès ; vous, Monsieur l'avocat général qui avez prononcé l'un des meilleurs réquisitoires que j'aie eu à entendre de toute ma carrière ; mais mon plus redoutable adversaire, c'est vous-même, Ranucci ! Vous qui êtes incapable d'inspirer la sympathie aux autres avec vos yeux de poisson mort ! Vous qu'on avait envie de comprendre quand vous êtes entré pour la première fois dans cette salle, mais dont l'attitude a fait qu'ensuite on a eu envie de vous haïr. Un innocent, il crie, il hurle, il se débat, il n'accepte pas le destin. Vous, vous vous êtes montré froid comme un iceberg, impassible, comme étranger à nos débats. Imbécile !

Mais, Mesdames et Messieurs les jurés, ne vous fiez pas aux apparences. Juger sur les apparences, c'est se faire le bourreau ! Juger en fonction de l'attitude qu'il a manifestée, ce serait oublier de juger.

N'écoutez pas non plus la rumeur ignoble. N'écoutez pas l'opinion publique qui frappe à la porte de cette salle. Elle est une prostituée qui tire le juge par la manche, il faut la chasser de nos prétoires, car, lorsqu'elle entre par une porte, la justice sort par l'autre. Je n'ai rien à faire de l'opinion publique. Je ne suis pas un signataire de pétitions humanitaires. Je ne suis pas un militant. Je suis un homme. Et en tant que tel, je hais la peine de mort. Je ne serai jamais aux côtés de ceux qui la réclament, de ceux qui la donnent, jamais je ne serai aux côtés du guillotineur.

Et pourtant, par la voix de M. l'avocat général, cette salle vient de renvoyer l'écho de la peine de mort. Comme vous l'a dit mon confrère Jean-François Le Forsonney, nous avons frémi, nous sommes épouvantés par ce qu'on vient de demander. Il s'agit de décider si cet homme de 20 ans doit vivre ou mourir, et nous voici donc face à la vieille ennemie : la peine de mort. Et cela alors que des événements récents nous ont fait perdre la raison. Oui, depuis un mois, depuis l'interpellation à Troyes du meurtrier présumé du petit Philippe Bertrand, notre pays a succombé à l'hystérie collective. Je vous demande de résister à ce vent de folie. Car, si vous accordiez la peine capitale, vous feriez reculer la civilisation de cinquante ans. En donnant la mort à Ranucci, vous rouvririez les portes de la barbarie, vous grossiriez le tombereau sanglant des erreurs judiciaires, vous deviendriez bourreau, vous céderiez à la colère, à la peur, à la panique. Mais je le sais : vous ne ferez pas cela !

Non, vous ne ferez pas cela, car Christian Ranucci est innocent du crime dont il est accusé. Je plaide non coupable. Oui, je le sais – et M. l'avocat général vous l'a longuement rappelé – Christian Ranucci a d'abord avoué. Eh bien moi, je dis qu'au moment où il a avoué, cet homme n'était pas en possession de toutes ses facultés. Qu'on me comprenne bien : je plaide l'irresponsabilité, non pas pour le crime que Ranucci n'a pas commis, mais pour expliquer les aveux qu'il a passés. Que l'on me comprenne bien encore, je ne suis pas ici en train de dénoncer le travail des enquêteurs. Je suis contre ceux qui attaquent systématiquement la police : elle fait un métier difficile. Aussi ne dirai-je rien des méthodes employées. Mais j'affirme que les aveux de Ranucci s'expliquent par son état psychique et qu'ils sont en contradiction avec les faits. Peut-on simplement imaginer le traumatisme qu'a vécu ce garçon ?

Le choc absolu qu'il a subi à l'instant où il se voit accusé du pire des crimes ? L'abîme dans lequel il est plongé ? Son désarroi profond ? Sa totale solitude ? Alors, oui ce garçon fragile a craqué. Oui, ses nerfs ont lâché. Et oui, à cet instant devenu irresponsable, il a fini par reconnaître tout ce qu'on a voulu lui faire dire. Il n'est pas le seul à avoir avoué un crime qu'il n'a pas commis. Sachez, Mesdames et Messieurs les jurés, que les précédents sont nombreux, hélas. C'est Jean-Marie Deveaux qui avoue à Lyon le meurtre d'une fillette et que l'on condamne avant de le réhabiliter. C'est plus près de nous encore, le jeune Jean-Pierre qui s'accuse du crime de Bruay-en-Artois et dont on découvre ensuite qu'il a affabulé. Dans les deux cas, il s'agit de jeunes gens, comme Ranucci, abandonnés, seuls, incapables de résister à la pression psychologique exercée par des policiers expérimentés et convaincus de leur culpabilité. Mais l'aveu n'est pas une preuve en droit français. L'aveu, c'est au contraire le fil d'Ariane de l'erreur judiciaire, c'est sa fusée porteuse ! Alors non, Monsieur l'avocat général, je ne peux pas vous laisser dire qu'il est impossible de plaider tout à la fois l'innocence et la folie. Si, on le peut. Si, il est possible d'être innocent des faits que l'on vous reproche puis de devenir fou à l'instant où, dans un état de trouble profond, on avoue les avoir commis. L'accusation s'appuie sur le rapport des experts psychiatres. Nous, avocats, nous savons la valeur toute relative qu'il faut accorder à ces expertises. Et rarement je n'ai vu de rapport aussi partial. Je vous le dis, ce rapport travestit la personnalité de Christian Ranucci. Ses proches le décrivent, eux, comme un garçon calme, correct, doux et affectueux envers les enfants que gardait sa mère. Que l'on nous explique alors comment il aurait pu soudain se transformer en gibier d'échafaud !

Pour Christian Ranucci, je réclame donc l'acquittement pur et simple parce que ses aveux ont été acquis de façon équivoque, parce que les expertises ont été faites de façon partisane, mais d'abord parce que le dossier est fragile et comporte d'immenses lacunes.

Que penser de la déposition du couple Aubert ? Ce sont les témoins-clé de l'accusation. Et pourtant ce couple d'automobilistes n'a cessé de varier au fil de ses déclarations. Leur témoignage est tout simplement ahurissant et farci d'incohérences et d'impossibilités. Les Aubert évoquent en premier lieu un jeune homme avec un paquet entre les bras. Puis, au fur et à mesure de leurs interrogatoires, ils fluctuent, pour finalement décrire une petite fille en short blanc qui pose des questions à celui qui l'entraîne. Comment un tel témoignage peut-il être retenu ? Je m'étonne également que la police ait recherché pendant deux heures le couteau sur les lieux du crime avec un détecteur magnétique. Pourquoi le commissaire Alessandra n'a-t-il pas conduit Ranucci sur place alors qu'il venait de passer aux aveux, comme l'aurait fait n'importe quel autre policier dans une situation identique ? On aurait bien vu alors si Ranucci était capable de désigner l'endroit où se trouvait l'arme du crime. Je m'étonne aussi de l'incohérence chronologique qui apparaît dans les procès-verbaux de mise sous scellé. Je m'étonne encore que l'accusation puisse accorder le moindre crédit à la présence de sang sur le pantalon bleu que portait Ranucci, puisque le sang dont il est souillé peut fort bien provenir d'une plaie à sa jambe comme l'atteste un certificat médical. Je m'étonne encore du comportement qu'a eu Christian Ranucci. S'il avait été coupable, pensez-vous qu'il soit rentré paisiblement à Nice sans même faire disparaître de son coffre le pantalon et les lanières de cuir que l'on brandit aujourd'hui pour l'accabler ? Enfin, il y a ce mystérieux homme au pull-over rouge. Trois témoins sont venus attester de son existence. L'un d'entre eux explique qu'il l'a aperçu en train d'aborder des enfants. Cet homme est décrit comme conduisant une Simca 1100, c'est-à-dire la marque de la voiture mentionnée par les témoins de l'enlèvement. Un homme donc, vêtu d'un pull-over, en tout point semblable à celui que Mesdames et Messieurs les jurés ont sous les yeux. Vous le voyez là, posé sur la table des pièces à conviction. Ce pull-over rouge a été retrouvé près des lieux du crime. Personne ne peut expliquer sa présence. Alors, oui je m'étonne et je m'indigne : allez-vous oser condamner à mort sur un dossier pareil ?

Allez-vous oser condamner sur la foi d'un dossier de plâtre ? Je ne suis pas du côté des assassins, mais je ne suis pas non plus du côté de l'erreur judiciaire. Acquittez Christian Ranucci ! Le sang se lave avec les larmes, non avec le sang. Tant que la peine de mort existera, la nuit régnera dans la cour d'assises.

***

À l'issue de cette plaidoirie, fait rarissime dans une cour d'assises, l'avocat général reprend la parole pour répondre à Maître Lombard. Le représentant de l'accusation fait alors état de rapports de police qui torpillent la thèse de « *l'homme au pull-over rouge* ». Le principal témoin avait en effet d'abord rapporté aux policiers qu'il avait aperçu un homme au pull-over… vert ! Le coup est terrible pour la défense.

Paul Lombard réplique cependant : « *Faut-il que l'accusation se sache chancelante pour avoir besoin de ce coup d'épaule nouveau ;* mais je suis certain, maintenant, que Messieurs les jurés n'accorderont pas à M. l'avocat général la tête à laquelle il semble tellement tenir et qu'il réclame si ardemment. »

***

Quand il se lève pour défendre la mémoire de la petite Maria-Dolorès Rambla, Gilbert Collard n'a que 28 ans. Ce jeune homme pressé n'a pourtant pas choisi d'endosser la « robe » par vocation. « *Je voulais être comédien, mais mes parents m'ont poussé vers des études de droit, alors je suis devenu avocat.* » Comédien pourtant, il l'est resté un peu, beaucoup plus sans doute que la plupart de ses confrères. Il aime la lumière et en particulier celle des caméras et des plateaux télé. La gloire l'a parfois poussé à la facilité. Cet orateur hyper-médiatique en a, d'une certaine manière, payé le prix. Car ses excès ont souvent fait oublier son exceptionnel talent. « *J'ai eu un grand maître*, dit-il, soudain modeste, *Émile Pollack.* » Depuis, il défend des « *célébrités* » (Richard Virenque, Charles Pasqua, le général Paul Aussarès, Patrice Alègre, Marine Le Pen) et des « *monstres ordinaires* ». Un grand avocat, dit-il, « *accepte de défendre l'individu que tout le monde veut lapider.* » Comme ce pédophile que vingt de ses confrères, avant lui, avaient refusé d'assister. « *Il avait violé un bébé de 18 mois. Je me rappelle du regard d'effroi des jurés.* » Plaider, dit-il aussi, « *c'est réussir à traduire par des mots l'authenticité d'une vie. Une vie qui a pu pousser un homme à faire le mal. Mais une vie que l'on doit rendre enfin acceptable* ».

Pourtant, quand dans l'affaire Ranucci, il prononce sa première grande plaidoirie, Gilbert Collard est du côté du « *bien* ». Il ne défend pas l'accusé, il représente la victime. Il est « *en partie civile* », comme on dit. Une mission délicate, dans l'atmosphère de haine et de fureur de ce procès. S'il parle au nom d'une fillette atrocement assassinée, le jeune avocat se refuse à en appeler au sang et à la vengeance. Il doit torpiller ce qu'il croit être les « *mensonges* » de Christian Ranucci, et il s'y applique avec force. Pour autant, il ne trahit pas ses convictions et demande aux jurés de laisser la vie sauve à l'accusé. «*Je veux pour lui un chagrin et un repentir qui ne finissent jamais.*» En concluant ainsi sa plaidoirie, le disciple de Pollak marque son opposition farouche à la peine de mort, et réussit une performance saluée par les chroniqueurs judiciaires de l'époque.

Plaidoirie prononcée le 10 mars 1976 par Gilbert Collard, l'avocat de la famille de Maria-Dolorès Rambla, devant la cour d'assises d'Aix-en-Provence

C'était le lundi de Pentecôte, le 3 juin 1974, des enfants de pauvres, Maria-Dolorès, 8 ans, et son frère Jean, 6 ans, jouent devant l'immeuble, cité Sainte-Agnès à Marseille. C'est l'espace bétonné de leurs vacances. Une voiture grise entre dans la cité déserte et s'arrête à la hauteur des gamins. Un homme demande gentiment à la petite fille de l'aider à retrouver son chien noir qu'il vient de perdre. Soudain, après les derniers bruits du moteur de la voiture qui s'en va, on n'entend plus rien, les enfants se sont tus. Le frère cherche sa sœur, la mère, qui surveille de sa fenêtre ne voit plus sa fille. Le 5 juin, grâce aux témoignages des époux Aubert qui ont eu un accrochage avec un véhicule et qui ont vu disparaître un homme avec un enfant, on découvre le cadavre de Maria-Dolorès Rambla dissimulé sous des branchages épineux à une vingtaine de mètres de la route où a eu lieu l'accident. La malheureuse est couverte de sang. Elle porte de nombreuses blessures à hauteur du cou et sur la tête. Elle n'a pas été violée. Sous le soleil accablant de juin, les ténèbres s'abattent sur le père qui reconnaît le cadavre de sa fille. À partir de ce moment, la seule question qui vaille est: qui est l'assassin? Il est là, l'homme au crucifix ostentatoire, dans ce box, et personne d'autre que lui n'a pu tuer Maria-Dolorès, l'enfant sans distraction, que la recherche d'un chien noir perdu a divertie. Pourquoi? Je sais que l'avocat général va demander la peine de mort, et cette idée me fait frémir.

Christian Ranucci, j'ai presque votre âge, et la pensée que vous alliez mourir sous le couperet m'est insupportable ! Dites la vérité, cxpliquez vous, racontez l'horreur. Cet aveu, qui fait de vous un meurtrier par panique, sauvera votre tête qui se fracasse déjà contre les évidences. Les époux Aubert, lors de l'accrochage, ont relevé le numéro d'immatriculation de votre véhicule, 1369 SG 06 ! Ils vous ont reconnu formellement !

Deux témoins, Rahou et Guazzone, témoignent que le 3 juin vers 17 heures, vous avez demandé et obtenu leur aide pour désembourber votre véhicule qui se trouvait à 1 km du lieu de la découverte du cadavre. Dans un premier temps, vous avez avoué, depuis vous mentez. Je me méfie des aveux. Je sais qu'on peut les arracher par la force de la garde à vue, par la terreur policière. Mais, non seulement vous avez avoué aux policiers, aveux dont je peux douter, mais vous avez aussi avoué au psychiatre, confession, elle, exempte de pression. Il n'y aurait que l'aveu, arraché ou recueilli par les policiers, consigné par le psychiatre, confirmé devant le juge d'instruction, en présence d'un avocat, je continuerais à douter des hommes qui obtiennent d'un accusé sans défense ou avec défensc, dc sa bouche, les mots qui le tuent. Mais il y a plus, et pire. Il y a ce dessin que vous avez fait des lieux où vous avez enlevé l'enfant qui a pris votre main d'adulte assassin pour celle d'un grand frère. Il y a le couteau dont vous avez dit vous être débarrassé d'un coup de pied dans un taud de tourbe à proximité de la champignonnière et que l'on a retrouvé grâce à vos indications à cet endroit ! Sur ce couteau, retrouvé uniquement sur vos indications, la police scientifique a isolé sur la lame du sang appartenant au groupe de Maria-Dolorès, tout comme sur votre pantalon. Que faut-il de plus ? Vos mains, ces mains qui prennent l'enfant, ces mains qui tuent, elles gardent la trace du crime. On a retrouvé sur elles et sur vos avant-bras, comme une sinistre mémoire, des égratignures produites par une végétation épineuse. Le cadavre de Maria-Dolorès était recouvert de branches épineuses ! En niant l'évidence, vous niez la mort d'une enfant qui devient dans ce procès un jouet d'audience, un jouet de plaidoirie, une jonglerie d'arguments fallacieux, tolérable quand il y a la place, mais insupportable quand la certitude du crime rencontre l'insoutenable petite morte de 8 ans. Il y a dans votre attitude un ricanement calculateur et roublard qui risque de conférer à votre crime plus d'horreur, d'organisation, qu'il n'en recèle. Mentir c'est faire mourir ! Et le mensonge se voit comme une orgie sur une tombe d'enfant. Le plus gros de ces mensonges est l'invention, déjouée ici, pendant l'audience, de l'homme au pull-over rouge. Vous avez fait citer, vous ou votre avocat, qui sait ?, un témoin, Mme Mattéi, qui jure qu'un individu non identifié, vêtu d'un pull-over rouge, circulant dans une Simca 1 100 grise, s'était livré à Marseille, au début du mois de juin 1974, à des tentatives d'enlèvements de mineurs. Or, les enquêteurs ont découvert un pull-over rouge dans la champignonnière, qui ne peut, c'est vrai, vous appartenir, et dont on ne sait, à ce jour, à qui il appartient. À partir de ce chiffon rouge, un leurre, vous avez voulu tromper tout le monde, ajoutant au crime la manipulation. Voici comment vous avez organisé la magouille : votre témoin a fait part de son témoignage à Mme Ranucci, qu'elle avait rencontrée à la prison des Baumettes, où elles venaient toutes deux visiter leur fils détenu. Ça crée des liens. Alerté par vos avocats, le parquet a fait entendre par deux fois la visionnaire. La première fois, elle a juré que, deux jours avant le crime, sa fille Agnès avait été abordée par l'homme au pull-over rouge, que le lendemain elle avait vu un homme essayer d'enlever un petit garçon, qu'elle avait même parlé à cet homme. La deuxième fois, elle déclare que l'incident concernant sa fille s'était déroulé vers le 3 juin, soit le jour du crime, et que celui concernant le petit garçon s'était produit, non plus le lendemain, mais quelques jours avant, et qu'elle avait assisté à cet incident de sa fenêtre ! Jusqu'à l'audience, et sur ma question, on s'était bien gardé d'insister sur le fait que ce témoin changeant comme la météo, était une rencontre de solidarité carcérale, une entraide douteuse de mères malheureuses ! Outre ces éléments de nature à faire suspecter ce témoignage, à supposer qu'il prouve l'existence d'un satyre au pull-over rouge, il n'établit pas que vous êtes étranger à l'enlèvement de Maria-Dolorès le 3 juin 1974, ni que les preuves réunies contre vous n'existent pas. Je ne sais pas ce que vos avocats vont plaider. Ici, leur adversaire, votre adversaire, c'est la mort, une mort légale, mais horrible, que seule la vérité pourrait éloigner. Dans la panique d'un crime qui tue une enfant de 8 ans, la place existe encore pour un pardon, qu'exclut l'organisation méthodique et outrancière d'une défense qui fait de vous un malin du crime. Elle avait un prénom dont vous avez fait une réalité, Marie des douleurs. Je ne veux pas que vous mouriez. Dans un temps où les souffrances des victimes s'oublient si vite, où un crime chasse l'autre, où les affiches criminelles se décollent aussi rapidement que les placards des films à la mode, au moins vous, vous vous souviendrez toujours de cette lumière de juin que vous avez éclaboussé du sang d'une enfant. Son regard, son dernier regard, son regard de larmes et de peur, vous seul l'avez dans votre mémoire d'assassin qui ment. Je veux, pour le chagrin des parents, que la justice vous punisse, mais, qu'elle vous laisse vivre dans le réduit sombre de ce regard ! »

Verdict

Le 10 mars 1976, la cour d'assises d'Aix-en-Provence condamne Christian Ranucci à la peine de mort. Le 28 juillet 1976, Christian Ranucci est exécuté.

3. L'affaire Seznec

L'affaire Seznec défraie la chronique judiciaire française depuis bientôt un siècle.

Le 25 mai 1923, au petit matin, Guillaume Seznec, maître de scierie à Morlaix, et Pierre Quémeneur, conseiller général du Finistère, quittent Rennes pour rejoindre Paris en Cadillac. Associés depuis plusieurs mois, les deux Bretons roulent vers la capitale pour y négocier un contrat de vente d'automobiles. Pierre Quémeneur est à la recherche de «*belles Américaines*» laissées sur le continent après la guerre par l'US Army. Sur la route, les pannes se succèdent et Pierre Quémeneur craint d'arriver en retard à son rendez-vous parisien. Il se décide donc à prendre le train à Houdan. Les deux associés se quittent devant la gare. On ne reverra jamais Pierre Quémeneur. Ni vivant, ni mort. Une enquête est ouverte : un conseiller général a disparu, il faut trouver un coupable. Et vite. Seznec est aussitôt suspecté. L'enquête et l'instruction sont conduites au pas de charge. Pas de cadavre, pas de preuve, pas de mobile, pas d'aveu… Qu'importe. Le maître de scierie est inculpé pour assassinat et renvoyé devant les assises. Le 24 octobre 1924, lorsque s'ouvre son procès, l'affaire fait les gros titres de la presse nationale et, déjà, les journaux sont partagés : *Le Petit Parisien* croit en la culpabilité de Seznec, *L'Humanité* plaide pour son acquittement. Après huit jours d'audience et l'audition de 120 témoins, il est déclaré coupable et condamné aux travaux forcés à perpétuité. Le rideau est tombé. L'affaire Quémeneur est terminée, l'affaire Seznec ne fait que commencer.

En 1927, le maître de scierie est envoyé dans un camp à Saint-Laurent-du-Maroni, en Guyane française, puis transféré aux Îles du Salut. Mais le bagnard continue de crier son innocence et, en métropole, son épouse Marie-Jeanne se démène pour faire éclater la vérité. En vain. Les courriers de demande de révision dont elle inonde le ministère de la justice demeureront toujours lettre morte. Dans les années 1930, les campagnes en faveur du prisonnier se succèdent : meetings, réunions publiques, manifestations. La presse multiplie les révélations. Le 18 février 1934, événement rarissime dans les annales de la justice française, six des jurés regrettent leur verdict. Dans une lettre commune qu'ils font porter à la chancellerie, ils réclament à leur tour la révision. Nouvelle réponse négative. Guillaume Seznec sera finalement gracié le 2 février 1946 par le général de Gaulle. Un an plus tard, il débarque en France, accueilli comme un héros, faisant une fois de plus la une de tous les magazines. En 1953, il décède dans un accident de la circulation.

Son petit-fils Denis est alors âgé de 6 ans. Il a vu trois générations de femmes (la mère de Guillaume Seznec, sa femme, sa fille) se succéder pour obtenir la révision du procès. À partir des années 1980, il se décide à reprendre lui-même le flambeau. Il va y consacrer ses journées et ses nuits durant un quart de siècle. À treize reprises, ses requêtes en révision sont rejetées. Le 24 janvier 2005, il se présente devant la Cour de cassation pour une quatorzième demande, assisté de Me Baudelot.

Le réservé Yves Baudelot courtise peu les médias (même s'il est l'avocat du *Monde*). Cette discrétion ne l'empêche pas d'être redoutablement efficace dans toutes les grandes affaires qu'il a plaidées : Urba (financement du parti socialiste), le scandale de l'hormone de croissance, le dossier noir de la SNCF (procès intenté à l'entreprise pour son rôle dans la déportation des juifs de France)... Cet «*homme de dossier*» s'est aussi investi corps et âme dans la défense de Dany Leprince (un agriculteur condamné pour un quadruple assassinat à la feuille de boucher), obtenant l'une de ses plus belles victoires, peut-être celle dont il est le plus fier. Au printemps 2010, la Cour de cassation a en effet accepté de remettre Dany Leprince en liberté le temps qu'elle réexamine son dossier. Une décision rarissime.

Cinq ans auparavant, c'est devant la même juridiction qu'Yves Baudelot, Breton d'adoption et de cœur, plaide – aux côtés de Jean-Denis Bredin – pour la mémoire de Guillaume Seznec. Il parle devant des magistrats professionnels et s'attache donc à revisiter méticuleusement un dossier vieux de 82 ans.

Plaidoirie prononcée par Yves Baudelot le 5 octobre 2006 devant la Cour de cassation pour obtenir la révision du procès de Guillaume Seznec

Mesdames, Messieurs de la cour.

La condamnation de Guillaume Seznec a été prononcée en 1924, soit il y a 82 ans. Presque un siècle déjà.

D'aucuns pourraient s'interroger sur l'intérêt d'une demande de révision portant sur des faits aussi anciens. Cependant, malgré l'ancienneté de cette condamnation, le dossier de Guillaume Seznec est bien toujours d'actualité. Et même plus que jamais. Pourquoi ? Parce que l'injustice d'une condamnation est ineffaçable ! Parce que Guillaume Seznec a toujours clamé son innocence ! Parce que le combat qu'il a mené pour la faire reconnaître a été repris par sa femme, par ses enfants, et aujourd'hui par son petit-fils, pour lequel la réhabilitation de son grand-père est devenue sa raison de vivre ! Enfin, parce qu'après que Guillaume Seznec a subi 23 ans de bagne, sa famille ne peut se satisfaire que le général de Gaulle ait commué la réclusion à perpétuité en une peine de 20 ans de prison et permis au bagnard de retrouver la liberté ; même si c'était un geste important sur le chemin de la réhabilitation.

Oui, ce dossier est toujours d'actualité. Les innombrables soutiens qui sont adressés tous les jours à Denis Seznec par des inconnus ou par des personnalités les plus diverses, le prouvent, s'il en était besoin.

Certes, treize requêtes en révision ont été auparavant rejetées. Mais la cour ne saurait y voir de précédents. En effet, douze décisions de rejet ont été rendues sous l'empire d'une loi qui imposait que la défense produise des faits nouveaux de nature à établir l'innocence du condamné. Or, cette preuve était pratiquement impossible à apporter. Les conditions qui étaient alors exigées pour obtenir la révision d'une condamnation ignoraient le principe fondamental selon lequel le doute doit bénéficier à l'accusé. Depuis, la loi a changé. Elle prévoit désormais qu'il suffit qu'un fait nouveau apporte un doute sur la culpabilité du condamné pour qu'une révision de sa condamnation soit possible.

Remontons le temps. En vérité, depuis qu'il a été condamné en 1924, le doute a toujours existé sur la culpabilité de Guillaume Seznec. Rarement même, dans les annales judiciaires, les doutes ont été et sont si nombreux.

En premier lieu, le corps de Pierre Quémeneur n'a jamais été retrouvé. Nous n'avons donc aucune certitude sur sa mort. Le fait que son corps n'ait pas été retrouvé est d'autant plus significatif que, selon l'accusation, le meurtre serait intervenu dans la nuit du 25 au 26 mai 1923 entre 22 h 10 et 05 h 30. Compte tenu de ces délais, la zone dans laquelle le corps de Pierre Quémeneur aurait pu se trouver est donc nécessairement limitée.

Ensuite, on ne sait rien sur l'arme du crime, ni sur les conditions dans lesquelles Guillaume Seznec aurait fait disparaître le corps de Pierre Quémeneur. L'absence de toute information à cet égard est capitale. Comment, en si peu de temps, de nuit, et dans une région qu'il ne connaissait pas, Guillaume Seznec aurait pu faire disparaître le cadavre de Pierre Quémeneur ? Sans compter qu'aucune trace de coup ou de violence n'a été retrouvée. Ajoutons que le meurtre pour lequel Guillaume Seznec a été condamné n'a pas eu de témoins et que l'accusation n'a jamais pu se prévaloir d'un aveu de Guillaume Seznec puisqu'il a toujours contesté avec la plus grande véhémence les accusations portées contre lui. Le meurtre imputé à Seznec est d'autant plus étonnant que si, comme le prétend l'acte d'accusation, la voiture dans laquelle se seraient trouvés Quémeneur et Seznec avait quitté la gare de Houdan à 22 h 00, c'est entre 22 h 10 et 23 h 00, c'est-à-dire dans un temps étonnamment court, que Seznec aurait fait disparaître Quémeneur. Un témoin, M. Dectot, qui rentrait chez lui à bicyclette, a en effet déclaré avoir vu les phares de la voiture de Seznec immobilisée à partir de 22 h 30, être arrivé à sa hauteur à 23 h 00, y avoir constaté que Seznec était seul : « *Cet homme était seul. Cet homme était seul. J'en suis certain [...] Je n'ai vu personne avec lui.* » M. Dectot précise avoir demandé à Seznec s'il avait besoin d'aide, n'avoir remarqué aucune trace de violence ni aucun signe d'émotion chez

Seznec et, alors qu'il s'éloignait en continuant son chemin, avoir été rappelé par Seznec qui lui a demandé s'il était bien sur la route de Versailles.

Le témoin Dectot a décrit chez Seznec un comportement qui est incompatible avec le fait qu'il ait pu, quelques minutes auparavant, tuer un homme et le faire disparaître. Ainsi donc, Seznec aurait disposé de 13 minutes pour tuer Quémeneur, pour effacer toute trace sur lui et pour faire disparaître le corps de Quémeneur dans une région qui lui était inconnue. Quelle maîtrise ! Mais il y a plus incroyable encore.

Selon l'acte d'accusation, Pierre Quémeneur aurait été tué dans la nuit du 25 au 26 mai 1923. Or, le 26 mai 1923, c'est-à-dire le lendemain du jour où il aurait disparu, Quémeneur était à Paris où il a été vu par trois personnes : M. Begue, M. Le Her et M. Petit. Plus surprenant encore, le 27 mai 1923, c'est-à-dire le surlendemain du jour où il aurait été tué, Quémeneur a été vu le matin en gare de Rennes par M. Danguy des Desserts. Et, dans l'après-midi de ce même 27 mai 1923, il a encore été vu en gare de Guingamp par M. Bolloch qui l'a pris dans son taxi pour le conduire à Traou-Nez-en-Plourivo. Comment, au vu des déclarations de l'ensemble de ces témoins, la cour de révision pourrait-elle refuser la réouverture des procès qui a été demandée par six des membres du jury qui a condamné Seznec ?

J'en viens maintenant aux irrégularités de l'enquête. Elles sont innombrables et sont apparues au fil du temps. Elles étaient donc ignorées des premiers jurés qui ont condamné Seznec. La thèse de l'accusation est connue. Dix-huit jours après le meurtre, le 13 juin 1923, Guillaume Seznec se serait trouvé au Havre, puisque quatre témoins l'auraient vu y acheter une machine à écrire. Sa présence au Havre ce jour-là établirait nécessairement sa culpabilité puisque, ensuite, c'est avec cette machine à écrire que Guillaume Seznec aurait tapé la fausse promesse de vente qui a été retrouvée dans la valise de Quémeneur. Une machine que les policiers découvriront lors d'une perquisition opérée le 6 juillet 1923 dans un grenier de la maison de Seznec.

Mais après la condamnation de Guillaume Seznec, des faits nouveaux ont retiré toute crédibilité aux témoins du Havre et à la découverte de la machine à écrire. L'un des enquêteurs de l'époque est l'inspecteur Bonny. Celui-là même qui, vingt ans plus tard, sera l'adjoint d'Henri Lafont, le chef de la Gestapo française. Le fait que l'enquête sur la disparition de Quémeneur ait été dirigée par le commissaire Vidal n'empêche pas que l'inspecteur Bonny y ait joué un rôle essentiel, ainsi qu'en témoignent les pièces du dossier et les articles de presse de l'époque. Or il apparaît que les témoins du Havre qui auraient vu Seznec acheter la machine à écrire se sont révélés être des personnes qui connaissaient personnellement l'inspecteur Bonny. Il apparaît aussi que Bonny a très bien pu «*apporter*» la machine à écrire dans le grenier de Seznec.

L'inspecteur Bonny était coutumier des fraudes et des machinations en cours d'enquêtes. Il a en effet été renvoyé de la police en raison de fautes graves qu'il avait commises, notamment par la fabrication de faux documents dans l'affaire Stavisky. Puis il a mis ses talents au service de la Gestapo. Les essais sur la machine à écrire ont été effectués bizarrement le jour de sa découverte, de façon illégale alors que Seznec est en prison et son épouse et la domestique sont absentes de la maison. Cette perquisition n'a donc pas eu de témoins. Vous vous rendez compte ! Et puis écoutez bien… C'est extrêmement grave… un fait absolument nouveau ! Selon une nouvelle expertise, il semble très probable que les deux promesses de vente qui ont été retrouvées lors de l'instruction n'ont pas été tapées par la même personne. Il apparaît, en effet, une différence de doigté consistant en un fréquent rebondissement de la lettre «é» sur l'exemplaire de la vente de Guillaume Seznec alors que, sur l'exemplaire de Pierre Quémeneur, aucun rebondissement n'est observé. En revanche, on retrouve les mêmes rebondissements de la lettre «é» sur le fac-similé dactylographié par un fonctionnaire de police sur place lors de la perquisition. Cela signifie que les enquêteurs, sous l'impulsion de l'inspecteur Bonny, ont fabriqué des preuves autour d'une machine à écrire que Seznec n'a jamais achetée ni possédée.

Il y a dans cette affaire des doutes colossaux ! Étant donné que le doute est désormais seul requis, si ce n'est pas dans cette affaire, quand le sera-t-il ? Mais quand le sera-t-il ? Si vous n'innocentez pas Guillaume Seznec, alors la loi de 1989 ne sera jamais appliquée.»

***

À l'issue de la plaidoirie d'Yves Baudelot, l'autre avocat de Guillaume Seznec, Maître Jean-Denis Bredin a pris la parole en détaillant la carrière trouble de l'inspecteur Bonny. Puis l'avocat a expliqué à quel point, lors de son premier procès, Guillaume Seznec fut peu ou mal défendu. Son conseil, un jeune avocat, plaidait pour la première fois devant une cour d'assises. Jean-Denis Bredin a conclu son intervention par la lecture de la dernière lettre de Guillaume Seznec à sa femme, Marie-Jeanne, avant son départ pour le bagne. Dans un silence absolu, il l'a lue en détachant chaque mot.

Saint-Martin-de-Ré, le 28 mars 1927

Ma très chère Jeanne,

Je commence par t'annoncer que depuis le 23 écoulé, je n'ai pas eu de lettre de toi ; je sais cependant que deux lettres sont venues à Saint-Martin-de-Ré à mon nom. Toutes deux ont été retenues par Monsieur le directeur, donc je suis sans nouvelles de toi. Le départ est fixé au 7 avril et je suis du nombre. Dans 9 jours donc, ma très chérie, je dirai adieu à la France dont il ne peut me rester un bon souvenir. Et cependant, comme je te l'ai déjà dit, dans mon éternelle existence, pour toi sera mon dernier soupir.

Aujourd'hui, je te dis adieu parce que je ne te verrai plus, pas plus que mes chers petits-enfants auxquels je n'écris pas particulièrement car cela ne ferait qu'augmenter leur douleur. Tu les embrasseras de toutes tes forces pour moi, et leur diras tout ce que contient mon cœur pour eux, car je sais que mes expressions ne pourront jamais être aussi claires que ce que tu devineras toi-même.

Celle-ci est la dernière lettre que je t'écris de France. J'ajoute de la France car on ne sait jamais, tu n'ignores pas que le voyage qu'on va me faire entreprendre est terrible surtout dans les conditions où nous le faisons. Mais sois convaincue que la mort pour moi n'est rien, c'est plutôt une délivrance, surtout pour qui ne peut rien espérer.

Je t'en prie, ma très chère Jeanne, n'essaie pas de venir voir mon départ car notre douleur serait trop horrible, pour l'un et l'autre, cela a été de même pour tous ceux qui ont quitté dans les mêmes conditions.

Je te dis encore une fois adieu ! Adieu, adieu et adieu ! Au ciel !

Lors de cette audience, Denis Seznec a pris la parole en dernier pour défendre la mémoire de son grand-père. «*Au bagne*, a-t-il dit, *l'espérance de vie moyenne était de 4 ans. 2 % des condamnés seulement revenaient vivants. Afin de rompre tout lien affectif, on proposait aux épouses des condamnés à perpétuité de divorcer en contrepartie des biens du forçat. Marie-Jeanne Seznec a été la seule femme de bagnard à refuser. Mon grand-père lui avait pourtant écrit : "Accepte ce divorce du diable, tu resteras ma Marie-Jeanne dans mon cœur". S'il y avait eu le moindre doute sur l'innocence de mon grand-père, croyez-vous que ma famille se serait battue ainsi sur quatre générations ? Mon frère s'est suicidé, mon neveu aussi. Nous avons été détruits.* »

Décision

Le 14 décembre 2006, la cour a rejeté la demande de révision. Elle a estimé qu'il n'y avait aucun élément nouveau susceptible de faire naître le doute sur la culpabilité de Guillaume Seznec. Selon elle, la participation de l'inspecteur Bonny à une machination policière n'a pas été prouvée.

4. Le procès de Maurice Agnelet

Une belle et fantasque héritière, un amant obsessionnel et manipulateur, une disparition mystérieuse: l'affaire Agnelet est une histoire de passions, de fric, d'intrigues sur fond de guerre de casinos.

Nous sommes à Nice dans les années 1970. Jean-Dominique Fratoni, le propriétaire du Rhul, veut prendre le contrôle d'un autre établissement de jeux, Le Palais de la Méditerranée. Pour parvenir à ses fins, celui que l'on surnomme le «*Napoléon des tapis verts*» doit racheter ses parts à Renée Leroux, veuve d'un riche homme d'affaires. Mais cet ex-mannequin, championne de tir, refuse obstinément de vendre ses participations. Jusqu'au jour où elle est trahie par sa propre fille, Agnès.

En juin 1977, à la stupéfaction du conseil d'administration qui se tient au Palais de la Méditerranée, Agnès Leroux vote contre sa mère. Un vote acheté, on l'apprendra par la suite, par Jean-Dominique Fratoni, contre 3 millions de francs. C'est un avocat mystérieux, un beau gosse flambeur, qui a joué les intermédiaires: Maurice Agnelet. Il est le conseil de Jean-Dominique Fratoni mais aussi… l'amant d'Agnès Leroux, qu'il a réussi à circonvenir pour le fatidique conseil d'administration. Il sera d'ailleurs condamné, des années plus tard, en 1985, pour «*achat de vote, recel et abus de confiance*» et radié du barreau. A-t-il commis ce seul délit? Ou a-t-il été jusqu'à assassiner la belle Agnès, pour récupérer les 3 millions versés par Fratoni, comme le clame Renée Leroux?

Car, à partir du mois d'octobre 1977, sa fille ne donne plus signe de vie. Elle disparaît au volant de sa Range Rover et plus personne n'aura jamais de nouvelles. A-t-elle été victime d'un accident? Vit-elle quelque part à l'autre bout du monde? Une seule certitude: son corps n'a jamais été retrouvé. Dès la fin des années 1970, pourtant, la justice soupçonne Maurice Agnelet d'avoir joué un rôle dans la disparition de l'héritière. Une disparition qui ne semble pas l'avoir ému outre mesure. Car si, à l'époque de leur liaison, Agnès est dévorée par une passion aussi frénétique qu'exclusive, écrivant des centaines de pages et de lettres enflammées, couvrant de cadeaux et d'argent le séduisant avocat, prévoyant même de lui acheter une maison, Agnelet, lui, partage sa vie amoureuse entre trois maîtresses. C'est d'ailleurs le témoignage de l'une d'entre elles, Françoise Lausseure, qui va lui permettre d'échapper, dans un premier temps, à la justice. La jeune femme assure que le week-end de la disparition d'Agnès, elle se trouvait avec Maurice, à Genève, à l'Hôtel de la Paix.

En 1988, après une longue procédure judiciaire, la Cour de cassation finit par accorder un non-lieu à Agnelet. Fin de l'histoire ? Las, dix ans plus tard, Françoise Lausseure fait volte-face et affirme qu'elle a fourni un faux alibi «*à la demande pressante de Maurice*». Relance de l'enquête et nouvelles poursuites. Cette fois-ci, Maurice Agnelet finit par être renvoyé devant la cour d'assises de Nice. Les débats, qui s'ouvrent en novembre 2006, font rage autour de l'inconstante Françoise. Faut-il la croire ? Son témoignage n'est-il pas sujet à caution ? De maîtresse, elle est devenue l'épouse de Maurice, puis elle a demandé le divorce. Ses déclarations semblent indexées sur la courbe de ses sentiments…

Maurice Agnelet a confié ses intérêts à François Saint-Pierre. Un avocat lyonnais, fils de médecin, qui a prêté serment en 1984 et dit s'inspirer des plus grands : Henri Leclerc et Daniel Soulez Larivière. Orateur redouté par ses contradicteurs et procédurier aguerri, il a notamment mené bataille pour l'ancien maire de Lyon, Michel Noir, et livré des combats homériques contre l'ex-procureur Philippe Courroye, un magistrat qui incarne, selon lui, une forme de «*tyrannie*» judiciaire. Ce n'est sans doute pas une coïncidence si le journal *Le Monde* lui a demandé de défendre ses journalistes dans une affaire d'espionnage téléphonique, dite «*des fadettes*» où Philippe Courroye, mais aussi Bernard Squarcini, l'ex-patron des services de renseignement, ont été mis en cause.

Dans le dossier Agnelet, François Saint-Pierre n'aura pas seulement pour adversaire le toujours brillantissime Georges Kiejman, conseil de Renée Leroux, mais aussi… son client lui-même.

Maurice Agnelet produit une détestable impression sur les jurés… L'acquittement que l'avocat lyonnais parvient pourtant à arracher à l'issue de sa plaidoirie, après un mois de débat et un réquisitoire réclamant vingt ans de réclusion criminelle, n'en est que plus méritoire.

Plaidoirie prononcée par François Saint-Pierre, avocat de Maurice Agnelet, le 20 décembre 2006, devant la cour d'assises des Alpes-Maritimes

Comment imaginer de condamner un homme sans que l'on sache ni quand, ni où, ni comment le crime dont il est accusé aurait été commis, et donc par qui il a été commis ?

Sans aucune preuve matérielle ni témoin visuel des faits, nul ne peut être sûr de la vérité, ni même l'approcher. Sans scène du crime reconstituée, il nous est impossible de vérifier aucune des hypothèses avancées par l'accusation. C'est le principe même de ce procès qui est vicié. Et c'est la porte ouverte à l'erreur judiciaire que d'accepter qu'il se tienne.

Comment voulez-vous que nous nous défendions ? Sur la base de quelles preuves à discuter ? Il n'y en a aucune. Les seuls témoins qu'a fait citer l'accusation ne savent rien de la disparition d'Agnès Le Roux. Leur seul point commun est leur détestation de Maurice Agnelet. Mais est-ce suffisant ? Non, à l'évidence ! Françoise Lausseure, son ex-épouse ? Pendant vingt ans, ils se sont assignés l'un l'autre en justice à la suite de leur divorce. Martine H., que nous avons confondue en flagrant délit de mensonge ? Elle affirmait avoir accompagné Françoise Lausseure à Genève le 27 octobre 1977. Ce qui signifie pour l'accusation que Maurice était absent [de Genève] et donc occupé à commettre son forfait à Nice. Mais cette Martine H. ne s'est souvenu ni du nom de la ville, ni de celui de l'Hôtel de la Paix, ni de la présence d'un lac : or, ce palace donne justement sur le lac Léman… Et c'est sur de telles preuves que l'on voudrait faire condamner Maurice Agnelet ?

Ah oui, il y a aussi ces livres de la Pléiade, sur lesquels Agnelet a noté ces quelques mots : « *liberté* », « *amitié* », « *bateau ivre* » ! Ces quelques mots qui, selon l'accusation, seraient l'aveu du crime, car ils auraient été notés aux dates-clé de l'affaire. Attention ! Inscrire « *bateau ivre* » sur un recueil des œuvres d'Arthur Rimbaud, ou « *amitié* » sur un livre de Montaigne et « *liberté* » sur un autre d'Hemingway peut vous conduire sur les bancs de la cour d'assises, sachez-le, Mesdames et Messieurs les jurés ! Somme toute, voici les seules charges qu'auront pu avancer mes contradicteurs, Me Kiejman et M. l'avocat général. Ne croyez-vous pas que cela suffise pour vous demander l'acquittement ? Le doute est abyssal. Ce doute qui toujours doit profiter à l'accusé et que vous vous êtes engagés à respecter en prêtant votre serment de jurés.

Mais poursuivons, car je veux à présent vous démontrer que non seulement Maurice Agnelet ne peut être coupable de l'assassinat d'Agnès Le Roux mais aussi que c'est bien un innocent qui comparaît devant vous.

Je vous le disais tout à l'heure, le devoir des juges que vous êtes est de pouvoir répondre avec certitude à ces questions qui sont cardinales dans tout procès criminel : où, quand et comment l'assassinat d'Agnès Le Roux aurait-il été commis ?

Si vous ne pouvez pas répondre à ces questions, vous ne pourrez pas répondre à la plus importante de toutes : qui l'a commis ?

Au cours de ces trois dernières semaines d'audience, tous les détails de l'affaire ont été explorés. Mais savez-vous quand Agnès Le Roux a quitté Nice ? Personne ne peut le dire. La seule chose que nous sachions est qu'elle a quitté son appartement comme si elle partait pour un voyage. Avec ses valises, ses affaires de toilette, ses vêtements et son passeport, sans qu'aucune trace de violence ou de sang n'ait été constatée à son domicile. Et à une date que l'on situe avant le 3 novembre (puisque l'on retrouve dans la boîte aux lettres des courriers distribués alors) mais après le 1er novembre – et c'est essentiel – puisque Colombe P., son amie de toujours, a affirmé s'être entretenue avec elle, ce jour-là, au téléphone, pour convenir d'un rendez-vous à Paris la semaine suivante. Elle l'a même noté sur son agenda. Il est exact que Colombe P. s'est montrée confuse à l'audience sur ce point. Mais, vous l'avez bien compris, c'est parce qu'elle est consciente que cette précision vous conduit à voter l'acquittement de Maurice Agnelet. N'oubliez pas que, selon l'accusation, c'est le 27 octobre qu'Agnelet se serait constitué un faux alibi en demandant à Françoise Lausseure de dire qu'il était avec elle à Genève…

Les témoins ne sont jamais fiables à 100 %. Ils peuvent toujours se tromper, être influencés ou même mentir. Nous en avons la démonstration ici : Colombe P. vit un conflit de loyauté envers la famille d'Agnès Le Roux dont elle était si proche. Tout comme Martine H. envers Françoise Lausseure qui l'a beaucoup aidée dans les années passées et qui lui a demandé un faux témoignage en retour. C'est humain, me direz-vous, et j'en suis d'accord, mais en matière de justice, de tels témoignages conduisent à l'erreur judiciaire. Ce qui est sûr, c'est que Maurice Agnelet était bien à Genève le 27 octobre et qu'Agnès Le Roux était alors en vie.

Où et quand ce crime aurait-il été commis ? Nul n'en sait donc rien et n'en saura jamais rien. Comment l'a-t-il été ? Nous n'en savons rien non plus. Sait-on seulement si Agnès Le Roux est décédée en 1977 ? Elle qui voyageait au Moyen-Orient et en Afrique, pour collectionner des objets d'artisanat à revendre en France. Elle qui s'était fâchée avec sa mère à propos de l'héritage de son père qu'elle voulait toucher mais qui restait bloqué. Il est tout à fait possible qu'elle soit alors partie en voyage. Et comment exclure un accident de voiture ou un crime crapuleux dont elle aurait été la victime ?

Les exemples ne manquent pas. Je lisais la presse hier : en Bretagne, la gendarmerie vient de repêcher le corps d'un homme disparu il y a 25 ans, resté coincé dans sa voiture au fond d'un lac après avoir raté un virage… Soyez prudents, soyez exigeants, je vous le demande. Nul n'est insensible à la douleur de la famille Le Roux, mais la compassion ne doit pas conditionner votre jugement. Votre devoir de jurés est de vous poser les seules questions qui vaillent dans un tel procès : oui ou non, des preuves suffisantes sont-elles établies à l'encontre de l'accusé ?

Au terme de cette plaidoirie, je crois vous avoir démontré que non ! Non, vous ne pouvez condamner Maurice Agnelet, faute de savoir où, quand et comment cet homme aurait commis ce crime. Au contraire, votre devoir est de l'en acquitter.

VERDICT

Le 20 décembre 2006, la cour d'assises de Nice prononce l'acquittement de Maurice Agnelet. Le procureur général fait appel de ce verdict. Quelques mois plus tard, en octobre 2007, un nouveau procès s'ouvre devant la cour d'assises d'Aix-en-Provence. Il dure à nouveau quatre semaines, avec les mêmes éléments et les mêmes incertitudes qu'en première instance. Mais cette fois, Maurice Agnelet est déclaré coupable et condamné à 20 ans de réclusion. Il se pourvoit en cassation. En 2008, la Cour de cassation rejette son pourvoi. François Saint-Pierre intente alors un recours devant la Cour européenne des droits de l'homme, et obtient une jolie victoire. Le 10 janvier 2013, la Cour européenne condamne la France pour procès inéquitable. Deux semaines plus tard, la Cour de cassation libère Maurice Agnelet et ordonne un troisième procès qui s'ouvre le 17 mars 2014 devant la cour d'assises d'Ille-et-Vilaine. À l'issue de trois semaines de débats, Maurice Agnelet est à nouveau condamné à 20 ans de réclusion.

5. Le procès de Jean-Marie Villemin

L'enfant porte un bonnet sur les yeux et une corde autour du cou.

Nous sommes le 16 octobre 1984, à Docelles, dans les Vosges. Les gendarmes viennent de découvrir le cadavre d'un petit garçon, Grégory Villemin, 4 ans, reposant au fond d'une rivière, la Vologne. Le lendemain, ses parents, Christine et Jean-Marie Villemin, reçoivent une lettre anonyme, postée avant la disparition de l'enfant : «*J'espère que tu mourras de chagrin, le chef. Ce n'est pas l'argent qui pourra te redonner ton fils. Voilà ma vengeance, pauvre con*»... Vingt-huit ans se sont écoulés depuis ce sinistre mois d'octobre, sans que jusqu'à présent, l'assassinat du «*petit Grégory*», qui a suscité les passions les plus folles, n'ait été résolu. L'enquête, de bout en bout, se résume à un épouvantable gâchis. Gendarmes, policiers, experts, juges, journalistes... tous ceux qui se sont approchés de cette affaire sont devenus hystériques. Dans la Vologne, modeste rivière désormais connue aux quatre coins de France, la justice a fini par se noyer.

Au début, pourtant, les investigations sont allées bon train. Quelques jours seulement après la mort de Grégory, le magistrat instructeur, Jean-Michel Lambert, se targue de tenir le coupable : Bernard Laroche, un cousin de Jean-Marie Villemin. Son mobile ? La jalousie. Bernard ne supportait pas la réussite de Jean-Marie. Pour se venger, il serait d'abord devenu «corbeau», inondant la famille Villemin de courriers menaçants et non signés, d'appels téléphoniques orduriers.

Puis, il aurait tué le fils du «chef». Laroche est incarcéré dès le 5 novembre 1984, trois semaines à peine après le meurtre. Comment douter de sa culpabilité ? Sa propre belle-sœur, Murielle Bolle, le met en cause. L'adolescente, âgée de 15 ans, raconte aux gendarmes qu'elle l'a accompagné quand il a enlevé Grégory et qu'elle a même assisté à la noyade de l'enfant. Mais voilà que 48 heures après ses aveux, la jeune Murielle se rétracte spectaculairement devant les journalistes et accuse les gendarmes de lui avoir dicté son témoignage. C'est ce jour-là que l'affaire dérape : Jean-Michel Lambert, 32 ans, est un jeune juge, trop jeune sans doute et trop peu expérimenté pour mener une telle enquête, sous la pression médiatique. Il dessaisit les gendarmes et confie l'affaire aux policiers du SRPJ de Nancy.

Très rapidement, les hommes du commissaire Corrazzi partent sur une autre piste : Christine Villemin ! Une mère soupçonnée d'avoir tué son propre fils… Aussitôt, les fuites se multiplient dans les médias, des dizaines d'envoyés spéciaux campent autour du domicile des Villemin, les paparazzi paient pour la moindre photo ou organisent des mises en scène autour de la tombe de Grégory. Psys et experts de tout poil rivalisent de commentaires. Le « clan » Villemin, ses haines recuites, ses petits secrets, sont disséqués, étalés dans la presse. Le public en redemande. Les romanciers fantasment. « *Sublime, forcément sublime* », dit Marguerite Duras à propos de « *Christine* » dans une tribune de *Libération*…

Le 4 février 1985, Bernard Laroche est libéré. Pour le père de Grégory, c'est trop. Jean-Marie Villemin, est convaincu de la culpabilité de son cousin et ne « *supporte plus que les journalistes s'acharnent sur [son] épouse* ». Le 29 mars, après trois tentatives infructueuses, il se rend au domicile de Bernard Laroche, le met en joue devant chez lui et l'abat à bout portant. « *Chérie, j'ai fait une connerie* », dit-il à sa femme, avant de se constituer prisonnier. Aux policiers qui l'interrogent, avant sa mise en détention, il lâche dans son désespoir : « *Je ne fais plus confiance à la justice.* » Le 5 juillet, Christine Villemin, alors enceinte, est à son tour conduite en prison. Ses avocats obtiennent sa libération onze jours plus tard, mais la mère reste inculpée. En décembre 1986, elle est renvoyée devant la cour d'assises et tente de se suicider. Mars 1987, nouveau coup de théâtre : la Cour de cassation demande que l'affaire soit réexaminée. Un supplément d'information est ordonné. Cinq ans plus tard, après de très longues investigations, exposées dans un arrêt de 93 pages, la cour d'appel de Dijon innocente totalement Christine Villemin et accable Bernard Laroche.

Il faut attendre le 20 novembre 1993 pour que Jean-Marie Villemin, toujours poursuivi pour l'assassinat de Bernard Laroche, comparaisse devant la Cour d'assises. Le président décide de reprendre toute l'affaire. Les débats durent cinq semaines dans une atmosphère étouffante : plus d'une centaine de témoins sont entendus réglant leurs comptes à la barre, des pièces à conviction manquent, des documents ont disparu, le juge Lambert fait une déposition pathétique, et sur fond de rumeurs et de ragots, le doute sur la culpabilité de Christine Villemin ressurgit. Le 15 décembre 1993, Thierry Moser, aux côtés de son confrère Henri-René Garaud, se lève pour prendre la défense de Jean-Marie Villemin. Inscrit au barreau de Mulhouse, Me Moser n'est pas de ces avocats médiatiques qui occupent le haut de l'affiche. Il n'en a cure, préférant les prétoires aux plateaux de télévisions et la discrétion aux effets de manche devant les caméras. Pénaliste rigoureux, il est demeuré, année après année, fidèle au couple Villemin. C'est lui qui, aujourd'hui encore, veille sur eux. Il suit, en particulier, les dernières demandes d'expertises génétiques, ordonnées en 2012 et réclamées par le couple, sur les chaussures et les vêtements du petit Grégory.

Ce 15 décembre 1993, il s'adresse à la cour pour réclamer la clémence pour Jean-Marie Villemin : « *Quelqu'un qui a tant souffert*, demande-t-il, *peut-il être puni* ? »

Plaidoirie prononcée par Thierry Moser, avocat de Jean-Marie Villemin, le 15 décembre 1993, devant la cour d'assises de la Côte-d'Or

Dix ans de réclusion criminelle à tout le moins car nous sommes en présence, non pas d'un crime passionnel, mais d'un crime prémédité par un homme qui reste toujours dangereux malgré l'ancienneté des faits. Telle a été la conclusion effrayante du réquisitoire prononcé ce matin par M. l'avocat général Kohn. Un réquisitoire infondé et excessif, ce que je vais essayer de vous démontrer.

Long a été ce procès qui a débuté il y a six semaines. Violent a été le débat judiciaire en raison de son enjeu. Et quel était cet enjeu ? Tout simplement la recherche de la vérité.

Au moment d'organiser ce procès exceptionnel, vous avez, Monsieur le président, réuni les avocats des parties en présence pour tenir en substance le langage suivant : «*Il serait possible de juger le père de Grégory en quelques jours seulement. Mais peut-on juger cet homme comme il convient sans tenir compte de tout le contexte de ce drame, sans tenir compte de la mort de Grégory, sans tenir compte de la conviction de Jean-Marie Villemin d'avoir châtié l'assassin de son enfant ? Pour évaluer la responsabilité de Jean-Marie Villemin, il pourrait être utile d'organiser un procès long et ne faisant l'impasse sur aucun aspect de ce dossier.*»

Vous avez, Monsieur le président, sollicité l'avis des avocats et vous avez obtenu deux réponses bien différentes et très révélatrices. La partie civile, la famille de Bernard Laroche, préconisait une procédure *a minima*, un procès relativement bref, ce qui aurait évité de s'appesantir sur le rôle éventuel de Bernard Laroche dans la mort de Grégory. La défense de Jean-Marie Villemin, bien au contraire, souhaitait un examen exhaustif du dossier avec l'espoir d'approcher la vérité à travers le débat oral contradictoire. Vous avez, Monsieur le président, tranché en décidant un procès long et détaillé où tout serait remis à plat. Après ce préambule, il n'est pas inutile d'en rappeler brièvement les temps forts avant d'exposer les moyens de défense de Jean-Marie Villemin.

Rappelez-vous, Mesdames et Messieurs, du début de ce procès, de l'audition pathétique de Jean-Marie Villemin qui sanglotait devant la cour d'assises en évoquant son enfant disparu, en vous racontant comment il avait vu son fils mort sous une couverture dans un baraquement. Jean-Marie vous disait, suite à la question de M. le Président, n'avoir aucun doute quant à la culpabilité de Bernard Laroche dans l'assassinat de son enfant. Rappelez-vous le lendemain, l'audition de Christine Villemin qui décrivait avec une immense émotion sa vie de couple, sa vie familiale, avant et après l'assassinat, le calvaire vécu suite au drame.

Vous avez aussi en mémoire le témoignage du capitaine Étienne Sesmat qui a évoqué l'isolement dans lequel se trouvaient les gendarmes par rapport à Jean-Michel Lambert, le juge d'instruction d'Épinal. Aucune coordination sérieuse entre le magistrat responsable de l'enquête et ses auxiliaires. Un magistrat totalement irresponsable et qui semblait se préoccuper bien peu des investigations dont il avait pourtant la responsabilité. Étienne Sesmat a relaté les circonstances tout à fait déplaisantes dans lesquelles la gendarmerie a été évincée du dossier pour être remplacée par le Service régional de la Police judiciaire de Nancy, le SRPJ, service particulièrement hostile dans ce dossier à la gendarmerie, pour des raisons difficilement compréhensibles.

Vous vous souvenez aussi, Mesdames et Messieurs, de l'audition de Marie-Ange Bolle-Laroche. La veuve de Bernard Laroche devait notamment fournir des explications sur les motifs pour lesquels elle refusait de répondre aux convocations du président Simon, chargé du supplément d'information.

Vous n'avez pu oublier la déposition pitoyable du juge Jean-Michel Lambert, cité comme témoin, toujours convaincu de la culpabilité de la mère de Grégory, et faisant peu de cas des résultats du supplément d'information réalisé à Dijon. Vous vous souvenez que le juge d'Épinal a été morigéné vertement par le président de la cour d'assises, par l'avocat général et par les avocats de toutes les parties. Pour une fois, une belle unanimité entre la défense et la partie civile ! Vous vous souvenez que, pour tenter de se justifier, le magistrat a brandi sa notation administrative, comme un écolier viendrait montrer son bulletin scolaire. Vous avez été agacés sans doute par la déconcertante amnésie de ce juge et son refus catégorique de répondre à certaines questions. Vous vous souvenez aussi de l'audition de ces journalistes qui ont mis en relief la violation permanente du secret de l'instruction.

Vous avez écouté le commissaire Corazzi et vous avez bien compris que les perquisitions effectuées au chalet des Villemin n'ont pas été opérées de façon stricte et irréprochable. Vous avez senti, suite aux questions de M. le Président, que le chef du SRPJ avait un certain parti pris contre Christine Villemin. Vous revivez sans doute dans vos esprits l'exposé lamentable des experts en écriture qui, pour la plupart, accablaient Christine Villemin. Vous vous souvenez de leur confusion à la barre. Vous n'avez pas oublié la révolte de Christine Villemin face à ces étonnants experts : Christine réclamant en larmes la possibilité de s'asseoir purement et simplement dans le box des accusés puisque sa culpabilité était à nouveau alléguée.

Vous vous souvenez aussi des propos surréalistes tenus par certaines collègues de travail de Christine Villemin, des propos qui ont créé dans ce prétoire une ambiance irrespirable. Enfin et surtout, vous avez en mémoire l'audition pendant plusieurs jours de Murielle Bolle, ce témoin essentiel qui a mis en cause de façon prononcée son beau-frère Bernard Laroche au début de l'enquête avant de se rétracter dans des conditions et pour des motifs que vous savez. Immense déception au regard de la recherche de la vérité, dans la mesure où Murielle Bolle a manifestement tordu le cou de la vérité.

Interrogé par vous, Monsieur le président, à l'issue des débats, Jean-Marie Villemin a dit qu'il regrettait son geste à l'égard de Bernard Laroche. Il a ajouté qu'au moment du drame, écrasé par le chagrin, il n'était pas lui-même. Il a sollicité la compréhension et la compassion.

Qu'ont fait alors les avocats de la partie civile ? Ils ont laissé entendre que la mère de Grégory serait impliquée dans l'assassinat de son enfant. Et que, en tuant Laroche, Jean-Marie Villemin voulait essentiellement mettre fin à l'instruction et non pas seulement tuer quelqu'un qu'il tenait pour l'assassin de son fils ! Des propos injustifiés et inutilement blessants qui ne sauront certainement pas vous convaincre.

La partie civile a également cherché à vous démontrer que les charges contre Bernard Laroche ne résistent pas à l'examen. Cela revient à dire que Jean-Marie Villemin aurait donné la mort à un innocent et que sa responsabilité pénale et morale serait d'autant plus forte. Vous verrez dans un instant que la défense a une opinion tout à fait différente, une opinion confortée par l'examen objectif du dossier.

Après l'exposé des quatre avocats de la partie civile, vous avez écouté pendant près de trois heures le réquisitoire de M. l'avocat général Kohn qui a requis, comme je le disais précédemment, dix ans de réclusion criminelle. Pour l'essentiel, il a dénoncé les erreurs commises par le juge d'instruction, les pressions inqualifiables exercées sur certains témoins par le SRPJ, l'hystérie médiatique préjudiciable à la recherche de la vérité. Il a affirmé sa conviction de l'innocence de Christine Villemin. S'agissant de l'éventuelle implication de Bernard Laroche dans le crime, il a dit en résumé ne pas pouvoir se prononcer ni dans un sens, ni dans l'autre. Je le regrette car, à mon sens, suite à ces débats très complets, il nous est permis aujourd'hui d'avoir une opinion beaucoup plus précise.

S'agissant maintenant de la sanction réclamée à l'encontre de Jean-Marie Villemin, M. l'avocat général a plongé la salle dans la stupéfaction. Dix ans de réclusion criminelle, parce que Jean-Marie Villemin aurait soigneusement prémédité son geste – ce qui exclurait le crime passionnel – et serait toujours, à ce jour, malgré l'ancienneté du drame, un homme dangereux !

J'ai résumé d'une part l'enjeu et d'autre part les temps forts de ce procès exceptionnel. J'en viens à présent à l'exposé plus particulièrement des moyens de défense de Jean-Marie Villemin.

J'en vois principalement deux. D'abord, peut-on ne pas croire Jean-Marie lorsqu'il affirme sa conviction de la culpabilité de Bernard Laroche, et cette circonstance n'est-elle pas un élément important à prendre en considération ? Sans aucun doute, oui. Ensuite, peut-on oublier, au moment d'apprécier la responsabilité de Jean-Marie, le fait que le magistrat instructeur a été à la fois incompétent et déloyal dans la conduite des investigations qui auraient dû mener à la manifestation de la vérité ?

Je vais à présent développer ces deux éléments de réflexion. S'agissant de la conviction de Jean-Marie de la culpabilité de Bernard Laroche, ne me faites pas dire ce que je n'ai pas dit. Il est évident que cette conviction, qui m'apparaît bien compréhensible, ne peut pour autant légitimer le meurtre. On n'a pas le droit de se faire justice soi-même.

Pour autant, vous savez que vous jugez non seulement un acte, mais encore et surtout, un être humain. Et il vous faut nécessairement prendre en compte la motivation qui animait celui-ci au moment du drame. Au demeurant, il existe sans aucun doute des éléments troublants au regard de l'implication de Bernard Laroche dans la mort de l'enfant Grégory. Ces éléments résultent d'abord de l'arrêt essentiel de la cour de Dijon de février 1993. Cet arrêt réhabilite la mère. Il prononce un non-lieu au profit de Christine Villemin, non pas pour charges insuffisantes mais pour absence totale de charges, nuance qui ne vous échappera pas. Mais cet arrêt va plus loin encore : il se montre aussi très sévère pour Bernard Laroche en indiquant, je cite, qu'il existe contre celui-ci des charges très sérieuses d'avoir enlevé Grégory Villemin le 16 octobre 1984. Les trois magistrats de la cour de Dijon ajoutent que Murielle Bolle, la belle-sœur de Bernard Laroche, a assisté à l'enlèvement de Grégory. Ils disent enfin que Marie-Ange Laroche a pu supposer que son mari Bernard n'était pas étranger à l'assassinat de l'enfant.

Parlons maintenant du réquisitoire de ce matin en tant qu'il concerne l'éventuelle implication de Bernard Laroche dans le crime sur l'enfant Grégory. Il est vrai que l'avocat général, tout en affirmant sa certitude de l'innocence de la mère, a refusé de prendre parti dans un sens ou dans l'autre, sur l'éventuelle implication de Bernard Laroche. Un point de vue que je trouve bien frileux, en retrait par rapport à nos débats, et d'autant plus étonnant que l'avocat général a fustigé de façon très sévère la prestation de Murielle Bolle qui, visiblement, cachait la vérité. Il a dit que Murielle Bolle était corsetée, chaperonnée, encadrée, maternée à l'intérieur comme à l'extérieur de la salle d'audience, débitant comme pour une leçon apprise d'avance, un remake dérisoire du film *L'Aveu*.

Mais, revenons à l'essentiel, à savoir ce que vous avez vu et entendu, Mesdames et Messieurs, tout au long des débats. N'avez-vous pas acquis la conviction qu'il existe contre Bernard Laroche des éléments d'implication pénale précis, nombreux, significatifs et concordants ? Vous répondrez à cette question en votre âme et conscience. Votre réponse aura évidemment une incidence sur l'appréciation de la responsabilité pénale et morale de Jean-Marie Villemin.

Venons-en maintenant au second moyen de défense de Jean-Marie, à savoir le fait que le juge d'instruction d'Épinal a été tout à la fois incompétent et déloyal dans la conduite de l'information, ce qui a infiniment troublé les parents de Grégory, ce qui a profondément déséquilibré Jean-Marie Villemin, ce qui explique en grande partie le passage à l'acte meurtrier. J'appuie mes assertions encore une fois sur l'arrêt de Dijon de 1993, sur le réquisitoire de M. l'avocat général Kohn, sur mon vécu personnel et sur les débats auxquels vous avez si pleinement participé. L'arrêt de 1993 fustige les lacunes, les insuffisances, les erreurs de procédure de l'enquête initiale ainsi que les violations répétées du secret de l'instruction. De son côté, ce matin, M. l'avocat général a dit très exactement ceci : «*Il ne m'est pas possible, ici, de masquer les erreurs commises par le premier magistrat instructeur. Il a accumulé, en quelques jours, et dès le moment de l'autopsie, des erreurs d'ordre technique et d'ordre juridique trop nombreuses pour qu'il me soit possible d'en dresser l'inventaire. Je ne me sens d'ailleurs aucun goût pour ce genre d'exercice et je crois que M. Lambert, mémorable funambule de la pensée, malgré ses pertes de mémoire, malgré son indifférence euphorique, a conscience des catastrophes dont il a été indirectement la cause.*»

Permettez-moi d'évoquer mon vécu personnel et de relater une seule anecdote. Elle se situe à un moment essentiel de la procédure, un moment particulièrement douloureux pour Christine Villemin, à savoir le jour de son inculpation pour assassinat sur la personne de son enfant bien-aimé, le 5 juillet 1985. Mon confrère Henri Garaud et moi-même pénétrons avec Christine dans le bureau du juge d'instruction d'Épinal. Le magistrat n'a pas le courage de regarder la mère de l'enfant. Il baisse les yeux et déclare tout de go : «*Je me lance, je crève l'abcès et je lève l'hypothèque. Je vous inculpe d'assassinat sur la personne de Grégory Villemin.*» Stupéfaction du procureur de la République présent dans le cabinet du juge, stupéfaction d'Henri Garaud et de moi-même face à ces propos tellement déplacés. Et puis s'engage le débat factice sur le placement en détention, factice puisque la décision du juge est déjà prise, même si le procureur de la République déclare clairement s'opposer à l'incarcération. Faut-il rappeler que, onze jours après son placement en détention, Christine Villemin est libérée sous contrôle judiciaire sur décision de la chambre d'accusation de la cour d'appel de Nancy, qui désavoue ainsi et le juge d'instruction et le SRPJ, ce service étant l'artisan de la folle hypothèse de la culpabilité de la mère. Alors se pose la question essentielle au regard de la défense de Jean-Marie : est-il moralement et pénalement responsable face à une situation aussi calamiteuse ?

La loi prévoit ceci : «*N'est pas pénalement responsable la personne qui a agi sous l'empire d'une force ou d'une contrainte à laquelle elle n'a pu résister.* » Quand il y a absence de discernement ou défaut de liberté, le crime n'est pas constitué. Nous sommes face à une sorte de force majeure qui entrave la liberté. Jean-Marie a été entraîné malgré lui dans la réalisation d'une action criminelle. Il n'a pas su résister à une situation quasi insurmontable. Il a subi une pression psychologiquement insupportable. Jean-Marie était, au moment du drame, un homme dévasté, profondément bouleversé. Il avait compris qu'il ne pouvait pas faire confiance au juge d'instruction alors que celui-ci représentait à ses yeux la Justice. Jean-Marie se sentait trahi par le magistrat instructeur. Indiscutablement, la justice a très mal fonctionné, ce qui explique dans une très large mesure le drame que vous jugez. Cette justice qui a mal fonctionné, comme l'a clairement admis l'avocat général, peut-elle maintenant réclamer une sanction aussi lourde contre Jean-Marie Villemin ? La justice peut-elle faire comme si de rien n'était ? La justice n'a-t-elle pas abandonné au bord du chemin les parents de Grégory ? Le juge d'instruction d'Épinal n'a-t-il pas ménagé abusivement, je n'ose dire choyé, Bernard Laroche, lequel n'a jamais été interrogé sur le fond avant sa remise en liberté dès le début de l'année 1985 ? Le juge d'instruction d'Épinal n'a-t-il pas, dans un premier temps, délaissé, négligé, puis dans un second temps brimé les parents de Grégory ? N'y a-t-il pas une intolérable différence de traitement ? Qu'en pensez-vous, Mesdames et Messieurs les jurés ?

Il est temps pour moi de conclure. Mes confrères de la défense et moi-même avons, pour Christine et Jean-Marie, beaucoup d'affection en raison des souffrances morales qu'ils endurent depuis plusieurs années. Depuis bientôt dix ans, nous vivons aux côtés de deux êtres humains en détresse, un couple suspendu dans le vide dans l'attente de la décision de justice que vous rendrez dans quelques heures. Les parents de Grégory sont les rescapés d'une tourmente effroyable. Ils ont pu survivre pendant toutes ces années en raison de l'amour qui les lie.

À ce jour, ils sont toujours la main dans la main. Allez-vous à nouveau les séparer en donnant suite au réquisitoire excessif de M. l'avocat général ? Pourriez-vous oublier que la souffrance humaine a ses limites ? Je ne le crois pas un seul instant et c'est la raison pour laquelle j'attends avec une immense confiance votre décision de justice.

Verdict

Le 16 décembre 1993, la cour d'assises de la Côte-d'Or condamne Jean-Marie Villemin à cinq ans d'emprisonnement dont une année avec sursis. Un verdict beaucoup plus clément que les «*au moins dix ans*» réclamés par l'avocat général. Au moment du prononcé du verdict, Jean-Marie Villemin avait déjà effectué 34 mois de détention préventive, il a donc pu bénéficier d'une libération conditionnelle le 30 décembre 1993, soit 14 jours après la fin de son procès.

6. Le procès de Patrick Dils

L'idée de l'erreur judiciaire est toujours choquante, elle l'est encore plus quand elle frappe un adolescent de 16 ans. Patrick Dils fut le plus jeune condamné à perpétuité de France. Il n'avait pas eu le temps de commencer sa vie d'homme qu'il se retrouvait enfermé entre quatre murs.

Le 28 septembre 1986, au bord d'une voie de chemin de fer de Montigny-lès-Metz (Moselle), Cyril et Alexandre, deux garçons âgés de 8 ans, sont retrouvés morts, la tête écrasée par des coups de pierre. Patrick Dils, un apprenti en restauration, fragile, timide, un peu immature est interpellé parce qu'il habite dans la même rue que les deux victimes. Il est finalement laissé en liberté mais, sept mois plus tard, il est à nouveau arrêté. Cette fois, les enquêteurs ne vont pas le lâcher. Patrick Dils commence par nier sa présence sur les lieux du crime. Les policiers insistent, questionnent, interrogent sans relâche ; le jeune homme finit par craquer, il avoue le double crime. Un mois plus tard, il se rétracte. Il a écrit une lettre à son avocat qu'il signe « *l'innocent incompris* ». Mais la machine judiciaire est déjà en route. Il est jugé, condamné et incarcéré.

Patrick Dils serait peut-être encore aujourd'hui derrière les barreaux si, en 1998 – soit près de dix ans après sa condamnation –, son nouvel avocat, Jean-Marc Florand, n'avait fait cette découverte stupéfiante : le jour où les deux garçonnets ont été atrocement assassinés, Francis Heaulme, l'un des plus redoutables *serial killers* français, surnommé « *le routard du crime* », se trouvait à Montigny-lès-Metz ! Le tueur en série a reconnu devant un enquêteur de la gendarmerie qu'il avait « *reçu des pierres jetées par les deux enfants* » et que quelques minutes plus tard, il avait « *vu leurs corps* ». Ces déclarations ne sont pas à proprement parler des aveux mais elles font naître suffisamment de doute pour que la condamnation de

Patrick Dils soit annulée. En juin 2001, le jeune homme, alors âgé de 31 ans, est à nouveau jugé et… à nouveau condamné. Francis Heaulme, convoqué comme témoin devant la cour d'assises, a en effet nié être l'auteur du double crime. L'« *innocent incompris* » est alors confronté à un terrible dilemme. Soit il accepte le verdict des jurés et il peut espérer une remise de peine. Soit il fait appel, mais il prend le risque, en cas de troisième condamnation, de ne bénéficier d'aucune indulgence et d'écoper du « *maximum* ». Il se décide avec courage pour un ultime procès. Cette fois, son innocence est enfin reconnue. Le 24 avril 2002, il sort de prison. Il y aura passé quinze années. Avec les 700 000 euros de dommages et intérêts qu'il a touchés en réparation des errements de la justice, il s'est acheté une petite maison dans le Territoire de Belfort. Aujourd'hui, à 40 ans, il travaille comme cariste dans une usine, s'essaie à la chanson avec des amis musiciens, et se rend, plusieurs fois par an, dans les écoles pour témoigner du drame qu'il a enduré.

Jean-Marc Florand l'a accompagné pendant quatre ans dans sa bataille. Cet ancien professeur de droit est un avocat iconoclaste et inclassable. Ex-disciple de Jacques Vergès mais présenté un temps comme proche de l'extrême-droite (ce qu'il dément farouchement). Fervent catholique mais auteur, avec son confrère Karim Achoui (qui défendit Dils avec lui), d'un guide juridique (*Homosexuels : 101 réponses pratiques*) ou concepteur du PACS avec le sénateur socialiste Jean-Marc Michel.

Aujourd'hui, il n'a rien oublié de ce jour d'avril 2002 où il a joué son dernier atout pour l'« *innocent incompris* » : « *Je parlais en ayant le sentiment physique de le porter sur mes épaules. Ces deux heures de plaidoirie demeurent les plus belles et les plus angoissantes de ma vie d'avocat.* »

Plaidoirie prononcée le 24 avril 2002 par Jean-Marc Florand, avocat de Patrick Dils devant la cour d'assises des mineurs du Rhône

Mesdames, Messieurs.

«*Beati qui non viderunt et fermiter crediderunt innocentem !*» «Heureux ceux qui n'ont pas vu et qui pourtant ont cru à l'innocence ! »

J'ai l'honneur de me présenter devant vous dans l'intérêt de Patrick Dils. C'est en effet un honneur pour moi de défendre Patrick Dils, dont je suis convaincu de l'innocence, sinon je ne l'assisterai pas depuis 7 ans. Lui qui a été condamné par la justice de son pays une première fois, le 25 janvier 1989, à la perpétuité par la cour d'assises de la Moselle, sans lui accorder les circonstances atténuantes ou même l'excuse de minorité, ce qui a valu à la France les remontrances du Conseil de l'Europe.

Cette condamnation des jurés de la Moselle a été anéantie par l'arrêt rendu par la cour de révision le 3 avril 2001. Cette cour n'avait alors annulé que six décisions depuis 1945. Et c'était la toute première fois que la procédure de révision concernait un mineur, condamné à perpétuité, et qui avait déjà purgé 15 longues années de détention.

Suite à l'annulation de sa condamnation, Patrick Dils a donc été rejugé. Il a été condamné une deuxième fois par la cour d'assises de la Marne le 29 juin 2001, sans circonstances atténuantes et sans excuse de minorité et, fait extraordinaire, alors même que M. l'avocat général Sarcelet avait demandé son acquittement. Il a fait appel de cette décision.

Aujourd'hui, à l'heure de son troisième procès, vous devez donc oublier les deux condamnations précédentes de Metz et de Reims, même si ces deux juridictions ont commis la même terrible erreur d'appréciation, qu'il faut bien appeler erreur judiciaire, en condamnant un innocent totalement étranger aux faits criminels monstrueux, barbares, qui se sont déroulés le 28 septembre 1986 à Montigny-lès-Metz et qui ont fait de ce jour, selon la formule de la messe traditionnelle des morts, *Dies illa, dies irae*, un jour terrible, un jour de colère.

C'est aussi un honneur pour moi que de m'être battu et d'avoir obtenu pour Patrick Dils que ce procès de Lyon soit public, en obtenant à l'arraché le vote de la loi qui permet non seulement à un homme de 31 ans d'être jugé publiquement et non pas à huis clos, comme à Reims. Une loi qui permet aussi à la justice d'être plus transparente, donc plus démocratique. Si j'avais un doute sur sa culpabilité, je n'aurais pas souhaité la publicité des débats. Enfin, c'est un honneur pour moi de défendre Patrick Dils aux côtés du bâtonnier Bertrand Becker qui l'avait déjà défendu seul contre tous, avec courage, en 1989, persuadé qu'il était de son innocence.

Aujourd'hui, j'ai la certitude que, dès son premier procès, la seule lecture du dossier permettait d'établir que Dils ne pouvait pas être le meurtrier de Montigny-lès-Metz, l'auteur du carnage abominable qui a retranché du monde des vivants deux enfants innocents, Cyril et Alexandre, et endeuillé durablement les deux familles Beining et Beikrich devant chacune desquelles je m'incline, en tant, non seulement qu'avocat, auxiliaire de justice, mais aussi en tant que chrétien.

Oui, Patrick Dils aurait dû déjà être acquitté en 1989 et en 2001. Mais, vous disposez, aujourd'hui, d'un nouvel élément que n'avaient pas en leur possession les jurés lors des précédents procès. Cet élément nouveau s'appelle Francis Heaulme, déjà condamné de nombreuses fois pour des crimes particulièrement épouvantables dont le mode opératoire utilisé se caractérise toujours notamment par une extrême violence. Il faut rappeler que Francis Heaulme a été condamné par la cour d'assises du Finistère à 20 ans de réclusion criminelle pour le meurtre d'Aline Peres, condamné par la cour d'assises de la Moselle à la réclusion criminelle à perpétuité pour le meurtre de Laurence Guillaume, condamné par la cour d'assises du Var à la réclusion criminelle à perpétuité pour le meurtre de Joris Viville, condamné par la cour d'assises de la Meurthe-et-Moselle à 30 ans de réclusion criminelle pour le meurtre de Lyonnelle Gineste, condamné par la cour d'assises du Pas-de-Calais à 15 ans de réclusion criminelle pour le meurtre de Jean Rémy.

Vous l'aurez compris, la présence de Francis Heaulme attestée par les gendarmes sur les lieux du crime est fondamentale, car elle explique les incohérences qui ont entraîné la prétendue culpabilité de Patrick Dils et elle permet de démontrer sa totale innocence.

Vous allez avoir maintenant la lourde responsabilité de juger Patrick Dils en votre âme et conscience et de faire part de votre intime conviction, si vous en avez une. Si vous l'estimez innocent, vous devrez obligatoirement l'acquitter, sans penser aux conséquences judiciaires de cet acquittement en termes d'image de la justice par rapport aux erreurs judiciaires, sans penser à la douleur des familles des victimes à qui l'on retire le coupable désigné depuis 16 ans. Vous n'écouterez pas plus les sirènes des gardiens du Temple qui incitent au conservatisme au nom du judiciairement correct et pour qui une grande injustice vaut mieux qu'un grave désordre. D'autant plus que le crime n'est pas prescrit pour Francis Heaulme et qu'il peut être mis en examen, dès demain. Vous allez avoir à juger un jeune homme de bientôt 32 ans, qui pourrait être votre fils, votre frère, votre mari, en vous rappelant la forte parole de La Bruyère : « *Un innocent condamné est l'affaire de tous les honnêtes gens.* » Votre décision sera définitive à l'issue du troisième procès de Patrick Dils, car il n'y aura pas de quatrième procès. Sachant que, dans ce dossier, il y a bien trois familles victimes, les Beining, les Beikrich, mais aussi les Dils, dont le fils a été enterré vivant à 16 ans et qui a vécu 16 ans d'enfer pendant lesquels il a survécu envers et contre tout, avec 16 Noëls et 16 anniversaires en prison. Vous rendrez à Patrick Dils, en l'acquittant, son innocence, son honneur, sa liberté, et son sourire. En vous souvenant que, si selon Bentham, le célèbre philosophe, « *une erreur de justice est un sujet de deuil, l'erreur judiciaire est un véritable malheur public* ». Lors de l'audience solennelle de rentrée de la cour d'appel d'Orléans, M. l'avocat général Gonod d'Artemare indiquait déjà dans son discours aux accents prophétiques : « *Le philosophe, le moraliste, le magistrat, l'honnête homme à quelque condition sociale qu'il appartienne, ne sauraient éprouver de plus douloureux sentiments que ceux inspirés par le malheur d'une accusation injuste, venant arracher un citoyen à sa famille, lui infligeant une tâche à jamais déshonorante et imméritée.* » Ainsi, la reconnaissance par la justice de ses erreurs est une source d'anoblissement, même si elle est parfois et souvent difficile, comme ce fut le cas notamment dans l'affaire Dreyfus. Le célèbre avocat, Me René Floriot, dans son livre *L'Erreur judiciaire* écrivait : « *L'homme le plus honnête, le plus respecté, peut être victime de la justice. Vous êtes bon père, bon époux, bon citoyen et marchez la tête haute. Vous pensez que vous n'aurez jamais aucun compte à rendre aux magistrats de votre pays. Quelle fatalité pourrait vous faire passer pour un criminel ? Cette fatalité existe, elle porte un nom : l'erreur judiciaire. Vous vous croyez protégé par votre réputation, votre réussite professionnelle, vos relations et vous demeurez persuadé que l'erreur judiciaire ne frappe que les humbles, les êtres frustes, les malchanceux de la mauvaise étoile. Rien n'est plus faux, elle frappe les puissants et les humbles. Quel meilleur exemple que celui du capitaine Dreyfus. Cet officier admirablement noté, jouissant de la confiance de ses chefs, menait une vie exemplaire entre sa femme et ses deux enfants. Nanti d'une importante fortune, sorti dans les premiers de l'École Polytechnique et de l'École de guerre, le capitaine n'avait jamais pensé qu'il pourrait un jour comparaître devant une juridiction répressive. Son innocence n'est plus discutée par personne. Il fut cependant condamné au bagne et déshonoré. La chronique judiciaire est remplie de noms d'hommes d'affaires, de médecins, d'ingénieurs, de professeurs, qui furent, eux aussi, victimes d'épouvantables erreurs judiciaires. Ne soyez pas surpris, c'est une entreprise malaisée que de rendre la justice. Nombre d'éléments extérieurs peuvent abuser les jurés et le juge le plus attentif et le plus scrupuleux. Un renseignement inexact, un document apocryphe, un témoignage mensonger, une expertise aux conclusions erronées peuvent concourir à la condamnation d'un innocent.* »

Oui, Patrick Dils est coupable d'avoir, avant de s'être définitivement rétracté, avoué un crime qu'il n'avait pas commis, qu'il n'avait pas pu commettre, à la police, au juge d'instruction, à un collège d'experts, mais il n'avait que 16 ans ! Oui, Patrick Dils est coupable de s'être prêté de manière absurde et obéissante à la reconstitution macabre, le 7 mai 1987, imposée par le juge d'instruction. Oui, Patrick Dils est coupable de ne pas avoir hurlé son innocence après s'être rétracté auprès de son avocat, de sa famille, du juge d'instruction, de la cour d'assises de la Moselle et de celle de la Marne. Oui, Patrick Dils est coupable d'avoir fait beaucoup de mal aux familles Beining, Beikrich et à sa propre famille par son attitude déroutante souvent incompréhensible. Mais, il n'est pas d'une nature protestataire, ce n'est pas un suicidaire, ni un gréviste de la faim. Alors, je vous le dis, oui, j'ai été choqué par le contenu des plaidoiries des avocats des parties civiles, véritable réquisitoire implacable à l'égard de Dils et plaidoirie pour l'innocence de Francis Heaulme. Alors qu'ils ne devraient que chercher la vérité, visiblement seul Dils les intéresse et non pas Heaulme. J'ai été choqué par la fin du réquisitoire implacable de M. l'avocat général Costes, qui a crucifié Dils en lui déniant à tout jamais le statut de victime, s'il venait à être acquitté et en lui demandant d'avoir la pudeur de se taire à ce sujet. Vous n'aviez pas moralement le droit, Monsieur l'avocat général, d'apprécier les souffrances de Dils et de sa famille. Seul Dieu, si l'on est croyant, a ce pouvoir suprême. Il n'y a pas de bonnes et de mauvaises victimes, des victimes respectables et d'autres méprisables, car la souffrance est la même pour toutes les victimes. Selon la forte parole d'Antoine de Saint-Exupéry dans *Terre des Hommes* : « *Je n'aime pas que l'on abîme les hommes.* » Or, la justice a abîmé Patrick Dils profondément et durablement. Non, Patrick Dils n'est pas coupable d'avoir massacré à Montigny-lès-Metz, le dimanche 28 septembre 1986, Cyril Beining et Alexandre Beikrich. Vous l'acquitterez donc et ferez ainsi œuvre de justice, vous mettrez fin définitivement à son calvaire qui dure depuis 16 ans.

« *Beati qui non viderunt et fermiter crediderunt innocentem !* » « Heureux ceux qui n'ont pas vu et qui pourtant ont cru à l'innocence. »

Verdict

Le 24 avril 2002, la cour d'assises des mineurs du Rhône a acquitté Patrick Dils.

7. Le procès d'Émile Zola dans l'affaire Dreyfus

Jamais, dans notre histoire récente, une affaire judiciaire n'aura connu un tel retentissement. Pendant toute la fin du XIXe siècle, le sort d'Alfred Dreyfus a profondément bouleversé et divisé la société française en deux camps irréconciliables, les « dreyfusards », convaincus de son innocence, et les « anti-dreyfusards », partisans de sa culpabilité.

Pourtant, en 1894, lorsque le capitaine d'armée, juif d'origine alsacienne, diplômé de Polytechnique, se retrouve condamné à perpétuité pour avoir fait parvenir des documents secrets à l'Allemagne, puis, lorsqu'il est déporté au bagne sur l'Île du Diable en Guyane, l'opinion publique ne se pose guère de questions. Aux yeux de tous, ou presque, Dreyfus est un traître.

Seule sa famille, en particulier son frère Mathieu, dénonce une erreur judiciaire. Les proches de Dreyfus décident donc d'engager un journaliste, Bernard Lazare, pour mener une contre-enquête. Dans le même temps, le chef du contre-espionnage français, le colonel Georges Picquart, qui s'interroge, lui aussi, sur la culpabilité du capitaine, conduit ses propres investigations et déniche le véritable traître : le commandant Esterhazy. Mais l'état-major refuse de revenir sur sa première décision, choisit d'étouffer le scandale et mute Picquart loin de Paris, en Afrique du Nord.

Mathieu Dreyfus alerte alors des politiques, dont le vice-président du Sénat, Auguste Scheurer-Kestner, ou l'ancien député Georges Clemenceau, et des intellectuels, comme l'écrivain Émile Zola. Le camp des dreyfusards s'élargit. En juillet 1897, la famille Dreyfus porte plainte contre le commandant Esterhazy. Celui-ci passe en jugement, mais il est acquitté. Ulcéré, Émile

Zola, le 13 janvier 1898, publie à la une du journal *L'Aurore* sa célèbre lettre adressée au président de la République, Félix Faure : « *J'accuse... !* » Il s'insurge contre l'acquittement scandaleux d'Esterhazy et dénonce nommément les ministres de la Guerre comme les officiers de l'état-major. Le journal est tiré à 300 000 exemplaires (un chiffre colossal pour l'époque). L'article a un impact considérable, la France se fracture, des émeutes antisémites éclatent dans plusieurs villes. Les chefs de guerre poursuivent alors Zola pour diffamation et injures envers l'armée.

Le procès de l'écrivain s'ouvre en février 1898 devant la cour d'assises de la Seine. Le romancier est défendu par le bouillant Fernand Labori, surnommé le « taureau des prétoires ». L'avocat se saisit de cette tribune pour faire citer près de deux cents témoins et refaire le procès de Dreyfus. Les audiences prévues pour durer trois jours vont s'étaler sur près de trois semaines. Puis vient le temps de la plaidoirie. Émile Zola, qui a agi en connaissance de cause, sait qu'il risque une lourde peine de prison.

Plaidoirie prononcée par Fernand Labori pour Émile Zola, en février 1898, devant la cour d'assises de la Seine

Messieurs les jurés,

J'ai à vous demander, après plus de deux semaines d'audiences, encore un dernier long effort.

Je sens que vous comprenez la grandeur de ces débats et que vous me pardonnerez de compter sur votre dévouement de citoyens et sur votre attention bienveillante et impartiale de juges.

À aucune autre époque, une affaire n'a plus profondément secoué l'opinion publique, soulevé plus de clameurs, suscité des convictions et des courages plus décidés et plus inébranlables.

Aujourd'hui, entre les résolutions des uns et les colères des autres, la masse du peuple, insuffisamment éclairée, mais de bonne foi, hésite.

Oui, le peuple est troublé. Troublé par des passions déchaînées qui l'inquiètent, parce qu'elles invoquent l'honneur de l'armée et le salut de la patrie. Troublé aussi par les protestations enflammées de ce que la France compte de plus indépendant, de plus illustre, de plus élevé par l'esprit.

La vérité, c'est que la sentence rendue contre Dreyfus en 1894 n'a pas cessé de peser sur la conscience nationale.

Sur ce que cela veut dire, il faut s'entendre.

Cela ne veut pas dire que la majorité des citoyens suspecte la légitimité de cette sentence. Comment le dirais-je quand je sais bien qu'à l'heure actuelle encore, le plus grand nombre est contre nous ?

Mais, en dépit des convictions qu'on affiche ou qu'on s'impose, beaucoup sont restés marqués, presque depuis le premier jour, par la scène émouvante de la dégradation et par la persévérance du condamné dans la proclamation de son innocence.

C'est qu'il y eut trop de ténèbres au sujet des accusations portées contre Dreyfus.

Trop de ténèbres et trop de lumière aussi, car le mal de cette affaire, c'est que, en même temps qu'on faisait la nuit sur la preuve, l'opinion publique s'emparait du procès, accueillait tous les racontars, faisait crédit à tous les récits les plus faux et les plus invraisemblables, voulait tout apprécier, voulait tout juger, et c'est aussi que, du côté du pouvoir, par un système qui a été inauguré dès l'abord et qui s'est continué pendant trois années, pour se poursuivre jusque devant la cour d'assises elle-même, on ne s'est jamais tu complètement, on a toujours trop parlé tout en ne parlant pas assez, ne disant qu'une partie des choses, apportant des affirmations, rien de plus, laissant répandre, si on ne les répandait pas soi-même, des calomnies et des mensonges, et semant ainsi, dès le premier jour, l'angoisse et l'inquiétude dont aujourd'hui le pays récolte les fruits.

Depuis, on a vu grandir tous les jours le nombre des hommes qui ne croient pas devoir – je ne dis pas devant l'armée, mais devant certains chefs d'armée – abdiquer la liberté de leur jugement et l'indépendance de leur conscience, qui sont de l'opinion qu'aucune institution n'est au-dessus de la loi, qui, convaincus que le droit a été violé, que Dreyfus a été illégalement jugé, estiment qu'il doit être dans tous les cas jugé à nouveau, et qui pensent enfin que, dans de pareilles circonstances, il n'est permis à personne de se taire parce qu'il y va non plus d'un intérêt particulier, mais de la civilisation elle-même.

Essayez donc autrement d'expliquer ce que vient faire ici cet homme *[Me Labori montre du geste Émile Zola]*.

Ce qu'il est? Je croirais l'abaisser et m'abaisser moi-même et vous abaisser, vous aussi, en essayant de vous le représenter. Il n'est pas seulement, messieurs les jurés, un créateur de génie; il est pour ceux qui savent comprendre, pour ceux qui vont aux entrailles et à la substance de ses œuvres, il est un admirable poète, il est sous les violences parfois de la forme, un homme altéré d'idéal.

Qu'avait-il à gagner ici? Il avait à gagner d'y perdre son temps, d'y être assourdi de clameurs et de menaces, d'y être abreuvé d'injures et d'outrages ! Lisez les journaux et vous verrez ce qu'on gagne à écrire «*J'accuse... !*»

Qu'est-ce donc qui l'a poussé, si ce n'est l'impérieux besoin de mettre en action la conviction de sa conscience, de mettre en accord sa conduite avec l'intime croyance de son âme ?

Agir: voilà bien ce qu'il a voulu faire.

Agir! Car la publication de «*J'accuse... !*» a éclaté comme un terrible engin, comme un acte révolutionnaire.

M. l'avocat général s'est emparé du mot «révolutionnaire». Eh bien, oui, monsieur l'avocat général, il ne faut pas moins qu'une révolution pour ramener les esprits au bon sens et à la vérité. Zola a commencé la révolution. Messieurs les jurés, vous l'achèverez pacifiquement par le verdict d'acquittement que je vais vous demander, non toutefois sans m'être expliqué complètement avec vous et sur sa valeur et sur sa portée.

Quels sont les reproches faits à Émile Zola? Sa lettre serait trop violente et contiendrait des injures à l'armée. Ces reproches se fondent sur un raisonnement dont il convient tout d'abord que je fasse justice.

Ce raisonnement, le voici; il est bien simple, et c'est à cela que se réduit tout le rempart de nos adversaires: «Dreyfus, disent-ils, a été condamné par ses pairs et derrière, il y a l'état-major; or nous n'admettrons jamais que tout un état-major soit coupable, et nous préférons admettre que le coupable, c'est Dreyfus plutôt que d'accepter que ce soient les autres. » Voilà le raisonnement, il n'y en a pas d'autre. Ou plutôt, il se dédouble en une autre branche qu'on peut formuler ainsi : « Il y a, au gouvernement, des hommes en qui on peut avoir confiance ; ils savent tout, ils ne demandent pas la révision du procès ; donc le jugement dans l'affaire Dreyfus a été bien rendu, donc Dreyfus est coupable et a été justement condamné. »

Ils oublient, ceux qui parlent ainsi, que les choses, dans la vie, ne se présentent pas avec cette simplicité, que les questions généralement ne se posent pas en dilemme, que Dreyfus peut être innocent sans que ceux qui l'ont condamné ou fait condamner soient je ne dis pas responsables, mais tout au moins sciemment responsables et véritablement coupables d'un crime ; ils ne pensent pas qu'il suffit, pour tout expliquer, d'une erreur initiale ; ils ne songent pas que, s'il fallait admettre leur raisonnement comme une fin de non-recevoir absolue, celui-ci s'appliquerait à toutes les erreurs judiciaires depuis Jésus-Christ en passant par Jeanne d'Arc, et ils perdent de vue que la raison d'État, si elle pouvait nous être opposée comme une barrière infranchissable dans un procès de cette nature, s'appliquerait aussi, pour les justifier, aux pires actes de gouvernement, depuis la Saint-Barthélemy jusqu'au massacre des otages en passant par la révocation de l'édit de Nantes, par la Terreur et par l'assassinat légal du duc d'Enghien, ordonné, lui aussi, par une commission militaire.

Il est terrible, ce raisonnement ; il est cruel, il est faux, il est absurde ; mais cela ne fait pas qu'avec ceux qui raisonnent ainsi je ne veuille pas discuter, au contraire. C'est pour tous les hommes de bonne foi qui font le raisonnement dont je viens de parler, c'est pour eux que je veux plaider, parce que je suis convaincu que, quand ils auront compris ce qui est la vérité vraie, ils seront avec nous, ils s'ajouteront au grand nombre de ceux qui viennent à nous tous les jours et qui commencent à comprendre la complexité des faits que, jusque-là, ils jugeaient sans les connaître.

M. l'avocat général nous parle d'injures à l'armée.

Injures à l'armée ? Mais, d'abord, qu'est-ce que l'armée ? Est-ce quelques personnalités militaires, quelque hautes qu'elles soient ? Non, c'est la nation entière, avec, à tous les degrés de la hiérarchie, un nombre considérable d'officiers qui se valent tous, qu'ils soient à l'état-major ou ailleurs, aux galons près, par le courage et par la loyauté, et puis, à la tête, un petit nombre de chefs permanents et expérimentés…, mais aussi faillibles, comme le sont tous les hommes et je ne les injurie pas en disant cela.

Mais il faut s'entendre. Qu'on doive respecter l'armée, est-ce que cela veut dire que tout soit permis, je ne dis pas à cette armée, mais à quelques chefs de l'armée ? Est-ce que cela veut dire que ces chefs forment une caste à part qui – j'ai déjà dit le mot et je veux le répéter – serait placée en dehors et au-dessus des citoyens ?

Et pourquoi donc ? Est-ce que, dans ce pays-ci, il est un citoyen, quel qu'il soit, qui serait indispensable au bien public ? Non, pas plus qu'il n'y a d'homme nécessaire, il n'y a de soldat nécessaire ; et si, tenant la parole qu'il est venu imprudemment jeter ici comme une menace, au lendemain de votre acquittement, l'état-major se retirait, eh bien, je suis convaincu que, dans cette admirable armée, il ne manquerait pas de mains pour reprendre le bâton du commandement délaissé et pour nous assurer, vis-à-vis de l'étranger, la même force et la même sécurité.

Dès lors, ai-je tort de dire qu'on peut respecter l'armée sans être obligé d'abdiquer l'indépendance de son jugement et de sa conscience devant certains chefs de l'armée ?

Cela, dans ce pays, à notre époque, sous ce régime qui est encore – Dieu veuille qu'il le demeure – un régime de liberté, aucun esprit libre ne saurait l'admettre. Et savez-vous pourquoi il ne faut pas l'admettre, surtout dans ce pays-ci, à cette heure, quand la démocratie y a fait sa place ? C'est parce que, si une dictature militaire s'organisait dans ces conditions, elle serait la plus oppressive de toutes, elle serait plus oppressive que le régime des Turcs ou des Tartares, car, chez ces peuples, où règne le pouvoir militaire absolu, il y a encore une responsabilité, la responsabilité du chef devant son peuple, devant l'histoire, devant la dynastie qu'il a à défendre, ou devant Dieu quelquefois, aux époques de droit divin. Tandis que, dans un pays comme le nôtre, où il n'y a pas de responsabilité unique et personnelle, la dictature militaire, qui ne serait pas la dictature d'un homme mais qui serait la dictature d'un bureau ou d'un état-major, dégénérerait bien vite en une oligarchie anonyme sans contrepoids, cent fois plus cruelle que toutes les oppressions qu'on n'a jamais pu connaître.

J'en ai terminé pour l'accusation d'injures à l'armée.

Examinons la seconde objection.

On a dit à M. Zola: « *Votre lettre est violente.* » Sans doute il a parlé fort, et si, au lieu d'être ici dans cette vénérable enceinte, nous étions dans un salon ou dans un cabinet de travail, nous lui demanderions peut-être d'atténuer quelques angles de sa lettre; mais il voulait qu'elle portât loin, il voulait qu'elle frappât fort, il voulait qu'elle fît du bruit; elle en a fait, il l'a voulu, il a eu raison.

Quelle était donc au fond sa pensée? C'est qu'une erreur judiciaire a été commise, que cette erreur judiciaire a été causée par la crédulité d'un petit nombre, qu'elle a été affermie par le mauvais vouloir et par l'aveuglement de quelques autres, et qu'elle a été enfin scellée par la violation de la loi.

Écoutez ainsi ce qu'on pouvait lire dans *L'Intransigeant* sous la plume d'Henri Rochefort, le 12 avril 1894: « *De récents jugements rendus par le conseil de guerre démontrent qu'il y a un véritable danger national à laisser plus longtemps à des juges aussi peu préparés aux fonctions judiciaires le droit de vie et de mort sur des accusés dont ils sont hors d'état d'apprécier la culpabilité.* »

Non, contrairement à ce que tout le monde a longtemps cru, le conseil de guerre n'a pas jugé Dreyfus en toute régularité et, comme le veut la loi, en toute connaissance de cause.

C'est bien pour cela que nous réclamons une révision de son procès.

Et pourquoi nos adversaires la refusent-ils? Pourquoi nous opposent-ils continuellement une sorte de fin de non-recevoir absolue?

Je parlais hier sévèrement de l'antisémitisme parce que je trouve que c'est une doctrine qu'il faut avoir le courage de réprouver hautement et de combattre. Cependant, je ne fais pas à un seul des antisémites l'injure de croire qu'il accepterait pour son compte et sous sa responsabilité ce raisonnement: « Le capitaine Dreyfus était juif, donc, qu'il soit innocent ou coupable, sa condamnation était justifiée. »

Et alors j'ai bien raison de dire que ce qui fait la force de la conviction chez nos adversaires de bonne foi – car je ne plaide que pour ceux-là –, c'est l'idée, la double idée que tout s'est passé selon les règles, selon le droit, selon la légalité.

Eh bien, messieurs les jurés, de tout cela, rien n'est vrai. Rien de tout cela, qui fait la base des convictions de bonne foi, rien n'a existé dans la réalité.

Il est maintenant une scène, messieurs les jurés, qu'il importe que vous connaissiez, si vous ne la connaissez déjà ; cette scène, c'est celle de la dégradation de Dreyfus. J'ose penser que l'impression morale qui s'en dégage aura de l'influence pour la formation de votre conviction.

C'est au journal *L'Autorité* que j'emprunte le récit ; ce journal est animé contre Dreyfus d'une hostilité qui va jusqu'à la haine. J'ai *La Libre Parole* à côté, je pourrais la lire aussi ; le récit est le même.

Eh bien, vous verrez comment la prévention et la passion peuvent dénaturer les choses. Vous verrez comment les protestations d'innocence de cet homme sont accueillies comme des marques de cynisme et comment ce sont des clameurs de colère et de haine qui lui répondent.

Je veux que vous assistiez à cela, messieurs les jurés, et n'oubliez pas que c'est d'un adversaire que vous écoutez le récit :

« Le premier coup de 9 heures sonne à l'horloge, le général Darras lève son épée et jette le commandement :

— Portez arme !

Les troupes exécutent le mouvement.

Un silence absolu lui succède.

Les cœurs cessent de battre et tous les yeux se portent dans l'angle droit de la place où Dreyfus a été enfermé dans un petit bâtiment à terrasse.

Un petit groupe apparaît bientôt : c'est Alfred Dreyfus, encadré par quatre artilleurs, accompagné par un lieutenant de la garde républicaine et le plus ancien sous-officier de l'escorte, qui approche. Dreyfus marche d'un pas assuré.

— Regardez donc comme il se tient droit, la canaille, dit-on dans la foule.

Un signe du commandant des troupes et les tambours et les clairons ouvrent un ban et le silence se fait de nouveau, cette fois tragique. Les canonniers qui accompagnent Dreyfus reculent de quelques pas. Le greffier salue militairement le général et, se tournant vers Dreyfus, lit, d'une voix très distincte, le jugement qui le condamne à la déportation dans une enceinte fortifiée et à la dégradation militaire. Dreyfus a écouté silencieusement. La voix du général Darras s'élève alors :

— Dreyfus, vous êtes indigne de porter les armes. Au nom du peuple français, nous vous dégradons !

On voit alors Dreyfus lever les deux bras et, la tête haute, s'écrier d'une voix forte, sans qu'on distingue le moindre tremblement :

— Je suis innocent, je jure que je suis innocent. Vive la France !

— À mort ! répond au-dehors une immense clameur.

Mais le bruit s'apaise aussitôt. On a remarqué que l'adjudant chargé de la triste mission d'enlever les galons et les armes du dégradé avait porté la main sur celui-ci, et déjà les premiers galons et parements, qui ont été décousus d'avance, ont été arrachés par lui et jetés à terre. Dreyfus en profite pour protester de nouveau contre sa condamnation, et ses cris arrivent très distincts jusqu'à la foule :

— Sur la tête de ma femme et de mes enfants, je jure que je suis innocent. Je le jure ! Vive la France !

Cependant, l'adjudant a arraché très rapidement les galons du képi, les trèfles des manches, les numéros du col, la bande rouge que le condamné porte à son pantalon depuis son entrée à l'École polytechnique. Reste le sabre ; l'adjudant le tire et le brise sur son genou : un bruit sec, les deux tronçons sont jetés à terre comme le reste. Le ceinturon est ensuite détaché, le fourreau tombe à son tour. C'est fini. Ces secondes nous ont semblé un siècle ; jamais impression d'angoisse ne fut plus aiguë. De nouveau, nette, sans indice d'émotion, la voix du condamné s'élève :

— On dégrade un innocent !

Il lui faut maintenant passer devant ses camarades et ses subordonnés de la veille. Pour tout autre, c'eût été un supplice atroce... »

Je vous rappelle que ce sont toujours les adversaires qui parlent, messieurs les jurés.

« ... Dreyfus ne paraît pas autrement gêné, car il enjambe ce qui fut les insignes de son grade. Il marche toujours la tête relevée. Le public crie :

— À mort ! À mort !

Bientôt, il arrive devant la grille, la foule le voit mieux, les cris augmentent, des milliers de poitrines réclamant la mort du misérable qui s'écrie encore :

— Je suis innocent ! Vive la France !

— Tais-toi, misérable, lui répondent les uns.

— Lâche, traître, sale juif ! lui crie-t-on encore.

Sous l'outrage, l'abject personnage se redresse ; il nous jette un coup d'œil de haine féroce. Puis Dreyfus continue son chemin.

Ses vêtements ont un aspect pitoyable. À la place des galons pendent de longs bouts de fil et le képi n'a plus de forme. Dreyfus se redresse encore, mais il n'a parcouru que la moitié du front des troupes et l'on s'aperçoit que les cris continus de la foule commencent à avoir raison de lui.

La parade a duré juste dix minutes. »

Voilà l'attitude de Dreyfus ! Vous l'apprécierez comme vous voudrez. Voilà l'attitude de Dreyfus lors de sa dégradation ! Il n'a jamais cessé de clamer son innocence. Et il la clame aujourd'hui encore, trois ans après cette tragédie.

La vérité, c'est que Dreyfus est un faux coupable. Un coupable fabriqué de toutes pièces par l'état-major. Sa prétendue culpabilité est un édifice de mensonges pour les uns, ceux qui sont les auxiliaires humbles et misérables de cette besogne des ténèbres, et un édifice d'hypocrisie pour les plus hauts. Que ceux-là entendent mes paroles, si elles les atteignent, et qu'ils se souviennent que le nom de l'Histoire qui est marqué au pilori le plus humiliant, c'est le nom de Ponce Pilate... Qu'ils s'en souviennent !

Pour conclure, messieurs les jurés, je voudrais vous dire ceci : ne vous laissez donc pas troubler ! Ne vous laissez pas intimider non plus ! On a parlé du danger de guerre qui nous menace ! Soyez tranquilles, aucun danger ne nous menace, pour plusieurs raisons, dont la première est que les soldats que j'ai vus ici peuvent bien se tromper au cours d'une information judiciaire qui, après tout, n'est pas de leur métier, mais qu'ils se battraient bien demain et qu'ils nous conduiraient, je l'espère, à la victoire. Pour cela, j'ai confiance en eux !

Surtout, ne craignez rien : c'est l'énergie morale qui fait la force des peuples ! C'est avec le cœur, avec le cœur robuste de braves gens réunis tous ensemble, qu'on fait les batailles victorieuses !

Vous sentez bien que cet homme *[Labori montre Émile Zola]* est l'honneur de la France ! Zola condamné, c'est la France se frappant elle-même ! Que votre verdict signifie plusieurs choses ; d'abord, « Vive l'armée ! » Moi aussi, je veux crier : « Vive l'armée ! » Mais aussi « Vive la République ! » et « Vive la France ! », c'est-à-dire : « Vive le droit ! Vive l'Idéal éternel ! »

Verdict

Émile Zola est condamné à un an de prison et à 3 000 francs d'amende, la peine maximale. Il fait appel. Mais sa condamnation est confirmée par le tribunal de Versailles. Le 18 juillet 1898, avant que son jugement ne devienne exécutoire, Émile Zola part en exil en Angleterre. Il y restera près d'un an. Le romancier est mort en 1902. Il n'a donc pas vu la réhabilitation du capitaine, intervenue en 1906, ni sa réintégration dans l'armée.

III. LA JUSTICE
MISE EN ACCUSATION

1. Le procès d'Yvan Colonna

L'assassinat de Claude Érignac est *a priori* une histoire aussi simple que monstrueuse. Claude Érignac était l'un de ces hauts fonctionnaires, dévoué à sa mission, respecté partout où il allait, au gré de ses affectations. En Corse, il ne portait jamais d'arme, malgré les recommandations d'usage. Et le 6 février 1998 au soir, c'est en toute confiance qu'il se rend dans un petit théâtre d'Ajaccio, le Kallisté, pour écouter un concert de musique classique. À peine a-t-il garé sa voiture, qu'il est abattu de trois balles de 9 mm, l'une tirée à bout portant, les deux autres pour l'achever alors qu'il est à terre. Une exécution barbare et froide… Il faut quinze mois pour retrouver, notamment grâce aux relevés de leurs appels téléphoniques, les membres de ce que l'on appellera le «*commando Érignac*». Six nationalistes qui revendiquent leur «fait d'armes» contre l'État français et s'imaginent servir la cause corse. Arrêtés et placés en garde à vue, tous, à une exception près, reconnaissent avoir fait partie de l'expédition meurtrière. Quatre d'entre eux désignent cependant une septième personne comme étant le tireur: leur ami Yvan Colonna qui pour l'heure court toujours…

Le berger corse a en effet réussi à s'enfuir («*pour prendre du recul*» dira-t-il plus tard dans une phrase restée célèbre), juste avant que les policiers ne débarquent à son domicile. Commencent quatre années de cavale et de traque dans le monde entier. En 2003, le RAID découvre la cache du fugitif dans le maquis. Déféré à Paris, Colonna nie toute participation au meurtre et aussi toute appartenance au groupe. Il crie dans le désert car il a contre lui les accusations de ses camarades de combat mais aussi les déclarations de leurs compagnes: elles l'ont vu, disent-elles, en compagnie de leurs hommes, une demi-heure après l'assassinat. Avec de telles charges, l'affaire semble pliée. Pourtant, cinq procès successifs ne parviendront pas à en percer tous les mystères. À chaque fois, Colonna a été condamné à la réclusion criminelle à perpétuité mais, dans l'île ou sur le continent, nombreux sont ceux qui doutent encore de sa culpabilité. Si l'inexcusable exécution de Claude Érignac a soulevé la majorité de l'opinion contre les folles dérives du nationalisme corse, le traitement de l'affaire laisse un sentiment de malaise. Toute une série de dysfonctionnements judiciaires et institutionnels sont venus l'entacher. À commencer par les propos de l'ex-ministre de l'Intérieur, Nicolas Sarkozy, qui, aussitôt l'arrestation d'Yvan Colonna rendue publique, se réjouit de l'interpellation de l'«*assassin du préfet*», avant tout procès. Comment espérer, avec un tel pré-jugement, une justice sereine et impartiale? Car les conditions dans lesquelles s'est déroulée l'enquête, ou plutôt les enquêtes, ne sont pas non plus étrangères aux incertitudes qui continuent à empoisonner ce dossier.

Le ver était dans le fruit dès le lendemain de l'assassinat de Claude Érignac. Et il a fait son œuvre jusqu'à l'arrestation d'Yvan Colonna. Divisions entre les différents services d'enquêtes, querelles d'ego, manipulations, coups tordus… Le bataillon d'investigateurs chargés d'élucider l'affaire a passé son temps à se faire la guerre. Guerre entre la gendarmerie et la Division nationale antiterroriste, alors dirigée par le fameux commissaire Marion, guerre entre la DNAT et le service régional de Police judiciaire, placé sous l'autorité de Demetrius Dragacci, légendaire figure de l'île. Et comme si cela ne suffisait pas, le successeur de Claude Érignac, le préfet Bernard Bonnet – qui s'illustra par ailleurs en faisant détruire illégalement des paillottes sur des plages corses – a lui aussi mené son «*enquête parallèle*». L'écho de ces guerres intestines a perduré tout au long des audiences des différents procès et a contribué à semer le doute. Les errements des services spécialisés ont laissé pantois de nombreux observateurs et autorisé la défense à tirer à boulets rouges sur certaines de leurs conclusions.

La multiplication des procès a aussi rendu l'affaire à peu près incompréhensible pour les non-initiés. Deux professeurs corses, Vincent Andriuzzi et Jean Castella, présentés comme les «*intellectuels du réseau*» ont été accusés d'avoir inspiré les assassins. Condamnés à trente ans de réclusion, ils seront acquittés en deuxième instance, en 2006 (mais condamnés pour des attentats).

En ce qui concerne le commando, on ne compte pas moins de cinq procès. Le premier et le second (en appel) pour juger les membres du groupe en l'absence d'Yvan Colonna, en fuite. Le troisième en 2007 et le quatrième (en appel, en 2009) pour juger Colonna seul, mais avec ses «amis» du commando comme témoins. Enfin, un cinquième procès a été organisé, en 2011, après que le verdict du quatrième procès a été invalidé par la Cour de cassation. Ce parcours chaotique a permis aux membres du commando de varier sensiblement dans leurs déclarations et à certains de leurs avocats de s'orienter, audiences après audiences, vers une stratégie dite «*de la rupture*», c'est-à-dire de contestation radicale de l'autorité judiciaire. Ils ont multiplié les incidents et électrisé le prétoire. Si des présidents de cour d'assises ont bien résisté, d'autres ont craqué et ont laissé entrevoir des signes de partialité dans la conduite des débats, donnant ainsi aux avocats d'Yvan Colonna les moyens de contester le verdict. À raison, car une justice se jauge aussi à sa capacité de bien juger, dans le strict respect de la procédure. Pour la famille Érignac, ces «*incidents*» demeurent néanmoins secondaires au regard de la seule question qui vaille véritablement: Yvan Colonna est-il ou non coupable?

Si sa participation aux préparatifs de l'assassinat et son appartenance au commando semblent, à l'étude du dossier criminel, difficilement contestables, un doute demeure en revanche sur le rôle exact qu'il a pu jouer le soir de l'assassinat.

Une seule certitude cependant, à l'issue d'une très – trop – longue procédure, la justice a fini par trancher et l'a déclaré coupable.

Pour une meilleure compréhension de l'affaire, nous avons présenté les trois plaidoiries qui suivent dans l'ordre chronologique. La première a été prononcée par Me Pascal Garbarini, l'un des quatre avocats d'Yvan Colonna, aux côtés de Mes Sollacaro, Siméoni et Dehapiot. Elle date de 2007, lors du premier procès d'Yvan Colonna.

Dans sa jeunesse, Pascal Garbarini a souvent enfilé les gants pour monter sur le ring. De ces combats acharnés, il a gardé l'art de porter les coups. Il aime à dire qu'il plaide comme il boxe. Ce quadragénaire s'est d'abord fait connaître en Corse où il a défendu nombre de nationalistes, de clandestins (de Charles Pieri à François Santoni), de figures insulaires à mi-chemin entre le militantisme et le banditisme, ou de vrais truands. Voyageant ensuite entre Ajaccio et Paris, où il a installé un cabinet, cet ex-nationaliste passe désormais plus de temps dans la capitale où l'occupent de «*belles affaires*», le plus souvent criminelles. Pascal Garbarini, cinéphile averti, excelle dans le décryptage des passions humaines. Ainsi, lors des procès Colonna, sans pour autant négliger la dimension politique de l'affaire, il a incité son client, corseté dans son discours militant, à fendre l'armure, contre l'avis de ses confrères corses et le plus souvent en vain. Yvan Colonna, enfermé dans ses contradictions, ligoté aussi par les injonctions de certains nationalistes (notamment une partie de sa famille) qui ont voulu l'ériger en héros, est resté figé dans sa posture. Me Garbarini ne désespère pas. Il n'a jamais abandonné le «*berger*» – qui s'est brouillé avec plusieurs de ses avocats – et continue à lui rendre régulièrement visite en prison.

Plaidoirie prononcée par Pascal Garbarini, avocat d'Yvan Colonna, le 12 décembre 2007, devant la cour d'assises spéciale de Paris

Monsieur le président, Mesdames et Messieurs de la cour, je ne peux débuter ma plaidoirie sans dire merci ! Cela peut paraître insolite dans une salle de cour d'assises mais dans cette affaire, tout est exceptionnel.

Merci, Monsieur le président, d'avoir permis à Yvan Colonna de retrouver un statut d'homme et de citoyen. Yvan Colonna, qui a vu toute parole confisquée, tellement il était coupable… LE coupable. Merci, Monsieur le président, d'avoir mené les débats de telle sorte que cette défense puisse s'exprimer totalement, sans détours, et sans avoir à essuyer le mépris qu'elle a connu car elle osait dire, affirmer, qu'Yvan Colonna est innocent. Merci, vous avez redonné sa dignité à Yvan Colonna.

«*Une salle de cour d'assises, c'est un périmètre de haute tension, de souffrance et de passion. C'est le lieu géométrique du malheur humain.»* C'est en ces termes que Robert Badinter définit la cour d'assises. Qu'il a raison ! Et *a fortiori* pour Yvan Colonna.

Car il ne s'agit plus de «*l'affaire Érignac*» mais à présent de «*l'affaire Yvan Colonna*». Et c'est une défense, debout, qui va, après huit semaines d'audience, finir de vous démontrer qu'Yvan Colonna est innocent. Sachant que jamais, dans l'histoire judiciaire, la présomption d'innocence d'un homme n'avait été autant bafouée, violée, foulée aux pieds.

Yvan Colonna était déjà coupable le 26 mai 1999, *France-Soir* l'avait déjà jugé à sa une. Yvan Colonna était déjà condamné, le 4 juillet 2003, le ministre de l'Intérieur de l'époque l'avait jugé comme tel. À se demander s'il y avait encore la place pour évoquer une autre hypothèse qu'un verdict de condamnation, s'il y avait une place pour la seule question : et si Yvan Colonna était innocent ? Après huit semaines de débats, devant cette cour d'assises, je crois, qu'enfin, on peut l'entendre.

Alors, prenons ce dossier Yvan Colonna. Qu'en est-il ?

Le contexte sur l'île d'abord, car il n'est pas possible d'aborder un dossier corse, et encore moins celui-là, sans parler de la situation politique sur l'île et des rapports entre la Corse et Paris. L'assassinat du préfet a été un choc pour la Corse et les Corses. Cet assassinat que je condamne, pour ma part, sans artifice de langage, a provoqué une onde de choc énorme en Corse. Elle en subit aujourd'hui encore les conséquences. Pour la première fois de son histoire, la Corse n'était plus victime mais coupable. Coupable aux yeux de tous : parmi les siens, certains d'entre eux ont assassiné un préfet de la République ! Coupable, cette Corse qui vit avec la prédiction macabre d'un philosophe italien du XVIe siècle : «*Corse, tu ne seras jamais heureuse.*»

Mais pour autant, la Corse est-elle la seule responsable ? Les gouvernements successifs n'ont-ils pas été ses complices ? Dois-je rappeler l'effet désastreux de Tralonca ? La fameuse conférence de presse clandestine du FNLC [rassemblant, en 1996, près de 600 militants encagoulés et armés pour annoncer une trêve] organisée de conserve avec le ministre de l'Intérieur d'alors. Un événement cité par le préfet dans sa lettre trouvée au coffre de son bureau avec comme titre prémonitoire «*Le piège*». Dois-je parler de l'affaire de Sperone, où le politique s'est mêlé au judiciaire ? Liaison dangereuse qui donnera lieu à la libération, après quelques mois de détention, d'un commando armé du FLNC-Canal historique pourtant pris les armes à la main, en crime flagrant de plasticage du golf de Sperone ?

Oui, la critique est facile lorsqu'on évoque la situation en Corse. Nous attendions donc dans cette affaire si exceptionnelle – l'assassinat d'un préfet – une enquête exemplaire, une instruction à charge et à décharge. Bref, une procédure parfaite, exempte de tout reproche. Une enquête qui ferait école. Eh bien, le moins que l'on puisse dire, si vous me permettez cette expression : c'est raté ! Voyez-vous, c'est là où, devant la cour d'assises, l'oralité des débats a toute sa force. Car ce que nous, défense, nous n'avons jamais cessé de dénoncer, sans jamais être entendus, est à présent criant de vérité devant vous. Qu'avons-nous vu pendant ces huit semaines ? Que vous a-t-on soumis, à vous, magistrats professionnels, appelés à juger le forfait le plus grave de notre Code pénal ?

Commençons par l'enquête. N'oublions pas qu'il y en a eu plusieurs. Il y a eu l'enquête judiciaire et les enquêtes officieuses, dont celle menée par Bernard Bonnet. Le préfet Bonnet a conduit des investigations parallèles avec ses hommes devenus tristement célèbres depuis l'incendie d'une paillote. Cette enquête [sur l'assassinat de Claude Érignac], il l'a menée sans en référer à ses autorités de tutelle. Tout juste en fera-t-il révélation, mais en refusant de citer le nom de son informateur ! Ce qu'il refuse encore de dire aujourd'hui à la barre. Ensuite, cette enquête sera clandestine. Oui, clandestine. Il faut attendre la parution du rapport de la Commission parlementaire nommée après l'assassinat du préfet Érignac pour apprendre de policiers – qui avaient été d'abord rassurés lors de leur comparution puisqu'il leur avait été promis la non-divulgation de leur déposition – que des écoutes et des surveillances ont été réalisées par les RG sur Yvan Colonna. Eh bien, ces écoutes et surveillances des RG ne sont pas en procédure. Pourquoi ? Mais parce qu'elles dédouanent Yvan Colonna ! Et les surveillances du RAID, j'allais les oublier, elles ne sont pas en procédure non plus !

Enfin, l'enquête se veut «*poubelle*». Ce n'est pas moi qui le dis. C'est comme cela que la nomment les enquêteurs qui la garnissent. C'est la fameuse procédure 1 337, dite «*poubelle*» donc, ou encore «*piste agricole*», procédure qui accueille tous les éléments qui doivent être cachés à la défense. Procédure, entendez-vous, toujours ouverte à ce jour, malgré quarante mises en examen qui datent de 1998! Je conclus en vous rappelant la guerre des polices qui a ponctué cette enquête: SRPJ contre gendarmerie, SRPJ contre la DNAT. C'était burlesque, ubuesque.

En ai-je fini? Bien sûr que non. La critique est facile, je sais, mais je me dois de continuer. Comment est-il possible de juger et de condamner un homme avec un dossier pareil?

Je continue donc. A-t-on fermé toutes les portes comme le dit le jargon policier? Toutes les hypothèses ont-elles été creusées? Qui est ce «*commando Érignac*»? Sous quels ordres agissait-il? Qu'en est-il, en effet, de la «piste agricole» privilégiée par le commissaire Marion? Qu'en est-il de la «piste intellectuelle» non élucidée, après les acquittements, en 2006, de Castela et Andriuzzi présentés par l'accusation comme les cerveaux du commando? Et qu'en est-il de la piste «Sampieru» et de ses communiqués? Arrêtons-nous-y un instant. Second communiqué Sampieru, il n'est pas neutre. Il annonce l'assassinat d'un haut représentant de l'État. Comment le savait-il? Qui compose le groupe Sampieru? Pourquoi certains membres de ce groupe ont-ils, a priori, renoncé? Ces questions demeurent sans réponse. Ce n'est pas rien! Peut-on avancer vers la culpabilité d'un homme avec autant de silence? Il en est assourdissant, ce silence.

L'instruction, à présent… Oublions les postures et les jeux de rôles des trois juges d'instruction qui ont vanté leur mérite à la barre de cette cour. Tout d'abord, comment le juge Thiel a-t-il pu être co-saisi de cette procédure alors qu'il était dans l'avion rejoignant Ajaccio le lendemain de l'assassinat, en présence de Mme Stoller, procureur antiterroriste seule saisie puisque nous étions en flagrance? Comment expliquer cette présence si ce n'est par ses liens, qu'il ne cache pas, avec la famille Érignac? Déjà, cette instruction, qui n'a pas encore commencé, est suspecte. Comment ne pas la dénoncer? Elle n'a eu pour but que d'accuser et de faire condamner Colonna. Les juges ont tout rejeté, toutes les demandes d'actes que nous avons faites.

Demande de confrontation, rejet! Demande de reconstitution, rejet! Dans n'importe quelle procédure criminelle, la plus simple qui soit, le juge d'instruction ordonne une reconstitution des faits. Eh bien, pour élucider l'assassinat du préfet Érignac, il n'y aura pas eu de reconstitution. Comment a-t-on pu en faire l'économie? Un seul transport sur les lieux ordonné par votre cour. Merci encore, mais ce n'est pas suffisant. Pourquoi se priver de cette reconstitution?

Messieurs les avocats généraux, que redoutez-vous ? Yvan Colonna, lui, ne redoute rien ! Cette reconstitution nous aurait renseignés sur la scène de crime. Nous aurions pu enfin concrètement apprécier la scène du crime, la visualiser avec tous les acteurs, témoins oculaires, membres du commando ou experts. Ce n'est quand même pas du luxe lorsqu'on juge un homme qui risque la perpétuité !

Sachez, aussi, qu'aucune confrontation des expertises n'est intervenue. Le balisticien n'a jamais été confronté au légiste. Ce balisticien qui, d'ailleurs, a refusé de se présenter devant la cour, n'a pu vérifier la compatibilité de son analyse avec celle du légiste. Légiste dont le témoignage est pourtant capital. Sur une question de M. l'avocat général – « *Combien mesure le tireur ?* » –, il a répondu : « *Le tireur pourrait avoir la même taille que Claude Érignac qui mesurait 1,83 m.* » Vous avez vu Colonna, il mesure 1,72 m ! Et c'est avec de telles incohérences qu'on va vous aider à vous forger une intime conviction.

Qu'avez-vous d'autre pour trouver la vérité ? La scène de crime ? La rue est courte, elle est mal éclairée, sauf à l'endroit où sera tué le préfet car l'enseigne du restaurant illumine cette scène. Le commando sur le trottoir ? Les témoins voient deux hommes. Deux de ces témoins sont capitaux. Colombani, l'ami du préfet, celui qui l'a invité au concert, celui qui fait la description de la scène de l'assassinat la plus précise, celui qui voit le préfet rentrer la tête, faire demi-tour sur le trottoir, puis refaire demi-tour, qui entend les deux premières détonations, qui voit le préfet se courber et qui le voit tomber… puis entend la troisième détonation. Eh bien, ce témoin, lorsqu'il voit Yvan Colonna en photo dans les commissariats ou dans les journaux, que dit-il ? « *Ça n'a pas fait tilt.* » Il ne le reconnaît pas ! Et lorsqu'il le fixe dans le box, à votre demande, Monsieur le Président, il ne le reconnaît toujours pas.

L'autre témoin, capital lui aussi, ne le reconnaît pas davantage. Marie-Ange Contart, dont le témoignage n'a jamais été contesté, a vu le tireur à 2 mètres. Ce témoignage a permis de mettre hors de cause les premiers suspects. Marie-Ange Contart est alors la passagère d'une voiture. Elle voit le tireur armer l'arme et tirer le troisième coup de feu. Eh bien, elle l'a dit, redit, affirmé, réaffirmé chez le juge, lors d'un tapissage ou ici à la cour d'assises, elle ne reconnaît pas Yvan Colonna comme étant le tireur. Ce n'est pas rien comme déclaration ! Je pourrais m'arrêter là tellement c'est fort !

Mais venons-en au «*troisième homme*» [du commando]. Le témoin Arrighi le voit rejoindre les deux autres hommes [du commando] qui sont dans la rue et perdre un objet métallique qu'il ramassera devant lui. Ce troisième homme était-il sur le trottoir du crime comme le soutient l'accusation? Non, j'affirme le contraire et personne ne peut me contredire. Car l'examen des lieux permet d'observer qu'entre la rue du crime et le lieu où le témoin Arrighi voit ce troisième individu rejoindre ces deux autres hommes, il existe la rue Del Pellegrino qui est parallèle à la rue du crime. Or, un autre témoin, Mme Mufraggi, nous a dit qu'elle avait vu, à son arrivée au théâtre, un homme en haut de la rue Del Pellegrino qui semblait faire le guet. Eh bien, j'affirme que c'est cet homme qui, après l'assassinat, a rejoint les deux hommes présents sur le trottoir. C'est ce «*guetteur*» qu'a vu le témoin Arrighi. Et personne ne peut me contredire! Voilà, les éléments concrets. Ils sont à décharge. Ils innocentent Colonna.

Alors, que fait l'accusation, à part rester sourde à ces éléments à décharge? Elle va noircir le personnage, lui dessiner le profil d'un assassin. Il faut qu'Yvan Colonna soit capable de…

C'est l'affaire de la tentative d'assassinat de Pierre Poggioli [dirigeant historique du Mouvement nationaliste corse], en 1994. Alessandri et Ferrandi [autres membres du commando Érignac] et Colonna seront suspectés, puis mis hors de cause. Mais il n'en faut pas plus pour cibler le trio. Le «*trio infernal*» dira l'accusation. Son militantisme? Il ne peut être qu'actif et radical. Mais, Yvan Colonna a quitté tout militantisme à la naissance de son fils en 1989! Et il a fait un choix en adéquation avec ses convictions: il a décidé de devenir berger. Voilà son seul et unique acte de terrorisme: travailler et vivre sur son île. Voilà la vie du prétendu terroriste corse: s'occuper de ses chèvres! Il n'existe aucune procédure contre lui. C'est normal, nous dit l'accusation en sous-entendant qu'il était protégé par son père, Jean-Hugues, qui était au cabinet du ministre de l'Intérieur. Ce sont des accusations gratuites et sans preuve.

Alors bien sûr, restent les accusations du commando en garde à vue. Des accusations qui scelleraient la culpabilité d'Yvan Colonna. Ces accusations rétractées, mais j'y viendrai plus tard, sont le socle unique sur lequel s'appuient Messieurs les avocats généraux pour demander la perpétuité avec la période de sûreté maximale contre Yvan Colonna.

Mais revenons à la procédure. Arrêtons-nous aux gardes à vue. Combien de procès-verbaux ont fait l'objet de copié-collé ? Nous les avons lus à l'audience, des pages et des pages de PV identiques [dans chaque déposition des membres du commando] à la faute d'orthographe près. Et puis, il y a les pressions exercées par les policiers. Normal, me dira-t-on, nous sommes en garde à vue. Et la garde à vue, ce n'est pas un salon de thé. D'accord, je l'entends, mais est-il nécessaire de mettre un calibre sur la tête de l'enfant Ferrandi, comme l'a dit sa mère à cette barre, pour faire avancer l'enquête ? Quant au grand manitou de ces gardes à vue, l'inspecteur Lebbos, nous connaissons maintenant ses pratiques : détournement de commission rogatoire à des fins personnelles, vol dans un grand magasin… Et c'est cet homme-là, ce policier-là qui recueille les aveux de Maranelli [membre du commando]. Et il vous faut valider ces méthodes et ce profil de policier pour condamner Yvan Colonna. Je rêve, ou plutôt je suis en plein cauchemar… Sur les gardes à vue toujours, regardons maintenant ce qu'il en est des «*femmes du commando*». Ces femmes font quatre jours de garde à vue. Elles ne savent pas où sont leurs enfants, ou plutôt pensent qu'ils sont placés à la DASS. Et on les menace de les poursuivre pour complicité d'assassinat d'un préfet. Arrêtons-nous, un instant, sur leurs dépositions. Sont-elles claires, précises ? Sont-elles gravées dans le marbre de la vérité ? Prenons simplement une contradiction parmi toutes celles que les débats vous ont révélées. Mme Valérie Dupuis, la femme de Didier Maranelli, voit Yvan Colonna à son domicile à Cargèse, le lendemain matin de l'assassinat, soit le 7 février 1998 à 9 heures. Alors que la femme d'Alessandri voit Yvan Colonna chez les époux Ferrandi (où il se serait caché pour la nuit) vers 10 heures. Il est où, Yvan Colonna ? Je pose la question : chez Ferrandi ou chez Maranelli ? Il faut choisir, Messieurs les avocats généraux. Cela ne vous gêne pas cette contradiction ? Non, cela ne vous ouvre toujours pas les yeux sur l'innocence d'Yvan Colonna !

Poursuivons avec l'emploi du temps d'Yvan Colonna. Le 6 février 1998, il est comme d'habitude, à la bergerie de 4 h 30 à 20 heures. Son associé, Alexandre Alessandri, le confirme, il est formel à ce sujet. Présence à Cargèse vers 20 heures, sa tante et son père le confirment : Yvan Colonna est passé prendre une douche entre 19 h 50 et 20 heures. Il n'est pas resté car il devait garder son fils. Yvan Colonna confirme et ajoute que Pierrette [son ex-compagne] était partie lorsqu'il est arrivé à la maison, qui était fermée. Il est monté dormir à la bergerie. Il en redescendra le matin, ce que confirmera encore son associé. C'est troublant, non! Vous voulez quoi de plus?

Pouvez-vous affirmer, dire avec certitude, qu'Yvan Colonna était sur le trottoir à Ajaccio, rue Colonel-d'Ornano ce 6 février 1998 au soir? C'est cela, la seule et unique question à laquelle il faut répondre.

Je vous regarde droit dans les yeux, Messieurs les avocats généraux : cela vous suffit-t-il pour requérir contre un homme?

Je dois désormais conclure et il me faut aborder les rétractations. Pourquoi les membres du commando ont-ils accusé Yvan? Pourquoi ces mêmes membres du commando se sont-ils rétractés chez le juge puis devant vous? Je me dois d'être honnête avec vous. Leurs rétractations ne me satisfont pas… pas plus que leurs accusations opportunes. Ce sont des rétractations étranges, tellement elles sont courtes, sibyllines, comme s'il fallait frapper à nouveau Yvan Colonna. Rétractations curieuses, sorte de double, voire triple langage. Nous savons qu'Alessandri s'accuse à présent d'être le tireur mais refuse d'en dire plus. Ces rétractations accusent autant qu'elles dédouanent.

Une chose est sûre, pourtant, ces rétractations donnent l'impression d'une manipulation, d'un coup de billard à trois bandes. Comment se fier à ce commando des Borgia? Comment peut-on forger une intime conviction avec de telles accusations contradictoires et contredites et avec de telles rétractations qui ne sont que manipulations et coups tordus? En tenir compte, c'est se faire complice d'une probable stratégie d'un commando calculateur qui n'a cherché qu'à piéger Yvan Colonna pour mieux se dédouaner de cet acte terrible qu'a été l'assassinat du préfet Érignac. Vous les écarterez donc.

« *J'ai abordé la discussion avec confiance. Elle a fait apparaître des doutes, des possibilités, peut-être même des présomptions, mais elle n'a pas apporté la preuve que la conscience de juges comme vous exige absolument pour prononcer une condamnation.* » C'est ainsi que s'exprimait l'avocat de Dreyfus. Ne faites pas d'Yvan Colonna un Dreyfus corse… Acquittez-le!

Verdict

À l'issue des débats, Yvan Colonna est condamné, le 13 décembre 2007, à la réclusion criminelle à perpétuité. Mais la cour ne prononce pas la peine de sûreté de 22 ans qui avait été réclamée par l'avocat général. Yvan Colonna fait appel de sa condamnation et un nouveau procès est organisé deux ans plus tard.

***

Le procès en appel s'ouvre le 9 février 2009. Si, le premier jour, Yvan Colonna apparaît calme, voire serein, très vite cependant, les débats deviennent électriques. Un témoin « surprise », en particulier, jette le trouble. Didier Vinolas, secrétaire général de la préfecture de Corse au moment de l'assassinat annonce qu'« *il y a peut-être deux hommes dans la nature qui ont participé au crime* ». Une information qu'il assure avoir transmise aux autorités dès 2002. La défense d'Yvan Colonna s'emporte contre « *un procès politique où les dés sont pipés dès le début* » et réclame la récusation du président de la cour d'assises. Le 11 mars, Yvan Colonna explose, il dénonce « *la raison d'État qui veut le faire condamner* » et quitte son procès. Les débats se poursuivront sans lui.

Dans cette ambiance tendue, c'est l'avocat Philippe Lemaire qui défend l'épouse et les enfants de Claude Érignac. Me Lemaire est un des derniers géants du barreau. Issu d'une longue lignée d'avocats, la profession de la famille depuis sept générations – son père a défendu, aux côtés de Jacques Isorni, le maréchal Pétain –, il a prêté serment en 1958 et a combattu, en son temps, la « *vieille ennemie* » : la peine de mort. Par neuf fois, il a entendu des avocats généraux la requérir contre ses clients. Jamais il n'a oublié ces moments terribles où la défense jette ses dernières forces dans la bataille pour sauver la vie d'un condamné. Sa plus belle victoire reste d'avoir évité la peine capitale à un jeune braqueur breton, coupable du meurtre d'un policier, Guy Hervé. C'est lui aussi qui obtient la grâce de Philippe Maurice, alors que la guillotine est déjà arrivée à la maison d'arrêt de Fresnes. Avocat du socialiste Henri Emmanuelli, de Christine Deviers-Joncour, l'ex-maîtresse de Roland Dumas, Philippe Lemaire est un habitué des grands dossiers médiatiques et de leurs débordements. Il répugne pourtant à communiquer, renvoyant aussi fermement que courtoisement les journalistes en mal de confidence. Ses confrères, dont il force l'admiration, savent qu'il garde son calme en toutes circonstances. Lors du procès Colonna, pourtant, il a bien du mal à contenir son courroux, quand il évoque la ligne de défense adoptée par l'accusé. Les mots fusent, cinglants : « *Yvan Colonna est un lâche, qui n'a jamais eu le courage de reconnaître son crime. Vouloir en faire une victime est une abomination.* » Philippe Lemaire restera jusqu'à la dernière minute le défenseur de Mme Claude Érignac. Il sera victime lors du dernier procès Colonna d'un grave malaise, avant de décéder quelques semaines plus tard.

Le 25 mars 2009, lors du quatrième procès, il délivre l'une de ses plus belles plaidoiries, interpellant ainsi Yvan Colonna : « *Vous avez brisé une vie, vous avez brisé une famille. Vous avez brisé un amour qui durait depuis 27 ans.* »

Plaidoirie prononcée par Philippe Lemaire, avocat de l'épouse et des enfants du préfet Claude Érignac, le 25 mars 2009, devant la cour d'assises spéciale de Paris

C'est un bien curieux procès qu'Yvan Colonna a voulu prendre en main, en cherchant dès son ouverture à imposer sa volonté à laquelle il serait indécent de s'opposer. « *C'est moi qui interdis à mes témoins de venir déposer, je leur ai dit de ne pas venir, je leur ai interdit* », vous a-t-il déclaré.

Cette stratégie s'apparente à ce qu'il est convenu d'appeler la stratégie de rupture. Yvan Colonna a multiplié ou fait multiplier les incidents et les invectives pour aboutir à un départ en fanfare si souvent annoncé que nous avions fini par ne plus y croire. Il ne restait plus à ses avocats qu'à s'incliner devant la volonté de leur client, imaginant un complot d'État à son encontre, qui aurait pour résultat de le faire condamner par une cour d'assises aux ordres.

Erreur tout à la fois grossière et sans fondement, qui ressemble à s'y méprendre à une nouvelle fuite dont Yvan Colonna a le secret comme si, oubliant les charges très lourdes qui pèsent sur lui, il était inconcevable qu'il puisse envisager d'être à nouveau condamné.

Libre à lui de choisir le plus mauvais système de défense, l'absence ainsi choisie et provoquée pour des motifs sans raison, cachant mal l'inquiétude sur son sort. Fuir est bien la plus mauvaise méthode pour se faire entendre et ses conseils, pourtant expérimentés mais si excessifs et sans recul, savent bien qu'il ne faut jamais abandonner la parole pour se réfugier dans le silence. Le silence arrive difficilement à convaincre.

Voici onze ans que Claude Érignac, préfet de la région de Corse du Sud, a été assassiné un soir d'hiver alors qu'il se rendait au concert accompagné de sa femme. Nous en sommes désormais au quatrième procès. Mme Claude Érignac, ses enfants Christophine Érignac et Charles-Antoine Érignac ont été présents à chacune des audiences, non pas pour tenter, comme c'est si souvent le cas, d'arracher la condamnation la plus lourde aux juges – ce n'est pas leur manière de se comporter – mais pour savoir pourquoi, comment, dans quel but, dans quelles conditions, un mari ou un père leur a été enlevé. Sans demander à la défense les quelques égards auxquels ils pensaient pouvoir prétendre, ils ont assisté au spectacle désolant d'une animosité sans retenue que rien ne justifie. La défense ne légitime pas tous les excès.

Et à la souffrance est venue s'ajouter encore de la douleur. De l'autre côté de la barre, on ose dire : « *Nous n'avions rien contre l'homme, c'est le représentant de l'État que nous voulions frapper.* » Mais c'est l'homme qui a été assassiné ! Et rien ne justifie jamais d'assassiner un homme, quel qu'il soit.

À l'issue de ce quatrième procès, la famille Érignac est donc encore là, quelque peu effarée par des comportements qui lui paraissent déplorables pour l'image de la justice. Voilà, alors que les années passent, que pour tenter de sauver Yvan Colonna, des témoins se taisent, qu'on leur interdit de venir et qu'ils ne viennent pas, jusqu'au père d'Yvan Colonna qui ne se déplace pas pour soutenir l'innocence de son fils arguant de l'esprit de vengeance qui animerait la cour. Mais de qui, de quoi, la cour voudrait-elle se venger ?

Et puis, il y a ces « témoins surprise », déguisés en experts qui surgissent pour venir soutenir des expertises qui ne sont que des démonstrations de commande. Ou bien encore, on invente de nouveaux éventuels autres coupables dont les membres du commando déjà condamnés ne connaissent même pas le nom. Comble des combles, l'un des membres du commando, Pierre Alessandri, vient se sacrifier en lieu et place de l'accusé, après avoir eu le soin de se taire durant cinq ans et quatre mois. Il ne court aucun risque judiciaire, puisqu'il a déjà été condamné à la plus lourde peine : la réclusion à perpétuité. Cela est incompréhensible et relève d'une manipulation grossière !

Est-il possible de ne pas réaliser à quel point cela peut être cruel pour Mme Érignac de vivre avec tous ces mensonges, ces fausses pistes, ces coups montés pour travestir la réalité ?

Alors, puisqu'Yvan Colonna reconnaît qu'il a peut-être le profil du coupable mais qu'il faut le prouver, prouvons qu'il en a non seulement le profil, mais qu'il est celui qui a assassiné le préfet avec ceux qui ont déjà été condamnés à la réclusion criminelle à perpétuité – Alain Ferrandi et Pierre Alessandri – comme co-auteurs de l'assassinat.

Il faisait froid ce soir-là à Ajaccio et sans doute le préfet avait-il remonté le col de son manteau. Il marchait vite, comme à son habitude, il était seul, sans arme ayant toujours refusé d'en porter. Il était sans garde du corps car il voulait témoigner ainsi, simplement, à sa manière, de la confiance qu'il entendait accorder aux Corses. Il montrait ainsi qu'il vivait comme tout le monde. Ses assassins savaient qu'il était une cible vulnérable. Ce qui ajoute encore à la lâcheté de cette action criminelle commise de nuit, par-derrière, d'un tir à bout touchant dans la tête et de deux coups de grâce portés à terre. Une véritable exécution, une condamnation à mort décidée, paraît-il, à l'unanimité. Ce n'est pas du travail d'amateur. Ce geste criminel nécessitait une organisation certaine et une préparation. Il n'était pas improvisé comme on veut nous le faire croire aujourd'hui.

L'assassinat d'un préfet dans un département français et dans le département qu'il administrait est un défi à l'État et à ses institutions. Il a d'ailleurs été ressenti comme tel par la population corse qui a finalement condamné cet assassinat. Il était tout à fait normal que la recherche des assassins s'oriente vers la piste des nationalistes radicaux qui combattent «*l'État colonial*». Cet acte terroriste a d'ailleurs été revendiqué comme tel par ceux qui ont déjà été condamnés. Ainsi, Alain Ferrandi déclare: «*Il fallait redonner ses lettres de noblesse au combat que nous menions.*»

Ces attentats, ces meurtres engendrent la crainte, la peur. Ils placent chaque témoin dans des situations difficiles à vivre. Ils les rendent vulnérables aux pressions éventuelles. Et c'est ainsi que, par la volonté d'Yvan Colonna, tous les témoins corses vont, dans une belle unanimité, refuser de venir témoigner devant vous, marquant ainsi leur défiance définitive vis-à-vis de la justice. Le refus d'être jugé, manifesté par Yvan Colonna, s'inscrit également dans cette dialectique à laquelle notre justice ne peut se soumettre, au risque de voir se renouveler ces attitudes subversives contraires à nos valeurs démocratiques. Sans justice, la paix sociale ne peut exister.

Examinons maintenant les preuves qui pèsent contre Yvan Colonna. Ce sont bien les aveux des membres du commando qui sont essentiels. Ils le désignent comme membre à part entière du «*groupe des anonymes*» et lui donnent un rôle prépondérant dans l'assassinat du préfet. Après leur interpellation en deux vagues successives – ce qui permettra d'ailleurs à Yvan Colonna de prendre le recul que l'on sait – les membres de ce commando vont tous commencer par mentir, en entraînant dans leurs mensonges leurs femmes et en y mêlant leurs enfants, ce qui n'est pas, me semble-t-il, le comportement de bon père de famille qu'ils disent être.

Comme ils s'attendent à être interpellés un jour ou l'autre, ils ont pris bien soin de préparer de faux alibis. L'un était à la chasse à la bécasse, les autres dînaient avec leurs épouses et leurs enfants. Au moment de leur arrestation, ils ne sont donc pas trop inquiets: ils donneront leurs alibis et puis ils seront relâchés et le tour sera joué. Seulement, la technique a fait des progrès et ils seront trahis par leurs téléphones portables. Les appels qu'ils ont passés au moment de l'assassinat vont permettre de les localiser près de la préfecture, au centre d'Ajaccio. Et placés devant cette évidence, ils vont avouer leur participation à l'assassinat. Ils décident alors d'assumer leur acte criminel comme l'aboutissement d'un cheminement politique qui consiste à créer un «*électrochoc vis-à-vis de l'État pour réveiller le peuple corse*».

Aussi, je vous pose une question: pourquoi – alors qu'à l'exception d'un seul, Marcel Istria qui niera toujours toute participation – ils reconnaissent tous en garde à vue et assument politiquement leur geste, pourquoi je vous le demande, ces garde à vue auraient-elles été violentes ou auraient fait l'objet de manipulations, de procès-verbaux tronqués comme cela a été si souvent affirmé de l'autre côté de la barre? Ils disent la vérité et ils le revendiquent! Pourquoi mettent-ils en cause lors de ces garde à vue Yvan Colonna comme tireur? Parce que c'est la vérité! Aucun, mis à part Marcel Istria qui aurait été apparemment giflé – ce qui est inacceptable – mais qui nie, n'a fait état de violence. Ont-ils été forcés de mettre en cause Yvan Colonna?

Ni Alessandri, ni Ferrandi ne se plaignent des conditions de garde à vue. Et lorsque votre cour demande à Ferrandi pourquoi il a attendu quatre ans avant de mettre Colonna hors de cause, il vous fait cette réponse extraordinaire: «*Je ne pouvais pas passer tout mon temps à disculper ceux qui n'y étaient pas et de toute façon je n'ai pas d'explication tangible à vous donner sur mon attitude.*» Est-ce audible comme explication? Quant à Alessandri, je le répète, il aura attendu cinq ans et quatre mois avant d'écrire dans un courrier: «*Je suis l'auteur du coup de feu*». Cinq ans et quatre mois!

En réalité, toutes ces rétractations pour tenter de sauver Yvan Colonna… il fallait s'y attendre. On pourrait même appeler cela: la chronique d'une rétractation annoncée. Ces rétractations sont artificielles, comme le sont tout autant celles des épouses. Ainsi en va-t-il des déclarations successives de Mme Ferrandi. Dans un premier temps, cette femme décrit, dans un témoignage criant de vérité, comment ce soir-là, juste après l'assassinat, elle a vu son mari revenir à son domicile accompagné de Pierre Alessandri ET d'Yvan Colonna. Puis Mme Ferrandi, devant le juge, sera frappée d'une subite crise d'amnésie. Elle n'a plus aucun souvenir de cette nuit-là. Le seul souvenir qui lui reste, c'est qu'Yvan Colonna n'était pas là ! Étrange amnésie sélective bien peu crédible ! Devant votre cour, elle déclarera encore : « *Je ne me souviens pas.* » Ce n'est pas un manque de souvenir, c'est un refus de répondre.

Il n'y a en réalité aucun doute sur la culpabilité d'Yvan Colonna. Pourquoi les membres du commando auraient-ils menti en accusant Yvan Colonna ? Quel intérêt y avait-il à accuser un innocent ?

La vérité, elle est terrible : Yvan Colonna est coupable et le 6 février 1998, M. Claude Érignac, préfet de région, a été assassiné pour rien, il était remplacé six jours plus tard. Cet acte a plongé une famille dans une douleur qui persiste chaque jour et qui se fait plus forte à raison des procès qu'il faut affronter parce qu'ils ravivent des souvenirs insupportables.

Claude Érignac était tombé amoureux de la Corse qu'il parcourait à vélo, pour découvrir cette terre qui ressemblait à sa terre de Lozère. Son directeur de cabinet nous a raconté comment ce préfet était devenu, selon lui, le meilleur défenseur de la Corse auprès du gouvernement, soutenant les dossiers, notamment agricoles, pour trouver des solutions équitables sans se départir de son impartialité. Il avait profondément le respect de l'autre ancré en lui. Il était ce mot de Voltaire : « *Je ne suis pas d'accord avec ce que vous dites, mais je me battrai pour que vous puissiez le dire.* » En tant que représentant de l'État, il s'imposait une exigence exemplaire mais savait être à l'écoute des autres. Voilà ce que disait de lui la mère de Marcel Istria : « *Je souhaite vous dire combien j'ai été peinée d'apprendre sa mort. C'était un homme simple qui voulait aider les Corses à s'en sortir. Je ne peux comprendre un tel acte.* » Même Ferrandi, pourtant à l'origine de la création du groupe des anonymes, aura cette phrase terrible lors du premier procès : « *On ne lui a pas laissé le temps de réussir* », pour constater aujourd'hui : « *C'est un formidable échec, un échec et un gâchis* ». Alain Ferrandi n'est pas encore arrivé à reconnaître que c'était une faute mais cela viendra peut-être. Claude Érignac avait fait confiance aux Corses. Et sans chercher à comprendre qui il était et quel rôle il pouvait jouer, vous l'avez condamné à mort !

Yvan Colonna, vous avez brisé une vie, vous avez brisé une famille. Vous avez brisé un amour qui durait depuis 27 ans.

Après la justice, il y a la vie, nous avait dit Edmond Siméoni au premier procès. Pour Yvan Colonna, il y aura d'abord la justice et le chemin sera sans doute long. Yvan Colonna, nous vous demandions la vérité, elle nous a encore été refusée. Quelle absurdité ! Quelle cruauté ! Et comme on voudrait pouvoir, retrouvant le respect de la vie, revenir en arrière pour effacer l'horreur. Il est hélas trop tard et la souffrance restera. Mais il n'y a pas de paix sans justice. Puissent Mme Érignac et ses enfants trouver quelque apaisement en entendant à nouveau ces quelques vers d'Aragon comme le dernier message d'un mari et d'un père à ceux qu'il aimait. «*Adieu la peine et le plaisir. Adieu les roses. Adieu la vie, la lumière et le vent. Pense à moi souvent toi qui va demeurer dans la beauté des choses.*»

Verdict

À l'issue de ce procès, Yvan Colonna est condamné à nouveau à la réclusion criminelle à perpétuité, assortie cette fois d'une peine de sûreté de 22 ans. Il se pourvoit alors en cassation.

***

Devant la Cour de cassation, comme devant le Conseil d'État, seuls certains avocats, spécialement habilités, ont le droit de plaider. Ils constituent une caste particulière, celle de juristes émérites, d'ordinaire fort discrets. Patrice Spinosi est un cas à part. En quelques années, ce procédurier hors pair, doté d'un incontestable don oratoire, s'est taillé une belle réputation. À l'image de son confrère Éric Dupont-Moretti – surnommé «*Aquitator*» parce qu'il est le recordman des acquittements en Cour d'assises – Patrice Spinosi pourrait revendiquer le titre de «*Cassator*» puisqu'il enchaîne victoire sur victoire devant la plus haute juridiction française. Il est devenu l'avocat incontournable pour casser une procédure et obtenir une seconde chance. On l'a vu dans l'affaire de l'Erika, dans le dossier Coupat (Tarnac), dans la saga Colonna, dans les procès des droits de la défense en garde à vue, dont il a fait sensiblement évoluer la jurisprudence. Ou bien encore aux côtés de l'OIP, l'Observatoire international des prisons, pour réclamer et obtenir des mesures d'urgence afin de remédier à l'état déplorable de la maison d'arrêt de Marseille. Ce trublion de la loi n'a qu'un seul credo : la stricte application du « *droit, rien que le droit* ».

Plaidoirie prononcée par Patrice Spinosi, avocat d'Yvan Colonna, le 23 juin 2010, devant la Cour de cassation

Monsieur le président, Madame, Messieurs les conseillers, nous ne sommes pas ici pour juger Yvan Colonna, nous sommes ici pour juger le procès d'Yvan Colonna.

Le procès et rien que le procès. En franchissant cette porte, chacun se doit d'abandonner les fantasmes, les *a priori*, les faux-semblants, dont regorge cette affaire pleine de bruit et de fureur. La culpabilité ou l'innocence d'Yvan Colonna ne sont pas le thème de ce jour et quel que soit l'avis de chacun à cet égard, ce n'est pas de cela dont il nous faut parler et ce n'est pas sur cela qu'il vous appartiendra de vous prononcer.

Le droit, rien que le droit. C'est votre charge, juges de cassation, juges suprêmes. Vous avez l'obligation non pas de sonder les cœurs mais d'apprécier objectivement, abstraitement, sans préjugés ni sentiments, des vices qui ont pu entacher la procédure d'assises qui vous est soumise. Alors, tout de suite, laissons là les polémiques et les controverses. La seule question qui ait droit de cité, aujourd'hui, dans cette enceinte, c'est celle de savoir si Yvan Colonna a été bien ou mal jugé. Or, tout dans cette affaire démontre la faillite du système judiciaire pour apprécier lors du procès d'appel l'innocence ou la culpabilité de cet homme. Ce procès aurait dû être exemplaire. Un modèle de rigueur pour une affaire si passionnée, face à un accusé présenté comme un coupable, avant même d'avoir été arrêté, et qui depuis n'a eu de cesse de clamer son innocence.

La procédure en première instance n'avait pas donné lieu à des incidents marquants. Le président Coujard avait tenu les débats en restant à l'écoute, arbitrant, comme c'est son rôle, entre l'accusation et la défense. La première décision d'assises avait, certes, conclu à la culpabilité d'Yvan Colonna, mais ce premier procès avait permis de dévoiler déjà certaines failles de l'accusation et de démontrer les lacunes manifestes d'un dossier trop souvent construit à charge. Le procès d'appel devait être celui où toute la lumière pourrait enfin être faite dans cette difficile affaire. On attendait de cette nouvelle instance encore plus de rigueur, elle n'est jamais venue. Bien au contraire, très vite, une opposition frontale s'est cristallisée entre le président et la défense, entre un accusé et ses juges. Là encore, ne soyons pas dupes des préjugements. On a dit, et fait dire, que la défense avait été de rupture, que le but des avocats présents avait été de déstabiliser la cour, d'aller à l'incident. Rien n'est plus faux. Il n'y a pas de stratégie, ni d'artifice quand on se bat pour l'innocence d'un homme.

Le but, le seul, de la défense dans ce dossier a toujours été le même : obtenir l'acquittement d'Yvan Colonna. Le procès d'appel était un espoir fort, pour ses avocats, de pouvoir enfin démontrer que la thèse ressassée par l'accusation, depuis le début de ce dossier, ne pouvait résister à la confrontation au réel. Et ce n'est que du fait des incidents, dont il est longuement fait état dans le cadre de la procédure écrite qui vous saisit, que très tôt il y a eu une défiance qui ne s'est jamais démentie d'Yvan Colonna à l'égard de ses juges. Au gré des audiences, le fossé s'est, petit à petit, accentué d'un côté et de l'autre du prétoire, au point d'en arriver à cette rupture ultime : l'abandon d'Yvan Colonna de son propre procès et la récusation de ses avocats.

Comment prétendre qu'il y a une stratégie à abandonner le seul moyen que l'on a de sauver son honneur et sa vie ? C'est parce que la confiance entre un homme et ses juges avait été définitivement anéantie qu'Yvan Colonna, certain que son procès avait perdu toute mesure et toute équité, a préféré l'abandonner. C'est parce qu'il savait bien qu'il ne pouvait plus être entendu, qu'Yvan Colonna a décidé de ne plus parler. C'est parce qu'il savait bien qu'il ne pourrait plus être innocenté qu'Yvan Colonna a décidé de ne plus participer au procès qui l'avait déjà condamné.

Les griefs que l'on peut élever à l'encontre de la procédure d'appel qui s'est tenue devant la cour d'assises spéciale sont nombreux et sérieux. Je voudrais, devant vous, aujourd'hui, évoquer principalement trois axes de critiques. D'abord, la question de l'impartialité du président de la cour. Ensuite, celle de l'amnésie de la Cour spéciale. Enfin, celle de l'éclipse puis de la disparition de la défense.

En premier lieu, au cœur des dysfonctionnements de ce procès, il y a évidemment la question de l'impartialité objective du président de la cour d'assises lors des débats. Revenons, un moment, à la journée du 13 février 2009. Ce jour, il était prévu d'entendre, en fin d'après-midi, un témoin cité par le parquet, Didier Vinolas, ancien secrétaire général de la préfecture de Corse et proche collaborateur de Claude Érignac. À la barre, l'homme va faire sensation. Lors de sa déposition, il déclare que, d'après les renseignements en sa possession, il existerait possiblement au moins deux personnes susceptibles d'être impliquées dans l'attaque de la gendarmerie de Pietrosela et dans l'assassinat du préfet Érignac, qui seraient encore en liberté et qui n'auraient pas été recherchées. Il continue en expliquant dans quelles circonstances et à quelle date il est entré en possession de ces renseignements qu'il avait, en son temps, communiqués à Christian Lambert, ancien directeur du RAID, ou encore à Yves Bot, à l'époque procureur de la République du tribunal de grande instance de Paris. Ces déclarations sont entièrement nouvelles. Elles tendent à accréditer la thèse de la défense qui a toujours soutenu que certaines pistes n'avaient pas été suivies jusqu'au bout et qu'en tout cas le modus operandi de l'assassinat tel qu'il est proposé par l'accusation n'est pas réaliste. Pourquoi de telles révélations à l'audience ? Didier Vinolas précise alors qu'il a communiqué une partie des faits, objets de sa déposition, sous la forme d'un courrier qu'il a adressé quelques mois auparavant à Laurent Le Mesle, procureur général près de la cour d'appel de Paris. Il précise encore avoir transmis ultérieurement copie de ce courrier au président de la cour d'assises lui-même, M. Wacogne, en vue de l'audience d'appel. Face à ses déclarations, M. Wacogne confirme, devant la défense médusée, qu'il a effectivement reçu ce courrier mais qu'il ne l'a pas lu et qu'il n'a pas pris connaissance de son contenu. L'audience tardive se termine ainsi dans la confusion. Le récit que je viens de vous faire de cette journée d'audience est absolument authentique. Chacun des faits que je viens de vous donner est rigoureusement exact. L'ensemble des personnes qui y ont assisté s'en souvient.

La presse s'est largement fait l'écho du déroulement de cette audience comme de celles qui vont suivre qui ont marqué le basculement de cette procédure. Mais, il vous sera dit que ces éléments factuels que je vous livre sont réputés n'avoir jamais existé, qu'il n'y a aucune véracité portée à mon propos. Ah bon, car ce que je dis est faux? Personne ne viendra, et pour cause, prétendre à la fausseté des faits que j'évoque. Non, le raisonnement est plus insidieux.

En matière de procès d'assises, vous le savez, seul vaut le procès-verbal des débats. Ce document, laconique et abstrait, œuvre commune du président de la cour et du greffier, est le marbre intangible, inaltérable, dans lequel est inscrite la procédure.

Ce qu'il relate est vrai, absolument, et jusqu'à inscription de faux. Ce qu'il ne dit pas, n'existe pas, n'a jamais existé et ne pourra jamais être prouvé. De l'autre côté de la barre, le ministère public a beau jeu de nier le réel en aveuglant sa raison au prisme des seules mentions de ce document établi par la cour elle-même et qui fait foi des éléments factuels seuls susceptibles d'être invoqués au soutien d'un pourvoi en cassation. Mais l'aveuglement doit céder le pas face à la simple réalité. Et les fictions juridiques ne peuvent résister à l'approche concrète, effective et réaliste à laquelle doit s'astreindre tout juge qui cherche à faire application du principe de l'impartialité objective.

La Cour européenne des droits de l'homme qui en est le garant impose une analyse *in concreto* qui se moque des limitations que le droit interne des États voudrait imposer aux droits d'un requérant à démontrer les doutes légitimes qu'il estime fondés à l'égard de son juge. C'est à la lumière de ce principe de réalité que je me permets, devant vous, de continuer le récit des journées d'audience de février 2009, chacun des faits que je porte à votre connaissance, quand bien même il ne serait pas mentionné au procès-verbal, étant vérifiable, démontrable et constant.

Le 13 février, date à laquelle Didier Vinolas a fait ses fracassantes déclarations étant un vendredi, l'audience reprend le lundi suivant, le 16. Évidemment, les débats débutent sur ce sujet. Le président de la cour d'assises produit alors et communique aux parties la copie d'un courrier manuscrit du 27 janvier 2009 écrit par M. Vinolas auquel est jointe la copie du courrier du 28 décembre 2008, que ce dernier avait adressé au procureur général. Le président Wacogne précise ensuite qu'il entendra en vertu de son pouvoir discrétionnaire, quatre des personnes citées par M. Vinolas. Le ministère public indique alors à l'audience avoir transmis au président de la cour d'assises, à une date non indiquée, le courrier qui avait été reçu le 28 décembre 2008, par M. Le Mesle, procureur général. Sur demande de la défense d'avoir à produire le soit-transmis du parquet général relatif au courrier litigieux, le président déclare devoir le rechercher et, après une suspension d'audience, il verse aux débats le courrier de M. Le Mesle, auquel est effectivement jointe la lettre de M. Vinolas.

Ainsi, il apparaît que, si le président Wacogne, curieusement, n'avait pas pris connaissance du courrier de Didier Vinolas quand ce dernier le lui a transmis directement, à tout le moins, il en connaissait nécessairement la teneur du fait du soit-transmis qui lui avait été adressé par le parquet général.

Ainsi, il est acquis que, premièrement, Didier Vinolas a transmis, avant que ne débute le procès d'assises, une lettre au parquet général, dont il a envoyé copie au président de la cour d'assises aux termes de laquelle il indiquait qu'il ferait des déclarations nouvelles lors du procès, certaines personnes impliquées par lui dans la commission des faits poursuivis n'ayant pas été recherchées. Deuxièmement, il est aussi acquis que le procureur général a transmis une copie du courrier qu'il recevait au président de la cour d'assises, lequel, on l'a vu, en avait déjà été destinataire. Troisièmement, il est acquis que ce courrier n'a jamais été communiqué à la défense avant l'audition de Didier Vinolas, laquelle a révélé l'existence de cette lettre. Quatrièmement, il est acquis que, lors de cette révélation, le président de la cour d'assises a déclaré ne pas avoir lu le contenu de la lettre qui lui avait été adressée par Didier Vinolas, alors même que ce courrier lui avait été transmis deux fois, une fois par le témoin lui-même et une autre fois par le parquet général.

Il y a là un élément objectif de nature évidemment à faire naître un doute légitime dans l'esprit de l'accusé sur l'impartialité du président de la cour d'assises. Comment pourrait-il en être autrement quand un magistrat retient une information importante pour la défense, dont il sait que le parquet général, adversaire objectif de l'accusé, a connaissance? Et il ne s'agit pas, vous le savez, d'aller sonder les cœurs. La garantie d'impartialité est une garantie objective. Qu'importe ce qu'a pensé, voulu ou cru le président

Wacogne. Son comportement fait naître un doute légitime, lequel est inacceptable dans le cadre d'un procès équitable. Et ce d'autant plus que l'audition de Didier Vinolas n'est pas la seule manifestation objective de l'inquiétude ressentie par l'accusé à l'égard de son juge.

Quinze jours après cet incident, le 27 février 2009, après de nombreuses demandes, le président communique à la défense un certificat médical destiné à dispenser de comparaître M. Georges Lebbos, ancien commandant de la Division nationale antiterroriste, lequel avait participé à l'enquête sur l'assassinat du préfet Érignac et était l'un des témoins-clé de cette affaire. À sa lecture, la défense découvre que ce certificat, daté du 4 février, est parvenu à la cour d'assises le 9, date de l'ouverture des débats, soit deux semaines avant sa communication. Or, au début des débats, lors de l'appel des témoins, le président de la cour d'assises, qui pourtant avait connaissance de ce certificat, n'en a jamais fait mention et s'est borné à indiquer que M. Lebbos avait été avisé de sa date d'audition.

Il aura fallu attendre quinze jours pour que le président de la cour d'assises décide, alors même qu'il avait connaissance de ce certificat depuis le début des débats, de révéler à l'audience que le témoin ne pourra se présenter. Et ce n'est que deux jours plus tard, suite aux demandes répétées de la défense, que le certificat sera enfin communiqué, démontrant là encore que cette information a été retenue pendant plusieurs semaines, sans raison apparente, par le président Wacogne. Le doute objectif né dans l'esprit de l'accusé suite à l'incident Vinolas n'a pu que se renforcer suite à l'incident Lebbos.

Impartialité, donc du président de la Cour d'assises qui se double évidemment d'une rupture de l'égalité des armes et d'une atteinte aux droits de la défense quand il est démontré que, du fait du silence de M. Wacogne au sujet des déclarations de M. Vinolas, le ministère public a disposé d'une information que la défense n'a jamais eue et à laquelle elle n'a pu avoir accès qu'après qu'elle ait été entendu le témoin en question. Mais l'impartialité du président de la cour d'assises n'est que la face la plus apparente de l'atteinte manifeste qui va être portée par la cour aux droits de la défense. Ce grief a une face cachée : c'est l'amnésie de la cour d'assises spéciale elle-même, l'oubli systématique de l'ensemble des événements que l'on vient d'évoquer. C'est le deuxième point que je souhaite aborder.

On a dit le rôle déterminant que la jurisprudence de votre chambre a accordé aux mentions factuelles contenues dans le procès-verbal des débats et surtout à celles qui n'y apparaissaient pas. Consciente de cette difficulté, la défense n'a eu de cesse de faire acter précisément le déroulement des différents incidents qui ont émaillé la procédure. Pour cela, la défense ne dispose que d'un moyen : le donner acte. Il peut être demandé au président ou, le cas échéant, à la cour, qu'il soit donné acte à l'accusé des événements qui se sont déroulés lors de l'audience et, en tant que de besoin, qu'il soit procédé à une enquête pour vérifier l'exactitude des faits qui sont allégués. C'est dans ces conditions que la défense a déposé, le 11 mars, une demande de donner acte de l'ensemble des éléments factuels que je viens d'évoquer. Le 20 mars, il a été répondu par la cour d'assises, par un arrêt incident, que s'agissant des faits qui auraient eu lieu à l'audience, la cour ne saurait en être mémorative. Pour le reste, la cour refuse toute enquête, qu'il s'agisse d'apprécier le comportement du président de la cour d'assises suite à la réception de la lettre de Didier Vinolas ou s'agissant du retard de la communication du certificat médical de M. Lebbos. La cour n'est pas mémorative. Il est quand même extraordinaire qu'une juridiction composée de neuf magistrats professionnels n'ait aucun souvenir d'événements intervenus à l'audience, moins d'un mois avant le dépôt de la requête qui l'a saisie, quand ces événements, loin d'être anodins, ont donné lieu à des incidents répétés et ont fait l'objet d'une couverture médiatique nationale.

Chacune des personnes ayant assisté aux journées d'audience de février se souvient des différents échanges intervenus, alors que la cour, quant à elle, semblant frappée d'une amnésie collective, ne se souvient de rien. Le procédé est commode. D'autant plus quand on sait que sans donné acte, on l'a vu, on tarit la source factuelle à laquelle doit s'irriguer le pourvoi en cassation et qu'une cour d'assises peut ainsi espérer éviter la censure de la chambre criminelle dans une affaire sensible et hautement controversée.

La cour d'assises spéciale de Paris ne sera donc mémorative. De rien.

Et à chaque fois qu'il lui sera demandé de donner acte d'événements intervenus, elle ne se souviendra de rien. Le droit d'accès au juge doit être effectif, réel. En occultant tout souvenir du procès et en refusant toute enquête, la cour d'assises spéciale a manifestement voulu priver la défense d'armes qui pourraient lui être utiles pour critiquer la décision de condamnation qu'elle s'apprêtait à rendre. Ce faisant, la cour d'assises a injustement restreint le droit d'accès de l'accusé au juge de cassation et, partant, une nouvelle fois, encouru votre censure.

La question des droits de la défense est, vous l'avez compris, au cœur de ce dossier. Il faut maintenant aborder un des points les plus sensibles et remarquables de cette affaire et c'est notre troisième point : l'éclipse puis l'abandon du droit d'Yvan Colonna à être défendu. On a vu quelques-uns des incidents qui sont venus, jour après jour, entamer la confiance de l'accusé à l'égard de ceux qui avaient vocation à le juger. L'atrophie du dialogue avec la cour s'est doublée d'un refus systématique de la juridiction d'appel d'ordonner les mesures qui seules auraient été de nature à permettre à Yvan Colonna de pouvoir apporter les éléments nécessaires à la démonstration de son innocence. Au gré des audiences et des éléments nouveaux qui apparaissaient, des témoignages apportant à chaque fois leur part de révélation, mettant un peu plus à mal la thèse de l'accusation, la défense n'a eu de cesse de solliciter un supplément d'information et plus particulièrement une reconstitution. Et c'est quand ce supplément d'information, qui seul était de nature à démontrer que la cour était prête à donner à l'accusé les moyens de sa défense, c'est quand ce supplément d'information a été refusé qu'Yvan Colonna, ayant perdu toute foi, a décidé de quitter son procès.

On a déjà dit à quel point ce geste ultime et désespéré n'était que la manifestation du sentiment profond d'abandon qu'un homme pouvait ressentir face à un système qui s'opposait systématiquement à toute recherche tendant à faire constater son innocence. Comment faire le reproche à cet homme de ses doutes quand ce dernier avait été présenté à la France entière par les plus hautes autorités de la nation comme coupable avant d'être arrêté. Comme coupable avant d'être jugé. Comme coupable avant d'avoir jamais pu se défendre. Lassé, écœuré, ne voulant plus participer à une mécanique dont il pensait qu'elle n'avait qu'un but, servir d'alibi légal à une décision déjà connue d'avance, Yvan Colonna refuse d'être le complice de sa propre condamnation. Le 11 mars, la demande de reconstitution est rejetée par la cour, au même moment, Yvan Colonna se lève et prend la parole pour déclarer qu'il refuse de comparaître plus avant devant ses juges et récuse tous ses conseils.

C'est la confusion. Immédiatement, le président Wacogne commet alors d'office les quatre avocats présents à la barre, à savoir Mes Garbarini, Maisonneuve, Siméoni et Sollacaro pour assurer la défense de l'accusé. Chacun de ces avocats, l'un après l'autre, fait savoir au président qu'il refuse sa désignation au titre de la commission d'office. Le tumulte s'accentue. Le président ordonne alors que soit actés le refus d'Yvan Colonna de comparaître comme la récusation de la totalité de ses avocats et le refus par les avocats présents de leur commission d'office. Puis, nous enseigne le procès-verbal des débats, à 15 h 20, le président ordonne une suspension d'audience afin de demander au bâtonnier de l'Ordre des avocats de Paris la désignation au titre de la commission d'office de Me Philippe Dehapiot, avocat absent.

En effet, sur les cinq avocats qui représentent Yvan Colonna à la procédure d'assises, quatre d'entre eux étaient présents le jour du départ d'Yvan Colonna. Le dernier, Philippe Dehapiot, est, ce jour-là, retenu à une autre audience. Celui-ci n'a donc pas pu être commis d'office par le président ni refuser cette commission, ainsi que l'ont fait les autres de ses confrères, codéfendeurs d'Yvan Colonna. Pour autant, il a été, comme les autres, récusé par son client. À l'issue de l'audience du 11 mars, dans l'après-midi, les débats sont donc suspendus dans l'attente de l'éventuelle commission d'office de Philippe Dehapiot.

Or, alors même que c'est lui qui a sollicité du bâtonnier de Paris pour que soit désigné un avocat pour la défense d'Yvan Colonna, le président de la cour d'assises ne va pas attendre sa décision pour reprendre les débats. En effet, un quart d'heure plus tard à 17 h 23, l'audience reprend. L'absence des avocats d'Yvan Colonna est constatée. Le procès-verbal des débats nous indique encore : « *Me Philippe Dehapiot, avocat au barreau de Paris dont la commission a été demandée le 11 mars 2009 par le président au bâtonnier de Paris pour assurer également la défense de l'accusé, est absent* ». C'est bien l'éclipse de la défense.

À ce moment, personne ne sait si Yvan Colonna est ou n'est pas défendu. Personne ne sait s'il a ou non un avocat.

Ce droit, pourtant fondamental, est laissé en suspens, devenu conditionnel dans l'attente de la décision du bâtonnier qui a été expressément sollicité par le président d'assises lui-même. Lors de cette éclipse, les débats ne pouvaient pas se poursuivre. Tant que n'était pas résolue définitivement la question de savoir qui était l'avocat d'Yvan Colonna, ou plus encore si l'accusé disposait ou non d'un défenseur, l'instruction devait nécessairement s'interrompre dans l'attente d'une solution définitive. Cette solution ne viendra que deux jours plus tard, le 13 mars 2009. En début d'audience, le président Wacogne verse aux débats le courrier du bâtonnier daté du matin même, qui lui indique qu'il n'entend pas commettre d'office Philippe Dehapiot. Le bâtonnier écrit : « *Je vous ai indiqué en effet que j'appellerais Me Philippe Dehapiot mais je ne vous ai jamais dit que je le commettrais d'office. Je vous ai même indiqué le contraire puisque M. Yvan Colonna m'a fait savoir qu'il décidait de ne pas être défendu et récuserait tous les avocats, ceux qu'il avait choisis initialement comme ceux qui seraient éventuellement commis.* »

Ainsi donc, ce n'est que le 13 mars qu'est définitivement acquise la volonté du bâtonnier de ne commettre ni Philippe Dehapiot ni aucun autre avocat pour la défense d'Yvan Colonna. C'est à ce moment seulement que se termine l'éclipse et qu'il est définitivement acquis qu'Yvan Colonna ne sera plus défendu. C'est à ce moment seulement que son droit à être défendu n'est plus en suspens. C'est à ce moment seulement qu'auraient dû reprendre les débats qui auraient dû s'interrompre quand le président Wacogne avait lui-même demandé cette commission d'office au bâtonnier. Ils se seront pourtant poursuivis pendant près de 48 heures, sans que jamais personne ne sache qui défendait Yvan Colonna ou même s'il était défendu.

Pendant 48 heures, à côté du droit, dans l'ombre, s'est tenu le procès d'un homme qui n'était pas là et dont ses juges attendaient de savoir s'il avait un avocat. Il y a là une atteinte irrémédiable au droit de la défense que rien ne saurait justifier et qui, à elle seule, condamne définitivement l'ensemble de cette procédure.

Une fois l'éclipse passée, on sombre définitivement dans la nuit. La nuit, c'est ce procès sans accusé, sans avocat.

Dans la salle d'audience, on n'entend plus qu'une seule voix, c'est l'accusation qui parle, libre, sans opposition ni contradiction.

Devant un box vide, les débats fantômes se poursuivent inlassablement. De nombreux témoins refusent en l'état de se rendre à l'audience. C'est un procès bancal, claudiquant, qui arrive à son terme. La décision tombe, encore plus violente qu'en première instance, comme si on avait voulu faire payer à Yvan Colonna le refus d'avoir participé à son immolation, lui faire payer de ne pas avoir accepté de jouer le rôle qu'on lui avait assigné. A-t-il été défendu ? La question est difficile.

On me reprochera de critiquer une situation qu'Yvan Colonna a lui-même contribué à créer.

C'est vrai, et je m'en suis largement expliqué, qu'Yvan Colonna a préféré abandonner son procès. C'est vrai qu'il n'a plus voulu être défendu. C'est vrai que certains de ses avocats, respectueux de la volonté de leur client, ont refusé leur commission d'office. Pour autant, est-ce suffisant ? L'affaire est sans précédent. Les droits de la défense ne sont pas qu'un simple droit subjectif dont l'accusé est libre de faire ce qu'il entend. Les droits de la défense ont aussi un caractère objectif. Ils sont la garantie d'une bonne justice. De l'exercice plein et entier du principe du contradictoire sans lequel une décision ne peut être rendue. Alors oui, Yvan Colonna était libre de refuser de comparaître. Oui, il était libre de dénier le droit à ses avocats de le représenter. Mais le législateur français, lui, n'était pas libre. Le droit français ne pouvait pas se permettre de rester ainsi spectateur sans réaction, face à cette atteinte extraordinaire à la bonne marche de la justice.

D'abord, il vous appartiendra de rechercher si le départ d'Yvan Colonna n'a pas pour cause, évidemment, les dysfonctionnements qui sont venus pourrir ce procès, le ronger au point qu'il ne soit plus devenu qu'une coquille vide, asséchée, sans âme ni substance. Ensuite, et quelle que soit la réponse que vous voudrez apporter à cette question, il vous appartiendra de décider si la législation française est suffisamment protectrice du droit fondamental, essentiel, à être défendu pour permettre, sans réaction institutionnelle, qu'un homme accusé du crime le plus grave et qui risque la peine la plus lourde puisse, par sa seule volonté, décider d'abandonner son procès et de ne plus être défendu. La défense est un droit inaliénable envers et contre tous, contre l'accusé lui-même quand il a fait le choix par désespoir d'abandonner ce droit.

C'est le devoir d'une société de l'imposer. Et ce, quelle que soit la volonté des individus qui sont jugés.

Monsieur le président, Madame, Messieurs les conseillers, le procès d'Yvan Colonna a été un mauvais procès.

J'ai développé devant vous quelques-unes des critiques qui viennent justifier cette affirmation pour vous en convaincre une fois encore. On vous dira de l'autre côté de la barre qu'Yvan Colonna a déjà affirmé son intention de saisir la Cour européenne des droits de l'homme pour faire entendre les griefs qu'il prétend faire valoir devant vous. Yvan Colonna n'a aucune envie de saisir la Cour européenne des droits de l'homme. La seule envie de l'accusé, comme de toute sa défense, c'est obtenir un nouveau procès. Un procès d'appel, enfin, équitable, libre et non contraint. Rien de plus.

Ce nouveau procès, il l'attend de vous, ses juges. C'est de vous et non des juges européens qu'Yvan Colonna attend aujourd'hui que vous assuriez le respect des garanties fondamentales. C'est de vous et non des juges européens qu'Yvan Colonna attend le nouveau procès auquel il aspire. La saisine de la Cour européenne des droits de l'homme dans cette affaire, si elle devait intervenir, ne sera que l'expression nouvelle de la maladie judiciaire qui affecte ce dossier. Un échec de plus, une déception encore. En cassant l'arrêt de la cour d'assises d'appel et en renvoyant à une nouvelle cour d'assises le soin d'apprécier la culpabilité d'Yvan Colonna, vous rendrez le droit et vous ferez aussi œuvre de justice.

Car, en matière pénale, vous le savez, il n'y a rien de pire que le doute.

Or, dans ce dossier, le doute ronge aujourd'hui l'esprit de tous.

Qu'on le veuille ou non, l'affaire Colonna est l'une de ces affaires extraordinaires qui marque et marquera la conscience collective. Elle fait partie de ces affaires qui reflètent à une société l'état de sa justice à une époque donnée. Voulez-vous vraiment laisser cette décision ambiguë, pleine de lacunes, de pistes inachevées, de questions irrésolues, être celle au terme de laquelle la France aura condamné Yvan Colonna ? Êtes-vous prêts à prendre le risque qu'un autre juge, une fois encore, se pose à votre place, en gardien des libertés fondamentales et offre à un accusé le simple droit d'être rejugé que vous lui aurez dénié ? Et pourquoi avoir si peur de ce nouveau procès ? Qu'y a-t-il à y perdre quand la seule chose à gagner c'est plus de vérité ?

Pourquoi l'accusation s'oppose-t-elle avec tant de force à un nouvel examen des charges et des preuves qui sont retenues contre Yvan Colonna ? Pourquoi l'accusation refuse-t-elle toute mesure d'instruction, toute investigation complémentaire qui permettraient de mieux mettre en lumière les causes et les circonstances dans lesquelles a été assassiné le préfet Érignac ? Pourquoi refuser la lumière, toute la lumière, sur une affaire dont on nous a trop dit qu'elle avait connu une issue avant même d'avoir commencé. L'innocent n'a pas peur de la vérité. Yvan Colonna ne vous demande pas de le juger. Il vous demande juste le droit d'être jugé équitablement et librement. Pour qu'enfin il puisse être entendu. Pour qu'enfin il puisse être défendu. Et pour qu'enfin justice soit faite.

Arrêt

Le 30 juin 2010, la Cour de cassation annule, pour des raisons de vice de procédure, la condamnation du 27 mars 2009 prononcée en appel par la cour d'assises spéciale de Paris. La juridiction suprême reproche à cette dernière de n'avoir pas respecté l'article 331 du Code de procédure pénale interdisant d'interrompre un témoin pendant sa déposition. L'un d'entre eux, cité comme expert par la défense, avait été interrompu par le parquet et les parties civiles en mettant en doute ses compétences en matière de balistique.

En mai 2011, s'ouvre le troisième procès d'Yvan Colonna (le cinquième dans l'affaire Érignac). Le lundi 20 juin 2011, Yvan Colonna est condamné pour la troisième fois à la réclusion criminelle à perpétuité, sans période de sûreté, par la cour d'assises spéciale de Paris. Yvan Colonna se pourvoit une seconde fois en cassation. En juillet 2012, la Cour de cassation rejette son pourvoi. Yvan Colonna est donc définitivement condamné.

2. Le procès de Jérôme Kerviel

L'affaire Kerviel a connu de nombreux soubresauts judiciaires. Au printemps 2010, trois semaines d'audience n'auront pas permis de percer le mystère de l'homme qui valait 5 milliards. Qui est Jérôme Kerviel ? Un trader fou enivré par l'appât du gain ? Ou bien le simple bouc émissaire d'un système financier à la dérive ?

Le 4 juin 2010, au premier jour de son procès, il arrive telle une rock star, lunettes fumées, veste sombre, chemise blanche. Se frayant difficilement un chemin parmi la meute des photographes, il lui faudra plus d'une demi-heure pour franchir les 100 mètres qui le séparent de la salle d'audience. 180 journalistes se sont fait accréditer, des envoyés spéciaux sont venus du Japon et, dans le public, des jeunes femmes enamourées lui réclament des autographes. Les procureurs – ils sont deux à siéger, preuve de l'importance que le ministère public accorde à cette audience ultra-médiatisée – l'attendent, eux, de pied ferme, convaincus qu'ils sont déjà de sa culpabilité. Le jeune homme est renvoyé devant le tribunal pour «*abus de confiance, faux et usage de faux et introduction frauduleuse dans un système informatique*». Ces délits sont passibles de cinq ans de prison. Pendant tout le procès, Jérôme Kerviel se retranche derrière la même ligne de défense.

Il admet avoir pris des risques insensés sur les marchés financiers : «*J'étais dans un monde irréel, dans une spirale folle, l'argent n'avait plus de valeur.*» Mais, soutient-il, «*dans un seul but : faire gagner de l'argent à la Société Générale.*» Et de marteler : «*La meilleure preuve de ma bonne foi, c'est que je n'ai pas gagné un euro en me lançant dans cette spéculation folle.*» On connaît la fin de l'histoire : au mois de janvier 2009, la banque découvre, avec stupéfaction, que l'un de ses traders joue, dans son dos, avec des dizaines de milliards. La direction décide alors de liquider en catastrophe les positions prises par son employé et perd 54 milliards d'euros. La Société Générale a-t-elle été à ce point aveugle ? Cette question est au cœur du procès. Olivier Metzner, l'avocat de Jérôme Kerviel, fait citer des « témoins surprise » et transmet au tribunal des documents secrets, prouvant, selon lui, que la banque n'était pas, comme elle le prétend, frappée de cécité. Bien au contraire, poursuit Me Metzner, elle a volontairement fermé les yeux, laissant faire Kerviel, tant qu'il générait des profits. L'avocat instruit en réalité le procès de la Société Générale. Ce qui provoque la fureur de Jean Veil, le conseil de la banque. Les échanges entre ces deux ténors parisiens sont souvent très vifs. Les deux hommes multiplient les phrases assassines. L'accusation, elle, dénonce la duplicité du trader. Dans un réquisitoire d'une grande violence, le procureur Philippe Bourion compare le jeune trader à un serpent : « *Avec Kerviel, il n'y a pas de brutalité directe, ce n'est pas un braqueur, il me fait penser à un reptile, le voilà accroché à votre jambe, vous n'y faites pas attention. Alors, tel un anaconda, il enroule ses anneaux sur vous, et quand vous vous en rendez compte, il est déjà trop tard.* » Le second représentant de l'accusation, Jean-Michel Aldebert, n'est pas en reste : « *L'accusation d'un système, c'est trop facile. Vous jugerez un menteur, un manipulateur et un tricheur !* » Le ministère public réclame cinq ans de prison dont quatre années fermes. Jean Veil, lui aussi, s'insurge contre ce procès dans le procès qu'a tenté d'instruire son confrère Metzner. Rodé à l'exercice des grandes audiences, le conseil de la Société Générale a, à son compteur, la défense réussie de Dominique Strauss-Kahn dans l'affaire de la MNEF, celle du Crédit Lyonnais face à Bernard Tapie. Ce fou de travail, orfèvre de la procédure pénale, défend également Total ou BNP Paribas. Et un ancien président de la République, nommé Jacques Chirac.

Plaidoirie prononcée par Jean Veil, l'avocat de la Société Générale, le 24 juin 2010, devant le tribunal correctionnel de Paris

Monsieur le président, Mesdames du tribunal.

Tout au long de ce procès, poursuivant savamment une stratégie d'inversion des valeurs, la défense de Jérôme Kerviel a voulu faire le procès de la banque. Le trader délinquant a voulu reporter le poids de ses responsabilités sur son employeur. Ses armes : dénis, mensonges, messages simplistes et démagogiques. La défense a même soutenu que nous avions fait pression sur les témoins. Heureusement, Monsieur le président, grâce à vous, on a pu effectivement interroger Jérôme Kerviel et alors on a compris que cette extraordinaire histoire n'était que médiocre.

Les faits sont là et ils sont aveuglants. C'est l'histoire d'un faussaire, d'un truqueur, d'un menteur. Et vous jugez à longueur d'année des gens qui ne valent pas mieux que lui mais qui eux ne font pas la une des journaux. Les faits sont simples : il a commis des faux et des abus de confiance au détriment de la banque.

Le préjudice est considérable. Vous accorderez à la Société Générale les préjudices qu'elle réclame, c'est-à-dire 4,9 milliards. Un chiffre simple. Nous aurions pu demander beaucoup plus. Réclamer les intérêts, et prétendre aussi à la réparation du préjudice moral, du préjudice d'image pour l'entreprise, il est incalculable. Nous avons retenu ce chiffre par souci de compréhension. Nous réclamons 4, 9 milliards d'euros.

Nous savons que Kerviel ne les paiera pas, ils nous sont pourtant clairement dus.

Quel est le mobile de Jérôme Kerviel ? Quel est le mobile de ce trader emmuré dans sa tête ? Depuis le début de ce procès, cette question nous obsède.

Dans une affaire financière, les expertises psychologiques sont rares. Et pourtant, dans ce dossier, de telles expertises ont été réalisées, mais… elles n'ont rien donné. L'expertise a duré 12 h 15 minutes. Jérôme Kerviel à chaque instant se valorise, utilisant des expressions excessives. Finalement l'intéressé, depuis, n'a pas vraiment changé. M. Kerviel est quelqu'un de tout à fait normal. Alors que s'est-il passé ? Si ce n'est pas un fou et si ce n'est pas un escroc, il existe une troisième hypothèse. Cette hypothèse c'est celle de la banalité et de la médiocrité. Jérôme Kerviel est tout simplement un joueur qui perd et qui rejoue pour se refaire. Kerviel perd de l'argent, alors il remet au pot pour se refaire, et il a de la chance, les marchés se retournent. Il perd la boule, il mise à nouveau, il gagne. Mais de qui se moque-t-on ? De qui vous moquez-vous, Monsieur Kerviel ? Non, il n'a jamais eu l'intention de faire gagner de l'argent à la banque ! Non il n'est pas cet employé modèle et dévoué au service de son entreprise ! Jérôme Kerviel s'est en réalité servi de la banque comme d'un casino ! Les salariés de la banque sont venus le dire. M. Bouton, l'ancien PDG, avait la voix qui tremblait, M. Cordelle, l'ancien chef de Kerviel avait les larmes aux yeux, et dans leur émotion, ce qui était frappant, c'était de voir que le seul qui n'était pas ému, le seul qui ricanait, c'était lui, c'était Kerviel. Alors, il n'est pas fou puisqu'un expert est venu nous dire… J'en conviens… Mais, enfin…

***

Auparavant les deux autres avocats de la Société Générale avaient eux aussi plaidé devant le tribunal. D'abord Jean Reinhart.

Jean Reinhart

Jérôme Kerviel a trois cerveaux. Un premier pour exercer son activité normale, pour laquelle il est payé, un autre pour mentir, un dernier pour remettre du charbon dans la chaudière. C'est-à-dire, pour prendre toujours plus de positions à risques sur les marchés. Ainsi, le 18 janvier 2008, alors qu'il sait qu'il est foutu, alors qu'il sait que ses supérieurs ont démasqué sa supercherie, il va prendre pour 16 646 de contrats. Ce jour-là, il a traité plus de 3 milliards d'euros. Mais que peut-il bien se passer dans la tête de M. Kerviel ce 18 janvier ?

***

Son confrère François Martineau, le troisième avocat de la Société Générale, croit avoir la réponse.

François Martineau

Jérôme Kerviel est un manipulateur patenté… Il utilise un jargon incroyable qui fait que ses interlocuteurs ont peur d'avouer ne pas comprendre. Il joue aussi de sa réputation, il sait faire valoir son sérieux, il sait jouer aussi de sa position de trader sénior au sein du Desk Delta One. Mais en réalité, tout ceci n'est que du vent, qu'un écran de fumée, pour dissimuler sa réelle activité. Car Jérôme Kerviel possède la capacité de dire tout et son contraire dans la même phrase. Face à un tel trafiquant de l'apparence, on comprend que tous ont pu être trompés par les explications mensongères de M. Kerviel, surtout si on ne soupçonne pas le mensonge, surtout si la parole manipulatrice s'accompagne de faux. Pour autant, Jérôme Kerviel, lui, avait conscience de la fictivité des opérations qu'il rentrait. Donc, le délit d'introduction frauduleuse de données dans une base informatique est constitué. L'autre délit, le faux est un délit très grave qui rompt la confiance. Cela montre la gradation du comportement de Jérôme Kerviel vers la dissimulation. En plus, c'est un faux matériel, que Kerviel a reconnu. Ces faux ont permis à Kerviel d'exposer la banque sur les marchés et de continuer à prendre des positions hors mandat. Là encore, le délit est constitué. Enfin, il y a l'abus de confiance. M. Kerviel a trahi la confiance de ses supérieurs. Ce délit, il le nie pour des raisons juridiques. Or, il n'y a aucune preuve qui a été apportée pour prouver que les supérieurs savaient.

En définitive, qu'avez-vous fait de votre talent, Monsieur Kerviel ? Qu'avez-vous fait de votre éducation, de votre capacité de séduction, de la confiance que la banque vous a donnée ? Vous les avez utilisés pour mentir, trahir, sans état d'âme. Monsieur Kerviel, vous êtes un expert dans la dialectique du mensonge. Une seule chose vous importait, la notoriété. Vous en avez oublié la vérité !

***

Plaidoirie d'Olivier Metzner, avocat de Jérôme Kerviel, prononcée le 25 juin 2010 devant le tribunal correctionnel de Paris

Monsieur le président, regardez cet écran que l'huissier vient de déployer dans la salle d'audience. Regardez bien cette image qui s'affiche également sur votre ordinateur. C'est un plan du Desk Delta One. C'est un plan très précis du bureau que Jérôme Kerviel partageait avec tous ses collègues à la Société Générale. Des collègues qui étaient tous traders comme lui. Regardez bien : les traders sont installés à quelques centimètres les uns des autres. Il suffit que l'un d'entre eux tourne la tête pour voir très précisément ce qui s'affiche sur l'écran de l'autre. Exactement, Monsieur le président, comme l'assesseur qui est à votre droite peut, au moment où je vous parle, regarder l'image qui est sur votre écran. Et l'on voudrait prétendre que Kerviel a pu passer tous ses ordres sans que personne ne le remarque ! Et l'on ose affirmer que Jérôme Kerviel a pris des dizaines, des centaines de milliards de positions, sans que jamais personne ne se soit aperçu de rien ! 400 milliards d'euros de positions ! Le budget de la France ! Et personne n'a rien vu ! Personne n'a rien su ! Qui peut croire cela ? De qui se moque-t-on ? C'est pourtant ce que prétend la Société Générale. Cette société prétend que lorsque Jérôme Kerviel passait ses ordres au téléphone, au vu et au su de tous, au milieu de 17 autres employés, personne, je dis bien personne, n'a rien remarqué d'anormal. Mais quand Jérôme Kerviel passe un ordre de 18 milliards d'euros au téléphone, comment ne pas le remarquer ? Comment ne pas être surpris par ce chiffre astronomique ? Il s'agit du simple bon sens. Je vous demanderai d'avoir du bon sens, Monsieur le président, Mesdames du tribunal. M. le Procureur a pour mission de requérir au nom de la société ? Eh bien moi, j'ai plutôt le sentiment qu'il requiert au nom de la Société… Générale. Et, si vous avez du bon sens, vous le constaterez avec moi. Du bon sens, il vous en faudrait aussi, Maître Jean Veil ! Vous, l'avocat de la banque. Vous, qui après avoir répété le contraire sur toutes les télévisions, sur toutes les radios, vous avez bien dû finir par admettre que non, Jérôme Kerviel n'était pas un escroc, que non, il n'avait jamais eu l'intention de voler un centime à la banque.

Alors aujourd'hui, nécessairement, vous butez sur le mobile. Et vous lui posez et reposez sans cesse la même question : mais qui êtes-vous, Jérôme Kerviel ? Qui êtes-vous ? Pourtant l'avocat de la banque refuse de poser la seule question qui vaille : qui êtes-vous Société Générale ? Comment fabriquez-vous des hommes comme Kerviel ? Comment avez-vous fabriqué ce jeune breton arrivé tout droit de Bourg-l'Abbé ? Par quel moyen ? Par quel intérêt financier ? Comment Jérôme Kerviel s'est-il trouvé plongé dans ce monde virtuel ? Alors oui, moi je vous le demande, qui êtes-vous, Société Générale ? Vous nous dites que Jérôme Kerviel a transformé la banque en casino. Eh bien je vais vous citer un ancien grand banquier, Jean Peyrelevade, l'ancien patron du Crédit Lyonnais. Il a été très clair dans une récente interview, il le dit textuellement, dans le contexte de la spéculation actuelle, «*les banques peuvent se transformer en casino*».

C'est un banquier qui le dit, et c'est bien de cela dont il s'agit. Non ce n'est pas Jérôme Kerviel qui a fait de la Société Générale son casino personnel, c'est la banque elle-même qui s'est transformée, qui a muté. Cette banque, la société «*rouge et noire*», un des fleurons de la banque mondiale, dont la prudence a explosé lors de la crise des *subprimes*. Cette banque qui encore aujourd'hui cache ses actifs pourris dans une banque à part, l'IEC, qu'elle a créée de toutes pièces. Cette banque, qui, dans une autre structure, la SGAM, a dissimulé 35 milliards de passifs pour ne pas effrayer les spéculateurs. La spéculation folle… Voilà le monde dans lequel s'est retrouvé plongé Jérôme Kerviel ! Spéculation et hypocrisie ! À la Société Générale, ils nous disent aujourd'hui qu'ils respectent toutes les règles, qu'ils ne prennent aucun risque. Encore une fois, de qui se moque-t-on ? La banque vous dit qu'elle a risqué la faillite avec l'affaire Kerviel, encore faudrait-il connaître précisément ses comptes ! Elle cite un chiffre de pertes : 4, 9 milliards. Mais ce qui est important pour Kerviel, ce n'est pas ce chiffre. La donnée essentielle, c'est la situation au moment où il a quitté la banque. Les pertes s'élevaient alors à 1,3 milliard. En choisissant de rendre public et d'imputer à Kerviel le chiffre de 4,9, cela permettait de masquer une autre perte, celle des *subprimes*, qui se chiffrait à 2 milliards. Voilà la réalité de ce dossier. La Société Générale est à contre-vérité. Regardons ses pertes, en 2007 et en 2008. La banque a les mêmes pertes. Ah oui, mais en 2008, Kerviel n'était plus là !

Aujourd'hui je défends un homme. Un homme face à un système. Celui de la Société Générale. À l'entendre, Jérôme Kerviel aurait trahi sa confiance. À l'entendre, il faudrait que des hommes seuls se contrôlent seuls. Comme un inspecteur des impôts qui se contrôlerait lui-même. À l'entendre, tout reposerait chez elle sur la confiance. La confiance serait le principe de base d'une banque ; eh bien ! si vous avez un compte à la Société Générale, allez-y cette après-midi. Et dites : «*Donnez-moi 8 millions d'euros !*» Vous verrez si la Société Générale vous fait confiance ! La vérité c'est que, pendant trois ans, la banque avait les capacités techniques de vérifier les opérations de Jérôme Kerviel et qu'elle l'a laissé faire. Tacitement, la banque a autorisé les opérations frauduleuses de son trader. La banque n'a pas pu ignorer l'importance de telles transactions. La trésorerie de Kerviel était visible tous les jours, et ses résultats étaient en total décalage avec son activité. Si rien n'a été dit au prévenu, c'est qu'on a laissé faire [Nicolas Huc-Morel, collaborateur d'Olivier Metzner, dans une habile plaidoirie, plus technique, mais passionnante, avait, quelques minutes plus tôt, fait une analogie saisissante pour traduire ce «*laissé faire*». Imaginons les supérieurs de Kerviel comme les patrons d'une société de transport. Ils donneraient à leur employé les clés d'une voiture qui va très vite. En lui disant qu'il faut respecter les limitations de vitesse. Et puis l'employé va de plus en plus vite, les courses qu'il effectuait en une heure ne lui prennent plus que 5 minutes. Et un jour, c'est l'accident. Que vont dire les patrons de la société de transport: qu'ils avaient bien dit à leur salarié qu'il fallait qu'il respecte les limitations de vitesse. Pour autant, s'était interrogé Nicolas Huc-Morel, la responsabilité de cette société de transport n'est-elle pas évidente?]. La vérité, [poursuit Olivier Metzner], c'est que la banque avait désactivé les limites individuelles normalement fixées au trader dans l'espoir d'un plus grand profit. Tout cela dans une logique du «*pas vu, pas pris*».

Monsieur le président, Mesdames du tribunal, le principal délit reproché à Jérôme Kerviel est un «*abus de confiance*». En l'occurrence, il n'en est rien. Jérôme Kerviel n'a pas pu abuser de la confiance de sa banque, car celle-ci ne pouvait pas ne pas savoir. Tout juste peut-on lui reprocher une faute professionnelle, mais ce n'est pas un délit, je réclame donc la relaxe sur ce point.

Je conclurai en m'interrogeant avec vous une dernière fois. Mais qui êtes-vous, Monsieur Kerviel? Eh bien, je crois avoir un début de réponse. Vous êtes un homme qui a été formé, formaté, déformé s'il le faut, par la Société Générale. Kerviel n'est que la créature de la Société Générale. Formé à désobéir, à ne pas respecter les limites. Peut-être s'est-il trop laissé entraîner dans les engrenages de ce monde virtuel, où l'on ne sait plus ce que les chiffres veulent dire. Et je citerai l'économiste américain John Galbraith: «*À la bourse, quand tout le monde gagne, personne ne dit rien. Quand tout le monde perd, il faut un coupable, un seul.*»

Jugement

Le 5 octobre 2010, le tribunal correctionnel de Paris a condamné Jérôme Kerviel à 5 ans de prison, dont 3 années de prison ferme, et à payer 4,9 milliards d'euros de dommages et intérêts à la Société Générale. Le trader fait alors appel. Le 24 octobre 2012 la cour d'appel de Paris confirme en tout point le jugement de première instance. Jérôme Kerviel ne renonce pas. Il se pourvoit en cassation. La cour confirme sa condamnation à la prison, mais elle annule les dommages et intérêts qu'il devait régler à la Société Générale. Le dossier civil est donc renvoyé devant une nouvelle juridiction. Le 22 septembre 2016, la cour d'appel de Versailles le condamne à payer 1 million d'euros de dommage et intérêts à la banque, soit 5000 fois moins qu'à l'issue du premier procès en 2010.

3. L'affaire Bettencourt

L'affaire Bettencourt est un fait divers hors normes. Tout y semble démesuré. Les rancœurs entre une mère et sa fille, les frasques de l'accusé, les sommes en jeu, l'immixtion du pouvoir dans le dossier, le bras de fer entre un procureur et un juge du siège, la bataille enragée des avocats…

Avant de prendre des allures de scandale politique, le conflit s'est déroulé en toute discrétion. Il est d'abord familial. En décembre 2007, Françoise Meyers, la fille de Liliane Bettencourt (l'héritière de L'Oréal et l'une des plus grandes fortunes de France) porte plainte contre le photographe François-Marie Banier qu'elle accuse d'avoir abusé de la faiblesse de sa mère, la délestant de pas moins d'un milliard. Mais Mme Bettencourt, alors âgée de 84 ans, se défend bec et ongles : elle a, dit-elle, toute sa tête et, de son plein gré, elle a voulu soutenir et encourager l'artiste dandy. C'est aussi ce qu'elle s'en ira expliquer, quelques mois plus tard, au président Nicolas Sarkozy. Dès lors, le dossier est suivi en haut lieu. Malgré tout, le procureur de Nanterre, Philippe Courroye, a ouvert une enquête préliminaire. Il recueille plusieurs témoignages d'employés ou ex-employés de maison qui décrivent la santé dégradée de la vieille dame, ses absences ou ses pertes de mémoire. Mais, en septembre 2009, il classe l'affaire. Selon lui, les éléments constitutifs de l'abus de faiblesse ne sont pas établis. D'autant que Liliane Bettencourt, assistée par Georges Kiejman, refuse obstinément de se prêter à toute expertise médicale et psychiatrique. Et s'offusque quand sa fille demande (en vain) sa mise sous tutelle.

Mais Françoise Meyers ne désarme pas. Son conseil, Olivier Metzner, qui avait flairé le classement, a pris soin de délivrer une citation directe (qui permet à un justiciable de saisir le tribunal pour faire comparaître la personne poursuivie) contre François-

Marie Banier. Il a aussi habilement choisi la magistrate chargée de juger l'affaire, la présidente de la 15e chambre du tribunal de Nanterre, Isabelle Prévost Desprez… ennemie jurée de Philippe Courroye. Après de multiples épisodes procéduraux, le procès est fixé au 1er juillet 2010. Un maître d'hôtel espion va faire exploser cet agenda judiciaire. Entre mai 2009 et mai 2010, le majordome a enregistré, en toute clandestinité, sur un petit magnétophone, les conversations privées de Liliane Bettencourt avec ses principaux conseillers. Le 16 juin, quinze jours avant l'audience, la presse en publie de saisissants extraits qui montrent une octogénaire souvent perdue. On y découvre aussi l'envers du décor : les relations entre le gestionnaire de fortune de Mme Bettencourt, Patrice de Maistre et l'ancien ministre du Budget Éric Woerth, les tentatives de l'Élysée pour contrer l'action engagée par Françoise Meyers, les comptes en Suisse ou sur une île des Seychelles non déclarés au fisc, les chèques versés – légalement – pour la campagne présidentielle de Nicolas Sarkozy. Bref, les relations entre le monde de l'argent et celui du pouvoir. L'histoire s'emballe, devient une « affaire Woerth »…

Le procès « Banier » se tient malgré tout le 1er juillet 2010. Les débats se focalisent sur les enregistrements pirates qui ont été transmis à la police, avant leur publication dans la presse, par Françoise Meyers. Faut-il les verser dans la procédure (et donc reporter le procès pour investiguer sur les nouveaux faits qu'ils révèlent) ? François-Marie Banier apparaît peu dans les enregistrements (on l'entend une dizaine de minutes sur 21 heures de bande), mais son avocat, Hervé Temime, ferraille aussi pour le principe. Il juge intolérable cette violation de la vie privée et du secret professionnel (le notaire de Mme Bettencourt mais aussi son avocat Georges Kiejman ont été « piégés » par le magnéto). Celui que l'on surnomme, un peu vite, « *l'avocat du show-biz* » (parce qu'il a parmi ses clients Roman Polanski, Catherine Deneuve, Gérard Depardieu, ou le docteur Delajoux) a la réputation d'être toujours confraternel avec ses homologues du barreau. Il a créé l'Association des avocats pénalistes, a défendu avec fougue l'image de la profession. Cette fois-ci, justement, il estime qu'elle est atteinte. Et il ne l'envoie pas dire à son confrère Metzner : « *Qu'auriez-vous dit si on avait écouté et rendu publics vos entretiens avec Dominique de Villepin lors du procès Clearstream ?* » Mais le plus cinglant et le plus offensif est

Georges Kiejman. À 77 ans, il aime encore mordre et se confond comme toujours avec les causes qu'il défend. Qu'il agace ou qu'il subjugue, l'ancien ministre de François Mitterrand fait l'unanimité au barreau : « *C'est le plus brillant d'entre nous* » disent ses détracteurs comme ses admirateurs, soulignant son sens de l'anecdote et de l'humour, son amour des mots, son art féroce de la répartie. Un talent qu'il a mis au service du militant d'extrême-gauche Pierre Goldmann dont il obtint l'acquittement, des autonomes italiens, du MLF, de Guy Debord, de la famille de Malik Oussekine mais aussi du préfet Bonnet, de Robert de Niro, de Nadine Trintignant, de Roman Polanski. Et de Liliane Bettencourt. Pour défendre la vieille dame, qu'il « *aime*, dit-il, *malgré sa fortune* », il n'a pas de mots assez durs contre sa fille « *indigne* » et son conseil Olivier Metzner. Ce 1er juillet, le duel entre les deux avocats est sans merci. Le bras de fer continuera dans les mois qui suivent avec une violence rarement atteinte dans les annales du barreau.

Plaidoirie prononcée par Georges Kiejman, avocat de Liliane Bettencourt, le 1er juillet 2010, devant le tribunal correctionnel de Nanterre dans le procès de François-Marie Banier

Madame la présidente.

Devant la justice, chacun a droit à un procès équitable. Or ma cliente, Mme Liliane Bettencourt, considère qu'elle n'est plus en demeure d'espérer un procès équitable. Et les circonstances récentes [Georges Kiejman fait ici allusion à la publication dans la presse d'enregistrements clandestins réalisés au domicile de Liliane Bettencourt par son majordome] me font croire que plus jamais ce procès ne pourra redevenir équitable. Je vous demande donc son renvoi.

Mme Bettencourt n'est partie prenante dans ce procès qu'à travers une plainte qui vise M. Banier [François-Marie Banier est soupçonné d'avoir abusé de la faiblesse de Liliane Bettencourt.

L'héritière âgée de 87 ans lui a en effet octroyé près d'un milliard d'euros de dons divers et variés].

Dans cette affaire, Françoise Meyers, la fille de Liliane Bettencourt estime qu'elle a subi un préjudice. Je veux en finir avec ce subterfuge ! La fille de l'héritière du groupe L'Oréal n'a subi aucun préjudice financier, puisque 90 à 95 % de la fortune de sa mère lui a déjà été donnée en nue-propriété. La milliardaire, comme le dit à tort la presse, ce n'est pas Liliane Bettencourt, la milliardaire en capital, c'est Mme Meyers ! Je veux en finir aussi avec un autre subterfuge. Il n'y a pas non plus de préjudice moral. Quand une vieille petite fille de 57 ans vient vous dire : « *Ma maman ne m'aime pas, elle en préfère un autre que moi* », nous sommes face à un drame familial qui relève assurément plus de la psychanalyse que de la justice ! Madame la présidente, alors que vous n'avez été saisie que par une seule partie, alors que le parquet s'opposait à cette poursuite, vous avez voulu conserver la main sur ce procès. Si vous en aviez fini, cette affaire ne serait pas devenue le chaos judiciaire qu'elle est aujourd'hui. Et puisque Mme Meyers ne réclame en réalité qu'un euro de dommages et intérêts, finissons-en dès aujourd'hui ! [Georges Kiejman sort alors de sa mallette un chèque d'un montant d'un euro signé par Liliane Bettencourt et le tend à son confrère, l'avocat de Françoise Meyers, Me Olivier Metzner… qui s'empresse de le déchirer en petits morceaux. Georges Kiejman, lui, poursuit sa plaidoirie]. Voilà ! Françoise Meyers est indemnisée ! Et, je pense que ce chèque est provisionné…

La vérité de ce dossier, Madame la présidente, c'est qu'une vieille dame de 88 ans est tombée sur un jeune homme brillant et insupportable qu'elle a eu le malheur de préférer à sa fille et, si j'en juge les photos de celle-ci, le choix n'a pas dû être difficile à faire !

Mais, nous, nous devons faire face à un véritable complot. Un complot orchestré depuis un an pour mettre à mal Liliane Bettencourt. Un complot en bande organisée ! Il n'y a qu'à regarder la chronologie des derniers événements. Le majordome a remis les enregistrements clandestins à Françoise Meyers le 18 mai dernier. Or ce ne sera que le 10 juin que les enregistrements, cette fois-ci retranscrits, seront remis à la Police judiciaire. Entre-temps ces documents ont été dupliqués en deux autres exemplaires, l'un sera remis au site internet Mediapart, et un autre au porte-parole habituel de mon confrère Metzner, le journal *Le Point*. Il est vrai qu'Olivier Metzner est un avocat médiatique. Un hebdomadaire, *Le Nouvel Observateur*, l'a récemment surnommé «*Le roi de la place*». C'est l'avocat que tout le monde s'arrache, qui orchestre la médiatisation de ses clients à la veille d'un grand procès, et d'ailleurs, il ne s'en cache pas, je le cite: «*Je planifie tout à l'avance. Quand je communique, les instructions sont respectées: une agence fait un communiqué au jour dit, un journal publie l'info à un autre moment prévu d'avance, pareil pour les radios et les télés.*» Oui, nous sommes bien face à une bande organisée qui veut instrumentaliser la justice. Un complot dont Françoise Meyers est sans doute l'instigatrice et dont certains employés de Liliane Bettencourt sont les pions drivés par des avocats.

Que voyons-nous encore dans ce drame? Françoise Meyers veut tout et encore plus! Elle est milliardaire mais il lui faut encore le pouvoir absolu! Il lui faut se venger de sa mère. Elle réclame la mise sous curatelle de Liliane Bettencourt, sa propre mère! Certes, la surdité de Mme Bettencourt est de 99,76%, ce qui parfois lui donne un air hagard et rend les conversations difficiles. Mais elle est en pleine possession de ses moyens. Elle a demandé à être interviewée par *Le Monde*, et cette interview le prouve. Cette femme a 88 ans, et sa fille a le toupet de dire au *Figaro Magazine* qu'elle agit pour le bien de sa mère et que, quand M. Banier sera mis à distance, tout redeviendra comme avant. Pensez-vous qu'elle a le pouvoir d'éloigner Mme Bettencourt d'un ami de 20 ans? De lui dire: «*Cessez de voir des gens drôles et cultivés*»? Ma cliente a bien le droit de s'amuser dans les quelques années qui lui restent à vivre. Croyez-vous qu'une fois cet ami écarté, elle fera revenir sa mère aux dîners de shabbat qu'elle prépare tous les vendredis soirs?

En conclusion, Madame la présidente, je vous le demande avec une certaine solennité: est-ce que le tribunal va continuer à s'associer avec Françoise Meyers? Je vous prie de bien vouloir mettre un terme à cette sinistre farce. Écartez ces enregistrements indignes. Prenez une décision historique pour la justice!

***

Plaidoirie en réponse d'Olivier Metzner, l'avocat de Françoise Meyers-Bettencourt, la fille de Liliane Bettencourt

Georges Kiejman aime beaucoup la presse puisqu'il ne parle que de la presse… [Olivier Metzner ne peut pas finir la première phrase de sa plaidoirie. Son confrère, ulcéré, l'interrompt aussitôt: «*Qu'il ne me cherche pas parce que mon revers gauche est connu!*» «*Je n'ai pas prévu d'infirmerie*», glisse en souriant la présidente. Et l'audience se poursuit dans cette atmosphère électrique.]

Georges Kiejman [reprend Olivier Metzner] aime donc beaucoup la presse… qui parfois le lui rend bien, Moi, je citerai le portrait de Kiejman dans *Challenges* qui titrait: «*L'avocat psy.*» Et c'est cet avocat qui se permet aujourd'hui d'injurier, d'outrager la fille de sa cliente! Je ne suis pas sûr que celle-ci accepte les propos tenus.

Mais tout ceci n'est qu'une pitoyable diversion. La réalité c'est que, de l'autre côté de cette barre, on ne veut pas que la vérité éclate. On ne veut pas que les témoins témoignent. La réalité, et elle est cruelle, c'est que Liliane Bettencourt dispose de bien peu de liberté. Il est exact qu'elle a demandé au journal *Le Monde* de l'interviewer. Cet entretien a duré 21 minutes. Pas une de plus. Pourquoi? Parce que Patrice de Maistre, le conseiller de Liliane Bettencourt a tout arrêté, il a dit stop. Et ce alors même que Mme Bettencourt voulait poursuivre la discussion. Ce n'est pas moi qui invente cette scène, c'est le journaliste qui a conduit cette interview qui a cru bon de la rapporter.

La réalité, et elle est toujours aussi cruelle, c'est que Liliane Bettencourt est aujourd'hui une femme sous influence. Sous influence de François-Marie Banier, et sous influence de ses conseillers. Et non, Me Kiejman, sa fille Françoise Bettencourt ne s'intéresse pas à l'argent mais à sa mère qui est dans une situation précaire. Quand Mme Bettencourt veut voir sa fille, on lui dit NON. Tout cela est inscrit, tout cela figure dans le dossier qui doit être jugé par votre tribunal [«*Faux!*» s'écrie Georges Kiejman, qui interrompt une nouvelle fois son confrère. Olivier Metzner fait comme s'il n'avait rien entendu et poursuit, imperturbable.]

Vous considérez, Me Kiejman, que les personnels de maison, qui ont apporté leurs témoignages dans cette enquête, ont été instrumentalisés. Moi, je comprends que des personnes qui ont servi pendant 10, 20 ou 30 ans la famille ne supportent pas l'intrusion de quelqu'un auprès de Mme Bettencourt. Je comprends que ces enregistrements dérangent Monsieur Kiejman. On y entend quelqu'un venu briser cette famille pour des raisons purement financières. Quelqu'un qui réduit tout à l'argent. Un milliard d'euros, ce n'est quand même pas rien ! Et vous osez nous accuser, nous reprocher, à ma cliente et à moi, de demander un euro, seulement, de dommages et intérêts à M. Banier. Un euro qui a force de symbole. Pis, on me remet un chèque dont j'ai fait quelques confettis. Car moi je n'accepte pas que ce qui doit être payé par M. Banier soit payé par Mme Bettencourt. Même pour un euro, il fait appel à elle ! Ce chèque est le produit d'un abus de faiblesse. Je l'ai déchiré. Je refuse d'en être le receleur !

Ces enregistrements, Me Kiejman, je conçois qu'ils vous dérangent. Je comprends votre gêne lorsqu'on entend Liliane Bettencourt déclarer, à propos de François-Marie Banier : «*Il va me tuer !*» Ou bien encore lorsqu'on écoute Patrice de Maistre s'inquiéter de l'attitude de Banier auprès de Mme Bettencourt : «*Il a été violent avec vous par deux fois.*» Est-ce que ce n'est pas nauséabond qu'un homme exploite une femme de cet âge ? Une femme tellement consciente, selon vous Me Kiejman, qu'elle demande à M. de Maistre : «*Combien j'ai d'argent ?*» Une femme tellement consciente dont la fille va pourtant découvrir que l'argent a été discrètement placé par des conseillers à l'étranger, alors qu'elle a toujours payé ses impôts en France ! Une femme tellement consciente qu'elle se voit contrainte de verser un loyer pour pouvoir aller sur une île qu'elle a achetée ! Ces enregistrements, vous aimeriez tellement qu'ils n'aient jamais eu lieu. Ils sont pourtant aujourd'hui les éléments d'une procédure pénale. Ce qui importe, c'est leur contenu, et non leur origine. La Cour de cassation a validé à plusieurs reprises des preuves recueillies de façon illégale. Ces enregistrements doivent faire l'objet d'un supplément d'information. Est-ce que la vérité a des limites ?

Jugement

Le 1er juillet 2010, le tribunal de Nanterre a renvoyé le procès de François-Marie Banier afin d'enquêter sur les enregistrements clandestins versés au dossier par la fille de Liliane Bettencourt. Comme le réclamait donc Olivier Metzner. Cinq ans plus tard, en mai 2015, il est cependant condamné par le tribunal correctionnel de Bordeaux à trois ans de prison et 158 millions de dommages et intérêts au profit de Liliane Bettencourt. Le photographe fait alors appel de cette décision. Bien lui en a pris, puisque la cour d'appel de Bordeaux, le 24 août 2016, rend un arrêt bien moins sévère. François-Marie Banier est certes condamné à quatre ans de prison, mais la peine est intégralement couverte par du sursis. Et surtout les 158 millions de dommages et intérêts sont effacés. François-Marie Banier ne devra verser que 375 000 euros d'amende.

4. Le procès de la catastrophe d'AZF

D'abord, une déflagration. Énorme et terrifiante. Et puis, les immeubles qui tanguent, les vitres qui éclatent, les poumons qui brûlent dans l'air soudain irrespirable. Soudain, un nuage chimique, d'une curieuse couleur orangée, apparaît dans le ciel. Partout les cris et la panique. Des milliers de personnes s'engouffrent sans réfléchir dans leur voiture pour fuir. La détonation s'est entendue à plus de 80 kilomètres et les sismologues enregistrent un séisme de 3,4 de magnitude. Ce 21 septembre 2001, à 10 h 17, l'usine AZF de Toulouse vient de sauter.

Sur le site industriel et aux alentours, c'est l'horreur : 31 morts, 2500 blessés, un paysage dévasté comme après un bombardement. Le stock de 300 tonnes de nitrate d'ammonium, qui a explosé, a creusé un cratère de 70 mètres de long et 40 mètres de large. L'onde de choc a fait des dégâts colossaux, détruisant totalement ou partiellement 30000 logements, des dizaines d'entreprises, des piscines, des gymnases, le Palais des Sports, un lycée, un hôpital. La facture s'élève à 2 milliards d'euros. La tragédie humaine, elle, est évidemment impossible à chiffrer : outre les morts, dont 21 employés de l'usine et les blessés, toute une population a été traumatisée. Dix-huit mois après l'explosion, 14 000 personnes, souffrant d'angoisses, d'insomnies ou de dépressions, restent toujours sous traitement. Victimes directes ou indirectes, rescapés ou handicapés à vie, la même question les hante : qui et pourquoi ? Tous devront attendre huit ans pour avoir un début de réponse.

C'est le 23 février 2009 que le procès des responsables présumés de la catastrophe s'ouvre devant le tribunal correctionnel de Toulouse. Là encore, les chiffres parlent d'eux-mêmes : 1400 victimes se sont constituées parties civiles et 70 avocats s'apprêtent à plaider pour la plus gigantesque audience correctionnelle jamais organisée dans l'hexagone. Pour l'occasion, on a réquisitionné la salle de spectacle Jean Mermoz d'une capacité d'accueil de 1 600 places. Et pour la première fois en France, les débats ont lieu sous l'œil des caméras. Le procès est à l'image de l'enquête. Démesuré, passionné, souvent irrationnel. Peut-il en être autrement ?

Stupéfiante chronologie, lorsque l'usine explose, le 21 septembre 2001, les cendres des tours du World Trade Center de New York, tombées dix jours plus tôt, sont encore fumantes. « *À Toulouse, tout le monde pensait à un attentat*, dit le président de l'Association des sinistrés du 21 septembre, Frédéric Arrou. *Quelques instants seulement après l'explosion, j'ai croisé une femme qui m'a dit : "Il y a eu deux attentats, l'un place du Capitole et l'autre place Saint-Georges". Je m'en souviens encore comme si c'était hier, je découvrais le visage inquiétant de la rumeur.* » Dans les heures qui suivent la catastrophe, les policiers recueillent en effet des récits plus extraordinaires les uns que les autres. Certains témoins auraient vu une « *boule de feu* », d'autres des « *éclairs* », voire un « *rayon bleu* ». Ou même des « *aéronefs* » dans le ciel au moment du drame. Beaucoup, surtout, racontent avoir entendu deux explosions distinctes. Pour calmer les esprits, le procureur de la République de Toulouse, Michel Bréard, assure que les causes de la catastrophe sont accidentelles « *à plus de 90 %* ». Une déclaration qui lui sera beaucoup reprochée par la suite. Le magistrat a voulu faire taire les rumeurs, il ne fera qu'attiser le doute. Les enquêteurs ont pourtant examiné patiemment toutes les hypothèses alternatives à un accident, avant de les écarter les unes après les autres. Ainsi, les policiers des Renseignements généraux creusent pendant un temps la piste d'un employé de l'usine, dont le corps sans vie a été retrouvé par les secouristes, après l'explosion. L'homme portait plusieurs couches de sous-vêtements. On imagine un rituel kamikaze, on interroge les spécialistes, on échafaude des théories. Jusqu'au jour où il apparaît que ce jeune ouvrier complexé avait pour habitude de s'habiller ainsi pour dissimuler… sa maigreur. Autres pistes abandonnées : un conflit entre chauffeurs-livreurs sur le chantier, la présence d'explosifs datant de la guerre de 14-18 ou le mystérieux arc électrique apparu, selon des témoins, au-dessus du site AZF.

Après sept années d'instruction, l'enquête revient à son point de départ, c'est-à-dire à l'explication retenue au lendemain de la catastrophe : un accident. L'explosion aurait été provoquée par le mélange malencontreux de quelques kilos de DCCNa, un produit chloré, avec une demi-tonne de nitrate d'ammonium. Ces deux produits n'auraient jamais dû entrer en contact. Ils n'ont pu l'être qu'à la suite d'une erreur de manutention. À qui la faute ? L'accusation cible une personne physique, le dirigeant de l'entreprise, Serge Biechlin, parce qu'il est responsable d'une organisation défaillante au sein de l'usine. Elle met aussi sur la sellette une personne morale, la société Grande Paroisse (AZF). Ces deux prévenus sont poursuivis pour «*homicides et blessures involontaires, destructions et dégradations involontaires par l'effet d'une explosion et infractions au Code du travail*».

Au premier jour du procès, les victimes dénoncent cependant une absence de taille : celle de Total et de son ancien PDG Thierry Desmarest, en fonction au moment des faits. Pour les associations de parties civiles, la société Grande Paroisse n'est en effet qu'une coquille vide : c'est Total, la maison mère, qui dictait sa politique de réduction des coûts et de recours massif à la sous-traitance. Autant de choix qui ont abouti à la catastrophe du 21 septembre, disent les parties civiles qui réclament la comparution de Total et de son ancien président. Le tribunal se donne une semaine de réflexion et finit par leur répondre positivement. Le grand patron Thierry Desmarest vient donc s'asseoir sur le banc des prévenus aux côtés de Serge Biechlin.

Les audiences se poursuivent durant quatre mois. Le tribunal étudie toutes les hypothèses, même les plus incroyables, mêmes celles qui ont été mises au panier lors de l'instruction : la chute d'une météorite, l'attentat terroriste, le fameux arc électrique ou ces étranges aéronefs aperçus par certains témoins. Aucune ne résiste à l'examen. Seul l'accident peut expliquer la catastrophe. Le défilé des experts à la barre, et leurs déclarations parfois contradictoires, ne permettent pas toutefois d'expliquer avec une absolue précision comment il est intervenu.

À l'heure des plaidoiries, vingt-cinq avocats se lèvent pour les victimes et sept pour les sociétés Total et Grande Paroisse, ainsi que leurs anciens responsables. Nous avons choisi de présenter trois de ces plaidoiries pour rendre compte de cette audience exceptionnelle. Le bâtonnier Denis Dreyfus prend la parole pour la FENVAC (Fédération nationale des victimes d'accidents collectifs). Ce Grenoblois défend cette association depuis de nombreuses années devant les tribunaux. Il a notamment été sollicité après l'incendie du tunnel du Mont-Blanc en 1999 ou après l'accident de barrage sur le Drac qui avait coûté la vie à six enfants et une accompagnatrice en 1995. Denis Dreyfus n'est pas venu à Toulouse pour réclamer vengeance mais pour poursuivre, en «*observateur vigilant*», son combat pour la défense du principe de précaution. «*De tels drames*, dit-il, *ne peuvent pas simplement s'expliquer par la faute à pas de chance.*» Ni rester impunis. Le tribunal, explique encore le bâtonnier, doit avoir le courage d'établir les responsabilités pour que de telles tragédies ne puissent plus jamais arriver.

Plaidoirie prononcée par Denis Dreyfus, avocat de la Fédération nationale des victimes d'accidents collectifs (FENVAC), le 18 juin 2009, devant le tribunal correctionnel de Toulouse

Monsieur le président, Mesdames, Monsieur du tribunal.

Ce 21 septembre 2001, dans le fracas de l'explosion, dans le panache de fumée jaune qui s'élève, dans les regards hagards, dans les corps meurtris et les vies brisées, l'indicible est en marche. C'est l'indicible commun à toute catastrophe. Le téléphone qui sonne chez les familles de victimes, les flashs d'informations qui précèdent la décence due à ces vies qui s'éteignent, le chaos et le néant. Cette cohorte de souffrance s'est emparée du prétoire.

Elle touche au plus profond du cœur, de l'âme, de la conscience. Elle transforme cet espace en silence. Seule musique d'apaisement et de dignité, car les mots, nos mots, ne font souvent que trop de bruit. Pourtant, si la justice pénale siège depuis quatre mois (et après des années d'instruction), ce n'est pas pour transformer le tribunal en enceinte de la seule expression de la souffrance, vague de l'émotion qui écarterait toute réflexion et toute discussion juridique.

Nous sommes au tribunal correctionnel. C'est le temps du droit, du contradictoire, de l'excellence dans ce que la justice doit contenir de l'écoute, de respect de l'autre et d'humilité pour fonder la vérité. Et nous sommes les uns et les autres renvoyés à ce décapage de l'humilité, au regard de la souffrance et de la complexité technique et juridique de ce dossier. C'est ce rôle qui constitue le combat de la FENVAC, Fédération nationale des victimes d'accidents collectifs, vigie attentive, exigeante, veilleuse du passé pour l'avenir.

Je voudrais, à l'instant, rendre hommage à ma consœur, Stella Bisseuil qui indiquait avec beaucoup de justesse combien les morts d'hier engagent l'avenir des vivants de demain. Nous, professionnels, ne sortons jamais indemnes de telles procédures. J'ai rencontré il y a longtemps M. Ratier et les membres de son association, au fond de sa maison, de son silence, avec son épouse, qui garde sa souffrance dans la dignité du silence et l'intimité de son cœur. J'ai rencontré M. Fourest et les membres de son association, et j'ai envie de dire que nous, professionnels, nous nous sentons tout petits face à eux. Nos personnes ont très peu d'importance et se doivent de s'effacer derrière eux, connus ou plus anonymes. Vous forcez le respect et votre combat est d'une extrême dignité.

Votre mission est difficile, Monsieur le président, Mesdames, car il ne s'agit aucunement que la justice se transforme en une sorte d'équation au terme de laquelle la douleur se compenserait par la sanction pénale. Nous savons combien cela serait vain, car la justice deviendrait alors régressive, là où elle se doit de remplir un acte suprême, un acte de culture et de civilisation. Votre mission est fondamentale et indispensable pour que la justice soit l'équation de la vérité en termes de lecture des causalités, des responsabilités, des culpabilités, et vous, et vous seuls, aurez à le dire. À travers votre décision, vous direz à tous, et à nos enfants de demain, que l'abstention, la bêtise, l'incompétence, l'absence de formation des hommes, l'absence de sécurité adossée sur une culture de l'analyse des risques, la rentabilité souvent privilégiée, tuent.

Ici, comme ailleurs, il serait insupportable d'entendre que la catastrophe, c'est «*la faute à pas de chance*», à la fatalité, à d'autres, ou encore que le risque zéro n'existera jamais. La carte judiciaire des catastrophes du siècle écoulé a montré de manière constante que celles-ci avaient pour origine les défaillances humaines des personnes physiques ou morales. Par définition, la catastrophe ne pourra jamais être reproduite absolument à l'identique, car la conjonction en un temps et en un lieu unique d'une série de causes accumulées, fonde la catastrophe elle-même. Ici, comme ailleurs, le drame s'est noué du fait d'un cumul de fautes. Ici comme ailleurs, alors que le délit est du domaine non intentionnel – et que dès lors il serait plus aisé de faire un pas sur le chemin de la vérité et de l'humanité – la logique de dénégation est demeurée reine.

Je ne veux pas me résoudre à exclure du prétoire pénal, comme d'aucuns voudraient le suggérer, les auteurs de tant de drames. Il a fallu se battre avec les mains tendues des enfants noyés dans les eaux du Drac, près de Grenoble, sous les eaux d'un barrage EDF. Dans cette affaire, il y avait EDF, qui contestait sa responsabilité, comme ici Grande Paroisse et la nébuleuse de Total. Je me souviens aussi du corps enseignant qui manifestait sur la place du palais de justice, en plein procès…

Il a fallu se battre avec les visages pétrifiés des victimes du tunnel du Mont-Blanc, ce qui faisait écrire par le tribunal correctionnel de Bonneville le 27 juillet 2005 : « *Le tribunal n'ignore pas ce qu'il peut y avoir de difficile à se reconnaître personnellement responsable, ne serait-ce que pour partie, d'une catastrophe aussi grave que celle du 24 mars 1999 que, par hypothèse s'agissant d'homicides involontaires, personne n'a voulue.* » Devant le poids que représente une telle reconnaissance de responsabilité, l'attitude des prévenus n'est pas uniforme. Force est de constater qu'indépendamment de ce qui est soutenu par leur défense quant à leur responsabilité pénale au regard des textes applicables, les prises de position des prévenus à la barre ont montré chez certains une prise de conscience de ce qu'ils auraient pu faire pour éviter la catastrophe, faisant preuve d'une autocritique gage de réhabilitation. Parmi ceux-ci, les uns ont été prompts à admettre des fautes, tandis que M. Chardon – c'était le président de la société d'exploitation du tunnel du Mont-Blanc – réticent pendant plusieurs semaines à reconnaître toute faute, a été conduit, devant la démonstration de certains faits, à une remise en cause personnelle que le tribunal estime réelle. D'autres se sont repliés dans leurs certitudes, se montrant incapables d'un regard critique sur leur comportement – comme ici Monsieur le président, Mesdames ! – quoiqu'étant tous à la retraite, on peut penser que placés dans les mêmes circonstances, ils n'auront pas complètement tiré les leçons de l'audience…

Il a fallu se battre avec les regards glacés des adolescents de Montigny-le-Bretonneux, partis pour une folle randonnée en raquettes dans les Hautes-Alpes avec un risque de 4 sur 5 sur l'échelle de risque des avalanches, dont on nous disait qu'il ne constituait pas une causalité… Il a fallu se battre pour cette nuit de cauchemars des enfants logés au centre équestre de Lescheraines, transformés en torches vivantes… Nous pourrions égrener encore longtemps ces femmes et ces hommes qui n'ont pas eu, alors qu'ils vivaient en confiance, dans des lieux ou des moments de joie, avec les moyens ou les outils de la modernité le temps de dire adieu : Furiani, le téléphérique du Pic-de-Bure, Saint-Nazaire et la passerelle du *Queen Mary*, les explosions au gaz dont celle de Mulhouse et peut-être, il y a quinze jours, les passagers du vol Rio de Janeiro-Paris.

Je voudrais maintenant, et au nom de cette communauté universelle de victimes, enjoindre la défense à ne pas dépasser certaines limites.

Confrères, nous portons la même robe, vous vous exprimerez et vous serez écoutés. Mais vous le ferez au-delà des pétitions de principe. « *Fantasmagories expertales, procès qui ne serait que procès d'intentions, absence de procès et véritable colloque d'experts.* » Que n'a-t-on pas entendu de l'autre côté de la barre ! La défense sera écoutée mais elle ne pourra plus raisonnablement soutenir, au risque de perdre irrémédiablement toute crédibilité, que le drame du 21 septembre aurait une origine autre que celle de l'accident industriel en cette demi-heure fatale du matin de la catastrophe. La défense sera écoutée mais ne pourra se borner à opposer aux poursuites une insuffisance de causalité du fait des difficultés à recréer exactement, *a posteriori*, les conditions du drame le matin du 21 septembre.

Faudrait-il pour asseoir un lien de causalité certain que vous vous transformiez durant votre délibéré, en techniciens de laboratoires et que vous dosiez quelques grammes de DCCNa [7] en plus ou en moins, tant d'humidité, telle granulométrie du nitrate d'ammonium et de nitrate industriels ? Vous êtes juges, Mesdames et Messieurs, vous êtes différents des experts. Si la procédure pénale permet à la juridiction de jugement d'être aidée du concours et de l'éclairage des experts, vous demeurez juges avec votre appréciation souveraine, et c'est heureux. Votre exigence sera, avant tout, celle de la cohérence du raisonnement, dans le strict respect des exigences légales qui ont été rappelées. C'est ainsi que les tribunaux sont souvent amenés à raisonner et particulièrement au titre de la causalité indirecte en matière de délits non intentionnels.

Je citerai un exemple, à savoir celui du centre équestre de Lescheraines dans lequel il n'a jamais été possible de connaître exactement, malgré instruction et expertises, la cause de l'incendie. Le tribunal de Chambéry dira le 22 septembre 2006 : «*En l'espèce, plusieurs hypothèses ont été envisagées comme origine possible de l'incendie, celles notamment d'un dysfonctionnement électrique ou d'un mégot de cigarette ou encore d'une casserole oubliée sur la gazinière. Aucune de ces hypothèses n'a toutefois pu être retenue et la cause directe de l'incendie n'a pu être déterminée. Il devenait dès lors légitime, s'agissant d'un centre équestre pratiquant l'hébergement et donc classé comme établissement recevant du public (ERP), de s'interroger sur le respect de la réglementation applicable à ce type d'établissement, le non-respect de cette réglementation pouvant avoir de façon indirecte contribué à créer la situation qui a conduit au décès des victimes et aux blessures subies et être imputables à ceux ou celles qui n'ont pas su prendre les mesures qui auraient permis d'éviter ces dommages. Le débat se situe donc indiscutablement dans le cadre de la causalité indirecte.*»

Dans le cas de l'usine AZF, nous sommes bien dans la causalité indirecte, avec le non-respect de la réglementation notamment par rapport aux exigences Seveso 2 et dans les mesures qui n'ont pas été prises pour éviter la catastrophe. Votre raisonnement ne sera pas celui de l'inquiétude du juge devant l'éprouvette…

J'en viens maintenant aux enseignements de ce procès. Il y aura certainement dans le prolongement de votre décision à mener

7. Le DCCNa – Dichloroisocyanurate de sodium – serait le produit qui aurait été mélangé par inadvertance aux nitrates du hangar 221, réservé aux nitrates déclassés, et qui aurait provoqué l'explosion.

une réflexion sur les moyens à mettre en œuvre lors d'une telle catastrophe. Il y aura beaucoup de choses à dire et à écrire sur la nécessité de geler les lieux. Il y aura aussi beaucoup de choses à dire sur la manifestation de la vérité bridée par la parole hâtive. Souvenons-nous des propos du préfet comme des déclarations du procureur de la République prononcées lors des faits. Il faudra également à l'avenir rendre impossible l'interférence d'une commission d'enquête interne avec une instruction conduite par la justice… Vous aviez le temps de mener cette enquête sans qu'elle pénalise l'information judiciaire.

Alors que s'est-il passé le 21 septembre 2001 ? Comment cette catastrophe a-t-elle été rendue possible? Il me semble que nous pouvons tenter de répondre en imaginant d'un côté des cercles concentriques et de l'autre l'échelle du temps.

Le premier grand cercle, c'est le site de l'usine AZF et des produits incompatibles qui n'auraient jamais dû se croiser. Le deuxième cercle, c'est la réglementation qui évolue et notamment la réglementation Seveso, les arrêtés et – malheureusement sur l'échelle du temps – un décalage dans leur mise en œuvre et le respect de ces dispositions sur le terrain, ce qui est souvent un mal français. Un troisième cercle plus concentrique a été le système mis en œuvre pour l'évacuation des déchets. Un quatrième cercle nous rapproche de l'été 2001, avec le temps des vacances, les facteurs humains en ce mois d'août. Nous sommes les 13-14 septembre, M. Facchin a remplacé M. Fauré [responsable du hangar 335], il y a eu le grand nettoyage de l'atelier ACD. Le cinquième cercle, c'est l'avant-veille du drame avec l'initiative de M. Fauré, dans un souci de bien faire, de nettoyer le hangar 335. Le sixième cercle, c'est le jour des faits avec l'aval de M. Paillasse [employé du site], et cette benne qui est déversée, «*une benne à partir de résidus de sacs ou produits divers*», comme le note M. Domenech [responsable de la sécurité de la branche chimie de Total et membre de la commission d'enquête interne]. La dernière ligne du temps à côté de ces cercles concentriques, c'est cette demi-heure fatale et ce diabolique processus chimique qui se met en mouvement jusqu'à l'explosion. C'est celui que l'on connaît parfaitement et pour lequel M. Dufort [expert] expliquait que l'expérimentation était nécessaire. C'est ce qui a été fait avec ce trichlorure d'azote qui se libère et peut-être d'autres molécules.

Pour autant, il sera impossible de reconstituer les conditions de cette catastrophe. Les magistrats ne pourront écrire que l'on connaît au gramme près ce qui s'est passé dans cette détonation chimique. Mais il y a cette cohérence de la demi-heure fatale. On aurait pu nous parler de l'ovni, de l'attentat, de la piste électrique, s'il n'y avait pas eu cette benne fatale et ce diabolique processus chimique. M. Dufort a dit que l'expérimentation était nécessaire. Elle fut faite. Et nous avons eu dans ce débat l'intervention de M. Presles du CNRS qui est venu compléter le travail cumulatif des experts. M. Presles va vous permettre d'étayer votre décision dans la sérénité car il avait été mandaté par Grande Paroisse et on a voulu l'occulter. C'est cela la force de l'audience en matière pénale, cet homme s'est expliqué et il l'a fait en tant qu'homme libre. Votre tribunal va pouvoir s'appuyer sur ce qui est le bien le plus précieux en matière de justice : la parole d'un homme libre.

Alors, on arrive à la catastrophe. 10 h 17. Il est trop tard. Alors est venu le temps de la commission d'enquête, à côté de l'enquête judiciaire. Oui, Monsieur Domenech, vous pouviez avoir peur en prenant cette photo de sac de DCCNa, avec bande rouge, et vous pouviez en parler avec M. Motte [ancien ingénieur de Total, membre de la commission interne] car c'est là que se trouve l'origine de ce diabolique processus chimique. Mais il était trop tard…

Il est désormais temps que Toulouse ne vive plus avec le bruit du 21 septembre. Il est temps de mettre un terme à la rumeur – à la polémique, cela sera plus difficile. La rumeur c'est un arbre sans racine qui a le venin comme sève. Or, la sève qui doit monter est celle de la prévention au-delà de Toulouse et de cette catastrophe. Et peut-être, entendant cette vérité écrite et la rumeur cesser, les victimes pourront un jour, derrière le panache jaune qui s'élève encore dans les regards, voir se lever une autre lumière, un soleil d'espoir après la nuit du néant.

***

La deuxième plaidoirie présentée ci-dessous est prononcée par Jean-Paul Teissonnière, au nom de la CGT. Cet avocat, qui s'est fait depuis des années le porte-voix des salariés, entend démontrer pourquoi les conditions de travail imposées par Total à la société Grande Paroisse et à l'usine AZF portaient en germes les risques d'une catastrophe.

Plaidoirie prononcée par Jean-Paul Teissonnière, avocat de la CGT, le 23 juin 2009, devant le tribunal correctionnel de Toulouse

Je suis le 27e avocat des parties civiles à plaider. J'interviens pour la CGT, au nom de 58 victimes dont une personne décédée. Pour introduire mon propos, je souhaite me référer au philosophe allemand Ulrich Beck : « *Les responsabilités s'accumulent en haut, les risques en bas.* »

Car, devant votre tribunal, si l'on s'attache à la situation des personnes physiques et morales poursuivies par le ministère public, on peut ressentir un sentiment de trouble : Serge Bicchlin [ancien directeur de l'usine AZF Grande Paroisse] est chargé d'une mission qui se résume pour l'essentiel à constituer un solide écran entre la catastrophe du 21 septembre et le groupe Total dont il est le fidèle soldat… Grande Paroisse est, nous a-t-on dit au cours des débats, devenue une coquille vide : plus d'usine, plus de salariés. C'est, si je m'en tiens à la définition du dictionnaire, un « *ectoplasme* », c'est-à-dire un « *individu sans consistance* ». Aussi, je vous pose la question : votre tribunal peut-il se limiter à la condamnation d'un cadre détaché et d'une société évanescente ? Votre jugement sera-t-il à la mesure du défi lancé à l'institution judiciaire ?

Donner du sens, c'est comprendre les enjeux. La question s'est posée pour d'autres catastrophes donnant lieu à des procès récents ou en cours.

Eternit et ses 2000 morts liés à l'amiante près de Turin. Le procureur a cité les présidents des groupes suisse et belge qui contrôlent la filiale italienne. Autre référence plus proche, l'affaire de l'Erika : jugement du 16 janvier 2008 qui condamne Total. Et puis il y a une sorte de contre-exemple, c'est Bhopal. La catastrophe industrielle majeure. L'explosion de 440 tonnes d'isocyanate de méthyle y a occasionné 20000 morts et environ 200000 handicapés. Mais Bhopal est aussi une catastrophe judiciaire et un sommet de la dépénalisation des risques industriels. Les compensations ont été très limitées, de 1400 à 3000 dollars par victime, dans un pays où l'assurance-maladie n'existe pas. Union Carbide a fort opportunément disparu dans une fusion avec Dow Chemical. Un mandat d'arrêt international a été lancé contre le PDG d'Union Carbide. Sans aucune suite…

L'enjeu de ce procès, c'est aussi de faire de Toulouse un anti-Bhopal.

On nous répond que tout cela relèverait de la communication, donc de l'apparence, et que l'on s'éloignerait ainsi très loin du droit… Mais le droit n'est pas indifférent à l'apparence.

Pour les Anglo-Saxons : « *La justice doit non seulement être rendue, mais également donner l'apparence d'être rendue.* » Cet éloge de l'apparence n'est pas un aveuglement.

La catastrophe du 21 septembre ne peut pas être qu'une monstrueuse anecdote locale. On peut aussi envisager l'hypothèse d'une catastrophe qui serait la conséquence de choix plus structurels, plus stratégiques, directement liés à la politique du groupe. Souvenons-nous : le 21 septembre, quelques heures après l'explosion, qui communique ? Le président de Total, Thierry Desmarest. Qui met en place la commission d'enquête interne ? Thierry Desmarest. Qui organise l'indemnisation et assume la charge de compléter les fonds mis à la disposition par la compagnie d'assurances ? Le groupe Total. Qui répond de ce qui s'est passé devant la commission d'enquête parlementaire ? Serge Biechlin, l'ex-directeur du site de Toulouse, et Thierry Desmarest.

Thierry Desmarest qui nous rappelle alors que : « *Total place en tête de ses priorités la sécurité des activités, la santé des personnes, le respect de l'environnement. Il n'y a pas au sein du groupe de zones d'ombre, d'activités périphériques où ces règles seraient négligées. Ceci rend le drame toulousain plus cruel encore.* » C'est un point essentiel : Thierry Desmarest signale ainsi que les règles fixées par Total ont été respectées à Toulouse. L'usine de Toulouse ne constitue donc pas une zone d'activité périphérique. Et il ajoute, toujours devant la même commission : « *Au-delà de notre pleine collaboration avec toutes les enquêtes officielles dès le lendemain de la catastrophe, j'ai voulu qu'une commission d'enquête interne au groupe Total soit formée afin de rechercher les origines de la catastrophe.* » Je sais bien que Thierry Desmarest a tenté de revenir ensuite sur cette déclaration en l'expliquant de façon fort peu crédible par les conditions dans lesquelles il a été auditionné. Le procès-verbal d'audition démontre pourtant qu'il a été reçu avec beaucoup de courtoisie.

Au-delà de ces premières observations, il m'apparaît que les fautes relevées dans le dossier peuvent être versées dans deux catégories. Je distinguerai les fautes opérationnelles et les fautes organisationnelles.

Si certaines fautes sont de nature « *opérationnelle* » et mettent en évidence la responsabilité de Serge Biechlin et de Grande Paroisse, la plupart sont « *organisationnelles* » ou « *mixtes* », donc relevant de l'entité économique, c'est-à-dire du groupe Total. L'archétype de cette faute est l'abus de sous-traitance qui crée une confusion dans l'organisation du travail. Il y avait présentes en permanence sur le site d'AZF vingt-cinq entreprises sous-traitantes. Je ne citerai que quelques exemples : l'abandon de la gestion du bâtiment 335 à une entreprise sous-traitante, la confusion entre les secteurs Nord (nitrate) et Sud (chlore), conséquence d'une politique générale décidée au niveau du groupe, consistant à un recours abusif à la sous-traitance. La perte de contrôle sur un secteur important de l'activité de l'usine – la gestion, le stockage, le conditionnement et l'expédition des déchets et des productions déclassées – est indiscutablement liée à la sous-traitance.

La sécurité, c'est de la réglementation mais c'est aussi de la communication verbale et de l'échange. La mémoire des risques, c'est aussi de façon informelle qu'elle est conservée par l'entreprise. C'est cette circulation des informations que brise l'abus de sous-traitance.

La sous-traitance est un facteur de risques. La multiplication de la sous-traitance est un deuxième facteur de risques !

L'INRS [Institut national de Recherche de Sécurité, organisme de référence dans la prévention des risques professionnels] considère que la sous-traitance multiplie par 5 à 10 la fréquence des accidents de travail. L'INRS écrit que « *le transfert des risques professionnels constitue une des raisons principales du recours à la sous-traitance dans certains cas. Il en est la résultante dans les autres cas. Il aboutit à la rupture des solidarités salariales, l'écartèlement des salariés entre plusieurs interlocuteurs... L'absence de négociations directes, entre celui qui fixe les contraintes et ceux qui les subissent, prive les salariés sous-traitants de la capacité d'intervenir réellement sur leurs propres conditions de travail... Dans la plupart des cas, les problèmes rencontrés par les sous-traitants ne sont pas relatés aux donneurs d'ordre par peur, soit de perdre le marché pour l'entreprise, soit de perdre le travail pour le salarié. C'est ainsi que toute une partie du travail réel vécu échappe au donneur d'ordre, ce qui peut dans certains cas, soit fragiliser la qualité du produit, soit la sécurité industrielle. Pour le donneur d'ordre, les contraintes du travail réel disparaissent au profit d'un système de contrôle qualifié qui offrira une traçabilité de la faute vers le sous-traitant et donc vers le salarié...* »

Bref, le droit commercial retrouve son emprise au sein d'une relation de travail. On mesure bien les bouleversements qui sont en train de s'opérer: « *Tout le droit du travail qui s'était construit sur l'idée qu'il fallait contrôler l'exercice du pouvoir de l'employeur est mis à l'écart. En fait, le droit du travail est éliminé au profit du droit commercial... L'exposition au risque en est accrue et les mesures de prévention (document unique, plan de prévention, inspection commune) sont quasiment inopérantes, compte tenu de l'organisation elle-même de la sous-traitance.* » La commission d'enquête parlementaire, portant sur les leçons à tirer de la catastrophe du 21 septembre, ne conclut pas autrement. Si le groupe Total est donc coupable du fait de l'organisation qu'il a mise en place, d'autres fautes apparaissent comme mixtes (opérationnelles et organisationnelles) en ce qu'elles sont révélatrices de négligences. Il s'agit des infractions à l'arrêté préfectoral concernant la nécessité de sols étanchés cimentés, la nécessité d'établir par écrit des consignes d'exploitation, la nécessité de se munir de dispositifs adaptés au transport de nitrate.

J'ajouterai un dernier point: la volonté qu'a ce groupe de se substituer aux pouvoirs publics pour produire ses propres normes. En matière de prévention des risques technologiques, Total précise sur son site institutionnel que « *le processus général de maîtrise des risques peut être représenté par une pyramide à trois niveaux : le socle est constitué par nos métiers de concepteurs et d'opérateurs industriels (les sites), le deuxième niveau montre les différentes fonctions de contrôle (audit/analyse des risques/retour d'expérience) ; autour des systèmes de management de la sécurité, le niveau supérieur garantit la cohérence d'ensemble et permet l'évaluation de l'efficacité et de la maîtrise des risques* ». La même pyramide des responsabilités est déclinée en ce qui concerne la conception des systèmes de management de sécurité et dans la gestion de situations d'urgence. Il apparaît ainsi une hiérarchie des responsabilités et des normes qui n'ont plus rien à voir avec les règles d'ordre public prévues par le Code du travail et par le Code de l'environnement notamment. D'autre part, au sein de Total, une inspection générale s'assure du contrôle des normes, sans attacher d'importance aux arrêtés préfectoraux. Ainsi, postérieurement à la catastrophe, la « gestion de crise » telle qu'elle est prévue par Total lui a permis de contrôler la communication autour d'une enquête privée (commission d'enquête interne) et d'experts privés (tels qu'ils ont été déployés tout au long de la procédure pénale). Ce que le professeur Mireille Delmas-Marty traduit en termes plus juridiques, dans les termes suivants : « *Au sein des multinationales, la privatisation des normes par les codes de bonne conduite conduit à l'absence de véritables contrôles juridictionnels.* »

La commission d'enquête interne mise en place par Thierry Desmarest va se transformer en un instrument destiné à cacher la vérité.

C'est ainsi qu'Hubert Presle [l'expert du CNRS mandaté par AZF] a révélé devant votre tribunal que l'expérience décisive qu'il a menée, et qui aboutissait à accréditer la thèse de l'accusation, a été délibérément cachée par le groupe aux enquêteurs et aux juges. Le déni opposé à la réalité parce qu'elle contredisait le groupe et mettait en cause sa crédibilité sera réaffirmé jusqu'au procès, interdisant ainsi un retour d'expérience qui est pourtant la base même de la sécurité dans le domaine de la chimie.

On voit qu'il s'agit pour Total non seulement de contester la compétence des pouvoirs publics en matière de sécurité, mais également de rivaliser avec eux dans la production de la norme.

La charte se substitue aux principes généraux de sécurité posés par le Code du travail et le Code de l'environnement. Les systèmes de management de sécurité se substituent à l'évaluation des risques et aux études de danger. L'inspection générale se substitue à la DRIRE [Direction régionale de l'industrie, de la recherche et de l'environnement] et à l'Inspection du travail. La commission d'enquête interne se substitue à l'institution judiciaire. Les experts privés se substituent aux experts judiciaires.

Avant et après la catastrophe, Total fonctionne dans un système clôturé sur lui-même. L'espace politique juridique et social dans lequel se déploie une société multinationale n'est pas le même que le nôtre. Aux yeux de Total, nous ne sommes pas légitimes, l'autorité judiciaire elle-même n'est pas légitime. Les experts judiciaires, en tout cas ceux qui ne font pas partie du monde de Total, sont également illégitimes donc incompétents.

Total est au sens propre du terme une société offshore qui non seulement ignore ses obligations légales et réglementaires, mais a délibérément décidé de transgresser la norme sociale.

C'est la raison pour laquelle la société Total et Thierry Desmarest, incarnation du groupe, sont coupables des faits qui leur sont reprochés.

***

Daniel Soulez Larivière, lui, parle pour la société Grande Paroisse. Rien d'étonnant. En 20 ans, il est devenu l'avocat incontournable en matière de catastrophe. Un crash aérien, un pétrolier qui coule, une crise industrielle, c'est toujours son cabinet qui est en première ligne. Qu'il s'agisse de l'effondrement du stade de Furiani en Corse, du naufrage de l'Erika au large de la Bretagne, ou de l'explosion de l'usine chimique AZF à Toulouse, Maître Soulez Larivière se retrouve à chaque fois du même côté : le mauvais. Il défend «*le diable*». Il a même théorisé le principe. «*Lors d'une catastrophe, l'opinion et les pouvoirs publics, avant même tout jugement, transforment l'accusé en diable. Lors du procès pénal, la présence du diable est en quelque sorte requise* [8]. » Et de s'indigner de la «*judiciarisation*» des accidents industriels, un travers typiquement français selon lui : «*Notre pays est l'un*

8. *Parcours d'avocats*, Christophe Perrin et Laurence Gaune, Éditions Le Cavalier bleu.

des seuls au monde qui a choisi de traiter ce type de dossier au pénal. Presque partout ailleurs, ces questions se règlent au civil ou par la transaction. » En particulier dans le système juridique anglo-saxon dont Daniel Soulez Larivière est un défenseur acharné. Il en fait l'éloge procès après procès, livre après livre (il en a rédigé une bonne quinzaine), conférence après conférence. « *Monsieur catastrophe* » – qui s'illustra aussi dans de grands dossiers d'espionnage, notamment en défendant les agents de la DGSE dans l'affaire du *Rainbow Warrior* – est un fervent adepte du plaider-coupable et de la procédure accusatoire. Il milite pour une réécriture totale du Code pénal. Dans l'affaire AZF, à chaque stade de l'instruction, puis pendant le très long procès, il n'a pas ménagé ses efforts auprès de Serge Biechlin, mettant au service de ce nouveau « *diable* » toute son intelligence et ses talents de pénaliste.

Plaidoirie prononcée le 29 juin 2009 par Daniel Soulez Larivière, avocat de la société Grande Paroisse, devant le tribunal correctionnel de Toulouse

Monsieur le président, Mesdames et Messieurs du tribunal, je me présente avec humilité devant vous parce que les circonstances l'exigent. Je ne vais pas plaider, mais plutôt vous livrer une réflexion : pour moi, cette affaire est un échec. Je ne sais toujours pas ce qui s'est passé le 21 septembre 2001, et j'en éprouve une frustration majeure. Rendez-vous compte : six ans d'instruction, avoir disposé de tous les moyens possibles, et en arriver à ce résultat. Je suis très mal…

Pourquoi Grande Paroisse ne s'est pas constituée partie civile ?

C'est une question assez simple dans sa réponse : à partir du moment où l'on a confiance dans ses salariés, une entreprise digne de ce nom ne se met pas dans la position d'être contre ses salariés. Cela n'a pas été sérieusement imaginé. Donc, s'agissant de la personne morale ou physique, dans toutes les affaires, c'est la personne morale qui supplie le tribunal d'épargner ses salariés. Il arrive même que le tribunal relaxe tout le monde.

Alors cet échec que je ressens vivement, douloureusement, me semble être partagé par beaucoup. Je pense aujourd'hui, après avoir écouté les débats, le parquet, les parties civiles, que personne n'est arrivé à savoir de façon raisonnablement certaine ce qui s'est passé.

Connaissez-vous le théorème de Shannon ? Cela consiste à prendre deux ou trois points et à construire la réalité avec. J'ai l'impression que le parquet est dans cette situation, il essaie de reconstruire une réalité, et cela ne marche pas.

Les parties civiles également tentent de reconstruire une réalité. Leur réalité. Cependant, les parties civiles, tout du moins certaines d'entre elles, se rendent bien compte que cela ne marche pas. Alors elles ont recours à la jurisprudence : on nous parle d'un arrêt d'avril 2008, où une personne est morte après avoir avalé une gélule… Ou bien d'un arrêt concernant un incendie dans un centre équestre, dont la construction avait été faite sans permis. Mais, ces affaires n'ont rien à voir avec la nôtre !

Donc, je constate que les avocats des parties civiles essaient de trouver une porte de sortie, n'y arrivent pas, et vous proposent de faire subir à ce dossier d'infraction involontaire le sort de la faute inexcusable. Seulement voilà, je le rappelle, nous sommes dans un droit qui exige la preuve, et je pense qu'il faut que l'on s'y tienne. Nous ne pouvons pas ouvrir la voie à la responsabilité automatique.

Dans ce drame, en vérité, on n'a jamais retrouvé l'arme du crime. Et on la recherche encore… Selon les parties civiles c'est un produit chloré, le DCCNa (Dichloroisocyanurate de sodium) qui serait à l'origine de l'explosion. Mais on n'a pas trouvé de trace de DCCNa ! Ni à l'entrée, ni à la sortie du hangar ! On ne sait pas non plus comment il a été balayé et mis dans la benne. Et quand on demande à l'expert comment le DCCNa y est pourtant arrivé, il ne sait plus ! Le DCCNa, nous dit-on, se décompose. Mais comment ? Si l'on en croit les experts, ce produit aurait mijoté 13 secondes avant de provoquer une réaction chimique suffisamment puissante pour faire détoner le tas principal… Franchement, si on était dans une affaire de vol à la tire, cela ne tiendrait pas une minute ! Ce serait la relaxe. Et ce n'est pas parce qu'AZF est une affaire extraordinaire qu'elle ne doit pas être traitée de manière ordinaire. Et donc, ce doit être la relaxe.

Je pourrais m'arrêter là, en considérant que tout est dit. Je ne le ferai pas. Parce qu'on a beaucoup parlé, beaucoup travaillé pendant ces quatre mois d'audiences. Après les dépositions des experts qui ont expliqué ce que je viens de vous dire avec une science qui n'est pas la mienne, on a senti comme un flottement dans ce prétoire. Alors, on a dit: «*On n'a rien trouvé, et c'est la faute de Total.*» Aujourd'hui, à l'issue de ce procès, je me suis dit qu'il fallait que je trouve un antidote à cette réflexion.

Que reproche-t-on à Total?

D'abord, d'avoir mis en place une commission d'enquête interne. Cette commission, c'est un vrai sujet. On m'a demandé ce que j'en pensais dès le dimanche 23 septembre 2001. Instinctivement, j'ai dit: «*Vous devriez prendre un magistrat à la retraite pour la diriger.*» Finalement, ils ont pris quelqu'un d'autre. Alors, je leur ai dit: «*Méfiez-vous, cela ne tient pas la route, et on va s'en prendre à vous.*» Certains d'entre vous vont passer en garde à vue. Comme on ne trouvera pas la cause, on vous dira que c'est de votre faute. Eh bien, cela n'a pas loupé! Alors cette commission d'enquête interne si décriée, elle a fait ce qu'elle a pu: elle a commandé des études, elle a fait un rapport dans lequel elle dit: «*On ne sait pas.*» Voilà c'est tout. C'est un crime?

Ensuite, il y a cette histoire de sac, qui aurait été caché à la police jusqu'au 27 novembre. Mais on a découvert à l'audience que le hangar 335 était le dernier salon où l'on causait. Tout le monde y entrait. Ce sac a été découvert le 2 octobre par M. Domenech [membre de la commission interne de Grande Paroisse] et ce sac a évidemment été vu par M. Deharo [expert de la Police scientifique] dès le 3 octobre! Alors, quand j'entends dire que M. Deharo n'était pas au courant, je me dis qu'il ne faut pas me prendre pour un imbécile! Cette question me semble être réglée, et c'est d'ailleurs ce qu'a considéré le juge dans son ordonnance de non-lieu.

Une commission aux ordres, un sac dissimulé... Mais ce n'est pas tout, on nous accuse aussi d'avoir secrètement effectué des essais et d'avoir caché un rapport. Ce rapport, il est arrivé en juillet 2006. Il était écrit en anglais et il a été mis dans un tiroir. Communiquer ce rapport à l'époque n'aurait pas apporté grand-chose. Ce n'est qu'ensuite que ce rapport a été redécouvert, on l'a montré à M. Lefebvre [expert commis Total]. Et je n'ai pas pensé à le communiquer au tribunal. Mais attendez… on en a des armoires remplies… de rapports qui n'ont pas donné de suite !

Mais ce n'est pas tout, on nous accuse encore d'avoir médiatisé l'hypothèse d'une piste volontaire. La piste volontaire, vous n'imaginez pas comment cela s'est passé. Dans notre cabinet, au début, on a mis les deux freins. Mais on a fait notre travail. On a demandé des actes au juge et vous avez pu observer qu'aucun de ces documents n'a circulé. Vous observerez aussi que nous n'avons fait aucune déclaration publique sur le sujet. Le procès qui nous est fait d'avoir ajouté cette piste est totalement faux…

Nous n'avons pas non plus essayé, en faisant des demandes d'actes, de gagner du temps. C'est ce que soutient M. le procureur, mais c'est l'inverse ! Quand le juge voit qu'il n'y a rien dans son dossier, il se tourne vers nous. Cela a duré quatre ans ! L'analyse sismique, qui a quand même prouvé des choses, c'est nous qui l'avons demandée, et ce n'était pas pour faire perdre du temps. En réalité, la défense a fait ce qu'elle a pu.

Que peut-on dire de plus ? Pas grand-chose. Je reste très frappé par le fait que quelque chose ne va pas : il y a des phénomènes antérieurs à l'explosion du 221. Ces phénomènes, on les nie, parce que cela ne marche pas avec la thèse de l'accusation, mais là, manifestement, quelque chose existe et demeure inexpliqué.

Je terminerai avec une image qui a trait à la psychanalyse. Le refoulé. Dans cette affaire, je trouve qu'il y a des témoins qui tambourinent. Quand je revois Mme Rochotte [employée sur le site], elle nous explique qu'elle se lève lorsqu'elle entend une première explosion, puis qu'elle sort… Quand je vois le garagiste nous expliquer que son pont s'est éteint avant l'explosion, je ne peux pas l'oublier. Quand je lis le témoignage de M. Durand [employé de la SNPE à proximité du site AZF], c'est très fort ! M. Durand se déplaçait près de la SNPE [Société nationale des poudres et des explosifs]. Il décrit d'abord une bourrasque, se dirigeant vers l'est, et raconte ensuite avoir été projeté au sol. Il a vu une colonne de fumée près de la chaufferie. Et Mme Dessacs, qu'est-ce qu'elle voit ? Une fusée près de la cheminée de la SNPE… Vous comprenez bien que, en tant qu'avocat, je ne peux mettre cela sous le boisseau ! J'avais résumé cela lors de l'instruction. J'avais alors dit qu'il s'était produit deux phénomènes, dont l'un est connu, l'explosion du 221, et l'autre inconnu. Alors, bien sûr, vous avez eu raison de rappeler, Monsieur le président, que les témoignages humains sont sujets à caution. C'est certain mais je pense franchement que cela mériterait peut-être un vrai travail d'étude pour comprendre, un travail d'inventaire de tous les témoignages… Parce qu'il s'est passé quelque chose que des gens ont vu !

Alors, Monsieur le président, vous avez à un moment posé une question : pour savoir s'il y avait des exemples de catastrophes qui n'auraient pas été expliquées. Nous avons de l'expérience en matière aéronautique. Dans l'affaire du TWA 800, l'enquête a démarré sur la piste d'un attentat, le FBI y a travaillé : Pierre Salinger avait expliqué qu'un missile avait été tiré sur l'avion, c'était inexact. Et finalement, après beaucoup de travail, c'est l'hypothèse d'un réseau électrique défaillant qui a été retenu. À l'inverse, il y a eu l'affaire du DC10 d'UTA, la thèse d'un accident a été privilégiée au début, et puis le juge Bruguière a montré que c'était un attentat. Et puis, il y a eu encore l'affaire de la catastrophe aérienne du Mont-Sainte- Odile. À l'évidence, l'affaire pénale ne tenait pas la route mais il fallait quand même la juger. Le constructeur et des membres de l'aviation civile ont été relaxés. Mais le constructeur a quand même été poursuivi au civil parce qu'on trouvait que son bouton n'était pas parfait ! Finalement, la cour d'appel l'a relaxé en disant : « *On ne sait pas, on ne peut pas tout savoir.* » Et c'est là que je trouve une certaine analogie avec notre affaire.

J'en ai terminé. Je pense à une phrase, relevée sur une cellule du dépôt de Paris : « *Ne me secouez pas, car je suis plein de larmes.* » Les parties civiles, les prévenus, les avocats sont dans cette situation [9].

Jugement

Le 19 novembre 2009, le tribunal correctionnel de Toulouse a rendu un jugement de relaxe générale à l'encontre de tous les prévenus. Le parquet a interjeté appel. Le 24 septembre 2012, la

9. Cette plaidoirie a été retranscrite en intégralité par Sabine Bernède, de *La Dépêche du Midi*.

cour d'appel de Toulouse a condamné la société Grande Paroisse à 225 000 euros d'amende (la peine maximale) et son directeur Serge Biechlin à trois ans de prison dont deux avec sursis pour homicide involontaire. La société Grande Paroisse et Serge Biechlin se sont pourvus en cassation. Le 13 janvier 2015, la Cour de cassation annule la décision de la cour d'appel. Elle a considéré qu'il pouvait y avoir un soupçon de partialité au sujet d'une magistrate de la cour d'appel, par ailleurs vice-présidente d'une association d'aide aux victimes. Un nouveau procès de l'affaire AZF est programmé pour début 2017.

5. Le procès du drame de Clichy-sous-Bois

On l'a peut-être oublié : le drame de Clichy-sous-Bois a déclenché la vague d'émeutes qui a secoué les banlieues françaises entre octobre et novembre 2005. L'histoire retiendra sans doute que, depuis 1968, la France n'avait pas connu de telles violences urbaines. Et qu'il fallut proclamer l'état d'urgence pour y mettre un terme. 9000 véhicules brûlés, des dizaines d'écoles, de gymnases, de commerces, d'entrepôts détruits, 200 millions d'euros partis en fumée, 126 gendarmes et policiers blessés, 3000 fauteurs de troubles interpellés. Et deux morts. Les deux gamins de Clichy-sous-Bois, dont la fin aussi tragique qu'absurde a fait exploser la colère latente des cités aux quatre coins de l'Hexagone. Deux morts, érigés un temps au rang de symboles, mais à ce jour, sans responsable ni coupable.

Le lourd bilan des vingt et une nuits d'émeutes, le traumatisme des policiers qui eurent la difficile mission de les juguler, explique-t-il l'inertie de la justice dans cette affaire ? La République a-t-elle véritablement essayé de comprendre comment deux de ses enfants ont été brûlés vifs à deux pas de Paris ? Rien n'est moins sûr. La procédure judiciaire traîne depuis sept longues années.

Tout a démarré le 27 octobre 2005. Il est un peu plus de 17 heures, ce jour-là, lorsqu'une dizaine d'adolescents qui ont joué tout l'après-midi au football sur un stade de Livry-Gargan rentrent chez eux, à Clichy-sous-Bois. C'est un soir de ramadan. Il n'est pas question d'être en retard pour la rupture du jeûne, les parents attendent alors. Pour aller plus vite, la petite troupe passe au milieu d'un chantier en construction. Au même moment, un riverain prévient la police. Ces « jeunes » ne seraient-ils pas en train de voler des outils dans une baraque du chantier ? L'enquête prouvera qu'il n'en est rien mais, suite à l'appel qu'ils ont reçu, les policiers dépêchent immédiatement sur les lieux plusieurs équipages de la brigade anti-criminalité.

Les adolescents n'ont rien commis de répréhensible. Mais ils n'ont pas leurs papiers sur eux. Ils prennent peur et s'enfuient. Bêtement. Tandis qu'une course-poursuite s'engage, trois d'entre eux se retrouvent encerclés par les voitures de police. Ils pénètrent alors sur un site EDF et trouvent refuge dans un transformateur. Une demi-heure plus tard, c'est le drame. Bouna Traoré, 15 ans, et Zyed Benna, 17 ans, meurent électrocutés. Le troisième, Muhittin Altun, est grièvement brûlé. Les policiers ont-ils commis une faute en ne prévenant pas les jeunes du danger ? Avaient-ils, eux-mêmes, conscience du péril ? Si oui, doivent-ils être poursuivis pour non-assistance à personne en danger ?

Dans un premier temps, un juge d'instruction décide le renvoi de deux fonctionnaires de police devant un tribunal correctionnel. Le magistrat s'appuie sur deux éléments. D'abord, un échange radio entre les forces de l'ordre. Un message sans équivoque : «*Ils sont en train d'enjamber pour aller sur le site EDF, s'ils rentrent je ne donne pas cher de leur peau.*» Second élément à charge : le rapport de l'Inspection générale des services. Les enquêteurs de la «police des polices» portent un jugement sévère sur l'inaction de leurs collègues : «*La chronologie met en évidence que si EDF avait été prévenue au moment où les policiers constatent que les jeunes sont susceptibles d'entrer sur le site, EDF aurait pu intervenir un quart d'heure avant que ne se produise l'accident.*» Malgré ces faits accablants pour les policiers, leur défense réussit pourtant à faire annuler leur renvoi devant le tribunal. Et puis, ultime rebondissement après des mois de batailles procédurales, en novembre 2012, la Cour de cassation décide que cette affaire doit être de nouveau examinée par une autre cour d'appel.

Depuis le premier jour du drame, les familles des victimes ont choisi Jean-Pierre Mignard comme conseil. Avocat depuis près de quarante ans, jamais une affaire ne l'aura autant mobilisé. Il est convaincu qu'il parviendra, un jour, à honorer la mémoire des adolescents immolés dans le transformateur. Qu'il obtiendra ce procès, jusqu'ici refusé. Et qu'il pourra montrer à tous les jeunes des quartiers en difficulté que «*la justice est la même pour tous et en tous lieux*». Me Mignard a fait de cette affaire une croisade en conformité avec ses orientations politiques, essayant même d'implanter un cabinet d'avocats à Clichy-sous-Bois, avant de jeter l'éponge, l'aventure n'étant pas viable financièrement. Très proche de Ségolène Royal et de François Hollande, arbitre de la Haute autorité chargée de veiller au bon déroulement des primaires socialistes en 2011, ce militant PS se revendique tout à la fois avocat et politique. Son credo ? «*Le droit est la déclinaison du politique* [10]. » Défenseur habile, il s'est illustré dans plusieurs affaires de financement politique mettant en cause le RPR. Il est également l'avocat du site d'investigation Médiapart.

Pour lui, il ne fait pas l'ombre d'un doute que les policiers de Clichy-sous-Bois ont menti à leur hiérarchie pour «se couvrir». C'est ce qu'il va plaider, en février 2011, devant la chambre de l'instruction de la Cour d'appel de Paris qui doit décider ou non du renvoi des policiers devant le tribunal correctionnel.

Plaidoirie prononcée par Jean-Pierre Mignard, avocat des familles de Bouna Traoré, de Zyed Benna et de Muhittin Altun, le 10 février 2011, devant la Chambre de l'instruction de la cour d'appel de Paris

Mesdames, Messieurs.

Je voudrais ici vous relater une traque…

Oui, une traque, l'expression me semble être la plus exacte pour vous décrire les événements tels qu'ils se sont déroulés le 27 octobre 2005. Des événements tragiques qui ont abouti à la mort de deux adolescents électrocutés dans le transformateur de la centrale EDF de Clichy, un troisième étant alors grièvement brûlé.

Ce 27 octobre 2005, il est un peu plus de 17 heures lorsque cinq adolescents sont poursuivis par la brigade anti-criminalité et les services de police. Après avoir traversé un terrain vague, les

10. *Secrets d'avocats*, d'Éric Merlen et Frédéric Ploquin, Éditions Fayard.

cinq jeunes échouent dans le cimetière de Clichy-sous-Bois. Trois d'entre eux s'apprêtent à en sortir mais, alors qu'ils sont proches du portail, ils voient arriver une nouvelle voiture de police. À son bord, trois fonctionnaires de police. Les trois jeunes retournent alors en direction du fond du cimetière, tandis que les fonctionnaires de police G. et L. pénètrent dans le cimetière.

Lors de ses différentes auditions, le brigadier G. a expliqué : «*Nous avons entendu du bruit sur la gauche, comme des pas sur les feuilles mortes. Nous avons cessé tout bruit pour les localiser. J'ai aperçu deux silhouettes franchir le grillage d'un autre terrain vague. De là où je me trouvais, j'avais vue sur le talus du cimetière descendant jusqu'au grillage enjambé par les silhouettes, puis un terrain vague, puis le site EDF dont je ne voyais que les pylônes mais dont je connaissais l'existence.*» Puis il ajoute : «*Comme nous avions de l'avance, nous avons rebroussé chemin pour effectuer le tour du pâté de maisons toujours pédestrement. Tout en courant, j'ai passé un message radio attirant l'attention sur le fait qu'un site EDF se trouvait à proximité et pouvait représenter un danger potentiel en cas d'intrusion.*»

Ces déclarations sont confondantes ! Le brigadier G. pense à alerter ses collègues du danger, et c'est en effet ce qu'il devait faire. Mais, s'il pense au danger couru par les poursuivants, il ne pense, à aucun moment, il ne pense jamais, à celui couru par les adolescents. S'il trouve le temps d'alerter ses collègues du danger, pourquoi ne le trouve-t-il pas pour héler les adolescents afin qu'ils se protègent ? Il fait un choix. Il discrimine dans les dangers auxquels sont exposés les uns et les autres. Il y a ceux qui ont droit à ses mises en garde – ses collègues – et il y a ceux pour lesquels, il ne l'envisage même pas – les adolescents «*fuyards*».

Dans un séminaire resté célèbre, le Dr Lacan indiquait que l'inconscient était structuré comme un langage. Comment mieux dire ici ? À ce stade, et alors qu'il a une pleine conscience du danger, pour lui comme pour ses collègues – car il évite bien, et c'est normal, de pénétrer sur le site – il n'alerte pas les adolescents alors qu'ils sont à portée de voix. Il n'effectue le tour du cimetière, immédiatement en direction de la centrale, que dans le seul dessein de les localiser pour les arrêter. Avant même de chercher à les localiser dans tels endroits du site, il fallait avertir les adolescents du risque fatal dont ils n'avaient pas pris conscience. À la question de la juge d'instruction – «*Pourquoi ne les avez-vous pas alertés du danger qu'ils courraient s'ils pénétraient dans la centrale électrique?*» –, le brigadier G. répondait: «*Ça ne m'est pas venu à l'esprit.*» Il lui est cependant venu à l'esprit de prévenir ses collègues.

À la seconde question du juge d'instruction – «*Ne pensez-vous pas qu'à ce moment-là votre travail consiste également à protéger les fuyards qui encourent un risque s'ils pénètrent sur le site EDF?*» –, le brigadier G. répondait: «*J'ai émis l'hypothèse qu'ils rentrent dans le site, mais à aucun moment je ne les vois pénétrer dans le site.*» On rappellera le sens courant du mot «hypothèse», tel que le décrit le *Grand Robert de la langue française*: «*Conjecture concernant l'explication ou la possibilité d'un événement.*» Ce n'est nullement une hypothèse que formule le brigadier G. Il est affirmatif. Pour s'en convaincre, la cour se rapportera utilement à la retranscription du trafic radio et aux propos tenus par le mis en examen: «*Oui, donc, les deux individus sont localisés. Ils sont en train d'enjamber pour aller sur le heu, heu, le site EDF. Il faudrait cerner le coin.*» On lui demande de réitérer la fin du message: «*Oui, je pense qu'ils sont en train de s'introduire sur le site EDF. Donc il faudrait ramener du monde qu'on puisse cerner le quartier, quoi, ils vont bien ressortir.*»

Il n'y a aucun doute possible sur la certitude qu'a le brigadier G. d'avoir vu les adolescents pénétrer sur le site. La meilleure preuve, c'est qu'il demandait du renfort, pensant qu'ils pourraient ressortir du site…

Voilà pourquoi d'ailleurs, avec sa collègue Mme L., le brigadier entreprend d'en faire le tour en courant, sans même tenter de vérifier la présence des jeunes dans la parcelle de terrain pentu jouxtant le cimetière. Car il est convaincu, plus que jamais, qu'ils ont pénétré sur le site. C'est ce que confirme un témoin, M. V., qui précise: «*En passant, ils [M. G. et Mme L.] m'ont demandé s'il y avait une possibilité d'aller dans le petit terrain entre mon pavillon et le cimetière. Je leur ai dit que non.*» Il n'y a plus de doute possible, si tant est qu'il y en ait jamais eu. La connaissance du péril auquel étaient confrontés les adolescents est établie sans contestation possible. C'est d'ailleurs ce que relevaient les juges d'instruction dans leur ordonnance de renvoi: «*Eu égard au sens de déplacement des deux individus ayant franchi le grillage du cimetière, à leur vitesse de déplacement – puisqu'ils participaient à une course-poursuite – et à la proximité du mur de la centrale électrique dont la dangerosité était évidente, le péril était bien réel, grave et imminent.*» Des juges qui estiment bon d'ajouter: «*Il résulte d'ailleurs de l'écoute des messages radio émis par le brigadier G., immédiatement après avoir aperçu les deux individus, qu'il en avait pleinement conscience tant ses propos sont clairs.*»

Ce 27 octobre 2005, en effet, à 17 h 35, le brigadier G. déclarait dans son message radio: «*Oui, en même temps, s'ils rentrent sur le site EDF, je ne donne pas cher de leur peau.*» Cette phrase est terrible et accablante. Elle témoigne de la conscience aiguë du danger mortel couru par les adolescents et de la désinvolture coupable avec laquelle le mis en examen y répond. Cette phrase révèle deux sentiments: celui qui vient d'être exposé, et ensuite que l'électricité mettrait un terme à la course-poursuite. Cette phrase aurait dû conduire un honnête homme et un fonctionnaire plein de sa mission déontologique à tout faire pour prévenir le danger, et peut-être même à hurler jusqu'à s'en rompre les cordes vocales. Ici, rien. Excepté un constat cynique et une surveillance silencieuse et sournoise au portail du site électrique alors qu'il fallait là encore hurler et mettre en garde. Il est de plus tout à fait inopérant, et même inexact, d'affirmer que le brigadier G. se soit rendu au portail du site pour apercevoir les adolescents.

La véritable question est: dans quel but? S'agissait-il de tenter de les apercevoir pour les mettre en garde ou de déceler leur présence pour les interpeller? Dans la première hypothèse, les policiers devaient signaler leur présence, rassurer sur leurs intentions et prévenir du danger. Dans la seconde hypothèse, il fallait faire le moins de bruit possible pour surprendre les adolescents. C'est le choix qui sera fait par le brigadier G., tout à fait conforme à son état d'esprit. On rappellera que, sans faire le moindre bruit, il se rendra, avec Mme L., en 1 min 36, c'est-à-dire très rapidement et directement, à l'entrée de la centrale.

Là, il est juché sur une poubelle et ne prononce aucun mot. Seuls des chiens aboient, décontenancés par cette présence. Ce sont d'ailleurs ces aboiements, lugubres dans la nuit, des chiens qui hurlent peut-être déjà à la mort, qui vont alerter les adolescents qui s'apprêtaient à quitter le site et qui comprennent que les policiers leur ont, une nouvelle fois, bloqué l'issue. En effet, les enfants, comme l'a confirmé Muhittin. A. lors des deux reconstitutions des 14 décembre 2006 et 7 novembre 2008, sont à 30 mètres de lui, de l'autre côté du portail et pressentent une présence policière qui est menaçante à leurs yeux. Les intentions des policiers sont en effet menaçantes. Le brigadier G. met à exécution sa volonté de cerner le site. À 17 h 34, il déclare : «*Il faudrait cerner, euh, le coin [...]. Oui, je pense qu'ils sont en train de s'introduire sur le site EDF. Donc il faudrait ramener du monde, qu'on puisse un peu cerner le quartier, quoi. Ils vont bien ressortir [voix essoufflée].*»

La seule réaction du brigadier G. a consisté à appeler des renforts pour cerner le lieu. Le verbe «cerner» signifie : «*Encercler, envelopper. Par extension, entourer par des troupes : encercler, assiéger, bloquer, investir. Entourer, envelopper de façon menaçante*» (*Le Petit Robert de la langue française*, p. 332). Les mots ont un sens, les actes ont un sens. L'étymologie dit la vérité. L'Inspection générale des services, dans son rapport, établira qu'il est patent que les policiers intervenants ont mené pendant un court instant un semblant de «*manœuvre d'encerclement de la centrale*». Le rapport désigne précisément la centrale et non le cimetière ou un autre lieu. Le site est en effet encerclé. Les policiers gardent les issues. Le véhicule GSP 831, avant de tourner autour du site, se positionne même devant la seconde sortie de la centrale.

Il n'y a rien là qui ressemble de près ou de loin à la volonté de porter assistance à une personne en danger. Muhittin A., le survivant, le confirme : «*Nous avions peur.* » Les adolescents vont donc tenter de se dérober à la vue des policiers en se cachant finalement dans la réactance. Il est certain que si le mis en examen avait prévenu les adolescents du danger, ceux-ci n'auraient peut-être plus bougé. C'est ce qu'a confirmé Muhittin A. lors de sa dernière audition par les juges d'instruction en date du 10 juillet 2009. Sa réponse, de par sa simplicité, est un véritable réquisitoire : «*Je serais resté sur place. Je leur aurais dit : "Venez me chercher."*» Pourtant, Muhittin A. explique, lors de la même audition : «*Je sais que d'autres personnes ont été interpellées autour mais nous, si les policiers nous ont vus passer le grillage, s'ils voulaient vraiment faire leur travail, ils pouvaient nous dire quelque chose. Je ne sais pas quoi dire. J'ai rien fait, les policiers n'ont pas voulu m'aider. Ils pouvaient crier.*»

Le mis en examen a donc eu deux occasions au moins, d'abord au cimetière et ensuite à proximité du portail du site, pour ne serait-ce qu'alerter les jeunes. Mais par deux fois, il a fait prévaloir le souci de les interpeller sur celui de les protéger. C'est un choix, et comme tout choix, il ressort du domaine de la volonté et d'elle seule. C'est ce qu'exprime d'ailleurs la question déterminante du juge d'instruction: «*Pourquoi ne prenez-vous même pas la peine de crier aux fuyards de faire attention, de ne pas s'approcher des installations électriques, que l'endroit est dangereux, même si vous ne les avez pas vus?*» Le mis en examen répond: «*J'ai pris des décisions dans le feu de l'action mais pas celle-ci.*» Le «*feu de l'action*» n'obère nullement la possibilité de faire des choix. Au contraire. Il justifie les choix que l'on fait dans l'urgence et la hiérarchie des choix opérés traduit la hiérarchie des préoccupations. La préoccupation hégémonique du mis en examen était bien d'interpeller et certainement pas de protéger les adolescents. D'une certaine manière, le choix du brigadier G. ne leur laisse pas d'autres alternatives que la mort ou l'interpellation.

Il n'est pas reproché aux fonctionnaires de ne pas avoir pris de risques, et certainement pas de ne pas avoir mis leurs vies en péril, mais de s'être abstenus du minimum auquel toute personne est tenue et, *a fortiori*, les fonctionnaires de police du fait de leurs fonctions et de leur déontologie: mettre toute personne à l'abri du danger. Alerter du danger par des cris était satisfaire à ce minimum. Ce minimum n'a même pas été envisagé. Il n'y eut au contraire que le silence, c'est-à-dire, au regard de la situation, la pire des conduites.

Silence lorsque le brigadier ne les hèle pas quand il est au cimetière et qu'il les voit pénétrer sur le site. Silence lorsqu'il s'agenouille et baisse le volume de sa radio. Silence lorsqu'il fait le tour du quartier. Silence encore lorsque deux véhicules le rejoignent, sans sirènes, pour ne pas signaler son arrivée aux adolescents dont les policiers barrent la tentative de sortie par le portail. Silence de la collègue du brigadier qui n'aura pas plus de réaction en courant à ses côtés pour gagner la course de vitesse engagée avec les adolescents. Silence car il s'agit de repérer les adolescents sans être vus par eux afin de les interpeller.

À la question de Mme la juge d'instruction, sur son analyse de la situation, le brigadier G. a répondu: «*Je réalise que j'ai du retard par rapport à la progression des deux individus du fait de la topographie des lieux. Il me semble nécessaire d'emprunter un autre chemin pour tenter de les avoir à vue une seconde fois.*» Il n'y a aucun doute dans son esprit lorsqu'il est devant le juge d'instruction. Les deux adolescents sont bien sur le site. Il s'agit même de les repérer une seconde fois sur le site et non pas de vérifier s'ils s'y trouvent. Pour lui, la question ne se pose même pas.

Ce constat, accablant, d'une abstention volontaire de porter assistance n'est pas seulement dressé par les familles et leurs avocats. Les enquêteurs de police, comme les collègues des mis en examen, feront preuve d'une conscience autrement plus juste et aiguë des obligations déontologiques de la fonction. Le rapport de l'Inspection générale des services l'expose sans ambiguïté, et il est terrible de vérité, terrible de loyauté: «*Enfin, le gardien de la paix G., auteur des messages, reconnaissait avoir pensé que les deux jeunes qu'il a vus dans le cimetière auraient pu se réfugier dans la centrale mais il avait également pensé qu'ils avaient pu se réfugier ailleurs que dans la centrale puisqu'il ne les avait pas vus franchir le mur mais entrer dans un terrain qui le jouxtait. Néanmoins, il n'avait pas pris la peine de regarder où allaient les jeunes et ne les avait pas mis en garde contre le danger que représentait la centrale qu'il voyait parfaitement et dont il connaissait aussi l'existence.*»

Le mis en examen omettra complètement d'alerter sur le danger de la centrale, que ce soit avant la pénétration et lors de la course-poursuite ou que ce soit après. Voilà pourquoi il n'a jamais actionné son système d'alarme Acropol relié directement au standard. Il s'agissait pourtant du premier et élémentaire acte de précaution vis-à-vis d'adolescents, que d'ailleurs les policiers nomment «*enfants*» dans leurs échanges téléphoniques. Le brigadier-major R. s'étonne de ce comportement en déclarant: «*Je voudrais dire que les fonctionnaires sur le terrain auraient pu actionner leur balise de détresse sur le terminal Acropol. Lorsque cela est fait, le chef de salle est automatiquement informé car la balise se déclenche sur son bureau.*»

Poursuivre des enfants astreint à un certain nombre de précautions, totalement ignorées dans la présente affaire. Ce premier acte élémentaire aurait suffi à disculper les fonctionnaires. Non seulement il n'a pas été accompli, mais à aucun moment le brigadier G. ne justifie le fait que ni les pompiers ni EDF n'aient jamais été appelés. Il fallait les avertir, même si leur intervention était difficile sur le site ou vaine. On appelle les pompiers y compris pour sauver des chats perchés dans les arbres. Enfin, les sapeurs-pompiers auraient sans doute moins effrayé les adolescents.

Il fallait surtout oublier la banlieue, oublier la guérilla des quartiers, les injures ou les doigts dressés et seulement se souvenir que l'on n'avait à quelques mètres de soi que des enfants en perdition. Des enfants qui ont été perdus. Des enfants que l'on a laissés se perdre. L'émeute a commencé dans les heures qui suivirent. Elle a embrasé toutes les banlieues françaises. L'honneur de l'État n'est plus que dans la main des juges. Le droit des victimes est au mieux dans leurs mains.

Arrêt

La cour d'appel de Paris rejette la demande de Jean-Pierre Mignard d'un renvoi des policiers devant un tribunal correctionnel. Mais, en novembre 2012, la Cour de cassation invalide cette décision et ordonne que l'affaire soit jugée. Le 16 mars 2015 s'ouvre donc devant le tribunal correctionnel de Rennes le procès de deux policiers pour «*non-assistance à personne en danger*» et «*mise en danger de la vie d'autrui*». Le 18 mai 2015, le tribunal prononce leur relaxe considérant que les deux policiers n'avaient pas connaissance d'un danger certain et imminent pour les jeunes. Jean-Pierre Mignard dénonce ce jugement. Il estime que «*la parole de deux policiers blancs l'emporte sur toute autre considération*».

IV. AU CŒUR
DE LA SOCIÉTÉ

1. Le procès de Véronique Courjault

Le 9 juin 2009, une jeune femme au regard doux, pâle, émue, l'air juvénile avec sa queue-de-cheval, prend place dans le box des accusés de la cour d'assises d'Indre-et-Loire. Véronique Courjault a 41 ans. Elle est jugée pour avoir tué trois bébés qu'elle venait de mettre au monde. Aux yeux de la justice, elle a commis trois assassinats et risque la réclusion criminelle à perpétuité. Depuis la découverte par son mari en 2006 de deux cadavres de nouveau-nés dans le congélateur familial en Corée, le public se passionne pour cette affaire. Au début, Véronique Courjault nie tout en bloc. Elle donne même, avec son époux Jean-Louis, une conférence de presse pour s'élever contre les «*odieuses accusations*» qui la visent. Et puis, confondue par des tests ADN, elle avoue devant des policiers médusés. Oui, elle a bien tué les deux bébés retrouvés dans le congélateur et elle reconnaît en avoir tué un troisième dont elle a brûlé le corps dans une cheminée.

Alors que s'ouvre son procès, la personnalité de cette jeune femme intrigue et fascine. Qui est Véronique Courjault, cette épouse d'ingénieur au regard soumis, cette mère de famille qui s'occupait si bien de ses deux autres enfants, Jules et Nicolas ? Un monstre ? Ou bien la victime d'un trouble encore mal défini que l'on appelle le déni de grossesse ? Tous ses proches défilent à la barre. Aucun d'entre eux, à commencer par son mari, ne s'est rendu compte qu'elle était enceinte, alors qu'ils l'ont vue pourtant plusieurs fois en maillot de bain durant sa grossesse. Peut-on ignorer que l'on attend un bébé ? Et si oui, Véronique a-t-elle vécu dans une dénégation absolue ou sa conscience était-elle juste altérée par intermittence ? Durant les deux semaines de procès, les jurés écoutent pas moins de 14 experts, médecins, psychologues, psychiatres, psychanalystes dont les avis divergent souvent. Les nombreux frères et sœurs de Véronique pleurent tous à la barre, regrettant de n'avoir pas compris et de n'avoir pas plus entouré celle qui aujourd'hui est figée dans le box. Jean-Louis, le mari, raconte l'histoire du couple: un premier enfant qui pleure beaucoup, la fatigue de Véronique et, lui, accaparé par sa carrière. Rien qui ne sorte de l'ordinaire. Pourtant, le président de la cour d'assises, Georges Domergue, voudrait tellement percer le secret de Véronique. Alors il questionne encore et encore, cherche dans l'enfance de l'accusée, la naissance difficile de l'une de ses sœurs, ses relations avec ses parents... Il tente de rationaliser. En vain. Les jurés ne parviendront pas, eux non plus, à élucider le mystère. Le procès de Véronique Courjault est le procès de l'indicible. Son avocat, Henri Leclerc, qui a lui aussi essayé de sonder sa cliente sans jamais y parvenir tout à fait, l'a compris. Il sait que pour la défendre, il doit s'extraire d'une forme de rationalité. Il ne pourra pas tout expliquer. Il ne pourra pas expliquer l'inexplicable. Il lui faut d'abord toucher le cœur des jurés. Et il va s'y employer avec toute l'énergie dont il est capable.

Henri Leclerc est un monument du barreau. Il plaide depuis plus d'un demi-siècle. Depuis ses premières armes dans les années 1950 devant la 23e chambre correctionnelle – celle des «flags» –, il a tout connu. Jusqu'à la défense de l'ancien Premier ministre, Dominique de Villepin. Aujourd'hui, à 76 ans, il a gardé le feu sacré et un idéal intact. «*Plaider, c'est rechercher la fraternité,* dit-il. *Les mots doivent rendre à l'accusé sa dimension humaine.*» Mais la fraternité n'empêche pas le combat. Henri Leclerc, il ne s'en est jamais caché, est aussi un militant. Il a traversé toutes les luttes. Avocat du «mouvement» en 1968, des luttes paysannes dans les années 1970, des indépendantistes haïtiens, bretons, guadeloupéens, il a créé un cabinet, «Ornano», qui révolutionne la profession, le premier cabinet à vocation sociale (droit des étrangers, syndical, etc.). Son ambition: «*Rendre la justice accessible au peuple.*» Généreux, brouillon, touche-à-tout, mais avant tout profondément humaniste, Henri Leclerc est aussi l'avocat qui traque les erreurs judiciaires. En 1988, il prend la défense de Richard Roman, un marginal accusé d'avoir violé et tué la petite Céline, à la Motte-du-Caire. «*J'ai vécu quatre ans et demi hanté jour et nuit par Richard Roman.*» Profondément convaincu de son innocence, il la clame haut et fort contre l'opinion locale chauffée à blanc et reçoit des petits cercueils à son cabinet. Lors d'une reconstitution, dans le village de la fillette assassinée, il échappe de peu au lynchage. Finalement, après un procès bouleversant – où même l'avocat général abandonnera l'accusation –, il obtient un acquittement. «*Je veux faire aimer l'accusé*, explique Henri Leclerc. *Ou au moins éviter qu'on le déteste. C'est ainsi que je deviens l'accusé lui-même.*» Même dans les atmosphères les plus haineuses, le vieux lion des prétoires réussit à envelopper la salle de ses rondeurs. Il ne plaide pas. Il parle. Il parle au juge comme s'il parlait à un ami, en lui confiant ses certitudes, ses doutes, ses interrogations. Il ne prononce ni discours, ni homélie grandiloquente, il converse simplement et établit, malgré tout, ce «lien sacré» avec les jurés qui peut faire basculer un procès.

Plaidoirie prononcée par Henri Leclerc, avocat de Véronique Courjault, le 18 juin 2009, devant la cour d'assises de l'Indre-et-Loire

Monsieur le président, Mesdames de la cour, Mesdames et Messieurs les jurés.

Maintenant, il faut que vous m'écoutiez parce que vous allez tout à l'heure prendre une décision grave. Elle est grave pour la justice. Elle est grave, bien sûr, pour Véronique Courjault. Elle est grave pour ses enfants, pour son mari, et elle est grave enfin pour notre société. Cette société, par la voix de son représentant, a requis une condamnation au terme d'un discours implacable dont mes deux consœurs Nathalie Sényk et Hélène Delhommais viennent de vous démontrer les insuffisances. Vous réclamez une peine lourde, Monsieur l'avocat général, il va nous falloir voir si elle est juste.

Cette affaire a passionné l'opinion publique, et la presse nous a envahis. Certes, l'opinion publique n'a en principe rien à faire dans nos audiences et, croyez-le bien, l'avocat que je suis préférerait que ce procès se passe entre nous. Mais finalement je crois que c'est bien ainsi, car votre jugement, c'est vrai, aura son importance pour l'opinion. Pour autant, si vous le voulez bien, oublions l'extérieur, faisons comme si nous étions entre nous, vous et moi. Nous allons nous parler un moment, nous allons essayer de comprendre et de réfléchir. Je vous l'ai dit dès le premier jour – et je n'ai jamais changé d'avis – je ne vous demanderai pas d'acquitter Véronique Courjault. Vous allez donc prononcer une condamnation. Il le faut, y compris pour Véronique. Ce que je vous demande c'est que cette condamnation soit porteuse non de désespoir, mais d'espoir. Depuis dix-huit mois, avec Nathalie Sényk, nous allons voir Véronique Courjault. Ces dix-huit mois, nous les avons vécus avec elle. Nathalie Sényk surtout, car c'est difficile pour un homme de parler d'une question, aussi évidemment, aussi totalement féminine : le rapport à son corps et à son enfant. Que nous sommes maladroits, nous les hommes, pour aborder ces sujets…

Avant tout, je voudrais vous dire quelque chose pour qu'il n'y ait pas d'équivoque : depuis dix-huit mois, je vis avec l'image de ces bébés, comme vous d'ailleurs depuis le début de ce procès. Parce que ces bébés, ce sont les vôtres, Véronique, mais ce sont les nôtres aussi ! Nous les avons tous vus, les femmes bien sûr, parce que des bébés sont sortis de leurs entrailles, mais nous, nous les hommes, les avons aussi vus. Je pense à ces bébés naissants, leurs petits poings serrés, leurs yeux encore fermés mais dont on sait que, peu de temps après, ils seront entrouverts par un trait de lumière. Les bébés à la peau si fripée. Comment est-ce possible ? Nous les aimons tant. Il y a là d'un seul coup tant de vie. Brusquement un être humain, et pourtant si peu de chose, si petit mais déjà si homme. Et moi, je les vois, ces bébés morts. Et j'en suis profondément ému. Vous imaginez peut-être que nous ne pensons pas à ces bébés. Non, ces bébés sont morts et c'est horrible. Ces bébés sont morts et ils ont été tués par leur mère. Certes, elle ne le savait pas, elle, que c'étaient des bébés, ses bébés, et moi, je la crois. Je la crois profondément quand elle dit : « *Pour moi, ce n'étaient pas des êtres.* » Oui, je la crois au moment où elle dit cela. Je pense à ces bébés, à leur mère, à ce moment terrible, à cette femme seule dans sa baignoire, accouchant. Enfin quoi, nous savons tous ce qu'est un accouchement. À quel point c'est dur. Tous ceux qui ont vu naître leur enfant s'en souviennent. Je pense au moment de souffrance physique et psychique épouvantable de cette mère qui accouche, toute seule, sans sage-femme, sans médecin, sans matrone, sans personne. Elle a oublié aujourd'hui la douleur. Elle se souvient juste d'un passage dans son corps et de sa main sur un visage.

Et je me pose bien des questions. D'abord, quand elle accouche, dans quel état est-elle ? Nous avons entendu de nombreux experts. Le Dr Bensussan parle d'un état de sidération. Sidération ! Le Dr Nisand évoque une « *souffrance physique et une souffrance psychique intolérable* ». Claude Halmos dit que Véronique Courjault était dans l'angoisse la plus totale, si « *tétanisée* », dans une situation tellement insupportable, que cela ressemblait à une « *hallucination* ». Oui, oui, cette femme a souffert. Et elle souffre toujours. Je veux bien tout entendre… mais je suis sûr d'une chose : cette femme n'est pas un monstre. Cette femme est une femme sensible, douce, fragile, aimant ses enfants, aimée de tous ses amis. Nathalie Sényk vous le rappelait tout à l'heure, tous ceux qui sont venus à la barre sont sidérés, eux aussi, comme nous le sommes nous-mêmes, par le crime qu'elle a commis. Tous s'effrayent, tous répètent : ce n'est pas possible. Mais tous l'ont accepté. Parce qu'ils savent bien que cela a existé. Alors pourquoi pensez-vous que tous ses amis l'aiment toujours autant ? Vous me direz : c'est le propre de l'amitié.

Permettez-moi de vous répondre, vieil avocat que je suis, que j'en ai vu des accusés en cour d'assises délaissés par tous ceux qui étaient autour d'eux – rarement par leur famille proche, heureusement qu'il y a des liens qui ne s'effacent pas – mais les autres… les amis ? Ils sont là aujourd'hui. Ils sont venus parce qu'ils l'aiment, comme ses enfants l'aiment, comme son mari l'aime. Pourquoi donc, pourquoi donc aimons-nous une femme qui a fait une chose pareille ? Pourquoi Nathalie Sényk est-elle aussi bouleversée quand elle en parle et pourquoi moi-même suis-je touché chaque fois que je la rencontre, profondément ému ? Allons, c'est bien sûr qu'elle n'est pas un monstre. Non. Même M. l'avocat général l'a dit hier : « *Je ne veux pas qu'on en fasse un monstre.* » Mais il craint que nous en fassions une icône. Rassurez-vous, Monsieur l'avocat général, pas moi. Je ne vous dirai pas qu'il faut en faire une icône. Je dis simplement que c'est une femme qui souffre, qu'il faut essayer de comprendre ce qu'elle a fait, qu'il vous faut essayer de comprendre, parce que vous allez être obligés tout à l'heure de la juger. Ah ! Monsieur l'avocat général, vous parliez hier de « *l'immense difficulté qu'il y a à rendre une justice qui soit juste, éclairée et équitable*». Une justice éclairée, c'est ce que nous souhaitons tous, mais est-ce simplement possible ?

Nous touchons ici à l'incompréhensible. Nous aimerions tous que, vous les juges, vous soyez en mesure de juger sur une explication absolue ! Mais j'entends les experts les plus éminents qui répètent : «*Nous sommes incertains, nous ne savons pas exactement ce qui se passe, nous n'arrivons pas à comprendre ces mécanismes.*» Et je me dis : «*Vous, vous allez bien être obligés de dire quelque chose. Vous allez être obligés de rendre une décision, de prononcer une peine.*»

Alors tentons d'avancer ensemble. Écoutons Claude Halmos. C'est une psychanalyste. Je ne l'ai pas caché, je la connais depuis longtemps. Je l'ai fait venir d'abord parce que j'avais besoin de comprendre, car j'avais beau lire les rapports d'expertises, j'avais beau m'adresser à des psychiatres, je ne comprenais pas et Claude Halmos me disait : «*Je veux bien t'aider mais encore faut-il que je la voie.*» Et là je remercie M. l'avocat général de lui avoir permis de rencontrer Véronique Courjault en prison… Qu'est-ce qu'elle vous a dit, Claude Halmos, quand elle est venue devant la cour ? Qu'au moment où Véronique accouche, elle ne décide de rien. On ne peut même pas dire qu'elle veut que cet enfant disparaisse puisque cet être n'est même pas pour elle, à ce moment-là, un enfant. Vous me direz : «*Claude Halmos, c'est votre témoin.*» Mais l'expert officiel, le Dr Bensussan, l'a exprimé de façon tout aussi claire : «*Ce qui s'est passé, elle ne l'a pas voulu.*» Et pourtant vous avez bien vu qu'il ne lui était guère *a priori* favorable. Oui, il a dit que ce qui s'est passé, «*elle ne l'a pas voulu*». Le Dr Masson, lui, a évoqué un «*clivage du moi*» auquel il reconnaît une part d'inconscient.

La différence entre le déni de grossesse et le clivage est subtile. Claude Halmos vous l'a expliquée : «*Le clivage, c'est un moyen de défense que le psychisme vient mettre en place quand il est menacé.*» Cette menace, pour la comprendre, le Dr Dubec nous donne un exemple : «*C'est comme une centrale électrique. Lorsqu'il y a une surcharge, la centrale saute si l'on ne met pas de côté ce qui la provoque.*» Le Dr Dubec vous a aussi expliqué comment l'esprit se sépare en deux d'une certaine façon : d'un côté, il y a l'esprit conscient et de l'autre ce qui demeure au fond de l'inconscient, ce que l'on rejette et dont on ne veut plus entendre parler. Cela va du «*refoulement*» jusqu'au «*déni*» en passant par la «*dénégation*». Et il existe un dégradé entre la dénégation et le déni total.

On nous réplique alors que nous sommes face à un déni «qui ne serait pas total»: la malheureuse «*savait*», puisqu'elle avait eu des «*intuitions de sa grossesse*». Le savait-elle? Cela se voyait-il? Personne ne vient dire que cela se voyait. Il y a une somme de témoignages. Des témoignages irréfutables. Dans les mois qui précèdent son accouchement, elle se met en maillot de bain devant une dizaine de personnes et personne ne s'aperçoit qu'elle est enceinte. C'est bien la preuve que nous sommes devant un fait exceptionnel! Nous avons appris à l'audience ce que sont les conséquences physiques de la dénégation et du déni: la dénégation comme le déni font que les modifications corporelles de la femme enceinte peuvent ne pas se voir. Il pourrait donc s'agir d'une dénégation. Mais est-ce que nous sommes sûrs pour autant que ce n'est pas un déni? Que dit le Dr Bensussan à ce sujet? «*Les arguments étaient plus nombreux en faveur de la dénégation qu'en faveur du déni*.» Dans cette affaire, reconnaissons-le, les experts hésitent, la science balbutie.

Si nous avions la certitude d'un déni, je plaiderais l'acquittement puisque, dans un déni complet, il n'y a absolument aucune conscience. J'ai dit que je ne le ferai pas. Car là, nous avons des moments où, de temps en temps, Véronique a eu conscience d'être enceinte… Les médecins nous expliquent que le déni absolu n'a pas lieu dans tous les cas, qu'il peut y avoir des éléments de conscience intermittents. Ils ont tous employé la même expression: «*On ne sait pas.*» Effectivement, on ne sait pas! On se trouve face à un phénomène extraordinaire: une femme enceinte qui ne voit pas qu'elle est enceinte. Bien sûr, elle peut avoir simulé. Oui, mais quand elle dit: «*Jules et Nicolas, je leur parlais, ceux-là, je ne leur parlais pas*», croyez-vous que ce soit quelque chose que l'on invente? Alors ce n'était peut-être pas un déni, c'était peut-être une dénégation, qui le sait? Dans la page 10 de son rapport, M. Masson écrit à huit reprises le mot «*peut-être*». Il vous l'a dit très honnêtement, «*les certitudes nous aurons du mal à en avoir*». Vous, Mesdames et Messieurs les jurés, il va vous falloir juger avec cette incertitude.

Ah, dira-t-on, mais Véronique Courjault a évolué dans le temps, elle a préparé sa défense. Qu'est-ce que vous croyez qu'est le travail d'un avocat? Moi, j'ai toujours considéré que le métier d'avocat – certains vont rire je crois, mais ce ne sera pas ceux qui me connaissent – j'ai toujours considéré que le métier d'avocat était une collaboration à la vérité, certes difficile quelquefois. Mais souvent c'est nous qui avons raison. Parce que nous apportons un autre regard. Nous ne cherchons pas à tromper la justice de notre pays et moi personnellement, je me dis que, si un jour je rencontre – ce que j'aimerais bien, même si je n'y crois guère – le bon saint Yves, patron des avocats, je lui dirais : « *Oh certes, j'ai sans doute commis des erreurs et des fautes dans ma vie d'avocat* », mais je pourrais affronter son regard facilement. Nous ne cherchons pas à vous tromper. Je sais que c'est difficile de vous convaincre de cela, je sais que chaque fois les jurés pensent : « *C'est des avocats tout ça…* » Non, nous ne cherchons pas à vous tromper. Mais, oui nous cherchons à nous approcher de la vérité et peut-être à éclairer les faits d'une façon différente. Mais ici, on est effectivement à la limite du mur. Alors vous êtes tenus par la loi d'en tenir compte dans votre décision et c'est là que je vais vous parler de la peine.

Vous allez punir Véronique Courjault, vous et vous seuls ! Je suis d'accord, on va la punir. Il ne faut pas qu'on dise en France : « *On peut tuer ses enfants.* » Mais, croyez-vous qu'elle représente un danger ? Le croyez-vous vraiment ? Certes, nous avons entendu ceux qui défendent l'enfance maltraitée – et il est juste qu'ils la défendent – mais je dirai, qu'ici, c'est un peu inadapté. Personne ne revendique un seul instant le droit de tuer des bébés !

Véronique, depuis dix-huit mois, fait des progrès. Elle refait le chemin. Elle le refait difficilement. Pas à pas, elle déchire des brumes effroyables. Comment s'est-elle retrouvée plongée dans ce brouillard ? Je ne sais pas ! Est-ce en raison de difficultés familiales ? Tous les experts parlent d'une origine lointaine. Que m'importe ! Sa mère, elle n'est pas responsable, son père non plus. Qu'on cesse de laisser planer le doute sur ces gens, comme s'ils étaient les inspirateurs de cette horreur. Cet homme et cette femme qui ont eu sept enfants, qui ont travaillé comme des fous ! Vous avez vu les mains de cet homme ? On dirait des ceps de vigne. Oui, tout n'était pas facile et peut-être que, dans l'enfance de Véronique, il s'est passé quelque chose. Peut-être, mais de toute façon, ses parents n'en sont pas responsables eux non plus.

Et surtout, Véronique, elle avance, elle avance ! Elle n'est pas dangereuse, cette femme ! Elle n'est pas dangereuse ! Pour la punir, il faut d'abord juger sa part de liberté. Mais aussi des circonstances. Ah, vous me voyez venir, je vais parler des enfants, Jules et Nicolas. Et pourquoi je n'en parlerais pas, des enfants ? Et pourquoi ne dirais-je pas que, dans cette absurdité, dans cette horreur, il y a cette contradiction. Certes vous avez certainement envie de punir la mort des bébés. C'est tellement insupportable. Même si, hélas, il y en a d'autres qui meurent dans le monde. De faim ou le crâne fracassé dans des guerres civiles. Oui, les bébés morts, ça nous est toujours insupportable et ces bébés-là comme les autres. Ils nous sont insupportables mais le problème de demain, ce n'est pas le bébé, il est mort le bébé, le problème c'est cette femme et ses enfants. Ces enfants, ils nous disent quelque chose, Nicolas en particulier. Ils ne comprennent pas, ils s'interrogent, mais ils continuent à aimer maman parce que maman les aime. C'est vrai. Je ne sais plus quel expert m'a repris quand j'ai dit que c'était une femme admirable. Il m'a dit : «*Non, c'est une bonne mère.*» Mais une bonne mère, n'est-ce pas une femme admirable ? C'est évident. Et elle les aime tout simplement. Elle les voit actuellement une fois par mois. Nicolas a dit : «*Maman, elle est malade.*» Oui, tu as raison Nicolas, ta maman était malade. Oh ! certes, elle n'était pas atteinte d'une maladie mortelle, ni d'un mal qui faisait que sa raison n'existait plus. Mais tu as raison Nicolas, ta maman était malade. Il faut que tu te le dises. Il faut que vous vous le disiez aussi. Il faut que, vous, vous disiez à Véronique Courjault : «*Ce que vous avez fait est horrible. En tant qu'être humain, nous ne pouvons pas le supporter, mais aussi parce que nous sommes des êtres humains, nous savons comprendre qu'il y a quelque chose chez vous de fragile, de faible, de désespéré.*» Elle essaie de comprendre, elle aussi. S'il y avait une seule chose pour laquelle elle vous supplierait, ce serait pour vous demander : «*Laissez-moi revoir mes enfants.*» Bien sûr, les enfants aussi, s'ils étaient là, vous supplieraient.

Qu'est-ce que ça change qu'elle reste en prison ? Quel est l'intérêt pour notre société ? Nous le savons, le prix de la vie, nous le savons, le prix de la vie d'un bébé, cela ne changera rien. Celle que vous avez à condamner est certes cette femme déchirée, mais c'est aussi un peu les enfants qui attendent ce soir, qui attendent pour savoir ce qui va se passer et qui voudraient qu'elle sorte. Ça vous paraît exagéré peut-être. Non ! Je voudrais qu'elle sorte. Qu'est-ce que vous avez à craindre ? Elle n'est pas dangereuse. Ça peut paraître absurde, mais c'est vrai qu'il me faut vous dire aussi ça : elle n'aura plus de bébé… Il faut qu'elle se reconstruise, avec ses enfants Jules et Nicolas. Nous savons bien que les thérapies que l'on fait en prison ne sont pas de bonnes thérapies. En prison, on ne peut pas faire ce travail approfondi, difficile, long, dont elle a besoin pour achever de dissiper ses brumes. Cette analyse, il faudra qu'elle la fasse dehors. Alors pourquoi différer plus longtemps ? Pour le symbole, parce que cette affaire a envahi le champ médiatique et qu'il faut répondre à ce champ médiatique ? Ce n'est pas Véronique qui est allée chercher les médias. Le film qui est sorti, ce n'est pas elle qui l'a voulu.

Oui, elle a donné la mort. Mais hier dans la dernière réponse qu'elle faisait à Nathalie Sényk, elle vous a dit simplement – peut-être n'avez-vous pas été touchés, vous ; nous, nous avons été bouleversés – : « *J'ai tué mes enfants, je le sais.* » Elle l'accepte donc. Aujourd'hui, je me dis : mais qu'est-ce que je peux vous proposer comme peine ? Je vous dis : je voudrais qu'elle sorte. Ah, on peut faire des calculs savants, il va y avoir la conditionnelle. Elle ne ferait que la moitié de la peine. Écoutez, la loi change sur ce sujet selon les moments. J'ai vu des gens qui espéraient des remises de peine importantes et qui ne les ont pas eues. Et je me souviens en particulier d'une personne condamnée après un décompte savant de l'avocat général, disant il y aura des grâces présidentielles, il y aura ceci, cela. Condamnez à 20 ans, expliquait-il, au total il n'en restera que 10. Cela fait 15 ans que cette personne est en prison ! Bon ! Pas facile tout ça. Qu'est-ce que je peux vous proposer ? Par exemple de lui infliger une peine avec sursis mise à l'épreuve. 5 ans maximum puisqu'elle n'est pas en récidive, 5 ans maximum avec une partie sursis mise à l'épreuve, c'est bien ça que j'aurai envie de vous proposer, mais je vais vous proposer autre chose. Vous pouvez considérer au fond de vous-mêmes que, peut-être, M. l'avocat général n'a pas demandé beaucoup. Si, il a demandé trop ! Nous sommes devant une affaire exceptionnelle, une affaire hors du commun. Cette femme a souffert comme aucune femme n'a souffert. Elle souffre encore à chaque instant. Cette souffrance, celle que nous voyons sur son visage, tout cela je le dépose devant vous. Parce que vous pouvez faire quelque chose. Depuis 2004, le Code pénal a changé. Il vous est possible, en matière de meurtre, de condamner à ce qu'on appelle un suivi socio-judiciaire. Cela veut dire que vous la condamnez à de la prison, mais en réduisant considérablement la durée de la peine et en disant : « *Attention Madame, vous êtes malade, vous êtes fragile, et nous vous imposons pendant quelques années de vous faire suivre régulièrement. Si vous ne le faites pas, Madame, vous allez en prison.* » Au moins, voyez-vous, elle pourrait sortir, sortir le plus vite possible. Ah, je voudrais même qu'elle sorte ce soir. Je vous demande l'impossible ! J'ai tellement demandé l'impossible aux juges et aux jurés. Je ne l'ai pas toujours eu mais je l'ai eu quelquefois. Je vous demande l'impossible parce que l'impossible me paraît juste tout simplement. Juste pour elle, juste pour Jules et Nicolas. On leur permettrait de se reconstruire avec leur maman, on permettrait à leur maman de continuer à déchirer ses brumes et à devenir une femme simplement, aux côtés de son mari, en portant au fond d'elle-même jusqu'à la fin de ses jours, le poids terrible de ce dont elle prend conscience, jour après jour, petit à petit. Elle ne clive plus. Il lui faut maintenant accepter la vérité : vous avez tué vos enfants, Véronique, acceptez-le, portez-le et allez maintenant retrouver les autres.

Verdict

Le 18 juin 2009, la cour d'assises d'Indre-et-Loire a condamné Véronique Courjault à 8 années de prison. Une peine mesurée. La cour l'a reconnue coupable de meurtre pour un bébé et d'assassinat pour les deux autres, en considérant qu'elle avait agi avec préméditation. Elle a bénéficié d'une mesure de libération conditionnelle le 17 mai 2010. Au total – et en comptant sa détention provisoire –, Véronique Courjault, qui a suivi une thérapie poussée en prison et qui a bénéficié de réductions de peines, aura passé un peu moins de 4 années derrière les barreaux.

2. Le procès de l'Église de scientologie

La manipulation mentale, les pressions exercées sur les adeptes récalcitrants, les manœuvres destinées à plumer les naïfs pris au piège des théories de Ron Hubbard sont au cœur du procès qui s'ouvre en septembre 1996 devant le tribunal correctionnel de Lyon. L'instruction a débuté six ans plus tôt. Le 24 mars 1988, Patrice Vic, 31 ans, se jette du 12e étage de son appartement sous les yeux de sa femme Nelly. Depuis cinq mois, ce dessinateur industriel fréquentait assidûment le centre de dianétique de l'Église de scientologie. Le jeune homme, dépressif, traverse une période de doute. La veille de son suicide, il se rend au centre, discute avec Jean-Jacques Mazier, le responsable de l'Église de scientologie de Lyon. Puis les deux hommes reviennent ensemble au domicile des Vic, essayant de convaincre Nelly d'emprunter 30000 francs pour une cure de purification, une sorte de stage initiatique. Dans la nuit qui suit, Patrice Vic se suicide. Sa femme porte plainte. Au cours de l'enquête, une trentaine de victimes se manifestent auprès des services de police. Toutes estiment avoir été grugées par l'Église de scientologie. Pendant les dix jours de débats, le tribunal effectue une plongée dans le monde de Ron Hubbard et examine les méthodes utilisées pour attirer et fidéliser ses disciples. «*Cours d'audition*», séances d'«*électromètre*», cure de «*purification*»… autant de «*services*» proposés aux adeptes, le but ultime étant d'atteindre un stade de «*libération psychique*». Chaque prestation est dûment tarifée: 25000 francs pour le cours d'audition, 12 à 30000 francs pour la cure, etc. Si les adeptes ne peuvent pas ou plus payer, il leur est proposé de rembourser en journées de travail gratuites ou à peine rémunérées. Dans son réquisitoire, le procureur a retenu le délit d'escroquerie ou de complicité d'escroquerie contre une vingtaine de prévenus, tous responsables à des degrés divers de l'Église. Le lyonnais Jean-Jacques Mazier, proche de l'adepte qui s'est donné la mort, est, lui, poursuivi pour homicide involontaire. «*Le fonctionnement de l'Église de scientologie démontre sa perversité et sa dangerosité*, affirme Thierry Ricard, le représentant de l'accusation. *La scientologie manie plus la finance que la doctrine.*» Les scientologues, eux, nient avoir exercé la moindre manipulation mentale. Ils dénoncent un «*procès en sorcellerie*», un «*procès en hérésie*». C'est Jean-Yves Leborgne, une figure du barreau parisien, qui défend Jean-Jacques Mazier. Président de l'Association des avocats pénalistes, puis vice-bâtonnier, cet avocat, licencié en philosophie, possède une voix de stentor. Pour le scientologue, il prononce une plaidoirie pleine d'ironie. Pointant habilement les contradictions de l'accusation, il s'interroge sur la liberté qui doit être laissée à chacun de croire en la religion de son choix.

Plaidoirie prononcée par Jean-Yves Leborgne, avocat de Jean-Jacques Mazier, le responsable de l'Église de scientologie de Lyon, le 8 octobre 1996 devant le tribunal correctionnel de Paris

Messieurs du tribunal.

Je me pose la question du poids de l'opinion qui pèse sur vous. Dimanche dernier, à la messe de ma paroisse, je me demandais si, à la faveur d'une indiscrétion de télévision, on n'allait pas me dire: «*Mais qu'est-ce qu'il fait là, l'avocat de la scientologie?*» Nous sommes tous diabolisés. Comme si la question ici n'était pas de dire si, oui ou non, l'escroquerie est constituée, ou si oui ou non M. Mazier peut être retenu dans les liens de la prévention de l'homicide involontaire.

Ma question est: pouvez-vous juger sereinement? En marchant hier, je me demandais: seront-ils assez fous, assez héroïques ou les deux à la fois, pour prononcer une relaxe? Seront-ils assez juristes pour avoir le courage d'affronter l'opinion comme nous l'affrontons depuis dix jours?

On demande au tribunal de faire œuvre de prophylaxie sociale, de tenir compte du problème préoccupant des sectes. Parce qu'on ne sait pas quelle réponse apporter au problème, on refile le cactus au juge pénal. On a un peu trop tendance à le faire ces temps-ci.

D'ailleurs, le procureur de la République vous y a clairement invités hier. Le «*trouble à l'ordre public*», si je l'ai bien compris, c'est l'ensemble du mouvement sectaire. Ce n'est pas la scientologie, c'est Wacco, Aoum, Guyana. Vous devez vous méfier de cette pression.

Tout est diabolisé. On indemnise les victimes? C'est mafieux. Si on ne les indemnise pas: c'est du mépris. La belle alternative!

On vous demande de faire de cette affaire ce que le garde des Sceaux a annoncé lui-même: un exemple. Il n'y a rien de pire qu'un exemple en matière judiciaire. L'exemple, c'est une manière de condamner quelqu'un non pour les fautes qu'il a commises, mais pour que les autres le voient…

Il y a peut-être un fléau des sectes – vous avez peut-être raison, Monsieur le Procureur – encore faut-il faire le détail et ne pas pratiquer d'amalgame. Qu'il existe une séduction dans le phénomène sectaire, c'est certain. Mais la séduction est-elle coupable? Mme Bovary ne relève pas du Code pénal. Rappelez-vous le pré-rapport parlementaire sur les sectes, celui de Mme Sauvaigo. Il était question de créer un nouveau délit, celui de «*captation de comportement*». Un nouveau délit. Cela veut bien dire que, pour l'instant, il n'existe pas. Et fort heureusement.

Si vous avez le sentiment qu'on attend de vous une condamnation morale et non pas pénale, alors, vous relaxerez…

Nous vivons dans un monde où l'homme normal est un homme sans Dieu, sans attache. Nous sommes tous peu ou prou les fils de Freud et de Marx. Que cela nous plaise ou pas. Des êtres sans complexe, à qui on répète: «*Débarrassez-vous de vos complexes, de la mère, de l'amour.*» Et qui entendent tous les jours: «*La religion, c'est l'opium du peuple.*» À partir de là, qu'on soit scientologue aujourd'hui, ou chrétien demain, n'est-on pas déjà un peu coupable?

Le père Trouslard, que je trouve finalement sympathique dans sa sincérité, est venu nous dire: «*La secte est une dépendance.*» Je lui aurais bien répondu, dans une conversation privée: «*Est-ce que toute appartenance n'est pas un peu une dépendance ? Est-ce que toute appartenance n'est pas totalitaire ?* » Protégeons-nous du « religieusement correct ».

On nous a dit et répété qu'on ne voulait pas faire le procès de la scientologie, mais celui de vingt-trois scientologues. Mais lorsque je demande ce qu'on leur reproche, à ces vingt-trois scientologues, on me répond : « *C'est qu'ils sont scientologues.* » Votre réquisitoire, fort long, Monsieur le Procureur, était consacré aux trois quarts à la scientologie et à ce qu'elle est.

Nous ne sommes pas habitués à une autre religion que la nôtre. De là vient cette distance, ce rejet spontané parce qu'elle ne pense pas comme nous, qu'elle préconise une conception personnelle de Dieu qui ne nous est pas familière. On se dit : « *Ce n'est tout de même pas en fouillant dans ma petite âme que je vais trouver la présence de Dieu... Comment, Dieu serait dans l'audition ? Et pourquoi pas dans le journal ? Attention, c'est une arnaque ! Une escroquerie peut-être.* »

Est-ce parce que ça nous est étranger que c'est coupable ? C'est vrai qu'on a un peu l'impression que la scientologie est un mélange : un peu de bouddhisme, un peu de christianisme, un peu d'hindouisme, qu'on a mis tout ça dans un mixeur, qu'on a ron-hubbardisé tout ça et qu'on vous le sert tout frais à votre audience. Mais vous ne devez pas le rejeter simplement parce que ça ne nous est pas habituel.

Car, dans cette affaire, on sent autre chose : le poids de l'Amérique, cette rupture entre l'Ancien et le Nouveau Monde dont ils sont pétris même quand ils n'y sont jamais allés. La scientologie est une technique, une standardisation de la croyance, vous a dit un universitaire. Vous pouvez rejeter cette technologisation de l'âme, mais pas les rejeter, eux, simplement parce qu'ils y croient...

Les pratiques de la scientologie heurtent-elles la loi ? Je sais que des témoins parlent de harcèlement. Mais Lise T. a dit : « *Je n'ai pas eu de problème.* » Pascal G. a dit : « *Je suis parti quinze jours en vacances, je n'ai plus entendu parler d'eux.* » Corinne D. a dit : « *Finalement je ne suis pas allée à Flag et je n'ai pas été relancée.* »

Que d'autres aient été relancés, quoi de plus normal ? Rappelez-vous votre vieux catéchisme... Le berger va chercher ses brebis égarées.

Mme Marie-Thérèse M., criant un peu, pleurant beaucoup, est venue nous dire sa souffrance. Elle est sûrement sincère. Mais ne raconte-t-elle pas l'histoire autrement qu'elle s'est déroulée? Elle nous a dit qu'elle avait pris contact avec la scientologie en répondant à une offre d'emploi... Alors que dans un procès-verbal, le premier, elle dit en substance: «*Je répondais à une annonce publicitaire promettant un mieux-être.*» Un mieux-être, ce n'est pas une promesse, ce n'est pas une offre d'emploi... Un de ses amis la décrit à ce moment-là «*enthousiasmée*» par la scientologie. Elle ne l'est plus aujourd'hui, c'est certain! Mais cela ne signifie pas qu'elle ne l'ait pas été. Elle a dépensé 800000 francs. Que n'a-t-elle dit non plus tôt! Vous a-t-elle parlé de chantage? Non. Elle a dit harcèlement. Vous-même, Monsieur le président, vous lui posez la question: «*Pourquoi n'avez-vous pas dit non?*» Et elle répond: «*Par curiosité intellectuelle.*» Va-t-on interdire la curiosité intellectuelle?

Marie-Thérèse M. a dépensé ces sommes parce qu'elle est séduite. Et la séduction, c'est la liberté. C'est vrai que la séduction s'exerce à fond sur Mme M. Vous lui demandez: «*Vous faisait-on miroiter quelque chose?*» Je vous voyais venir avec les manœuvres frauduleuses au service de l'espoir chimérique. «*Oui*, répond-elle, *on me promettait l'état de "clair".*» Elle l'a eu. Il n'y a pas de délit lorsqu'on propose quelque chose de clair à quelqu'un et qu'il est séduit. Elle explique comment elle devient fanatique de l'audition. «*Ça devient comme une drogue*», dit-elle. On s'est trompé de texte alors! Il fallait invoquer le trafic de stupéfiants! On peut regretter que la séduction s'exerce, mais si c'est la séduction qui s'exerce, ce n'est pas la contrainte.

Jean-Jacques Mazier vous a dit: «*Il passe 1400 personnes par an à la mission, et nous sommes 40.*» C'est peu. Ils essaient de convaincre, pas de contraindre. L'escroquerie, c'est une manière perverse d'attirer l'autre pour lui piquer son portefeuille. Là, non. On voit la conviction, la séduction. D'ailleurs on vous l'a déjà dit: 22% des membres vont jusqu'au 2e niveau, 5% jusqu'au 3e. Et je ne vous parle pas du 4e. La séduction a ses limites.

Nous avons grandi dans ce catholicisme où l'argent, c'est la faute. Rappelez-vous ce vieux mot de Balzac: «*À l'origine de toute fortune apparente, se dissimule un crime caché.*» Tenez,

Mazier. C'est le seul qui a de l'argent. Alors, c'est un criminel. Il dit: «*C'est un héritage.*» On répond: «*Ta-ta-ta-ta...*» Les autres gagnent 3000, 5000 francs par mois. C'est la preuve qu'ils sont sincères, qu'ils y croient. Ce n'est peut-être pas à dire dans cette bonne ville de Lyon, mais il faut être pauvre pour être respectable. Et puis il y a cette impudeur américaine, et les recettes de cuisine de Ron Hubbard qui expliquent comment demander de l'argent, comment en recevoir, tout cela vous a un côté proxénète… qui nous déplaît. Disons-le franchement. Mais c'est une condamnation morale personnelle.

Mazier n'est pas un démuni. C'est ce qui lui fait du grief. Il a quelques sommes rondelettes sur son compte en banque; c'est vrai. Mais il apporte la preuve de ses revenus: il a vendu des parts, il a hérité. Je vous ai remis hier les documents qui prouvent l'origine de ces fonds. Il a vendu des parts et il a été porté 1 million de francs au crédit de son compte.

Alors on nous dit: «*Comment! Huit ans de procédure et c'est maintenant que vous apportez les justificatifs, mais vous vous foutez du monde, Mazier!*» C'est vrai que mon client, qui n'est pas un nerveux, ne s'est pas précipité chez le juge d'instruction pour justifier ses revenus. C'est vrai. Il a préféré aller à Flag plutôt que de se plonger dans sa comptabilité. Mais la charge de la preuve incombe à l'accusation, encore, dans notre droit pénal. Le tribunal appréciera si ces justificatifs, même remis tardivement, sont la preuve des revenus de M. Mazier.

Et puis on nous a dit: «*Son compte est crédité de comptes de tiers.*» Pardi! Il ne va pas se faire des chèques à lui-même. Soyons honnêtes, il y a aussi des chèques de fidèles. Lorsque M. Mazier a créé la mission, il a avancé de l'argent. Il va construire sa mission, la nourrir. C'est son bébé. Il va acheter des tonnes de livres, payer le loyer, le dépôt de garantie. Et, de temps en temps, il se rembourse. Dans la rigueur comptable, il eût mieux valu que les chèques soient encaissés sur le compte de la mission et qu'elle le rembourse. On n'a pas fait comme cela. Bon.

C'est vrai que les comptes entre Mazier et ceux de la mission sont embrouillés. Il fallait les débrouiller. Et l'enquête – cinq ans d'enquêtes – ne l'a pas fait. Mais en l'état, il n'y a ni faute ni délit.

Quant au suicide de ce malheureux Vic, dont on a dit que Mazier, et plus généralement la scientologie, était responsable, dans un premier temps, le parquet a classé sans suite. C'était un suicide. On n'est pas allé chercher midi à 14 heures dans une procédure tardive. Mme Vic vous a dit: «*M. Mazier, c'est la goutte qui a fait déborder le vase.*» C'est donc que le vase était plein et que Patrice Vic n'était pas loin de commettre ce geste fatal peu de temps avant. Elle nous dit: «*Depuis deux ans, il était dépressif.*» Alors qu'il ne fréquentait le centre que depuis quelques mois. Elle nous dit encore: «*Dimanche, il avait bu plus que de raison.*» Voilà un homme, et j'en suis le premier désolé, qui est dépressif depuis deux ans, qui s'adonne de temps en temps à la boisson, dont on apprend également qu'il a subi une opération au thorax parce qu'il avait un problème esthétique… Ah bon?… dû à une malformation congénitale… Comment! Et le Dr Abgrall nous dit: «*Non, rien de notoire dans l'état antérieur de Patrice Vic.*» Rien d'autre que dépressif, le projet de voir un psychiatre – que ne l'a-t-il fait! – et une malformation congénitale entraînant un problème esthétique… Combien d'entre nous, dans cette salle, savent les souffrances que peut entraîner une malformation qui se voit…

Pourquoi faut-il que l'Église de scientologie soit responsable de ce suicide? Soyons raisonnables. Revoyons nos classiques. Polyeucte dit: «*La folie est chez les hommes.*» Pourquoi ne pas conclure comme le Dr Léry, qui parle d'une «*décompensation névrotique d'une pathologie préexistante*»?

Me Llacer vous a dit habilement qu'il importait peu que le terrain soit favorable, dès lors que le lien de causalité était certain. Mais allez-vous vous autoriser à sonder les cœurs, pour savoir ce qui fait commettre le geste fatal à un homme? Quel est l'élément déclenchant? Est-ce la rencontre avec M. Mazier ou autre chose? Allez-vous vous engager dans cette voie romanesque? Comment sait-on la cause d'un suicide? Pourquoi un homme est déchiré ou pas? Vous avez dans cette affaire des délits hypothétiques, une escroquerie de circonstance, pour sanctionner une démarche intellectuelle.

Jugement

Le 22 novembre 1996, le tribunal correctionnel de Lyon a condamné Jean-Jacques Mazier à trois ans d'emprisonnement dont 18 mois avec sursis et 500 000 francs d'amende. En appel, il a vu sa peine réduite à trois ans de prison entièrement couverte par le sursis.

3. Le procès du sang contaminé

Le procès du sang contaminé fut un concentré de rage, de désespoir et d'incompréhension. En cet été 1992, lorsqu'apparaît le Dr Garretta, dans une salle exiguë et une chaleur d'étuve, c'est le Docteur Mabuse que l'on s'apprête à juger. Michel Garretta, directeur général du CNTS, le Centre national de transfusion sanguine, est alors accusé d'avoir sciemment distribué à des centaines d'hémophiles des lots de sang qu'il savait contaminés par le virus du sida. Il serait responsable de plusieurs dizaines de décès. Depuis plus d'un an, la presse a multiplié les révélations sur le «*scandale du siècle*» et le public a découvert, effaré, comment des intérêts bassement financiers avaient pu conduire plusieurs hauts responsables de la transfusion sanguine, Michel Garretta en tête, à sacrifier la vie de malades sur l'autel de l'argent et du profit. Par la suite, l'affaire apparaîtra autrement plus complexe.

Mais, en ce 22 juin 1992, à l'ouverture des débats, ce sont la colère et la douleur qui l'emportent sur la raison. Pendant plusieurs semaines, les victimes défilent à la barre pour exprimer chagrin et désarroi. Il y a cette mère déchirante qui confie : «*Petit à petit, j'ai vu mon enfant partir. Que devais-je lui dire ? On t'a transmis le sida ? On t'a empoisonné ? À 11 ans, il n'a pas compris de quoi il allait mourir.*» Cet hémophile contaminé, inconsolable parce qu'il ne verra pas grandir sa petite fille, et qui apostrophe les prévenus : «*Avez-vous pensé à ceux qui se réveillent toutes les nuits, la peur au ventre ?*» Cette femme qui crie : «*Je suis une mère célibataire et l'on me vole mon unique enfant !*» Des phrases terribles résonnent dans le prétoire. Vies sacrifiées, bonheurs perdus. Dans le box des prévenus, le Dr Garretta ne trouvera jamais les mots justes pour répondre à une telle douleur. Le pouvait-il ? Le désirait-il simplement ? Jamais, il ne prononcera le moindre mot d'excuse.

Distant, voire arrogant, il se retranche derrière les circulaires, les dossiers, les statistiques et tente de faire porter la responsabilité de ce drame sur les ministres en charge de la Santé publique qui n'ont pas encore été inquiétés. Ils sont les grands absents de ce procès et tous leurs conseillers – qui pourtant ont eu un rôle décisif dans ce scandale – ne comparaissent qu'au titre de témoins. Au mois d'août, le procès se termine sur une impression d'inachevé. Il n'a satisfait aucune des parties. Ni les victimes qui étaient favorables à une audience criminelle et à des poursuites pour empoisonnement et qui sont ulcérées par la qualification retenue, une simple «*tromperie sur la marchandise*». Ni Michel Garretta qui estime, en partie à raison, avoir été un bouc émissaire. Son défenseur, François-Xavier Charvet, avocat spécialisé dans le droit des entreprises, professeur à HEC, connu également pour son engagement dans la défense des droits de l'homme, se fait le porte-voix de son indignation.

Plaidoirie de François-Xavier Charvet, l'avocat du Dr Michel Garretta, prononcée le 5 août 1992 devant le tribunal correctionnel de Paris

Le jour de l'ouverture des débats, nous avons affirmé que nous étions venus aux côtés du Dr Garretta pour livrer bataille.

Cette bataille, nous ne voulions pas la mener et nous ne l'avons pas menée contre les 62 hémophiles et leur famille, victimes de ce drame. Cette bataille, nous l'avons livrée contre la conspiration du silence, contre tous ceux qui savent et qui, terrorisés, se sont cachés et se sont tus : médecins traitant les hémophiles, responsables des centres de transfusion, patrons de centres de fractionnement, conseillers et experts auprès des ministres. Cette bataille, nous l'avons livrée contre cette rumeur quotidienne et permanente qui veut que le Dr Garretta ait été dans ce pays le patron de la transfusion sanguine française, l'homme qui prônait contre tous l'autosuffisance et, à de seules fins, bien entendu, mercantiles !

Il ne m'appartient pas de dire si cet homme méritait les honneurs qui lui ont été accordés dans le passé ; je suis, en revanche, certain qu'il ne méritait pas les excès d'indignité qu'il a dû subir, puisque depuis plus d'un an il a déjà, presque par tous, été jugé, condamné et exclu.

Non, le Dr Garretta n'est pas et n'a jamais été le patron de la transfusion sanguine française. Non, il n'est pas et n'a jamais été le responsable de la contamination de 1 200 hémophiles.

La vindicte populaire l'a désigné comme un assassin ! Ses méthodes ont été dénoncées comme machiavéliques ! On en a fait un despote ! Son nom – il n'a plus de prénom – a été traîné dans la boue ! Son visage a été affiché et exposé aux crachats et violences de tous ! Certains, en première page, ont même publié son visage sur une cible de tir ! Les comparaisons les plus folles ont été faites. Les mots les plus horribles ont été employés. Les adjectifs et qualificatifs les plus hideux ont été prononcés à son sujet. Et, pourtant, tous ceux qui dans le monde médical s'expriment savent que le drame du sida et de sa propagation – y compris en ce qui concerne la surinfection des hémophiles – dépassait très largement les décisions qu'il a prises.

La vérité n'est pas un événement. Or, c'est aujourd'hui l'événement qui prime ! Mais, la calomnie n'est jamais le prix qu'il faut payer pour trouver la vérité.

Madame le représentant du procureur de la République, en entretenant dans cette salle, et pendant tous nos débats, la confusion, en attendant le dernier jour pour nous dire pourquoi vous aviez décidé de renvoyer devant ce tribunal seulement 4 inculpés, en nous avouant que ce n'était que 4 parce qu'autrement, c'était au moins 100 ; et puis, un peu plus tard, en nous disant que s'ils avaient été 100, ils auraient pu «*plaider l'erreur collective*» ; enfin, en ne requérant qu'à l'encontre d'un seul une peine de prison ferme, c'est-à-dire, en disant «*après tout ce n'est pas quatre, c'est un seul*» vous avez, Madame le représentant du procureur de la République, oublié votre rôle de représentant de la société, pour simplement devenir celui de l'opinion publique... en ce qu'elle a de plus vil. L'opinion voulait une tête, vous la lui avez offerte !

Tout ceci explique que, même dans ses fondements juridiques, cette affaire est tronquée. Deux ans après une apparente parodie d'instruction judiciaire, le dossier est totalement incomplet. Ceux qui auraient dû être entendus ne l'ont pas été. Les pièces qui auraient dû être collectées ne l'ont pas été. Les perquisitions qui auraient dû être ordonnées ne l'ont pas été. Sauf, bien entendu… les perquisitions du bureau du Dr Garretta, les perquisitions du secrétariat du Dr Garretta, les perquisitions au domicile du Dr Garretta. Les expertises médicales qui auraient dû être diligentées ne l'ont pas été. Les expertises scientifiques qui étaient nécessaires n'ont pas été demandées.

Alors, pourquoi deux ans ? Parce que ce sont deux années de gagnées sur le vrai débat : celui de la responsabilité de l'État face au sida et de sa propagation pendant toute cette période. Deux ans épargnés au ministre de la Santé de l'époque, M. Hervé ! Deux ans de silence gagnés par ceux qui nous gouvernent, à propos de leurs errements de l'époque sur la nécessité d'imposer rapidement le dépistage. Deux années pour se cacher derrière un bouc émissaire : le Dr Garretta. Car en fait, en ayant créé et entretenu cette fixation de tous sur le drame des hémophiles, on a pu occulter la véritable erreur : celle de ne pas avoir décidé plus tôt le dépistage systématique des donneurs, avec les terribles conséquences que cela a pu avoir sur tous les transfusés.

Mais si le Dr Garretta avait pu avoir plus tôt le moyen de déceler le virus, il ne serait bien évidemment pas là !

Les moyens existaient en avril 1985 : c'étaient les tests. Le retard des tests n'est pas la décision du Dr Garretta. Le retard des tests est de la seule décision de l'État et de ses ministres.

Ces retards sont la cause de contamination probable de centaines de transfusés. Tout le monde le sait.

Mais grâce aux fumigènes que constituent les poursuites à l'encontre du Dr Garretta, on n'en parle quasiment pas. C'est pourquoi, la logique qui a guidé l'instruction, puis l'accusation, s'apparente plus à une technique de camouflage qu'à une technique judiciaire d'une recherche de vérité.

Qu'à l'extérieur de cette enceinte chacun se sente de plus en plus souvent légitime à parler et à discourir à propos de problèmes qu'ils ignorent, c'est un fait. Mais pas ici. Pas dans cette enceinte. Pas dans ce tribunal.

Nous ne vivons pas un exorcisme. Nous participons à un procès qui a ses règles de procédure et ses règles de droit.

Des règles qui ne sont pas faites pour occulter la vérité, ni pour abolir l'âme ou faire taire la douleur mais des règles qui sont faites pour être appliquées.

Alors, revenons au droit. En droit, il n'y a pas d'infraction lorsqu'il n'y a pas d'élément intentionnel. Dans la vie, il n'y a pas de faute, au sens moral du terme, quand un homme a agi en son âme et conscience et sans tenir compte de considérations d'ordre personnel.

Or, quel est le reproche exact qui est fait au Dr Garretta par le juge d'instruction ? Celui de ne pas avoir informé les hémophiles des risques qu'ils prenaient et, par-là même, de les avoir trompés. La question est donc simple, elle est cernée, elle est précise. Or, personne n'a démontré, dans cette affaire, une intention coupable, une réelle volonté de la part du Dr Garretta de tromper les hémophiles. Bien au contraire, n'est-ce pas le tribunal que l'on veut tromper lorsque l'on ne rapporte pas la preuve d'une intention et que l'on traite le Dr Garretta de marionnettiste ?...

Mais un marionnettiste, aussi doué soit-il, ne peut faire bouger que deux personnages ! Il y a, dans la transfusion et dans la santé publique, trop de monde impliqué pour que l'on puisse affirmer, sans être ridicule, qu'un seul homme pouvait tout animer.

Non ! Madame le procureur, ce ne sont pas 4 ou 100 médecins qui pourraient être impliqués. Ce sont plus de 300 à 400 responsables, qu'à vous entendre, le Dr Garretta aurait manipulés. Quel talent ! Qui décide de la politique de santé dans ce pays ? Qui décide de la liste des produits sanguins et dérivés sanguins qui doivent être distribués dans ce pays, et à quel prix ? Qui définit l'étiquetage qui doit figurer sur ces produits ? Et qui a décidé, dans le passé, le retrait des plasmas secs ?

Ce sont les ministres et leurs administrations qui imposent et qui dictent. Qui conseille ? Les ministres sont conseillés par la Commission consultative de la transfusion sanguine.

Ce n'est pas le Dr Garretta qui conseille le ministre ! Ce n'est pas le Dr Garretta qui rencontre le ministre !

Le 20 juin 1985, la Commission consultative s'est réunie. Elle est composée de 31 médecins ! 31 médecins qui savaient !

Tous savaient que la technique de «poolage» comportait un risque. Tous savaient que les produits étaient «*éventuellement contaminés*». Mieux, ils l'écrivent! Tous s'interrogent ensemble pour savoir s'il est possible de continuer ou non à utiliser des produits non chauffés «*éventuellement contaminés par le virus du sida*»... Tous savent, et ils écrivent que «*la possibilité de ne pas avoir de lots contaminés est très faible*»...! Alors... Décident-ils d'arrêter?

Alors, ces grands conseillers, disent-ils qu'il faudrait au moins avertir les hémophiles? La Commission consultative a-t-elle émis un souhait d'information? La Direction générale de la santé et le Laboratoire national de la santé ont-ils dit au Dr Garretta qu'il devait avertir les hémophiles? Aucun de ceux qui savaient, aucun de ceux qui pouvaient – même lorsque le Dr Garretta les a appelés ou leur a écrit – aucun de ceux-là n'a dit au Dr Garretta qu'il devait avertir les hémophiles.

Alors, tout cela peut apparaître bien administratif... Tout cela peut apparaître bien hiérarchique.

Mais le Dr Garretta s'est tourné aussi vers les autres, ceux qui font le même métier que lui: l'Association de développement de la transfusion sanguine. Ce n'est pas une petite association, elle regroupe 400 responsables de transfusion sanguine, dont plus de 250 médecins! Je vous ai lu ce qu'elle avait écrit à ses 400 adhérents, à ses 250 médecins. Il n'existe pas une ligne sur la nécessité d'informer les hémophiles des risques qu'ils prenaient! Aucune de ces associations, de ces institutions, de ces administrations ne pouvait ne pas savoir, et pourtant, personne n'a jamais écrit, n'a jamais dit au Dr Garretta qu'il devait informer les hémophiles. Alors, pourquoi? Pourquoi, personne n'a jamais rien dit?

La vérité c'est qu'en 1985, tout le monde sous-estimait le risque du sida, tout le monde parlait de porteurs sains, tout le monde disait que 5 à 10% des gens séropositifs seulement pouvaient développer la maladie. Et tout le monde estimait que dans seulement 2 à 5% des cas les conséquences pouvaient être fatales. Ce risque – qui moi, non-médecin, m'effraie – semblait, pour tous ces médecins, acceptable puisqu'ils l'ont accepté.

Ce que beaucoup ne comprennent pas, c'est qu'en 1985, le corps médical a totalement sous-estimé le sida, la séropositivité et ses conséquences! Qu'on le veuille ou non, cette sous-estimation par l'ensemble des médecins et par l'ensemble des scientifiques est la seule explication des décisions de l'époque. Celles du Dr Garretta, qui lui sont aujourd'hui reprochées, celles de ses conseillers de cabinet qui n'ont pas crié au feu alors qu'ils savaient que tous les lots étaient potentiellement contaminés, celles de tous ceux qui, dans la transfusion sanguine, à Paris, à Lyon, à Lille ou à Strasbourg, ont tous fait la même chose, ont tous continué de distribuer les produits jusqu'au mois de juillet 1985. Tous ces médecins, tous ces scientifiques, vous ne me ferez quand même pas croire que c'est le Dr Garretta qui les manipulait !

Non, ce drame n'est pas acceptable. Mais est-ce au Dr Garretta de payer pour tous les autres ? Que l'on ne se méprenne pas si je parle des autres, si j'insiste pour que chacun se souvienne de ce qu'il n'a pas dit hier et qu'il prétend savoir aujourd'hui. C'est parce qu'en fait, en 1985, toute la communauté médicale et scientifique s'est trompée. Personne n'a véritablement lancé des cris d'alarme ! Mme le Substitut nous l'a dit, c'était 4 ou 100, s'ils avaient été cent – et c'était là leur crainte – effectivement, nous aurions pu plaider cette erreur collective.

L'erreur d'appréciation et de compréhension du problème par le Dr Garretta, c'est l'erreur de la médecine, celle qui cherche et qui soigne. C'est l'erreur de la science, celle qui est en amont. Ce n'est pas l'erreur du Dr Garretta, c'est l'erreur de chacun. En faisant ce procès truqué, c'est à nous tous que l'on ment, mais ce mensonge n'est pas fondé sur l'omission. Ce mensonge-là est voulu. Ce mensonge-là est celui d'une société lâche.

En commençant cette affaire, j'ai eu le sentiment que ce dossier était un procès atypique, puisqu'en effet, il s'agit d'un procès politique, mais sans hommes politiques. Et puis, après avoir entendu M. Fabius, j'ai compris qu'en fait, c'était un procès politique, mais que ce n'était pas un procès atypique. Mme Dufoix s'est déclarée responsable, mais personne ne la poursuit, elle n'est donc pas coupable. M. Hervé, ministre de la Santé, informé de tout par son conseiller, n'est toujours pas inquiété. MM. les professeurs Gros et Weisselberg, tous deux conseillers de nos ministres étaient très informés et pourtant ils ne sont pas inculpés. Enfin, M. le Premier ministre, qui a dit que nul ne pouvait s'exonérer, n'est pas non plus sur le banc des inculpés.

Le Dr Garretta, lui, est là.

Madame le Procureur vous demande de l'envoyer en prison !

Notre société, pour se défausser, veut en faire un coupable ! Au risque de choquer, connaissant ce dossier comme je le connais pour l'avoir travaillé depuis trois ans, et connaissant le Dr Garretta comme je le connais maintenant, je sais, moi, que cet homme n'a pas à avoir honte de ce qu'il a fait.

Jugement

Le tribunal correctionnel de Paris a condamné le 23 octobre 1992, Michel Garretta à quatre ans d'emprisonnement et 500 000 francs d'amende.

4. Le procès d'un réseau islamiste

Fin des années 1990. Les attentats du 11 septembre n'ont pas encore eu lieu. Et les «islamistes radicaux» ne font pas encore la une des journaux. En ce mois de décembre 1996, le tribunal correctionnel de Paris découvre donc un phénomène nouveau: dans les banlieues françaises, des filières très organisées recrutent de jeunes Beurs pour grossir les rangs des groupuscules terroristes. En l'occurrence, les magistrats vont avoir à juger les membres d'un réseau qui, depuis la France, a préparé des attentats commis au Maroc.

Deux ans plus tôt, en août 1994, un hôtel de Marrakech, haut lieu touristique, a été pris pour cible par un commando armé. Trois hommes sont entrés dans le hall de l'établissement et ont tiré à l'aveuglette. Deux touristes espagnols sont tués et un troisième est grièvement blessé. Le même jour, trois autres attentats étaient programmés à Fès, Casablanca et Tanger. Heureusement, ils n'ont pas pu être menés à leur terme. Mais le Maroc est en état de choc. Dès le lendemain, la police arrête plusieurs suspects et découvre, stupéfaite, qu'il s'agit de jeunes Français d'origine marocaine ou algérienne. Ces terroristes arrivent tout droit de La Courneuve et de Seine-Saint-Denis, du quartier parisien de La Goutte d'Or ou de la cité de L'Argonne à Orléans. Lors de leur procès, qui se tient au Maroc, ces jeunes, qui ne connaissent pas un mot d'arabe, ont besoin d'un interprète. Ils semblent dépassés par ce qui leur arrive. Le verdict qui tombe pèse cependant très lourd. Trois accusés sont condamnés à mort. Dans le même temps, en France, une instruction est ouverte. Les enquêteurs s'interrogent: comment ces jeunes ont-ils été recrutés? Et par qui? Les services de renseignements ont identifié deux chefs, dont ils ne connaissent que les noms d'emprunt, «Rachid» et «Saïd». Ce sont ces deux hommes d'âge mûr, très pieux et dotés d'un fort charisme qui ont approché les apprentis terroristes, les ont formés lors de stage d'entraînement dans des forêts du sud de la France ou près d'Orléans. Ils ont expédié les plus «prometteurs» au Pakistan ou en Afghanistan pour qu'ils se perfectionnent au combat. Ils ont aussi installé une base logistique en France: fabrication de faux papiers, transports d'armes, etc. Les enquêteurs ont fini par démanteler le réseau, en remontant jusqu'à leurs chefs. Et les juges d'instruction ont ratissé large: ils ont renvoyé 34 prévenus devant le tribunal. Dans le box des prévenus, les «petites mains» côtoient les leaders, en particulier Abdelilah Ziyad alias «Rachid». Cet islamiste marocain avait fui son pays en 1985, après une condamnation à perpétuité par contumace pour avoir participé à un «complot» contre le roi Hassan. C'est Me Vincent Courcelle-Labrousse qui le défend. Ce jeune avocat, grand connaisseur du Maroc, est un spécialiste du droit international: il est intervenu devant le Tribunal international pour le Rwanda ou la Cour pénale internationale de La Haye. Il est également devenu le conseil du frère du préfet Érignac, assassiné en Corse. Dans sa plaidoirie pour Abdelilah Ziyad, il renvoie la justice française face à ses contradictions en matière de lutte contre le terrorisme.

Plaidoirie prononcée le 13 décembre 1996 par Vincent Courcelle-Labrousse, avocat d'Abdelilah Ziyad, devant le tribunal correctionnel de Paris

Je sais que, dans cette affaire, il y a eu des gens qui sont morts dans un hôtel et d'autres qui sont condamnés à mort ou qui purgent une perpétuité marocaine après un procès marocain. Certains pensent que la place de Ziyad n'est pas dans ce box, mais plutôt en cellule à Kenitra au Maroc, voire exécuté.

Mais ce procès est plus compliqué que l'histoire d'un fou de Dieu qui fait sa prière dans le box, un fou de sang, un suborneur qui dévoie la religion. Je ne suis engagé ni de près, ni de loin dans le combat qui est le sien, que ce soit celui du vrai islam contre l'islam dévoyé, celui du peuple pauvre des faubourgs de Casa contre les riches des palais, celui du Sud contre le Nord, d'un Sud qui aurait aujourd'hui trouvé sa troisième voie dans un renouveau de l'islam.

Pourtant, sans approuver, on doit comprendre et vous devez juger.

Abdelilah Ziyad, lui, a courageusement assumé ses responsabilités devant vous. Il est rare de la part d'un islamiste d'accepter le dialogue. Il l'a fait. Il a reconnu ses actes et il a accepté de les expliquer. Mais, du côté de l'accusation, le ministère public pratique la confusion. Mme le procureur vous a dit hier: « *Vous n'êtes pas saisis des faits du Maroc, ce que vous devez juger c'est l'association de malfaiteurs en France.* » Le ministère public vous dit: «*Ne parlons pas du Maroc.*» Et pourtant, il ne parle que de ça. Non seulement il en parle, mais il prend parti pour le Maroc. Lorsque Mme le procureur dit que Ziyad veut s'emparer du Maroc pour y semer la terreur comme en Algérie, elle prend parti pour le Maroc. Lorsqu'elle dit que le véritable islam est modéré – l'islam du Maroc – elle prend parti pour le Maroc. Vous n'êtes pas une juridiction culturelle ou théologique. Vous n'avez pas à trancher entre l'islam de M. Ziyad et celui du roi du Maroc. Entre le régime que souhaite Ziyad et celui d'Hassan II.

Le Maroc, c'est Hassan II, un roi, un régime féodal. Le Maroc, c'est lui. Le Maroc est à lui. Je suis sidéré d'entendre un magistrat de la 14e section du parquet vous dire: «*Il paraît que Marrakech est une belle ville.*» Je suis désolé de le dire à Mme le procureur, mais c'est une monarchie des plus terribles. Ce n'est pas un de ces rois de monarchie parlementaire qui inaugure les chrysanthèmes. C'est un pays totalitaire. Et puis il y a le Maroc judiciaire tel que le décrivent dans leurs livres Gilles Perrault, Christine Serfaty ou Moumen Diouri. Il y a aussi, et ils sont moins littéraires, les rapports, année après année, d'Amnesty International, de l'Observatoire international des prisons. Et il y a enfin nos parlementaires, une partie d'entre eux en tout cas, qui refusent d'accueillir ce monarque absolu qui pratique la torture…

Quelques dates seulement sur cette question. 1965: manifestations des lycéens. La police tire. Un millier de morts. 1977: après la «marche verte», les «procès de Casablanca» contre ceux qui ont approuvé le droit à l'autodétermination des Sarahouis, des peines à perpétuité. 1981 : manifestations ouvrières à Casablanca. Un millier de morts, tués par l'armée de l'air et les blindés. L'armée de terre enterre tout le monde au bulldozer dans une fosse commune. 1984 : manifestations dites « de la faim » contre l'augmentation des prix. De nouveau des morts, des fosses communes, des bulldozers. 1990 : grève générale ; 1990, c'est tout près de nous. C'est hier. On ne parvient pas à dénombrer les morts. Les familles n'osent pas les enterrer.

Quelques chiffres également. Ne vous inquiétez pas, ce ne sera pas long. Le Maroc, c'est un pays où 10 % des terres cultivables sont détenues par 0,1 % de la population, où 5 % des propriétaires détiennent 45 % des terres irrigables…

Et puis il y a le Maroc des narcotrafiquants. Et ce militant du Mouvement de la jeunesse islamiste marocaine (MJIM) mort un petit matin sur l'autoroute du Sud. Je n'invente rien sur ce pays. Si des prisonniers s'évadent, la famille entière est arrêtée. C'est cela le Maroc que vous cautionnez. C'est cela le Maroc que combat Ziyad. Il n'y a que la 14e section du parquet pour l'ignorer.

On a dit que le MJIM était une coquille vide, une invention d'Abdelilah Ziyad. Je ne sais pas qui vous renseigne, mais vous êtes bien mal renseignés à la 14e section. Le MJIM, créé en 1969, est un mouvement qui a bénéficié jusqu'en 1974 de la tolérance du pouvoir parce qu'il s'en servait contre les socialistes. Ça l'arrangeait que dans les universités il y ait des islamistes pour combattre les socialistes. Ce mouvement existe et il sera réprimé de façon très violente à partir de 1982. On vous a dit que M. Ziyad avait été condamné pour trafic d'armes en 1985. C'est faux. Et je voudrais resituer le contexte. En 1984, c'est le « procès des 71 » arrêtés pour avoir posé des affiches antimonarchistes, des islamistes déjà. En 1985, c'est le « procès des 100 », c'est le même : deux procès contre la jeunesse islamique au Maroc. On les juge pour « *complot* ». Le « *complot* » s'appuie sur des aveux arrachés sous la torture après des mois de détention au secret. C'est cela le « trafic d'armes ». C'est dans ce contexte-là, lors de ces procès-là, que M. Ziyad fuira le Maroc et sera condamné à perpétuité par contumace. Abdelilah Ziyad a adhéré au MJIM alors qu'il avait 18 ans. Il dit : « *Notre activité était essentiellement religieuse. Nous souhaitions un régime fondé sur la charia. Pour ce faire, nous nous réunissions dans les mosquées et nous distribuions des tracts.* »

Puis il y a l'épisode de la Libye. Pourquoi quitte-t-il la Libye ? Parce que la Libye est en train de se rapprocher du roi du Maroc. C'est l'époque des projets de Grand Maghreb. Pour se rapprocher du Maroc, la Libye propose de livrer quelques islamistes. Alors Abdelilah Ziyad part pour l'Algérie. Et là, le passeport algérien. Ah ! La belle affaire ! Il a un passeport comme beaucoup d'opposants à l'époque. Ziyad part d'Algérie en 1985, lorsque l'Algérie se rapproche du Maroc et livre effectivement quelques islamistes au Maroc. Alors il vient en France. Un islamiste manipulé, Ziyad ? Non, un opposant, je le maintiens.

Il y a des événements que je dois reprendre pour que le tribunal puisse comprendre des itinéraires comme celui d'Abdelilah Ziyad. Et, notamment, l'annulation des élections en Algérie en 1992. Si ces élections n'avaient pas été annulées, Madame le procureur, vous auriez peut-être à Paris un ambassadeur islamiste. Ça se produira sûrement un jour. Tout le Paris musulman pratiquant était en effervescence avec les événements du Golfe, de Bosnie, d'Algérie. Depuis 1986, le monde arabe a considérablement changé. On ne peut plus raisonner comme des Pieds-Noirs. Dans tous les pays du Maghreb, qui sont tous des dictatures, il y a des partis islamistes forts. En Algérie, au Maroc, en Libye, en Égypte. On ne peut pas raisonner, comme le fait le ministère public, dans les termes d'une déclaration de guerre contre l'islamisme radical. Vous allez contre l'histoire, Madame le procureur. Et je me permets de vous rappeler que ce sont des islamistes qui gouvernent en Turquie, après des élections libres.

Monsieur le président, ne tombez pas dans le manichéisme. Vous n'avez pas d'un côté le « barbu », arrogant et brutal – a-t-il été arrogant ? A-t-il été brutal ? – et de l'autre les jeunes manipulés par le méchant. C'est un postulat erroné. [...]

Qu'y a-t-il dans le dossier ? Des convoyages d'armes en France et l'organisation de stages. Notamment des stages en Afghanistan dont on dit : « *C'est du terrorisme, ils tirent au mortier.* » C'est un camp militaire, s'il faut appeler les choses par leur nom. Dans ce dossier, il n'est jamais question d'un attentat en France, d'organiser ou même de préparer un attentat en France. Il est question de convoyages d'armes, d'organisation de stages. Abdelilah Ziyad s'en est pris à son pays. Un pays sans élections, un pays où on torture.

L'année dernière en Corse, on a vu à la télévision une réunion de 400 personnes cagoulées, avec une mitraillette et un pistolet par personne. Là, il y en avait des armes ! Pas un ou deux malheureux Skorpio. Mais le ministère public est moins bavard sur celles-là. Madame le procureur, depuis 1976, l'enquête préliminaire sur le FLNC devrait peut-être toucher à sa fin, non ? Alors, quand ce sont des Corses on dit « *autonomistes* » et quand ce sont des Arabes, on dit « *terroristes* » ?

Nous vous demandons de faire la part des choses.

Jugement

Le 9 janvier 1997, le tribunal correctionnel de Paris a condamné Abdelilah Ziyad à 8 ans d'emprisonnement pour participation à une association de malfaiteurs. Abdelilah Ziyad a aussi été condamné à une interdiction du territoire français pour une durée de dix ans.

5. Le procès de l'Ordre du Temple solaire

La personnalité de ce chef d'orchestre fantasque féru d'ésotérisme a été au centre du procès qui s'est tenu en octobre 2001 à Grenoble. Michel Tabachnik y était présenté comme un dangereux gourou. Il a pourtant été relaxé.

Le 23 décembre 1995, dans une clairière du Vercors, au lieudit «*le trou de l'enfer*», seize corps calcinés sont retrouvés dans les restes d'un brasier. Les cadavres, aux têtes couvertes de sacs en plastique, sont disposés en cercle. Cette mise en scène macabre dirige les enquêteurs sur la piste de l'OTS, l'Ordre du Temple solaire, dont 48 adeptes ont été retrouvés morts lors de précédents «suicides collectifs». La secte, qui a rassemblé jusqu'à 600 membres, s'inspire de théories maçonniques et templières. Sa «doctrine» est aussi simpliste que radicale: le monde court à sa perte, l'apocalypse approche, seul un groupe d'initiés peut quitter son enveloppe charnelle pour transiter vers Sirius, l'étoile la plus brillante de l'univers, afin d'y préserver l'esprit de l'humanité. L'OTS est dirigé par deux gourous: Joseph Di Mambro, un bijoutier-joaillier, portant perruque et vêtements élimés et Luc Jouret, un homéopathe plein de charme et beau parleur. Tous les deux, après avoir programmé le «*transit*» vers Sirius, ont disparu quelque temps plus tôt dans l'incendie volontaire de plusieurs chalets en Suisse. Les deux principaux gourous étant décédés, le juge d'instruction concentre son enquête sur un troisième personnage: Michel Tabachnik.

Ce chef d'orchestre suisse de réputation internationale, ancien élève de Pierre Boulez, serait, selon l'accusation, l'ultime survivant de la hiérarchie de l'Ordre. Passionné d'ésotérisme, il apparaissait dans les cérémonies de la secte revêtu d'une grande cape dorée. Il lui est reproché d'avoir annoncé la fin de l'Ordre du Temple solaire lors d'une conférence qu'il a tenue à Avignon en 1994. Le ministère public interprète cette prédiction comme le signal de départ des massacres. Le chef d'orchestre est aussi poursuivi pour avoir rédigé les «*archées*», une somme d'écrits en «*langage de Sirius*» considérés comme le fondement théorique de la doctrine de l'OTS. Renvoyé devant le tribunal pour «*participation à une association de malfaiteurs en vue de la préparation d'assassinats*», il risque jusqu'à dix ans de prison.

Son procès s'ouvre le 17 avril 2001 à Grenoble. Les zones d'ombre de l'enquête pèsent sur les débats. Plusieurs familles de victimes sont en effet persuadées que leurs proches ne se sont pas suicidés mais ont été assassinés par un mystérieux commando qui, une fois le massacre perpétré, aurait réussi à prendre la fuite. Cette hypothèse ne sera cependant pas retenue par la justice. L'audience est également marquée par l'affrontement brutal entre le procureur de la République, Pierre-Marie Cuny, et l'avocat de la défense, Francis Szpiner. Deux hommes, deux styles et deux conceptions du dossier. Magistrat austère à la moustache sévère, Pierre-Marie Cuny réclame cinq ans de prison contre Michel Tabachnik qu'il accuse d'avoir joué les «*apprentis sorciers*» et qu'il juge complice de Joseph Di Mambro. Le procureur compare les deux hommes à deux «*Dupont et Dupond qui s'habillaient pareil, déménageaient ensemble d'un continent à l'autre, l'un apportant son intelligence à la malignité de l'autre*». En réponse, Francis Szpiner, avocat bouillonnant et flamboyant, souligne le vide de l'accusation et les incohérences de l'instruction. Me Szpiner est un habitué des dossiers délicats et sensibles. L'avocat de Jacques Chirac, puis d'Alain Juppé a longtemps «géré» les affaires du RPR et de la mairie de Paris. Il a même été présenté un temps comme l'animateur d'un «*cabinet noir*» à l'Élysée, ce dont il s'est toujours défendu. Cet intellectuel, spécialiste de droit international, ancien vice-président de la CNCDH, Commission nationale consultative des droits de l'homme, est aussi un défenseur des libertés.

Plaidoirie de Francis Szpiner, avocat de Michel Tabachnik, prononcée le 27 avril 2001 devant le tribunal correctionnel de Grenoble

Dans ce dossier, la justice s'évertue à traduire un drame en équation juridique. En réalité, Monsieur le procureur de la République, si Michel Tabachnik est poursuivi devant votre tribunal, c'est pour une seule et unique raison : parce que la justice a besoin d'un coupable. Le drame du Vercors, avec ses 16 morts, ne peut, à vos yeux, rester impuni. Et face à l'ampleur d'un tel drame, il vous faut, coûte que coûte, un procès. Or dans ce dossier où tous les protagonistes sont morts, il n'en reste qu'un : Michel Tabachnik.

C'est le bouc émissaire idéal ! Un bouc émissaire que vous avez transformé pour l'occasion en mécène de la justice. C'est-à-dire, au sens propre du terme, celui qui vous permet d'exercer votre art, celui qui permet de montrer que M. le juge d'instruction a bien travaillé. Vous avez fait de Michel Tabachnik un cobaye ! Le cobaye d'une répression pédagogique contre les sectes. Seulement, Monsieur le procureur de la République, et votre réquisitoire ne peut rien y changer – car au fond, vous le savez fort bien – : Michel Tabachnik n'a rien fait ! Et comme il n'a rien fait, on a forgé cette accusation absurde d'association de malfaiteurs. Michel Tabachnik est renvoyé devant votre tribunal pour association de malfaiteurs en vue de la préparation d'assassinats. Arrêtons-nous un instant sur cette qualification. L'association de malfaiteurs est le texte le plus liberticide qui soit ! C'est une survivance anachronique de la « loi des suspects » sous la Terreur. C'est un délit qui n'existe pas dans l'écrasante majorité des pays civilisés. Parce qu'en réalité celui qui est poursuivi pour « *association de malfaiteurs* » n'a rien fait. Non, on lui prête seulement l'idée d'avoir été avec des gens qui ont fait. Et dans ce procès – et ce n'est pas le moindre des paradoxes – Michel Tabachnik est poursuivi, de plus, pour une association de malfaiteurs dont il est le seul membre ! Vous me direz que les autres sont morts… mais il n'en reste pas moins qu'il demeure aujourd'hui le seul pseudo-membre de votre association ! En vérité, Monsieur le procureur, vous êtes dans une accusation de raccroc, une accusation prétexte ! Je vous mets au défi de me dire à quel moment Michel Tabachnik aurait cautionné la préparation d'un assassinat. Et pourtant vous avez osé réclamer contre lui une peine de cinq ans de prison. Cinq années de prison pour quelqu'un qui est libre, qui s'est présenté de lui-même devant votre tribunal et qui n'a aucun casier judiciaire. Cinq années de prison, mais de quel crime s'agit-il ? À quel crime a-t-il participé ? En fait, vous ne lui reprochez qu'une chose : ses écrits. C'est extraordinaire ! Une telle peine pour simplement avoir écrit ! Je trouve que cela fait beaucoup. Votre réquisitoire est emprunt d'une pensée liberticide. Si vous dites qu'on peut être condamné pour des écrits, cela veut dire que nous ne sommes plus en République. Condamner, ce serait violer la liberté d'expression !

Eh bien étudions-les, ces fameux écrits de Tabachnik ! Ces récits ésotériques, les «*archées*» utilisés pour l'initiation de nouveaux membres. D'abord ils ont été écrits en français ces «*archées*», il ne les a pas écrits en araméen ou en quelque langue inconnue, il les a écrits en français. Dans ce tribunal, nous les avons tous lus, et nous avons tous donné notre interprétation. Pour M. le président, c'est un jeu de l'esprit ; pour certains avocats des parties civiles, représentant les victimes, c'est mortifère ou luciférien ; moi je les ai lus, je les trouve illisibles… et je pense que la première victime de Michel Tabachnik, c'est la secrétaire qui a tapé ce texte. Et pour les adeptes… c'était chiant. Il faut arrêter de malaxer les mots ! C'était d'abord chiant ! Mais vous, Monsieur le procureur, vous nous dites : «*Le tribunal, les parties civiles, la défense ne savent pas lire, ces écrits ont un sens caché et il faut les découvrir.*» Méfiez-vous, Monsieur le procureur, avec une telle approche, vous versez déjà dans l'occultisme et l'ésotérisme. Alors, pour percer le sens caché des «*archées*» de Michel Tabachnik, vous avez désigné un expert. Ah, j'adore quand la justice doute. Car quand la justice est incapable de prouver quelque chose, elle se précipite sur quelqu'un qu'elle baptise pompeusement expert, pour essayer de donner une caution scientifique à son accusation. Mais, quand M. le procureur de la République vient vous dire : «*Michel Tabachnik, par ses écrits, a poussé les gens vers la mort*», pourquoi, si cela est si évident que cela, a-t-il besoin d'un expert ? Pourquoi, si cela était si clair, avoir recours à un expert pour affirmer, en fait, l'expert pense la même chose que moi, donc c'est vrai !

Et qui avez-vous pris comme expert, alors là… c'est admirable ! Vous avez été pêcher, je ne sais où, un psychiatre – ce qui en matière d'expertise en ésotérisme est déjà pour le moins audacieux – et vous avez choisi un psychiatre dont la seule qualité est le nomadisme ésotérique ! À vous en croire, le Dr Abgrall tirait sa compétence de sa fréquentation assidue de nombreux cercles. Il aurait navigué entre les roses-croix et les francs-maçons, en se promenant de loges en loges tel un concierge itinérant. Il aurait donc, de par son commerce avec les loges, acquis quelque science qui lui permettrait de discerner ce que nous, pauvres ignorants, malheureux analphabètes, nous n'arrivons ni à lire, ni à comprendre. Selon M. le procureur de la République, le tribunal et la défense sont tellement ignares, ou inintelligents qu'ils sont incapables de comprendre ce qui est écrit. Nous aurions donc besoin d'un expert pour nous éclairer. Quand on connaît la « qualité » de cet expert, c'est ridicule. Risible. Pitoyable !

La vérité, c'est que cette affaire nous dérange. Comment en effet les adeptes de l'OTS, tous des gens normaux, ont-ils pu croire de telles choses ? Mais, c'est le mystère de la foi ! Si je reprenais tous les livres sacrés, que ce soit la Bible, l'Ancien Testament, le Nouveau Testament et le Coran, et si je prenais à la lettre certains versets ou certaines sourates, je pourrais remplir le tribunal de Grenoble durant des années sans désemparer. Dans cette affaire, ce qui nous gêne, c'est que des gens aient décidé de se donner la mort et que nous ne comprenons pas pourquoi des médecins, des personnes qui avaient un statut social, des gens qui avaient tous des situations décident de renoncer à tout cela. Alors comme vous ne comprenez pas, il vous faut un bouc émissaire. Michel Tabachnik a écrit un livre depuis cette affaire. Pierre Boulez lui a fait une préface merveilleuse. Pierre Boulez disait : « *Michel Tabachnik vit avec désormais accrochée au cou la crécelle des lépreux. Dès qu'il arrive, la crécelle des lépreux résonne et tout le monde doit s'écarter.* » Grâce à vous, Monsieur le procureur, Michel Tabachnik a perdu sa raison d'être, c'est-à-dire son emploi de chef d'orchestre. Désormais, il est pestiféré. Désormais, il ne peut faire de la musique que dans un cadre très restreint.

La vérité de ce dossier, Monsieur le représentant de l'accusation, c'est que, contrairement à ce que vous soutenez, Michel Tabachnik n'a incité personne à la mort. Le projet criminel de l'OTS a été mis en œuvre en Australie, en 1993. Or, à cette période, Michel Tabachnik n'avait plus de lien avec le groupe qui va préparer les assassinats. Alors, je sais, Michel Tabachnik va réapparaître en juillet 1994 pour animer une conférence à Avignon. C'est Joseph Di Mambro, le numéro 2 de la secte, décédé depuis, qui l'avait relancé. Eh bien oui, Tabachnik, cet imbécile, cet âne a accepté ! C'est le côté cocotte des artistes. Un chef d'orchestre, ça aime briller, ça aime paraître. Alors, oui il a accepté, mais les propos qu'il a pu tenir n'avaient à ses yeux qu'une portée symbolique. Jamais il n'a imaginé un seul instant que son discours puisse être pris au pied de la lettre. Alors, oui, il s'est peut-être montré complaisant, voire irresponsable, vous pouvez le penser, mais c'est une qualification morale, un jugement de valeur, cela ne peut en rien constituer une responsabilité pénale. À aucun moment d'ailleurs, sa responsabilité n'a été retenue par les magistrats helvétiques qui ont enquêté sur les massacres intervenus dans leur pays.

La vérité de ce dossier, enfin, c'est que Michel Tabachnik, loin d'être le numéro 3 de l'ordre, ou l'ambassadeur du Temple solaire était tombé sous la coupe de Di Mambro. Tabachnik pour Joseph Di Mambro, c'est l'idiot utile. C'est celui que Di Mambro montre, met en avant, parce qu'il a un statut social, parce qu'il brille, parce qu'il est chef d'orchestre. Mais ce n'est pas parce qu'il est chef d'orchestre, qu'il est le chef d'orchestre du Temple solaire ! Oui, c'était l'idiot utile, comme disaient les communistes à propos de ces intellectuels qui signaient leurs pétitions. Mais, Michel Tabachnik est aux antipodes de la philosophie développée par Di Mambro. Il est profondément attaché à la vie. Rien dans son comportement ne le prédispose à développer une philosophie de la mort. Rien !

Monsieur le président, lorsqu'on fait le procès des mots, des écrits, on est très loin de la justice. Toutes les religions font allusion à la mort. On ne peut pas ainsi offrir en sacrifice un homme sur une accusation aussi floue, aussi tronquée, aussi scandaleuse. Condamner Michel Tabachnik, ce serait la pire défaite de la justice. La relaxe de Michel Tabachnik dira que la justice n'est pas sous influence, qu'elle refuse d'entrer dans un procès en sorcellerie.

Jugement

Le 25 juin 2001, le tribunal correctionnel de Grenoble relaxe Michel Tabachnik. Cette décision sera ensuite confirmée en appel.

5. Le procès de Marc Cécillon

À 45 ans, Marc Cécillon n'était déjà plus que l'ombre de lui-même. Le 7 août 2004, ivre, il tue sa compagne Chantal, secrétaire médicale, avec qui il était marié depuis 24 ans. Lui, la star adulée aux 46 sélections en équipe de France de rugby, l'icône des stades des années 1990, le colosse invincible (1, 91 m, 115 kilos) a sombré depuis la fin de sa carrière dans l'alcoolisme et la dépression. Alors, en cet été 2004, lorsque Chantal, lors d'un dîner chez des amis, lui annonce qu'elle souhaite le divorce parce qu'elle ne supporte plus sa violence exacerbée et son harcèlement jaloux, il part chercher son pistolet magnum 357 et tire cinq fois. «*Je l'ai tuée, mais je l'aime! Tuez-moi!*», hurle-t-il en transe après avoir vidé son chargeur. Les convives auront le plus grand mal à le maîtriser. Son taux d'alcool dans le sang est de 2, 65 grammes.

Deux années plus tard, il comparaît devant la cour d'assises de l'Isère. Son défenseur appelle à la rescousse la glorieuse famille du rugby français. Médecins, joueurs ou entraîneurs racontent le reclassement toujours délicat des sportifs de haut niveau. L'angoisse de ces montagnes de muscles, soudain si fragiles quand elles retournent à la «vie civile». Les jurés restent pourtant insensibles à cet argument. Ils condamnent lourdement: 20 années de réclusion criminelle. Après avoir fait appel, Marc Cécillon est jugé une seconde fois le 1er décembre 2008 devant la cour d'assises du Gard. C'est alors un tout autre procès qui s'ouvre. Son nouveau défenseur, Éric Dupond-Moretti, n'a pas convoqué à la barre l'armada des amis sportifs parce que «*Cécillon n'était plus un rugbyman quand il a tué sa femme*». Il plaide le drame familial et l'histoire ordinaire d'une chute. «*Devant une cour d'assises*, expliquera l'avocat au journal *Le Monde*, *on parle toujours de la même chose: de l'amour, de papa-maman, de sa femme, de ses gosses. Avec les mots des pauvres gens, comme dit Ferré. Moi, j'adore les mots, mais je déteste la littérature. Ou alors seulement Pagnol parce qu'il aime le mot manivelle.* » Il a aussi cette phrase définitive : « *Il faut que les jurés aient envie de prendre le Ricard avec vous, pas le champagne.* » L'ogre, comme le surnomment ses confrères, tant sa stature impressionne dans les prétoires, a, comme toutes les stars, ses fans, ses inconditionnels, et ses détracteurs qui le jugent « *brutal* » ou « *mal élevé* ». Devenu célèbre avec l'affaire d'Outreau, il est désormais le recordman des acquittements et la terreur des magistrats. Fils d'une femme de ménage, boursier, pion, serveur dans une boîte de nuit pour payer ses études de droit, il entre dans la carrière par la petite porte : les affaires prud'homales. Mais il ne rêve que du pénal. « *Le soir, je prenais des commissions d'office à tour de bras.* » Quand arrivent les premières relaxes, Éric Dupond-Moretti se fait un nom. Puis une réputation. Il est celui qui fait peur, celui qui n'hésite pas à incendier les juges, celui qui mord, celui qui ose lâcher un jour à un président : « *Il m'est désagréable de plaider devant vous, car je vous déteste.* » L'ogre assure qu'il ne triche jamais. « *Je suis à la barre ce que je suis dans la vie*, explique-t-il à *Libération. Un gars pas hyper-cultivé, un peu brutal. Mais je préfère la maladresse à la lâcheté.* » Mais l'ogre est aussi un écorché vif. Et pour Marc Cécillon, il prononce une plaidoirie violente d'humanité.

Plaidoirie prononcée par Éric Dupont-Moretti, avocat de Marc Cécillon, le 3 décembre 2008 devant la cour d'assises du Gard

Tout ce que ce métier m'a appris, c'est que les êtres sont tous d'une extrême fragilité. Même s'il mesure 1, 91 m et même s'il pèse 115 kg et même si le seul film qu'il soit allé voir dans sa vie, c'est *L'Ours*. Alors, je voudrais que lui et moi nous descendions de l'Olympe des dieux du stade pour vous présenter ce dossier à hauteur d'homme et que vous puissiez le juger à hauteur d'homme. Mesdames et Messieurs les jurés, j'ai besoin de vous, non pas comme des Saint-Just, mais comme des hommes et des femmes qui sont venus avec leurs défauts et leurs qualités. Vos défauts, ils m'intéressent. Aussi.

C'est un procès exceptionnel auquel nous avons assisté. D'abord, grâce aux parties civiles. Je m'incline en tant qu'homme devant votre chagrin, je m'incline sur votre dignité. On voit si souvent, dans les cours d'assises, des parties civiles qui ont enfourché le cheval sécuritaire et qui mesurent leur possibilité de «*reconstruction*» à la hauteur des années de prison prononcées ! Vous… [Éric Dupont Moretti se tourne vers les filles et la mère de Chantal Cécillon] vous avez exprimé des choses que je n'ai pas entendues depuis quinze ans dans une cour d'assises. Quelle mesure !

On s'invente les héros que l'on peut. Zidane, ce n'est pas Jean Moulin ou Cécillon. Et dans la société qui est la nôtre, on leur pardonne tout. Leurs frasques, c'est ce qui nourrit notre appétence collective pour la presse de caniveau. Mais attention ! Le héros a une obligation, celle de ne pas tomber. Parce que, s'il tombe, il prend des coups de pied. Cécillon n'a pas su préparer sa reconversion de sportif, il n'a pas compris les attentes de sa femme et de ses proches. Rongé par la dépression, il s'est réfugié dans l'alcool. Moi, Marc, quand je regarde votre vie, j'ai envie de dire : putain, que c'est triste ! Que c'est illusoire ! Mais c'est comme ça. Il y a eu la notoriété, les faux amis, ces promesses de la nuit qui ne voient pas le jour, l'argent facile, les filles. C'est peut-être moralement contestable, mais c'est humain, très humain. Et puis, il y a l'alcool, la fameuse «*troisième mi-temps*». Mais comme dit Blondin : «*On boit à plusieurs mais on est saoul tout seul.*» Alors lui, ce gros lourdaud, il ne sait pas parler à sa femme, il ne l'écoute pas, sa belle-mère. Il préfère les copains. Et il va au bistrot. Et c'est un pastaga, deux pastaga, trois pastaga et après, il rentre tout seul chez lui comme un connaud. Oui, il traite sa femme de «*merde*» mais parce qu'il pense qu'il est devenu une merde lui-même. Quand on ne se respecte plus, on ne peut pas respecter les autres. Évidemment que Chantal a peur de lui. Évidemment aussi, qu'il ne s'en est pas rendu compte parce que, pour Cécillon, à moins d'un coup de boule, il n'y a pas de violence.

Mais il n'y a pas de hasard si le drame s'est noué ce soir-là, dans cet endroit-là. Ce soir-là, Marc Cécillon, il est, comme dit son ami Béjuy – vous vous en souviendrez longtemps de celui-là – «*dans le fond du sac*». Et comment imaginer, comment penser un seul instant à un geste prémédité? Ce que je veux dire aux parties civiles, c'est que l'assassinat, c'est une espèce de projet froid, déterminé, médité d'avance. Qui peut dire que, ce soir-là, avec 3 grammes d'alcool dans le sang, Marc Cécillon n'est pas sous l'empire d'une passion quand il repart chez lui et qu'il prend l'arme? Les deux experts psychologue et psychiatre ont tous deux estimé que, ce soir-là, il ne disposait pas de son entier discernement. Comment quelqu'un qui ne dispose pas de son entier discernement peut-il accomplir un acte prémédité?

Alors, pourquoi ça vaut pas 20 ans et pourquoi il faut aller en dessous de 15 ans, je vais vous le dire. Il a des circonstances atténuantes, Marc Cécillon.

La première, c'est que ce n'est pas une crapule. Est-ce qu'il y en a un d'entre vous qui peut dire que ce n'est pas un brave type, Marc Cécillon? La deuxième, c'est que le crime n'est pas un crime crapuleux, mais un crime passionnel. Il a commis son crime sous l'emprise de la passion à un moment où il n'avait pas le contrôle de ses actes. Quelle différence avec Bertrand Cantat, qui bat sa femme à mort et qui prend 8 ans? Cantat, il ne rencontrera pas Cécillon en prison, il est sorti. La troisième circonstance atténuante, c'est sa dépression. Mais il la soigne au pastis, lui! Ah, bien sûr, on peut lui reprocher de ne pas être allé voir un psy! Mais vous l'imaginez, vous, cette bestiasse, allez voir un psy pour lui dire qu'il est devenu une merde?

Marc Cécillon, il faut qu'il comprenne qu'il a été jugé comme un type ordinaire, descendu de l'Olympe, qui nous ressemble. La semaine prochaine, son nom, ce n'est pas à la une de *L'Équipe* qu'il va le lire, mais à celle de *Détective*. Nous avons assisté à un réquisitoire de caricature, à une maladresse judiciaire considérable. La peine de 20 ans réclamée par M. l'avocat général, c'est la peine à laquelle Mesrine a été condamné. Si vous le condamnez à 20 ans, vous aurez jugé mais vous n'aurez pas rendu la justice. Je vous demande de rendre justice.

VERDICT

Le 3 décembre 2008, la cour d'assises du Gard a condamné Marc Cécillon à 14 ans de réclusion pour le meurtre de son épouse. Il s'agissait du procès en appel. En première instance, Marc Cécillon avait été condamné à 20 ans de réclusion criminelle.

7. Le procès de la garde à vue

Le 29 mars 2010, la Chambre de la presse du tribunal de grande instance de Paris juge une affaire peu banale : la fine fleur du barreau français poursuit des policiers pour « injure ». Entre autres amabilités, les OPJ, affiliés au syndicat Synergie-officiers, avaient écrit quelques mois plus tôt dans un tract qu'ils n'avaient pas «*de leçon d'intégrité à recevoir de commerciaux [les avocats] dont les compétences en matière pénale sont proportionnelles au montant des honoraires perçus*». Cette saillie policière intervient en plein débat sur la garde à vue. Alors que les robes noires réclament à cor et à cri de pouvoir enfin assister réellement leurs clients dans les commissariats, les policiers, eux, dans leur grande majorité, y sont franchement hostiles. L'ordre des avocats de Paris, convaincu qu'il est grand temps de mettre un terme à «*l'arbitraire des forces de l'ordre*», transforme cette audience, censée juger un délit de diffamation, en véritable procès de la «*garde à vue à la française*». Les «*baveux*», comme les surnomment parfois les policiers, déroulent à la barre du tribunal leurs arguments. Depuis 2001, expliquent-ils, c'est la folle escalade ; chaque année, le nombre de gardes à vue explose et de plus en plus de Français sans histoire sont jetés dans les geôles des commissariats, parfois pour avoir seulement dit un mot de trop à un gardien de la paix. Ces «*monsieur et madame tout le monde*» découvrent alors avec effarement les menottes, la fouille au corps, les locaux insalubres. Ils en sortent traumatisés. Une préparatrice en pharmacie, placée en garde à vue à Versailles pour un outrage imaginaire, raconte au tribunal son passage dans une cellule de garde à vue «*noire de crasse*». Rudoiement, quolibets, intimidations, mise à nu, elle a, selon elle, tout subi. Les avocats font également défiler à la barre des témoins prestigieux : le madrilène Alvaro Gil-Robles, ancien commissaire européen aux droits de l'homme, Vincenzo Siniscalchi, bâtonnier de Naples, Lord

Goldsmith, ancien ministre de la Justice de Tony Blair, tous affirment que la France est bien «*la dernière élève de l'Europe en matière de respect des droits de l'homme durant la phase de garde à vue*». Les policiers laissent passer l'orage et appellent eux aussi à la rescousse un «*grand témoin*»: Frédéric Péchenard, le directeur de la Police nationale, qui a accepté de venir en personne devant le tribunal pour prêter main-forte à ses hommes. Le haut fonctionnaire admet qu'«*il y a trop de gardes à vue*» et que «*souvent les cellules sont dans un état lamentable*». Mais il refuse que «*les policiers passent aux yeux de l'opinion pour d'odieux tortionnaires*». Au terme de ces débats, Christian Charrière-Bournazel, l'ancien patron des avocats parisien se fait, dans une plaidoirie fulgurante, le porte-parole de l'ensemble de ses confrères. Il réaffirme qu'au regard du droit européen, toutes les gardes à vue en France sont illégales. «*L'avocat est là*, dit-il, *pour que le droit règne, pour que l'ordre du droit se substitue aux désordres des forces.*» Quelques mois après ce procès, le Conseil constitutionnel lui donnait raison et la réforme, tant attendue, était enfin mise sur les rails par le gouvernement.

Plaidoirie prononcée par Christian Charrière-Bournazel, le 1er avril 2010,

lors du procès intenté pour injures par l'ordre des avocats de Paris contre le syndicat de policiers Synergie-Officiers et son représentant Patrice Ribeiro devant la Chambre de la presse du tribunal de grande instance de Paris

Mesdames et Messieurs les président et juges,

L'objet strict de ce procès paraît simple : un outrage grossier qui veut discréditer les avocats et discrédite en même temps la défense, un outrage proféré dans une atmosphère de rage sécuritaire sur fond de surenchère politique. Mais ne nous y trompons pas, l'enjeu de cette audience va bien au-delà de ces injures prononcées contre les avocats, un soir d'ivresse syndicale, au milieu des vapeurs et des fumées. En réalité, nous vivons ici un moment unique : c'est une rencontre avec l'histoire des libertés dont la France avait écrit les premières pages même si, depuis, nos encriers semblent s'être taris ou nos esprits calcifiés. Car ce procès n'est pas seulement celui d'un syndicat réactionnaire et de son leader vaniteux et obtus. C'est proprement celui de la garde à vue à la française dont j'ai commencé à dénoncer les excès et les aberrations l'année dernière en rappelant, dans *Le Bulletin du barreau de Paris*, dans des communications à la presse ou des lettres aux parlementaires, que notre pays avait le devoir de renoncer à ces pratiques policières d'un autre siècle et de se conformer au droit européen.

Nous avons assisté, toute l'année 2009, à des discours contradictoires tenus au plus haut sommet de l'État, soufflant tantôt le chaud et tantôt le froid. Permettez-moi, Mesdames et Messieurs les président et juges, un bref rappel des dates essentielles de l'année 2009.

Le 7 janvier, devant la Grand-Chambre de la Cour de cassation, le président de la République, M. Nicolas Sarkozy, avocat au barreau de Paris, avait annoncé les grandes lignes de ce que devrait être la réforme de notre procédure pénale. Il déclarait vouloir substituer une culture de la preuve à une culture de l'aveu. Cette première affirmation constituait une révolution à laquelle nous ne nous attendions pas et qui ne pouvait que nous réjouir. Il ajoutait vouloir rééquilibrer les forces entre l'accusation et la défense, tout en précisant qu'il ne faut pas craindre la présence de l'avocat le plus tôt possible, dès le début de l'enquête, puisqu'il est astreint à une déontologie exigeante.

Il ne vous a pas échappé, comme à nous-mêmes, que ce discours était d'une importance considérable puisqu'il était prononcé dans le temps même où une commission, dite commission Léger, du nom de son président, s'était mise au travail pour proposer des pistes de réformes profondes de notre procédure pénale. Or, comme si le discours du chef de l'État n'avait aucune importance, cette commission, dans son rapport d'étape, n'autorise l'avocat à intervenir qu'à partir de la douzième heure de garde à vue. Cette intervention tardive est contraire aux principes élémentaires de la défense. Vous avez pu entendre durant les débats des témoins prestigieux qui ont accepté de venir déposer à cette barre :

M. Alvaro Gil-Robles, ancien commissaire européen des droits de l'homme ; Lord Goldsmith, ancien chancelier d'Angleterre ; M. Von Mariassy, vice-bâtonnier de Munich parlant au nom de tout le barreau allemand et M. Siniscalchi, ancien bâtonnier de Naples, membre du Conseil supérieur de la magistrature italienne. Tous les quatre vous ont exposé qu'il n'y a pas d'interrogatoire par la police dans leurs pays respectifs sans que l'avocat soit présent et sans qu'ait été rappelée la faculté de garder le silence, même en matière de terrorisme ! La commission Léger s'en est souciée comme d'une guigne. Elle n'a pas plus tenu compte de l'état du droit européen émanant de la cour de Strasbourg. Ainsi, la cour, dans un arrêt du 21 octobre 2009, précisait : « *L'équité d'une procédure pénale requiert d'une manière générale, aux fins de l'article 6 de la Convention, que le suspect jouisse de la possibilité de se faire assister par un avocat dès le moment de son placement en garde à vue ou en détention provisoire.* »

Enfin, le 20 novembre 2009, éclatait l'affaire Wassermann que l'on peut résumer ainsi : une avocate du barreau de Paris avait été convoquée par la police de Meaux. Elle s'était enquise auprès de son bâtonnier du point de savoir si elle pouvait ou non répondre à la police. J'avais alors interrogé au téléphone un fonctionnaire de police qui m'avait dit qu'il ne s'agissait pas d'un témoignage sur une affaire qu'elle traitait, mais d'une question personnelle. En toute confiance, l'avocate se rendit donc au commissariat où elle fut mise en garde à vue dans des conditions humiliantes et dégradantes qui sont le quotidien des gardés à vue : mise à nu puis menottée, puis enfermée, sans pouvoir aller aux toilettes dès qu'elle en faisait la demande, elle fut enfin déférée devant un juge qui la mit en examen pour violation de son secret professionnel ! Il s'agissait donc d'un acte en rapport avec sa profession. Ainsi, l'on m'avait menti, comme si le parquet et la police étaient libres de faire ce qu'ils voulaient. C'est alors que le syndicat Synergie se déchaîna : il réclama des poursuites contre le bâtonnier qui avait accusé un policier d'avoir menti. Il dénonça ce qu'il appela une campagne publicitaire des avocats. Il prétendit n'avoir aucune leçon d'intégrité à recevoir de « *commerciaux dont les compétences sont proportionnelles aux honoraires qu'ils perçoivent* ». Il prétendit que les avocats ne sont pas les garants des libertés et que leur remue-ménage est fait pour nuire aux victimes.

Mais la presse, en précieuse «*chienne de garde de la démocratie*», s'intéressa de près à la question. On apprit que les gardes à vue avaient augmenté de 40% en un an; qu'elles avaient atteint le chiffre de plus de 800000 dont 300000 pour conduite en état d'alcoolémie; que la politique du chiffre exigée par la Chancellerie était à l'origine de cette dérive; que nombre de policiers avaient appris à l'école qu'il faut obtenir l'aveu à tout prix et faire en sorte que le suspect atteigne ce vertige où l'âme se rend d'elle-même de sorte que la vérité, enfin, peut émerger.

Voilà brièvement exposé l'état du débat dans lequel vous êtes amenés à sanctionner les propos qui vous sont déférés. Je revendique chacun des propos que j'ai tenus. Je réaffirme ici que la garde à vue, telle qu'elle est pratiquée en France, vient tout droit des tribunaux religieux de l'Ancien Régime. Je réaffirme, malgré l'indignation feinte d'un témoin – l'excellent M. Péchenard, directeur de la Police nationale – qu'il s'agit dans les commissariats de tourmenter le corps pour asservir l'âme. Je réaffirme que cette recherche de l'aveu à tout prix est contraire à ce que peut être une garde à vue. Elle ne saurait constituer une punition policière, préférée par précaution au prétendu laxisme des juges.

On ne saurait accepter cette dérive totalitaire d'un pouvoir sans contrôle. La garde à vue ne se justifie que pour quatre raisons: s'assurer de la personne d'un suspect pour le conduire immédiatement devant un juge; éviter qu'il ne fasse pression sur des témoins ou ne supprime des preuves; prévenir toute récidive lorsqu'elle est à craindre; enfin le soustraire à la vindicte populaire dans les cas de crime flagrant. Vous avez entendu quelques victimes de ces gardes à vue à la française, qui avaient subi des abus de la part de policiers demeurés impunis. Défenseur des libertés, bâtonnier hier et avocat aujourd'hui, j'accuse la police (et non tous les policiers) pour ces excès et le système judiciaire pour son aveuglement. La France, comme écrasée par son héritage, n'a plus la force de le porter. Elle a le choix entre le sursaut par fierté ou le déshonneur d'une condamnation. L'état du droit européen a conduit la Turquie elle-même à modifier son Code de procédure pénale: désormais, le suspect est informé qu'il a droit au silence et ne peut être entendu que s'il est assisté. J'ai envie de dire: «*Madame le garde des Sceaux, à défaut d'imiter l'Espagne ou l'Angleterre, imitez au moins la Turquie!*» Vous savez, en effet, ce qu'il en est: en Espagne depuis trente ans ! En Allemagne depuis vingt ans ! En Italie ! En Grande-Bretagne depuis toujours car si la garde à vue peut être de 28 jours en matière de terrorisme, elle est placée constamment sous l'autorité effective des juges. La France avait donné au monde les valeurs du siècle des Lumières et les droits de l'être humain. Elle a fait inscrire, grâce à René Cassin, le mot «*universelle*» en 1948 dans le titre de la Déclaration des droits de l'homme de l'ONU. Elle lui doit encore la Déclaration européenne du 4 novembre 1950. La France a reçu sur son sol la Cour européenne des droits de l'homme en hommage à son passé. Aujourd'hui, dans un «*désordre de courages*», pour reprendre le mot d'André Malraux à propos de la Résistance, des juges à Paris, Bobigny, Nanterre, Nancy, Saint-Brieuc, Rennes et ailleurs annulent les gardes à vue en se fondant sur le droit européen, partie intégrante du droit interne. L'État nous a donné un premier projet de réforme de la procédure pénale qui aggrave encore la situation tout en tentant de faire croire qu'il est meilleur que le système actuel. Jugez-en : alors qu'aujourd'hui l'avocat n'est présent qu'à la 72e heure en matière de terrorisme, il ne le sera désormais qu'à la 96e heure si la réforme passe. Alors que l'avocat est présent pour une petite demi-heure à la première heure aujourd'hui, on a inventé «*l'audition libre*» réservée à celui qui a été emmené de force au commissariat par la police, audition de quatre heures sans avocat, éventuellement suivie immédiatement d'une garde à vue de 12 heures sans avocat ! Les pouvoirs publics sont-ils aveugles ? De qui le gouvernement est-il l'otage ? Le vent de la liberté s'était levé sur le sol de France ; il a soufflé jusqu'aux extrémités de la Terre. Il revient vers nous avec force. Aspirons-le à notre tour de toutes nos forces et à pleins poumons, sinon il nous balaiera.

Jugement

Le 19 mai 2010, le tribunal de grande instance de Paris a condamné Patrice Ribeiro, le représentant du syndicat de policiers Synergie-Officiers à verser un euro de dommages et intérêts à l'ordre des avocats et au syndicat des avocats de France. L'ordre a, en revanche, été débouté de son action contre le syndicat.

8. Le procès d'une affaire de pédophilie : « L'École en bateau »

En mars 2013, plusieurs années avant l'affaire Matzneff, l'étau de silence qui protège les pédocriminels a été brisé lors du procès de Léonide Kameneff, le fondateur de « L'École en bateau ». De 1969 à 2002, cet ancien instituteur a embarqué pour de longues traversées en Méditerranée ou sur l'océan Atlantique, souvent pendant un an, parfois plus, près de 400 garçons et 60 filles, âgés de 9 à 15 ans, sous prétexte de leur dispenser une « éducation alternative ». Kameneff avait alors pignon sur rue. Sa revue – *Le Petit Voyageur* – racontait, photos couleur à l'appui, de paradisiaques escapades. Ses films passaient sur les chaînes du service public, notamment dans l'émission pour enfants *Récré A2*. Même *Thalassa* avait mis à l'honneur celui qui, dans un livre manifeste publié en 1979 (*L'École sans tablier*), proclamait pourtant : « *Je ne vois aucune raison objective à l'interdiction des rapports sexuels aux enfants. On violente pas mal au nom de l'éducation. Le sexe, ce serait quand même plus caressant.* » Longtemps, personne n'a pensé ou voulu voir que Kameneff songeait d'abord à lui en écrivant ces lignes.

Il a fallu attendre 1994 pour que le silence commence à se fissurer avec le dépôt d'une première plainte et que Kameneff avoue avoir eu « *des relations tendres et physiques* » avec les enfants, ainsi que « *des fellations* » et « *une sodomie* », avant de se rétracter en 1996, puis de bénéficier… d'un non-lieu. L'affaire est restée au point mort jusqu'en 2006. Les différentes juridictions qui s'étaient endormies dessus ont finalement été dessaisies grâce à la requête en suspicion légitime de Me Éric Morain, qui deviendra plus tard l'avocat de neuf victimes. Il obtiendra, fait rare, la condamnation de l'État pour

« déni de justice », du fait de l'extrême lenteur de la procédure. Les plaintes de vingt autres anciens élèves sont en effet tombées sous le couperet de la prescription. Et sur les quatorze adultes mis en cause, à peine trois seront renvoyés devant le tribunal. Il aura donc fallu dix-neuf ans de bataille juridique pour que se tienne enfin un procès.

Plaidoirie prononcée par Éric Morain, avocat des victimes, le 20 mars 2013

Monsieur le président, madame, monsieur de la cour, mesdames et messieurs les jurés,

Rarement dans un procès on aura autant parlé de la parole. De la parole confisquée, de la parole retenue, de la parole volée. De la parole étouffée, puis libérée. C'est cette parole que je porte ici. La parole des victimes. Et j'aimerais vous la faire partager au plus près après huit années passées à les accompagner pendant lesquelles, chaque jour, il leur a fallu affronter le mensonge. Supporter de se faire traiter d'affabulateur. Serrer les poings quand, au plus profond de leur corps, ils ressentaient encore la douleur de l'abus. Pour ce combat qu'ils ont porté, je suis incroyablement fier d'eux. Rien ne leur a été épargné. Recours, demandes infondées, manœuvres dilatoires. L'institution judiciaire aussi a gravement failli. À tous les échelons. Policiers, gendarmes, juges, procureur.

Mes clients ont voulu un procès public. Les accusés, vous l'avez remarqué, n'aiment ni le bruit ni la lumière. Ils préfèrent le silence et la nuit. Comme au temps des viols et des agressions… « Chut… l'enfant. Sans un mot, sous ma couverture, dans mon duvet, sur mon matelas. » Alors aujourd'hui, oui, il y a le bruit. Mais ce n'est pas la médiatisation qui a créé l'affaire. La médiatisation n'a servi qu'à faire bouger la justice. La médiatisation n'a pas non plus fabriqué les victimes. Celles-ci étaient toutes déjà là avant. Les victimes avaient déposé plainte, isolément, maladroitement, dans des époques et des endroits différents.

«*C'est quand même bizarre, ils ont tous le même avocat*», disent aujourd'hui les accusés. Je vous assure que j'aurais préféré avoir d'autres confrères à mes côtés. J'en ai eu d'ailleurs durant l'instruction, mais les faits dénoncés par leurs clients ont, hélas, été déclarés prescrits. Alors arrêtons avec les théories du complot ! Personne n'a mis de mots dans la bouche des victimes. Surtout pas moi. J'ai seulement cherché à leur donner confiance. Et aujourd'hui, elles ont à cœur, si vous saviez combien elles ont à cœur, de ne dire que ce dont elles sont certaines. Elles n'en rajoutent pas. Au contraire ! Mais elles vivent encore avec cette peur de se souvenir, un jour, plus tard, d'autres choses. C'est aussi cela leur quotidien : la hantise que d'autres souvenirs leur explosent au visage sans crier gare.

Les accusés, eux, n'ont qu'un seul et unique but : minimiser la peine que vous allez prononcer. Pendant toute l'instruction et jusqu'au neuvième jour du procès, Léonide Kameneff a ajouté au déshonneur du crime celui du déni. Il a continué à distribuer bons et mauvais points. Les premiers jours, il a même ri. Quel mépris ! Souvenez-vous de ses grandes déclarations d'indignation contre une cabale prétendument calomnieuse ! Il n'a cessé de défendre L'École en bateau. «*Je ne peux pas accepter ce que l'on en dit ici !*», s'est-il exclamé. «*Mon œuvre !*» comme aurait crié Faust. Bruno Poggi, lui, semble mû par une sorte de désir de rédemption. Jean-François Tisseyre ? Il n'avoue rien, ne donne rien. Il serait ici par erreur, il serait une erreur judiciaire à lui tout seul. Il s'est présenté à l'audience comme un être presque totalement désexué. Vous savez pourtant ce qu'il a été capable d'écrire à l'un des jeunes garçons qu'il a violés : «*Massez-vous, dormez ensemble, et les fausses barrières tomberont. Je t'embrasse et te caresse autant.*» Le vrai Tisseyre, il est dans cette lettre. Ce n'est pas de la poésie et cela me donne la nausée.

Triste bande que celle de ces accusés. Et il en manque tant. Certains ont échappé aux poursuites, quelques-uns ont été finalement condamnés dans d'autres affaires. Oui, triste bande, mais qu'on ne se méprenne pas : nous ne faisons pas ici le procès d'une époque. L'époque n'a rien à voir avec ce que vous avez à juger. Ce n'est pas parce que quelques illuminés ou obsédés, parfois les deux, prônaient à Saint-Germain-des-Prés l'abolition des âges et une sexualité soi-disant libérée que l'époque l'admettait. L'époque ne l'a jamais admis ! Ni aujourd'hui ni au moment des faits. Alors, bien sûr, les agissements de Kameneff, Poggi et Tisseyre ne ressemblent pas à l'idée que l'on se fait souvent de la pédophilie. Voilà d'ailleurs l'une des raisons pour lesquelles on a mis tant de temps à mettre ces crimes en lumière. Pas d'images dégueulasses sur Internet, pas de mafia, pas d'impers gris ni de pervers pépères distributeurs de bonbons. Mais quelque chose de plus subtil. De la pédophilie en col blanc, si l'on peut dire. Ça passait à *Thalassa*. Vous vous rendez compte ? *Thalassa* !

Pour voir la réalité, il fallait faire craquer ce vernis. Il fallait surtout que les enfants se libèrent de l'emprise alors qu'ils continuaient à recevoir des lettres de leurs agresseurs, de leurs violeurs, et que, pendant des années, ces mêmes agresseurs poursuivaient leurs crimes sur d'autres. Souvenez-vous de ce que nous a dit l'une des victimes : «*Longtemps, je n'ai pas regardé en arrière. Et puis, en 1994, j'ai été contacté par Kameneff qui m'a demandé de lui écrire une lettre de soutien !*» Mais attention encore : pas plus que le procès d'une époque, nous ne faisons dans cette cour celui de gourous. Nul besoin d'être un gourou pour abuser d'un enfant de 10 ans. Il suffit juste d'être un adulte ! Kameneff était le capitaine d'un bateau et, sur ce bateau, d'autres adultes faisaient et disaient la même chose que lui. Les enfants étaient à des milliers de kilomètres de chez eux, sans moyens de communication. Voilà comment le cercle s'est refermé sur eux. En plusieurs temps.

D'abord, il y a l'avant. Les jours qui précèdent le départ. Et le rêve de gosses de 9, 10, 11, 12 ans, mais aussi de leurs parents qui voient des vidéos de gamins courant sur les plages, apprenant autre chose que des tables de multiplication. Vous avez encore en mémoire ce film promotionnel de L'École en bateau (*La Poudre d'escampette*), que nous avons vu ici et qui était projeté aux familles. Pas un mot d'enfant, «*chut, l'enfant*», juste la voix de Kameneff qui confisque leur parole. Je me mets à la place des parents qui ont vu ce film. Je suis un père réticent, mon fils m'a traîné à cette réunion parce qu'il veut embarquer sur le bateau. Pendant 43 minutes de film, je vois des petits élèves propres, souriants, habillés. Je signe tout de suite ! C'est merveilleux, formidable, les mots me manquent. Tellement que j'en oublie de réagir aux 2 dernières minutes du documentaire, celles où les enfants sont nus, entièrement nus, non pas seulement dans l'eau, mais sur la terre ferme. Ce n'est pas grave, c'est normal puisque c'est merveilleux. J'aurais réagi autrement si on m'avait montré ces images dès le début du film, mais présenté ainsi, ça a marché. Alors, oui, mon fils, tu partiras, c'est un beau cadeau que nous te faisons. À bientôt…

Et puis vient la traversée. Et là, c'est le choc. La dureté du travail sur le bateau, les colères du capitaine qui faisaient si peur aux enfants. « *Violeur de cerveaux* », a-t-il été dit hier. Après le mensonge de la vitrine publicitaire arrive le temps de la manipulation. Les réunions sont des séances de mises au pas, jamais publiques. Quand vous sortez, vous ne pouvez pas en parler avec d'autres. Il n'y a personne à qui se raccrocher. Seulement les larmes sur le tas de voile. Et les agressions sexuelles, les viols. « *Le jour où il s'est masturbé en se mettant à quatre pattes devant moi,* raconte une victime, *je n'ai pas compris. J'avais 11 ans…* » « *Kameneff frottait son sexe contre moi,* a expliqué un autre. *Une fois, il m'a caressé de manière insistante et j'ai eu une érection. Je n'arrive pas à le dire. J'ai honte.* » L'emprise par le silence. Ce silence a régné si longtemps sur ses bateaux. « *Chut, l'enfant.* » Toujours. Malgré la douleur, l'odeur, le dégoût, le rêve qui se brise. Les seuls jeux autorisés sont des jeux sexuels. « *Jouer, c'est stupide parce que c'est se comporter comme un enfant* », enseignait-on aux élèves. « *Il fallait faire disparaître l'enfant* », nous a rappelé l'un d'eux, et c'est ce qu'il a fait. Il avait 9 ans. « *Le silence de Kameneff a appelé le mien* », nous a-t-il encore confié. Pas d'explication. Pas de mots sur la « chose ». Chut. C'est normal, ne pouvaient que se dire les enfants puisqu'il n'y avait rien à expliquer. « *Quand Kameneff nous disait qu'il était déçu, on culpabilisait.* » À tous, le capitaine faisait croire que, sur son bateau, ils vivaient une « *expérience unique* », qu'ils se libéraient des « *parents* » et de la « *société* ». C'était un « *laboratoire expérimental* », leur répétait-il. L'emprise encore par les discours sur la famille et le monde extérieur. Et aussi par la mise en danger permanente : les blessures, les bras cassés, la noyade, les adultes de passage, la nuit à terre écourtée par l'armée égyptienne et j'en passe. Un sentiment d'insécurité qui, chez un enfant, ne peut que créer une envie d'apaisement, de rapprochement et de contact avec l'adulte, de blotissement. C'est aussi cette envie-là qui a été abusée.

Et puis il y a le temps de l'après. Le retour à Orly. Au bout de l'escalator, l'enfant court pour se jeter dans les bras de sa mère qu'il n'a pas vue depuis des mois, voire des années. Et la maman demande: «*Alors, c'était bien?*» Qu'est-ce que vous voulez que réponde l'enfant? Qu'on lui a mis un sexe d'homme dans sa bouche de gamin de 10 ans? Comment pourrait-il décevoir le bonheur et l'espoir de ses parents? Alors il parle des coquillages, du soleil, de la mer et du vent. Ensuite, il entame un combat pour survivre, pour exister. «*Un océan de larmes coulait en moi*», nous a dit une victime.

Plus tard, survient le temps de la révélation. Mais pour sortir de l'emprise, il faut parler. Et parler, c'est réaliser que ce que l'on a subi n'aurait pas dû arriver. Vous n'avez pas oublié ce que tous nous ont confié. «*Il y avait des choses que je ne voulais pas voir, c'était trop dérangeant pour moi... Au retour et même longtemps après, j'en parlais à mes copains comme d'une super aventure dont j'étais fier. Sinon, je n'étais plus rien. Je m'étais mis en mode survie.*» Parler, c'est aussi se demander si on a tout fait pour éviter ce qui s'est produit: «*Le dire à mes parents, c'était admettre que je n'étais pas normal.*» Rappelez-vous aussi de ce terrible témoignage d'un père au sujet de son fils: «*Martin croyait, comme on le lui avait appris sur ce bateau, qu'il avait été adulte alors qu'il n'était qu'un enfant. Il croyait qu'il avait le choix, qu'il pouvait dire non. Et donc qu'il fallait qu'il porte sa part de responsabilité. Lorsqu'il a appris que d'autres victimes déposaient plainte, il a même pris la défense des adultes. Pendant les années qui ont suivi et jusqu'à maintenant, ce fut un long et très lourd parcours. Il fonctionnait. Ingénieur, marié. Mais en lui-même, c'était un cataclysme sans pareil... Mourir. Il en a eu souvent envie.*» Souvenez-vous de ce que disent eux-mêmes les anciens élèves de L'École: «*Jusqu'en 2002, je considérais que ce que j'avais vécu était normal et j'ai fait une dépression. J'aurais dû exprimer ça plus tôt.*» Un autre a résumé ainsi les ravages de Léonide Kameneff: «*Il voudrait qu'on se souvienne de son œuvre? Il a fabriqué d'un côté des pédophiles, de l'autre des déprimés.*» Et le récit poignant de cette épouse. Au sujet de son mari, elle dit: «*Il sait que ce qui s'est passé sur le bateau n'était pas de sa faute mais comme son corps a pris du plaisir, il pense qu'il est responsable. Ses relations avec nos enfants ont été difficiles. Aujourd'hui, il met un coussin entre eux et lui quand il les prend sur ses genoux.* »

Voilà aussi pourquoi je vous en veux, Léonide Kameneff, et pourquoi la justice à raison de vous en vouloir et de vous juger. Ce que vous avez fait ne perturbe pas seulement les victimes. Qui, dans cette enceinte judiciaire, n'a pas cauchemardé de ce procès qui se tient depuis deux semaines et demie ? Alors imaginez quand vous avez été violé ! Qui n'y a pas pensé quand il a eu à toucher un enfant ? Alors imaginez quand vous avez été violé !

C'est tout cela qui a été abîmé, tellement abîmé que c'en est détruit. On ne rembobine pas le temps pour revivre une autre enfance, on vit avec. Cette enfance a été volée et saccagée. «*À cette époque, j'étais en cinquième*, nous a dit une victime, *j'avais une amoureuse et la seule chose que j'avais faite avec elle, c'était de lui tenir la main.*» Ce qui a été brisé, cassé à jamais, sur ce bateau, c'est ce garçon. C'est cette fille qui vous a raconté que, juste avant d'embarquer, elle a eu pour ses 12 ans un chien en peluche Boule et Bill. Brisée, cassée, elle aussi. C'est cet ancien élève qui, devenu adulte, a arrêté d'enseigner l'escalade à des gamins par peur de ce passé. Brisé, cassé comme les autres qui y pensent tout le temps, même avec leurs propres enfants. Voilà ce que je veux que vous emportiez dans votre délibéré : les mots des victimes et tout ce qu'ils ont perdu sur les navires de Kameneff et qu'ils ne pourront jamais plus retrouver. Avec ces mots de douleur, vous pourrez rendre une décision courageuse et forte, mais aussi un verdict d'espoir.

Verdict

Le 22 mars 2013, après trois semaines d'audiences, Léonide Kameneff, alors âgé de 76 ans, est condamné à douze ans de réclusion criminelle pour «*viols et agressions sexuelles*». Pour les mêmes motifs, deux de ses ex-coéquipiers se voient eux aussi infliger une peine de prison. Six ans ferme pour Bernard Poggi (qui lui-même avait été abusé, enfant, par Kameneff lors d'un voyage en mer) et cinq ans avec sursis pour Jean-François Tisseyre. Le verdict souligne que ces crimes « *commis sur de très jeunes garçons pendant plus de vingt ans* » résultent d'un « *conditionnement quasi sectaire* » et d'une « *emprise psychologique* » seulement destinée à « *assouvir des pulsions sexuelles* ». Le verdict balaie aussi l'argument, tant de fois ressassé, d'une « *époque prétendument permissive* » – celle des années post-68. Une fois le silence déchiré, dans les soutes de L'École en bateau comme dans les HLM d'Outreau ou dans les cercles littéraires de Saint-Germain-des-Prés, la pédophilie apparaît pour ce qu'elle est : le saccage de l'enfance.

9. Le procès de Paul François contre Monsanto

«*Excusez-moi, je suis fatigué.*» Paul François, un céréalier charentais, répète souvent cette phrase, ponctuée d'un long soupir. Comme lorsque les journalistes de *Libération* le rencontrent dans un café parisien, en octobre 2017, pour l'entendre raconter son drame – par accident, il a inhalé les vapeurs d'un herbicide –, une «*saleté*», dit-il, un authentique «*poison*» fabriqué par la firme Monsanto, qu'il poursuit sans relâche depuis douze années pour obtenir la réparation de son préjudice (amnésies, vertiges, bégaiements, comas à répétition). Un authentique combat de David contre Goliath.

Paul François n'est pas le premier au monde à avoir porté plainte contre la multinationale de la chimie. Avant lui, il y a d'abord eu les anciens combattants de la guerre du Viêtnam, victimes du terrible agent orange, un herbicide contenant de la dioxine à l'origine de milliers de cas de cancers et de multiples malformations à la naissance. À l'époque, plus de 80 millions de litres de défoliants ont été déversés au-dessus des forêts vietnamiennes ou sur des cultures vivrières. Aux États-Unis, sept entreprises, dont Monsanto, ont dû payer 180 millions de dollars à 40 000 vétérans américains. Mais cet accord n'est intervenu qu'en 1984, onze ans après la fin du conflit, et les victimes vietnamiennes, infiniment plus nombreuses (entre 2 et 4 millions), n'ont jamais été indemnisées.

Puis Monsanto a dû faire face aux plaintes déposées contre son produit phare, le Roundup. 18 000 plaintes à ce jour. Dans ce dossier, l'entreprise, rachetée depuis par le groupe pharmaceutique allemand Beyer, l'inventeur de l'aspirine, a déjà été condamnée trois fois à verser des dommages et intérêts colossaux (jusqu'à

2 milliards de dollars) mais, systématiquement, Monsanto a fait appel et obtenu de pouvoir débourser des sommes bien moindres. C'est qu'au fil des procès, le fabricant de pesticides s'est formé à l'art de la guérilla judiciaire : recours à des dizaines d'experts douteux pour fournir des études qui lui sont toujours favorables, recrutement de centaines d'avocats et campagne de dénigrement des plaignants. Paul François a dû affronter tout cela. Jusqu'à être accusé d'être un «*fou*» qui se serait lui-même auto-intoxiqué. Cela ne l'a pas empêché de gagner tous ces procès, en première instance puis en appel, avant que la Cour de cassation n'ordonne que son affaire soit rejugée. Il est défendu par François Lafforgue, un spécialiste reconnu dans son approche des dossiers de santé publique (victimes de l'amiante, personnes hypersensibles aux ondes émises par les antennes relais, ou vétérans français contaminés lors des premiers essais nucléaires). Devant la cour d'appel de Lyon, le 6 février 2019, l'avocat plaide donc une troisième fois pour Paul François.

Plaidoirie prononcée par François Lafforgue pour Paul François, prononcée le 6 février 2019 devant la cour d'appel de Lyon

J'interviens aux côtés de Paul François contre Monsanto.

Cela fait maintenant douze années que cet agriculteur lutte sans relâche pour faire reconnaître son préjudice. Le chemin judiciaire a été si lent qu'à plusieurs reprises, il aura même été tenté de renoncer.

Mais le soutien de ses proches l'a conforté dans le choix, la nécessité devrais-je dire, pour lui et pour les autres victimes des pesticides, de continuer le combat.

J'aimerais vous rappeler en quelques mots comment la vie de Paul François a basculé.

Paul François est un agriculteur céréalier qui exploite 240 hectares de terres à Ruffec, entre Angoulême et Poitiers.

Marié et père de deux filles, il a toujours réussi à concilier sa vie professionnelle et sa vie familiale malgré ses dix à quinze heures de travail par jour. Jusqu'à cette après-midi du 27 avril 2004.

C'est la fin de la campagne d'épandage de pesticides.

Tôt le matin, Paul a commencé par traiter ses champs de maïs avec un herbicide, le Lasso, produit par Monsanto.

C'est une belle journée ensoleillée et les températures grimpent assez rapidement pour atteindre 30° C au soleil à midi.

Paul François vérifie qu'il ne reste plus d'herbicide dans la cuve du pulvérisateur car, le soir, il doit traiter du colza en fleur avec un fongicide. S'il reste des résidus, c'est catastrophique car les abeilles viennent ensuite butiner les fleurs de colza et la contamination de la cuve entraîne la contamination des abeilles.

Il vérifie donc que la cuve est bien vidée et l'ouvre, comme on doit toujours le faire.

Malheureusement, il reste environ 100 litres de mélange d'eau et de Lasso et, compte tenu des températures extérieures ce jour-là, Paul François inhale les vapeurs toxiques.

Il est aussitôt pris de nausées, puis fait un malaise. Son épouse qui, par chance, est infirmière diplômée d'État, le conduit très rapidement aux urgences à l'hôpital de Ruffec. Où il va rester quelques heures en observation.

Il rentre ensuite à son domicile. Mais, dès le lendemain de l'accident, il est victime de céphalées violentes et crache du sang.

Le toxicologue Henri Pézerat, directeur de recherches honoraire au CNRS, célèbre lanceur d'alerte dans l'affaire de l'amiante, lui dira plus tard qu'il aurait pu mourir ce jour-là.

Ensuite, il sera amnésique pendant huit jours, souffrira de vertiges et ne pourra pas parler sans bégayer.

Paul François doit alors s'arrêter de travailler pendant cinq semaines.

En juillet, le bégaiement a presque disparu, mais les vertiges persistent et deviennent plus intenses et plus fréquents.

Le 3 octobre 2004, Paul perd conscience pendant deux à cinq secondes alors qu'il est en voiture.

Début novembre 2004, son état de santé empire. Il a notamment des absences lorsqu'il conduit sa moissonneuse-batteuse.

Il est hospitalisé à plusieurs reprises. Un médecin du CHU de Poitiers conclut à des «*céphalées intenses et paroxystiques*».

Depuis, il souffre épisodiquement de sensations de vertiges, d'absences et de chutes avec perte de connaissance. Dans ces moments-là, il reste cloué au lit et soulage la douleur avec des dérivés morphiniques.

En 2017, on lui découvre une tumeur à la thyroïde, il fait une embolie pulmonaire et connaît de nombreux épisodes de septicémie.

Dans un premier temps, Paul François a obtenu la reconnaissance du caractère professionnel de ses déboires médicaux devant la cour d'appel de Bordeaux, puis il a entamé une action judiciaire contre Monsanto. Et, le 13 février 2012, le tribunal de grande instance de Lyon a déclaré Monsanto responsable du préjudice qu'il a subi. Mais la firme Monsanto a contesté cette décision et la conteste toujours.

Cette entreprise refuse obstinément d'indemniser Paul François. Pis, elle se livre contre lui à un véritable acharnement judiciaire. Même si, procès après procès, elle est systématiquement déboutée, qu'importe, à chaque fois, elle revient à la charge, n'hésitant pas à utiliser tous les moyens pour se dérober à ses responsabilités.

D'abord, Monsanto joue sur la stratégie du doute. Ainsi, dès qu'une étude qui lui est défavorable est soumise aux juges, elle en produit une favorable. Pour ce faire, elle a recours à des toxicologues, des médecins, des psychiatres, des chimistes, des juristes, des consultants ou plutôt, devrais-je dire, des «pseudo-consultants» tant leurs parcours professionnels sont éclairants.

Je ne citerai qu'un seul exemple: le Dr P. Il est passé partout: de l'industrie phytopharmaceutique à l'Union des industries de la protection des plantes, qu'il serait plus juste d'appeler: l'Union des industries productrices des pesticides.

Ensuite, Monsanto entretient la plus grande opacité. Ainsi, elle refuse toujours de communiquer la composition exacte du produit qui a intoxiqué Paul François.

Enfin, l'entreprise tente de semer le trouble en osant prétendre que Paul François n'aurait en réalité jamais eu d'accident. Je vais vous apporter ici les preuves du contraire.

Pour mémoire, retenons:

— l'attestation du Dr L., qui confirme avoir reçu un appel des urgences de Ruffec le 27 avril 2004 pour une demande de renseignement sur la toxicité du Lasso pour un patient hospitalisé dans leur service ;

— le compte-rendu de consultation du 29 avril 2004 du Dr D., pneumologue allergologue au centre hospitalier de Ruffec, qui fait état d'un «*patient qui a été hospitalisé en urgence hier après avoir inhalé des produits toxiques en nettoyant une cuve de pesticides*».

L'existence de l'intoxication est donc incontestablement rapportée. Et qui dit intoxication, dit toxicité du produit, sur laquelle il me faut maintenant revenir.

Le principal composant du Lasso, l'alachlore, a été interdit dès 1985 au Canada. Dans ce pays, l'alachlore a été jugé – je cite – «*cancérigène pour les animaux et potentiellement cancérigène pour l'homme. Le principal sujet de préoccupation était l'exposition professionnelle mais la présence d'alachlore dans les eaux souterraines et, donc, l'extension possible de la contamination ont élargi les préoccupations à l'exposition d'ordre non professionnel. Il a été établi, ont dit les autorités canadiennes, que l'alachlore constitue un danger inacceptable pour la santé publique*». Cette substance chimique a ensuite été interdite en Belgique en 1990, puis en Angleterre en 1992, suite à la publication de nouvelles études sur le caractère carcinogène de cet herbicide.

Les produits à base d'alachlore ont été également interdits d'utilisation en France en 2007, suivant en cela un avis de la Commission européenne qui, en 2006, avait demandé le retrait des autorisations délivrées aux pesticides contenant de l'alachlore.

Mais le Lasso, outre l'alachlore, est aussi composé d'adjuvants dont le monochlorobenzène, qui est également une substance particulièrement toxique.

À son sujet, les experts indiquent qu'à forte dose, «*on peut observer une atteinte neurologique associant somnolence, manque de coordination, dépression du système nerveux central puis troubles de conscience*».

Compte tenu des risques liés à leur utilisation, il existe d'ailleurs une réglementation spécifique aux produits phytosanitaires. Elle impose notamment une obligation d'information.

L'arrêté du 6 septembre 1994 dispose ainsi que «*tout emballage doit porter, de manière lisible et indélébile, l'indication de la nature des risques particuliers pour l'homme, les animaux et l'environnement, sous forme de phrases types choisies de manière appropriée*». Or, l'analyse de l'étiquette du Lasso démontre un défaut d'information.

Rien n'est indiqué sur le risque d'inhalation.

Rien sur le port d'un masque ou de protection respiratoire.

Rien sur les effets secondaires liés à une inhalation accidentelle.

Rien sur les conditions dans lesquelles on doit nettoyer les cuves.

Pour autant, Monsanto prétend que Paul François aurait commis une faute en nettoyant sa cuve et que l'accident serait de toute façon arrivé même si les mentions avaient été apposées sur l'étiquette du produit.

Toujours selon l'entreprise, cette faute serait caractérisée parce que Paul François serait un professionnel aguerri ayant suivi une formation particulière sur les pesticides.

Mais, contrairement à ce que prétend Monsanto, la formation scolaire dont a bénéficié Paul François ne lui a pas permis d'appréhender la toxicité des mélanges entre principes actifs et adjuvants tels que ceux présents dans le produit Lasso.

Ainsi, dans les écoles d'agriculture où Paul François a poursuivi ses études à la fin des années 1970, seuls quelques rares cours étaient dispensés sur les principes actifs (en l'espèce, l'alachlore), et non sur les adjuvants (notamment le monochlorobenzène), comme le confirment des enseignants du lycée agricole de Ruffec.

Sachez aussi que Monsanto ne saurait s'exonérer de sa responsabilité en invoquant une autorisation administrative de mise sur le marché du Lasso.

Monsanto est malvenue à se prévaloir de l'homologation d'un produit alors qu'elle a largement contribué à la désinformation à son sujet, comme elle le fait aujourd'hui autour du glyphosate.

Enfin, contrairement à ce que voudrait nous faire croire Monsanto, l'état psychiatrique de Paul François a toujours été normal.

Il n'a pas inhalé volontairement du Lasso parce qu'il était fou. Il est devenu dépressif suite à l'accident, et non l'inverse. Sur ce point, les experts sont formels : c'est bien suite à l'inhalation que Paul François a présenté, je cite, «*une symptomatologie anxieuse post-traumatique se traduisant par une recrudescence des céphalées, une asthénie, des bégaiements, des vertiges, des chutes avec perte de connaissance, des propos incohérents (d'après son entourage), une conduite inadaptée (changement de parcelles sans s'en apercevoir), des troubles visuels*».

En conclusion, le préjudice subi par Paul François est considérable et particulièrement son préjudice moral.

La crainte d'une évolution péjorative de son état de santé est majeure, à tel point qu'il a créé une structure professionnelle pour trouver plus facilement un successeur et pour permettre de conserver, au profit de ses héritiers, une certaine valeur à son exploitation.

Par ailleurs, Paul François s'est senti floué par Monsanto. Cette tromperie est grave, il y a perdu sa santé.

S'y ajoute un acharnement judiciaire et, par conséquent, financier, qui est extrêmement éprouvant.

L'impact sur sa vie familiale est aussi considérable.

Ces dernières années ont été épuisantes pour lui et pour ses proches. Sans le soutien de sa femme Sylvie, aujourd'hui décédée, et de ses filles, et sans le réconfort que lui ont apporté des militants de toutes les régions du monde, il aurait depuis longtemps renoncé.

Plus que jamais, il demeure pourtant déterminé à poursuivre son combat, non seulement pour obtenir enfin la reconnaissance définitive de son préjudice, mais également au nom de tous les agriculteurs, de tous les consommateurs, de tous les citoyens.

Jugement

Le 11 avril 2019, la cour d'appel de Lyon a donné raison à Paul François en considérant que Monsanto était «*responsable du dommage causé*». Elle a condamné l'entreprise à verser 50 000 euros à l'agriculteur pour ses frais de procédure, mais elle n'a pas statué sur sa demande de dommages et intérêts. Cette question fait l'objet d'une procédure distincte devant le tribunal de grande instance de Lyon.

V. LA POLITIQUE À LA BARRE

1. Le procès d'Edmond Jouhaud

C'est une page singulière de l'Histoire de France qui a été jugée à Paris devant le Haut tribunal militaire en avril 1962. Certes, le «*putsch des généraux d'Alger*» avait été rapidement jugulé, la sédition militaire ne dura que cinq jours. Il n'empêche, les quatre généraux, (Challe, Salan, Zeller et Jouhaud) ont bien perpétué un «vrai» coup d'État. Au moment où il comparaît devant ses juges, Edmond Jouhaud, qui est poursuivi pour «*crime contre la sûreté de l'État*», risque donc la peine de mort.

Un an plus tôt, le vendredi 21 avril 1961, le général Jouhaud avait pris le contrôle d'Alger. Ce haut militaire, Pied-Noir d'origine, incarne cette frange d'Européens d'Algérie qui refuse l'indépendance. Depuis bientôt sept ans, l'armée française se bat pied à pied dans le maquis contre le FLN et il faudrait, alors que la victoire semble être au bout du fusil, déposer les armes, fuir, tout abandonner? Pour Jouhaud, comme pour d'autres, l'idée est tout simplement inacceptable. De Gaulle les a trahis! Dans la soirée du 21 avril, un commando de parachutistes s'empare donc des points stratégiques d'Alger: aéroport, Hôtel de Ville, siège du Gouvernement général. À Paris, le préfet de police, Maurice Papon, et le directeur de la sûreté nationale montent une cellule de crise... dans un salon de la Comédie française. De Gaulle assiste alors à une représentation de *Britannicus*. Il sera prévenu à l'entracte. Le lendemain, samedi 22 avril à 7 h du matin, la population d'Alger apprend par un message lu à la radio que «*l'armée a pris le contrôle de l'Algérie et du Sahara*». En métropole, les partis de gauche, les syndicats, la Ligue des droits de l'homme appellent les Français à descendre dans la rue pour manifester contre ce coup de force. Le dimanche soir, le président de la République apparaît à la télévision à 20 h, vêtu de son ancien uniforme de général, telle la statue du commandeur. Les mots que Charles de Gaulle prononce ce soir-là resteront gravés dans les mémoires. Il stigmatise «*les coupables de l'usurpation et le pouvoir insurrectionnel qui s'est établi en Algérie par un pronunciamiento militaire*» et il ridiculise les putschistes, en qualifiant les quatre généraux rebelles de «*quarteron de généraux en retraite*». La formule, géniale, suffira à elle seule à décrédibiliser la sédition. Le chef de l'État, qui se saisit des pleins pouvoirs, appelle fermement les appelés à désobéir aux ordres des officiers rebelles. «*500000 gaillards munis de transistors*», comme il le dira plus tard, ont entendu son appel et refusent effectivement d'appliquer les consignes de leurs supérieurs. En Algérie, dans les jours qui suivent, les troupes qui avaient suivi les généraux se rendent progressivement. C'est la débandade. Dès le 26 avril, le putsch a échoué. Challe et Zeller se constituent prisonniers. Salan et Jouhaud, eux, s'enfuient. Edmond Jouhaud est finalement arrêté à Oran avant d'être rapatrié à Paris où l'attend le Haut tribunal militaire. Il est défendu par Me Perrussel et Jacques Charpentier. Ce dernier, bâtonnier pendant l'Occupation (1938-1943), a donné son nom à une salle du conseil de l'ordre des avocats au Palais de justice de Paris. Cette reconnaissance posthume fait aujourd'hui l'objet d'une vive polémique. Certains avocats parisiens ne manquent pas de souligner que le bâtonnier Charpentier – même s'il entra en clandestinité et rejoignit la Résistance durant la Seconde Guerre mondiale – se distingua dans les années 1930 par des écrits aux relents xénophobes et antisémites. Au cours de sa plaidoirie pour Jouhaud, il tient d'ailleurs des propos fort déplacés au sujet de la nomination de Georges Pompidou comme premier ministre, saluant «*l'avènement de la banque Rothschild au gouvernement de la République*» (Georges Pompidou a occupé pendant longtemps des fonctions de direction dans cet établissement bancaire). Jacques Charpentier plaide bien sûr pour Jouhaud et pour l'honneur d'un général, mais il dit aussi la colère de ces Français qui, à cette époque, sont ulcérés par la disparition de «leur» empire colonial. Pour ce qu'elle exprime, cette plaidoirie s'inscrit donc elle aussi dans l'histoire.

Plaidoirie prononcée par Jacques Charpentier, le 13 avril 1962 devant le Haut tribunal militaire

Messieurs, il est tard ; tout vous a été dit, et je voudrais ne pas vous fatiguer. Je ne vous parlerai pas de Jouhaud ; vous le connaissez. Je ne vous parlerai pas beaucoup de l'Algérie française ; vous avez entendu tout à l'heure une voix plus éloquente et plus qualifiée que la mienne pour exprimer ses douleurs, son désespoir et ses rancœurs. Mais je voudrais vous parler d'une troisième personne dont il n'a pas encore été question dans ce débat et qui, cependant, place au-dessus de cette audience, qui est la plus intéressée, celle qui serait vraiment poignardée par la sentence qu'on vous demande : je veux vous parler de la France.

Ce n'est pas, Messieurs, la première fois qu'au cours de son histoire, la France a été amenée à sacrifier des provinces françaises. Il y aura l'année prochaine 200 ans que la monarchie abandonna 60 000 Français sur les rives du Saint-Laurent ; c'étaient de pauvres gens ; c'étaient de petits agriculteurs, des pêcheurs, des trappeurs, de petits artisans ; c'était le Bab-el-Oued de l'époque, car les 200 familles, s'il y en avait, étaient depuis longtemps parties sur les frégates du roi de France.

La France les abandonna et, pendant un siècle et demi, elle les oublia. Ils furent durement persécutés ; on leur interdisait de parler français ; l'usage, l'enseignement de la langue française étaient interdits sous les peines les plus sévères ; et puis, au bout de 150 ans, les 60 000 étant devenus 3 millions, la France s'est rappelé leur existence, et elle est allée leur rendre visite. Comme ils étaient restés Français de cœur et d'esprit, parce que, quand on a été Français, il est difficile de ne plus l'être, ils ne nous en voulurent pas ; ils revinrent même défendre leur patrie ingrate le jour où elle fut envahie ; mais, tout de même, ils ne l'ont pas oubliée, et quand on est reçu dans les petites villes de la province de Québec, on entend encore parler – et je vous assure que ce n'est pas agréable –, des « *arpents de neige* » de Voltaire.

En 1871, la France a abandonné deux provinces, deux départements ; elle était lasse ; elle ne voulait plus la guerre, et l'abandon de ces provinces fut voté, sauf le petit groupe des protestataires, à une majorité aussi forte que celle du référendum de dimanche dernier.

Seulement, la France eut bientôt des remords et, aux générations suivantes, on apprit que leur mission en ce monde était de reconquérir les provinces perdues ; et nous l'avons fait.

En 1962, la France vient d'abandonner son deuxième empire colonial, ou du moins ce qui en restait ; mais ce qui différencie cette opération chirurgicale des précédentes, c'est qu'elle semble ne causer à la métropole aucun remords ; la France avait perdu la guerre de Sept Ans au moment de l'abandon du Canada, au moins dans les territoires d'outre-mer ; en 1871, elle avait été envahie par l'ennemi ; la capitale était prise ; on ne pouvait plus faire autrement. En Algérie, où donc était la défaite ? Les communiqués du gouvernement n'ont jamais cessé de le dire, que l'armée était maîtresse de la situation, et c'était vrai, parce que, depuis le quadrillage du général Challe, le FLN n'en pouvait plus ; il était à bout de souffle. Oh, il avait encore de l'argent ; cela, il en avait beaucoup dans les banques suisses parce qu'il en venait de certaines parties du monde, et nous savons pourquoi l'argent venait de certaines parties du monde, mais les hommes ne voulaient plus rien savoir ; les willayas étaient exsangues ; la guerre était gagnée ; c'est le moment qu'on a choisi pour capituler.

Ce ne serait rien, ce ne serait rien si on avait compris la situation de ceux que l'on abandonnait ; à ceux que l'on avait trahis en 1763 et en 1871, on avait pu dire : «*nous sommes vaincus*» ; à ceux-là, qu'est-ce que l'on dit ? Tout ce que l'on a trouvé à leur dire, c'est que c'est le sens de l'histoire. Et, comme le sens de l'histoire est une expression un peu éculée, on l'a un peu trop vue dans la propagande communiste, le chef de l'État qui dispose d'un choix de ces métaphores somptueuses par lesquelles on habille de pourpre et d'or les réalités les plus humiliantes, le chef de l'État a remplacé le sens de l'histoire par «*le grand vent de l'histoire*». Il faut avouer que c'est un peu mieux. Seulement, c'est le danger des métaphores : le vent est un élément instable ; le vent fait tourner les girouettes. On prétend qu'il y en a jusque dans le sein du gouvernement. Oui, le grand vent de l'histoire soufflait en effet de l'ouest au XVIIIe siècle, lorsqu'il ramena vers la France les frégates qui revenaient du Canada ; oui, mais ensuite, et pendant tout le XIXe siècle, le grand vent de l'histoire a tourné en sens contraire ; il venait de la France ; il allait dans toutes les parties du monde ; il allait porter le nom français, les principes de la Révolution française, et nos deux principaux auxiliaires, le médecin et le juge, dans toutes les parties du monde et, dans ce temps-là, nous en étions fiers. Oui, que voulez-vous, c'était ce que l'on nous apprenait dans les lycées, et nous nous réjouissions chaque fois que sur nos atlas on voyait s'élargir les taches rouges qui signifiaient la domination française.

Le grand vent de l'histoire, mais il a encore soufflé longtemps dans le même sens ; il soufflait dans le même sens en 1939, lorsque M. Daladier faisait sonner un peu trop haut, peut-être, le mot d'« *Empire français* » ! Lorsque mon vieil ami Paul Reynaud accomplissait dans les colonies françaises une tournée triomphale et qu'il ouvrait aux portes de Vincennes le Musée des Colonies.

Et il soufflait encore pendant toute la guerre lorsque le général de Gaulle, en termes que personne n'oubliera jamais, appelait l'Empire français tout entier au secours de la métropole.

Seulement, aujourd'hui… ! Aujourd'hui, le grand vent de l'histoire a tourné en sens contraire, et il n'apporte plus à ceux dont la Communauté française se sépare, à ceux qu'elle trahit – il faut bien dire le mot –, il n'apporte plus que des insultes.

Oui, ce sont des « Pieds-Noirs ». Ils ont relevé l'insulte comme autrefois les gueux ; ils en ont fait un signe de ralliement. Mais il y a d'autres insultes plus graves. Ce sont des « *agités* » ; ce sont des « *Méditerranéens* » ; ce sont des « *Européens d'outre-mer* ». Ils ne sont pas de chez nous, n'est-ce pas, ces gens qui s'appellent Lopez, Pérez, Hernandez, Herrera ? Je croyais, moi, qu'on pouvait être Français tout en portant ces noms-là. Je le crois encore. La semaine dernière, le général Jouhaud a comparu devant un honorable magistrat instructeur qui porte le nom de Pérez. Il m'a paru appartenir à la nation française.

Et puis, il me semble que nos Européens d'Afrique du Nord ont donné à la France assez de gages pour que l'on puisse croire qu'ils se sont fondus dans la nation française. On faisait allusion, tout à l'heure, aux cimetières où se sont accumulées leurs tombes. On n'avait pas le droit de l'oublier.

Ces gens de l'Algérie, que je persiste à appeler mes compatriotes, ils ne comprennent pas. Ils ne comprennent pas que la France, ayant été victorieuse, les sacrifie : ils ne comprennent pas qu'après avoir contribué – car, enfin, l'insurrection est partie de leur sol – à ramener le général de Gaulle au pouvoir en 1958, ils ne comprennent pas que ce soit ce même gouvernement qui les expulse, qui les trahisse. Ils ne comprennent pas que le FLN, qui, hier encore, était leur ennemi, contre lequel on envoyait les troupes françaises, contre lequel les petits soldats de la métropole se faisaient tuer, soit aujourd'hui devenu leur maître ; ils ne comprennent pas que le chef du nouvel État fût hier encore à la Santé.

Je ne suis pas sûr que, ne comprenant pas, ils manquent d'intelligence ; car, enfin, dès maintenant, et rien que par les textes que l'on nous mesure au compte-gouttes, nous connaissons le sort qui les attend.

D'abord, ils ne s'appellent plus des Français. Lisez la déclaration du 19 mars 1962 relative à l'Algérie. Il y a, d'une part, les Algériens musulmans et d'autre part des dispositions concernant les citoyens français de statut civil de droit commun. Il paraît que ce sont des Français. Nous, nous n'avions pas besoin d'une dénomination aussi compliquée ; eux, ils porteront maintenant ce nom... pas pour longtemps car on ne le leur laisse que pour trois années, et, pendant ces trois années, mais dès maintenant, on annonce qu'ils seront privés de leurs droits civiques en France. Ils sont condamnés à la mort civile.

Ils ont peut-être quelque raison de n'être point satisfaits.

Le général Jouhaud, Messieurs, est un Pied-Noir. Il partage les sentiments d'amertume et d'indignation qu'on vous a exprimés tout à l'heure. Lorsqu'on a parlé à ces Algériens, on s'aperçoit, voyez-vous, que ce qu'il y a de plus cruel pour eux ce sont moins ces abominables brimades, ces cruautés auxquelles participe maintenant l'ordre français, que le sentiment affreux dans lequel ils se trouvent qu'ils sont abandonnés par la patrie française. J'ai reçu à cet égard des confidences bouleversantes.

Quand on est venu se mettre sous la protection de la France, comme la plupart de ces gens-là qui sont venus d'ailleurs, comme ceux qui sont venus après les révolutions de 1830, après les révolutions de 1848, après la Commune, comme ceux qui ont été expulsés d'Alsace-Lorraine, qui sont venus planter leur tente, cultiver des propriétés, qui ont assis leur fortune, installé leur famille là-bas, tout cela parce qu'ils étaient sous la protection de la France, la France de la Révolution, la France de la liberté et de l'égalité, alors, lorsque ces gens s'aperçoivent que la protection sur laquelle ils avaient compté n'existe plus, qu'ils sont des proscrits, qu'on les renie, qu'on les insulte, ces gens-là, ils ne peuvent plus le supporter. Le général Jouhaud est de ceux-là, et cela suffirait à expliquer qu'ils se soient alliés à l'insurrection.

Mais il est aussi autre chose. C'est un général. Il est parvenu à l'un des plus hauts grades de l'armée française ; il y est parvenu, non pas en écrivant, non pas dans son cabinet, mais dans les combats et dans sa carrière militaire, il a conçu comme beaucoup de ses pareils, l'orgueil de la France. Il s'est figuré, surtout après nos deux dernières guerres, que la France était imbattable ; qu'elle survivrait à toutes ses humiliations, à toutes ses défaites, et il ne peut pas supporter les capitulations successives auxquelles elle se résigne depuis quelques années. Là aussi, son sang se révolte ; il ne peut pas, il le pouvait tellement moins qu'il avait démissionné de l'armée.

Alors, Messieurs, il a rejoint l'insurrection du général Challe et du général Zeller. Messieurs, nous sommes à la fin de ces débats ; il est trop tard et vous savez tout ; je n'ai plus rien à vous dire ; vous allez tout à l'heure prendre une décision qui est attendue avec angoisse dans certaines parties du monde. En ce moment, dans toute l'Afrique du Nord, tous les postes d'écoute vous attendent, et en France aussi il y en a pas mal, et même à l'étranger, par curiosité, peut-être, ou par intérêt. Vous allez donc prendre une décision très grave ; vous êtes tous des hommes considérables ; des hommes qui ont atteint l'échelon le plus élevé de leur profession, sauf pour les plus jeunes d'entre vous ; vous n'avez plus rien à attendre ; vous êtes affranchis des désirs ; affranchis de la peur ; vous êtes arrivés à ce moment de la vie où l'homme est seul en face de sa conscience, et c'est pour cela que j'ai confiance et que je vous confie le sort de Jouhaud, du général Edmond Jouhaud ; pour cela que je suis sûr que vous ne commettrez pas la faute irréparable que l'histoire ne vous pardonnerait jamais, pas plus qu'elle n'a pas pardonné à Napoléon l'exécution du duc d'Enghien, pas plus que la Restauration ne s'est relevée de l'assassinat du maréchal Ney.

Je vous le demande pour lui, mais je vous le demande surtout pour notre pays ; je vous demande pour la France pour laquelle vous pouvez jeter le premier jalon qui conduira sur la route de l'amnistie qui, en tout cas, nous ramènera la France que nous connaissons, celle qui avait fait l'admiration du monde ; la France de la vérité, de la liberté et de la justice.

Verdict

Le 13 avril 1962, Le Haut tribunal militaire condamne Edmond Jouhaud à la peine de mort. Le tribunal n'a pas retenu de circonstances atténuantes. Après sept mois passés dans une cellule de condamné à mort, il échappe de très peu à l'exécution : le général de Gaulle accepte finalement de le gracier le 28 novembre 1962. Il bénéficie d'une amnistie en juillet 1968.

2. L'affaire Georges Ibrahim Abdallah

Depuis vingt-six ans, Georges Ibrahim Abdallah est incarcéré dans une prison française. Le terroriste libanais membre du FPLP (Front populaire pour la libération de la Palestine) purge une peine de réclusion criminelle à perpétuité pour avoir assassiné en 1982, à Paris, un diplomate israélien et un attaché militaire américain. En avril 2007, son avocat, Jacques Vergès, plaide pour la septième fois consécutive une remise en liberté qui lui a toujours été refusée. Ce farouche partisan de la «*défense de rupture*» instruit alors un véritable «*procès du procès*». Il met en accusation l'État américain, en s'appuyant notamment sur une note de la DST (le service du contre-espionnage) qui qualifie Ibrahim Abdallah de «*menace pour la sécurité du territoire*». Selon Vergès, cette note est un non-sens, elle ne peut s'expliquer que d'une seule manière: la DST veut faire plaisir aux Américains qui s'opposent à la libération du terroriste. Dans sa plaidoirie, l'avocat dénonce donc les errements de la politique américaine de l'après 11 septembre et stigmatise la lutte antiterroriste menée par Georges Bush. Jacques Vergès est un habitué de ce genre de «*contre-pied procédural*». Il en a fait sa marque de fabrique.

Quand il défend Omar Radad – le jardinier marocain condamné pour avoir tué une riche veuve dans le sud de la France – il ne s'attarde pas sur les nombreux éléments à charge qui accablent son client. Mais il dénonce le racisme anti-arabe, arrive à s'attirer les sympathies de l'opinion publique et transforme ainsi le jardinier en symbole vivant de l'erreur judiciaire. Pendant le procès Barbie, au crime contre l'humanité commis par le chef de la Gestapo, il répond par les crimes colonialistes perpétrés par la France en

Algérie. Jacques Vergès, qu'on vénère ou qu'on exècre, est un agitateur, un provocateur et souvent un manipulateur hors pair. Résistant à 17 ans, il s'engage dans les FFL (Forces françaises libres). Il restera d'ailleurs toujours très attaché à de Gaulle. À la Libération, il adhère cependant au Parti communiste puis il s'installe à Prague jusqu'en 1954. De retour en France, il devient avocat. Militant anticolonialiste, il rencontre à Paris les futurs chefs Khmers Rouges avant de soutenir activement l'insurrection algérienne. Maoïste dans les années 1960 – il rencontre Mao Tsé-toung en personne – il part, quelques années plus tard, à Alger pour y monter un cabinet d'avocat. Et puis, il disparaît ! Pendant près de dix ans, de 1970 à 1978, personne ne sait ce qu'est devenu Jacques Vergès. Il a toujours entretenu le mystère sur cette période. Aux journalistes qui lui ont souvent demandé s'il était au Liban, à Moscou ou s'il travaillait pour les Khmers Rouges, il a toujours répondu, énigmatique, qu'il était «*très à l'est de la France*». Défenseur de Klaus Barbie, de l'Irakien Tarek Aziz, du capitaine Baril ancien gendarme de l'Élysée sous Mitterrand, du préfet Bonnet, de Carlos, des terroristes d'Action directe, d'Annis Nacache ou de Louise Yvonne Casetta, la trésorière occulte du RPR, Jacques Vergès, l'«*avocat de la terreur*», a traversé un siècle de fureur et de passion politique. Né en 1927, il a déjà 80 ans quand il plaide, toujours avec la même hargne et la même passion pour obtenir la libération de Georges Ibrahim Abdallah.

Plaidoirie prononcée par Jacques Vergès, le 17 septembre 2007, devant le tribunal d'application des peines de Paris pour obtenir la libération de Georges Ibrahim Abdallah

Prisonnier de l'État français, Georges Ibrahim Abdallah a déposé entre les mains d'un tribunal français une demande de liberté conditionnelle le 6 février 2007. Le State Department n'a pas mis longtemps à réagir. Le 9 mars, sous la forme brutale à quoi l'on reconnaît désormais la signature de sa diplomatie, il fait savoir : « *Le gouvernement des États-Unis exprime sa ferme opposition quant à l'éventualité d'une mise en liberté conditionnelle de Georges Ibrahim Abdallah pouvant résulter de la procédure à venir devant le tribunal de grande instance de Paris.* »

Les autorités américaines oublient que la sanction pénale et la privation de liberté relèvent des prérogatives des seuls États responsables et pas de leurs voisins ou alliés. Certes, rien n'interdit formellement à un État étranger de souhaiter la sévérité de la part de la justice d'un autre pays, si le Dieu vengeur dont il se réclame l'exige. Rien, excepté le savoir-vivre, les bonnes manières internationales, les vieux usages diplomatiques, dont on semble à Washington ignorer jusqu'à l'existence.

Mais après tout, la vulgarité n'est soumise qu'au seul tribunal du mauvais goût. Le gouvernement américain y a sa place réservée. Pour autant, rien ne l'autorise, et ce n'est plus ici une question de civilité, à notifier à la justice française, sur un ton impérieux « *sa ferme opposition* » à une mesure de liberté éventuelle qu'elle pourrait prononcer.

Il y a dans cette prétention des autorités américaines une ingérence inacceptable et un outrage à la justice française. Est-il besoin de le rappeler, que ce n'est pas à un État étranger, se crût-il le maître du monde, de régenter la justice française ou d'exprimer sa ferme opposition à une décision souveraine qu'elle pourrait rendre en tapant du poing sur le bureau des juges. On regrettera donc que la DST, dans un rapport scandaleux, ait cru devoir se faire le relais des exigences du State Department.

Les autorités américaines n'ont pas besoin que les services français leur tiennent la main. Elles l'ont bien assez longue comme ça. D'autant qu'elles n'en sont pas, en ce qui concerne Georges Ibrahim Abdallah, à leur coup d'essai. Déjà, William Casey, alors patron de la CIA, était venu, il y a plus de 25 ans, en France, avec l'arrogance que semble conférer ce type de fonction, exercer, en prévision de la comparution de Georges Ibrahim Abdallah devant les assises, une pression sur le gouvernement français, en la personne de M. Robert Pandraud, ministre de la Sécurité. MM. de Meritens et Villeneuve rapportent ainsi leur entrevue dans un livre intitulé *Les Masques du terrorisme*. Au cours du repas offert par M. Pandraud, William menace Robert de sa fourchette. Le message est clair : si Abdallah n'est pas condamné à perpétuité, les États-Unis considéreront que la France n'a pas respecté la plus élémentaire justice, qu'elle a manqué à ses devoirs envers eux, et ce sera la rupture diplomatique. Rien de moins. Scandale international, honte et crachat sur Paris, etc. Robert Pandraud déglutit la menace en même temps que sa bouchée. Il avale tout cela lentement, en silence. Casey y est allé fort… C'est inacceptable… Mais réagir avec hauteur équivaudrait à entériner le principe du chantage…

En quelques secondes, la réplique va jaillir, typique du personnage, pince-sans-rire :

— J'ai beaucoup mieux à vous proposer, dit froidement Pandraud. On libère Abdallah. Si vous voulez, on discute de la date. On l'envoie au Moyen-Orient, et puis on vous donne ses coordonnées. Vous, États-Unis, grande puissance, avec vos réseaux de cette région, ce ne sera pas difficile, vous le liquidez, et on n'en parle plus.

Casey en reste médusé. Le chantage aux relations diplomatiques apparaît, dans sa nudité, dans son ridicule absolu.

Dois-je enfin rappeler qu'au cours du procès de Georges Ibrahim Abdallah, l'avocat du gouvernement américain ayant audacieusement comparé la justice de la France aux sections spéciales de Vichy, au cas où la décision ne serait pas expressément conforme à la volonté du State Department, l'avocat général M. Pierre Baechlin avait cru devoir lui répondre en ces termes bien choisis :

— Vous êtes ici la voix de l'Amérique. Il n'appartient pas à la partie civile de s'ingérer dans les affaires de la France. Vous n'êtes en rien habilité à donner des leçons de comportement aux Français.

Aujourd'hui, la partie américaine comprend bien qu'un ordre tombé trop brutalement d'en haut ne peut que blesser ceux qui, en France, seraient tout à fait disposés à lui obéir, mais sous condition que les formes soient respectées. Il lui faut habiller ses demandes d'insinuations, construites à partir d'extrapolations noyées sous des sous-entendus et des arrière-pensées. La mauvaise foi finira peut-être par éclater au grand jour, mais le mal aura bel et bien été fait. C'est « l'air de la calomnie » qu'on va jouer, mais avec des instruments si grossiers qu'on en éprouve quelque honte à évoquer les noms de Beaumarchais et de Rossini.

Analysons les différentes phases du «*message américain*».

D'abord, en prison, Georges Ibrahim Abdallah serait en rapport avec «*des détenus d'extrême gauche et des éléments radicaux maghrébins*». Que ne l'a-t-on dit plus tôt à l'Administration pénitentiaire ! C'est elle en effet qui a regroupé ces prisonniers dans un même quartier. Soit elle est fautive, auquel cas il faut s'adresser directement à elle. Soit, plus vraisemblablement, l'administration estime qu'il n'y a là rien de condamnable. Dans ces conditions, on ne saurait reprocher à Georges Ibrahim Abdallah de parler à la promenade avec les codétenus. L'argument est stupide et médiocre. Il faudrait d'ailleurs savoir à la fin où la partie civile veut en venir. Si elle considère que G.I. Abdallah est dangereux en prison par ses mauvaises fréquentations, on ne peut que l'inviter à réexaminer sous un jour plus favorable la demande de liberté qu'il a déposée.

Ensuite, l'expert français, commis par un juge français, estime que Georges Ibrahim Abdallah est apte à se réinsérer dans la vie civile au Liban. Comme de bien entendu, les Américains contestent l'expertise. On n'en attendait pas moins d'eux. Tant qu'à faire, autant recourir à des experts américains. Le State Department ne devrait pas être en peine de fournir au tribunal quelques bonnes adresses.

Enfin, les Américains font le reproche à Georges Ibrahim Abdallah de ne pas verser d'argent aux parties civiles, sachant très bien qu'il n'est pas en mesure de le faire, puisqu'il se trouve être là où ils veulent le maintenir à tout prix. À quoi ils rétorquent : «*Il aurait pu travailler.*» Mais le travail en prison n'est pas soumis au Code du travail, c'est du travail au noir. Le refus de Georges Ibrahim Abdallah de travailler au noir pour des négriers est moral.

Les Américains doivent entrevoir les limites de leur argumentation puisqu'ils se rabattent sur une autre piste, mais d'une si grande imprécision qu'elle ne conduit nulle part : «*Tout permet de croire que M. Abdallah dispose au Liban d'un certain patrimoine familial.*»

Comme on ne dit pas en quoi consiste ce grand «*tout*» vague et confus, tout ou rien c'est du pareil au même. Si la réalité du patrimoine de G.I. Abdallah est établie, pourquoi ne pas engager au Liban une procédure de saisie? Dans le cas contraire, nous sommes fondés à penser que cet argument repose lui aussi sur une insinuation. Dans l'insinuation, on sait que l'énoncé est partiel et équivoque, l'accusation qu'il contient étant en elle-même sujette à caution. On a là un parfait condensé des arguments avancés par la partie civile.

On peut la décrire, pour rester dans le registre d'agression continuelle cher à la rhétorique punitive des Américains, comme celle d'un fusil à deux coups. L'arme des maladroits. On a ainsi le droit de rater une fois sa cible. Premier coup : l'insinuation. Contester la crédibilité d'un expert français nommé par un juge français sans réclamer une contre-expertise, alléguer que le prisonnier a sans doute un patrimoine mais sans en préciser la nature, reprocher au prisonnier la compagnie de codétenus qu'on lui donne, sont autant d'arguments gratuits, arbitraires et sinistrement fantaisistes, qui ne peuvent raisonnablement pas emporter la conviction. D'où le recours aux mensonges par les Américains. C'est le second coup de fusil. Le chasseur et les rabatteurs font le pari que «*plus le mensonge est gros, plus les gens y croient*». Premier mensonge répugnant: Georges Ibrahim Abdallah serait impliqué dans les attentats qui ont dévasté Paris en 1986. Ce mensonge est d'autant plus infâme que les enquêtes du pôle antiterroriste du parquet de Paris ont démontré depuis que ni Abdallah, ni ses proches n'étaient impliqués dans ces attentats. M. Marsaud du pôle antiterroriste écrit dans *Avant de tout oublier*, un livre de souvenirs, qu'«*Abdallah fut en partie condamné pour ce qu'il n'avait pas fait car, peu de temps après, nous allions partir sur une bonne piste et identifier les véritables responsables des attentats de 1986. L'établissement de la responsabilité de Fouad Saleh dans ces attentats faisait d'un coup retomber la pression, et, par ricochet, remettait Georges Ibrahim Abdallah à sa véritable place. Quelques heures après l'attentat de la rue de Rennes pourtant, la piste des frères Abdallah avait été retenue et de nombreux témoins avaient identifié sur les photos les frères de Georges Ibrahim. Nous avons eu assez rapidement l'explication de cette méprise : l'un des poseurs de bombe, qui avait notamment agi rue de Rennes, un nommé Habib Haidar, ressemblait quasiment trait pour trait à Émile Abdallah.*» Cela, les Américains le savent mais ils font semblant de l'ignorer pour accabler Georges Ibrahim Abdallah.

Second mensonge tout aussi répugnant: Georges Ibrahim Abdallah serait devenu musulman. C'est la DST, dont décidément il va falloir songer à transférer les services outre-Atlantique, qui l'affirme, sans apporter la moindre preuve, et pour cause. Toujours en verve, elle se risque à avancer une hypothèse qui ne passerait pas à l'épreuve d'un détecteur de mensonges : « *Ces relations avec la population carcérale d'origine maghrébine et/ou l'évolution et l'islamisation du combat anti-impérialiste et antisioniste sont probablement les raisons qui ont poussé le détenu, ancien chrétien marxiste, à se convertir à l'islam.* » On appréciera à sa juste valeur le « *et/ou* », censé introduire un semblant de pondération scientifique. Si on n'avait pas déjà trop souvent ressenti dans ce dossier l'américano-centrisme effarant de la DST, on aurait de quoi être surpris de constater qu'un service de la police française en vienne à se mêler des opinions religieuses des gens et à fonder ses analyses sur les mensonges du State Department. On a peine à lui rappeler qu'à la différence des États-Unis, la France n'est pas une République confessionnelle, fondamentaliste ou créationniste, mais laïque. À vrai dire, on n'est surpris qu'à moitié, tant est grande la tentation en Occident d'assimiler tout musulman à un criminel. L'imputation de terrorisme faite à l'islam est insultante. Elle est malheureusement courante. C'est cela que le rapport de la DST suggère, dans un racisme qui ne prend même plus la peine de se voiler.

Georges Ibrahim Abdallah a droit à la liberté conditionnelle. Je vous rappelle que le 19 novembre 2003, la juridiction régionale de libération conditionnelle de la cour d'appel de Pau rendait la décision suivante : « *Attendu que M. Georges Ibrahim Abdallah a toujours montré durant son incarcération un excellent comportement notamment avec le personnel pénitentiaire, intervenant même, à une occasion pour protéger l'intégrité physique d'un surveillant menacé ; attendu qu'aux termes de l'expertise psychiatrique, acceptée par le condamné qui, dans un premier temps, s'y était refusé par principe, il apparaît que M. Georges, Ibrahim Abdallah ne présente aucune pathologie mentale ; attendu que cette expertise a mis en exergue une évolution des convictions de M. Georges Ibrahim Abdallah liée à sa maturation et à son analyse actuelle de la situation de son pays qui exclut "en tant qu'adulte tout comportement armé" ; attendu, en outre que M. Georges Ibrahim Abdallah qui, du fait de son incarcération mais aussi de son refus de principe, n'a indemnisé que de façon dérisoire par le biais du prélèvement obligatoire les parties civiles, admet actuellement devoir procéder à cette indemnisation et s'est engagé, à l'audience, à ne rien faire pour s'y opposer; attendu que M. Georges Ibrahim Abdallah présente un projet cohérent comportant des garanties d'hébergement et un emploi d'enseignant dans son pays, le Liban, revenu à une situation politique stable; attendu qu'il résulte de ce qui précède que nonobstant tout reniement par M. Georges Ibrahim Abdallah de ses convictions politiques, son comportement en détention mais surtout l'évolution de sa personnalité et son désir de retrouver la paix civile manifestent les efforts sérieux de réinsertion sociale requis par l'article 729 du Code de procédure pénale et excluent le risque d'une récidive, qu'il y a donc lieu d'octroyer à M. Georges Ibrahim Abdallah le bénéfice de la libération conditionnelle sous réserves de mise à exécution de la décision d'interdiction du territoire français prononcée à son encontre par le tribunal correctionnel de Lyon le 17 juillet 1986.* »

Sur appel du parquet, la juridiction nationale de la libération conditionnelle a infirmé cette décision le 16 janvier 2004. La juridiction nationale s'est alignée sur les arguments du parquet qui reprochait aux juges de la juridiction régionale de n'avoir «*voulu tenir aucun compte de l'impact susceptible d'être provoqué en France, aux États-Unis et en Israël par la libération de ce condamné et ce alors même que la situation au Proche-Orient est particulièrement tendue*». À trop écouter l'oncle Sam, l'on devient décidément sourd à la raison. C'est de cet insupportable protectorat américain que nous vous demandons de libérer la justice française en rendant à Georges Ibrahim Abdallah la liberté à laquelle les textes français lui donnent droit.

Le harcèlement judiciaire des Américains contre Georges Ibrahim Abdallah ne s'explique pas si l'on s'en tient aux seuls éléments que contient son dossier. Vingt-cinq ans se sont écoulés depuis le commencement de cette affaire. Un quart de siècle, une génération, un changement d'époque, et même à certains égards un changement de cycle historique. C'est donc ailleurs qu'il faut chercher les raisons cachées d'un acharnement qui, en toute objectivité, n'a plus lieu d'être. En réalité, il apparaît rapidement que G.I. Abdallah n'est qu'un prétexte. À travers lui, on veut faire un exemple pour des faits et des événements qui se sont déroulés longtemps après son incarcération, dans un contexte radicalement différent et avec d'autres acteurs. Derrière les barreaux et à vingt-cinq ans de distance, G.I. Abdallah court le risque de devenir une nouvelle victime collatérale de la guerre menée par l'administration américaine contre l'«*islam radical*». L'accusation grossière de sa conversion à l'islam ne se comprend que sous cet angle-là. Elle montre bien la contamination du dossier par des éléments qui lui sont extérieurs et postérieurs. Il n'y a eu en effet aucune dimension religieuse notable dans le procès de G.I. Abdallah.

Les pressions américaines ne sont donc pas seulement injustifiables au regard de l'indépendance de la France et de sa justice, elles comportent encore une erreur volontaire de perspective qui repose sur une fausse symétrie et des confusions en tout genre. C'est l'Amérique d'après le 11 septembre qui parle ici, rétroactivement, par la voix de son avocat. Il ne sert à rien de dire seulement que l'ingérence américaine est indue. Elle est encore, indépendamment de cela, anachronique. Aucune assertion ne la motive directement, sauf à supposer la concordance du passé et du présent. Car c'est uniquement à la lumière du 11 septembre que cette ingérence prend tout son sens. En apparence seulement, on poursuit G.I. Abdallah pour des faits remontants à 1982; en réalité, il tombe sous le coup de la rigueur d'un monde qui croit dur comme fer au choc des civilisations. Ce n'est donc pas qu'on se refuse à refermer le dossier, même si par principe et par aveuglement on s'y refuse, c'est principalement qu'on espère le voir incorporer à d'autres affaires, toutes celles ouvertes après le 11 septembre.

La chute du Mur de Berlin a définitivement scellé le sort d'un monde, celle des Tours jumelles en a inauguré un autre, sans comparaison avec le précédent. Les faits reprochés à Georges Ibrahim Abdallah ne sauraient donc se confondre avec ceux reprochés à la nébuleuse Al-Qaïda ou aux nouvelles formes de terrorisme qui émaillent les divers conflits en cours au Moyen-Orient.

Aussi absurde que cela puisse paraître, c'est pourtant la seule raison, en l'absence de toute autre, que l'on peut avancer, une forme d'explication à l'intransigeance des Américains et aux exigences de la partie civile.

C'est de Georges Ibrahim Abdallah dont il est question ici, pas des enjeux de la politique étrangère américaine; pour des faits qui datent de 1982, et non de l'après 11 septembre 2001. C'est pourquoi nous demandons à la justice française de signifier à nos condescendants amis américains que la France n'est pas une fille soumise, en un mot une putain.

Jugement

Le 10 octobre 2007, le tribunal d'application des peines a rejeté la demande de libération conditionnelle de Georges Ibrahim Abdallah. Le tribunal a considéré qu'Abdallah continuait d'être une menace pour la sécurité de la France. Plusieurs autres demandes de libération ont été ensuite déposées, mais elles ont été systématiquement rejetées. En octobre 2016, il était toujours incarcéré.

3. Le procès des emplois fictifs du RPR

En cet automne 2003, le procès des emplois fictifs du RPR semble écrit à l'avance. Il s'annonce d'un ennui mortel. Les délits examinés ? Techniques et apparemment exempts de toute trace de passions humaines, ingrédients indispensables pour pimenter les audiences. Les témoins ? Sans doute muets comme des carpes, jamais ils n'oseront lâcher le parti de Jacques Chirac qui règne à l'Élysée. L'accusation ? Aussi solide qu'un château de sable, à en croire de nombreux juristes qui estiment les poursuites prescrites. Bref, tout le monde bâille déjà à la perspective de débats procéduriers et sans saveur.

C'est l'inverse qui se produit. Jusqu'au dernier jour, le procès tient en haleine ses acteurs et son public. Des audiences pleines de rebondissements. Des aveux en direct. Des interrogatoires aussi intenses qu'au cinéma. Du suspense et même des larmes. Quant au jugement, il sera assassin pour le principal prévenu Alain Juppé [11], et à deux doigts de lui coûter sa carrière politique.

L'ancien secrétaire général du parti gaulliste comparaît pour «*prise illégale d'intérêts*» aux côtés d'anciens cadres du mouvement, ex-directeurs administratifs ou trésoriers. Tous ces «apparatchiks» sont soupçonnés d'avoir usé, quinze ans plus tôt, de méthodes assez peu orthodoxes pour remplir les caisses de la machine RPR, après sa lourde défaite à l'élection présidentielle de 1988 et aux législatives qui ont suivi. Perte du pouvoir et, par voie de conséquence, finances à marée basse. Il faut, coûte que

11. Alain Juppé a été condamné pour «prise illégale d'intérêts» en première instance à 18 mois de prison avec sursis et surtout à 10 ans d'inéligibilité. En appel, il a vu sa peine réduite à 14 mois de prison avec sursis et un an d'inéligibilité.

coûte, trouver des ressources. Alors, le RPR met à contribution la mairie de Paris, restée dans son giron, et les entrepreneurs «amis». La municipalité et de petits chefs d'entreprise prennent en charge les salaires de personnes qui travaillent en réalité pour le parti. Un mécanisme de financement politique illégal tout simple, pour ne pas dire tout bête, mais difficile à poursuivre devant les tribunaux. Rares sont les condamnations. En général, les principaux intéressés ne trahissent pas. L'absence de preuves formelles fragilise les dossiers d'instruction. Les enquêtes traînent en longueur. Résultat: les poursuites tombent souvent sous le coup de l'amnistie ou de la prescription. Ainsi, avant même d'être jugé, Alain Juppé a vu les accusations à son encontre se réduire comme peau de chagrin: seuls les emplois fictifs payés par la mairie de Paris lui sont imputés. Au premier jour de l'audience, il aborde le procès la fleur au fusil, comme d'ailleurs les ex-cadres du RPR.

Dès le lendemain, pourtant, tous les prévenus déchantent. Voilà que les chefs d'entreprise, qui défilent à la barre du tribunal, entrent en rébellion et brisent l'omerta. Ils n'ont pas de mots assez durs contre ce système qu'ils qualifient eux-mêmes de «*mafieux*». Ils racontent, parfois avec des sanglots dans la voix, comment ils sont contraints de «*passer à la caisse*» pour obtenir des marchés publics. Les pressions, le chantage, les menaces des collecteurs de fonds. Ils dénoncent un véritable racket. L'effet est catastrophique sur le tribunal. Deux jours plus tard, nouveau coup de théâtre: Camille Cabana, l'ancien directeur de cabinet d'Alain Juppé, soumis à un feu roulant de questions, craque et lâche, à propos du financement illégal du parti: «*Tout le monde savait!*» Dans une atmosphère électrique, la défense des dirigeants du RPR prend l'eau. Définitivement.

À l'heure des plaidoiries, les avocats ont fort à faire. Emmanuelle Kneuze défend Jacques Rigault-Jacomet, ancien directeur administratif et financier du RPR. Cette avocate est l'une des rares femmes à avoir taillé sa route dans l'univers hyper-masculin des grands avocats pénalistes parisiens. En 1981, elle a brillamment passé la Conférence du stage, ce prestigieux concours d'éloquence qui désigne, parmi les jeunes avocats du barreau de Paris, douze lauréats (appelés «*secrétaires*») qui assureront, l'année suivante, la défense pénale d'urgence. Voix rocailleuse de fumeuse, Emmanuelle Kneuze ne maîtrise pas seulement l'art oratoire. Elle est unanimement respectée pour sa connaissance des dossiers. Et même si, comme toutes ses consœurs, elle doit encore affronter les éternels préjugés misogynes (y compris chez les clients), elle intervient dans de nombreuses affaires politico-financières. Dans l'affaire Elf, elle a été le conseil de celui par lequel le scandale est arrivé : l'industriel Maurice Bidermann, qui écopera « seulement » de trois ans de prison avec sursis. Discrète, se tenant à l'écart du monde médiatique, Me Kneuze se contente de sourire ou de soupirer quand elle voit ses confrères masculins courir après les caméras, les honneurs ou les mondanités. Elle préfère travailler d'arrache-pied pour gagner ses procès. Durant l'instruction de l'affaire des emplois fictifs du RPR, elle conseille à son client une habile ligne de défense : ne pas trahir ses engagements mais en dire assez pour ne pas avoir à porter « *un chapeau trop grand pour lui* ». L'exercice est périlleux mais le jugement donnera raison à celle qui l'a inspiré.

Plaidoirie prononcée par Emmanuelle Kneuze, avocate de Jacques Rigault-Jacomet, le 16 octobre 2003, dans l'affaire des emplois fictifs du RPR, devant le tribunal correctionnel de Nanterre

Lorsque, après six années d'absence, passées au Nigéria et au Gabon pour les entreprises Fougerolles et Cogema, M. Rigault-Jacomet revient en France, nous sommes en juin 1988, juste après la défaite de M. Jacques Chirac aux élections présidentielles.

Pour les sympathisants, militants, membres et dirigeants du RPR, l'avenir est sombre et l'objectif prioritaire est la restauration et le renouveau du parti pour retrouver la confiance des électeurs. Sympathisant du RPR, M. Rigault l'a toujours été, si bien qu'il connaît depuis longtemps celles et ceux qui en sont devenus les personnalités les plus influentes. Il les connaît depuis longtemps, pour les avoir rencontrées alors qu'il était militaire de carrière de 1957 à 1981, date à laquelle il a quitté l'armée avec le grade de colonel, pour avoir été membre de la Délégation française lors des négociations sur le droit humanitaire à Genève en 1976 et 1977. Puis pour avoir participé aux élections législatives de 1978 comme stagiaire auprès du Secrétaire général du RPR, à l'époque M. Jérôme Monod. Pour avoir enfin – mais la liste que je dresse ici de ses états de services est loin d'être exhaustive – été chargé par le gouvernement français, en 1987 et 1988 – pendant la cohabitation – de suivre les négociations de paix en Afrique Australe. De retour en France donc, libéré de ses obligations civiles et militaires, M. Rigault a du temps, de l'expérience aussi, qu'il souhaite, compte tenu des circonstances, pouvoir mettre gracieusement au service du RPR, qui ne cache pas avoir besoin de «*bras*».

Ainsi, lorsqu'il apprend que M. Juppé, secrétaire général du RPR depuis le mois de juin 1988, veut réorganiser le parti, dans lequel, nous a-t-il dit à cette barre «*il avait constaté un certain désordre*», et envisage la création du poste de directeur administratif et financier, M. Rigault postule, pensant que les diplômes universitaires qu'il a obtenus parallèlement à sa carrière militaire (il est notamment diplômé de Sciences-Po et a un DEA en droit des affaires) et son expérience dans le privé, peuvent lui permettre de mener à bien cette mission, bénévole, bien sûr…

Au mois de septembre 1988, il rencontre donc, sur recommandations de M. Juppé, celui que d'aucuns ont qualifié, à tort ou à raison, de directeur du cabinet, celui qui en tout état de cause représentait à l'époque le secrétaire général et avait des responsabilités importantes au sein du parti, depuis le mois d'août 1988 : Yves Cabana. Quoi que celui-ci puisse en dire aujourd'hui, l'entretien se déroule dans de bonnes conditions, puisque M. Rigault peut lui exposer ses idées, ses projets, son programme en quelque sorte, tant et si bien qu'à l'issue de cette rencontre, il est «engagé» comme directeur administratif et financier par M. Cabana qui n'exprime, en tout cas à ce moment-là, aucune réticence particulière. Nous sommes au mois d'octobre 1988. Et c'est avec une certaine sérénité, mais aussi une volonté réelle de bien faire et surtout d'être utile, que M. Rigault, qui fut diplômé de Saint-Cyr à 23 ans, décoré de la Croix de la Valeur militaire en Algérie à

26 ans, diplômé de l'École supérieure de guerre, sorti major de sa promotion à 30 ans, dont le parcours militaire et professionnel a été jalonné d'expériences difficiles, souvent dangereuses, menées parfois au péril de sa vie, c'est avec une certaine sérénité donc que M. Rigault se lance, à 52 ans, dans l'aventure politique, avec l'esprit des valeurs qui ont toujours été les siennes : engagement, fidélité, et je dirai aujourd'hui, malheureusement, discrétion et discipline. Une aventure dont il ignorait alors qu'elle se terminerait devant un tribunal correctionnel.

Madame la présidente, Madame, Messieurs du tribunal, M. Rigault-Jacomet est poursuivi pour avoir, de juin 1989 à juin 1991, autorisé la prise en charge ou la poursuite de la prise en charge des salaires d'employés du RPR par des entreprises privées, alors que les responsabilités de sa fonction de directeur administratif et financier lui auraient permis d'y mettre fin.

Deux types de complicités sont visés. La complicité par abstention : M. Rigault a laissé se poursuivre des pratiques qu'il avait constatées et qu'il savait illégales alors qu'il avait le pouvoir d'y mettre fin ; il les a donc approuvées. La complicité active : M. Rigault a lui-même fait prendre en charge des employés du RPR par des entités extérieures.

Mais grâce à l'instruction très minutieuse que votre tribunal a menée durant ces deux semaines d'audience, je dirai – en accord, semble-t-il, avec M. le procureur de la République – que la situation factuelle et juridique n'est plus tout à fait la même. Elle a considérablement et favorablement évolué, en tout cas pour M. Rigault qui, parce qu'il avait eu le malheur d'admettre, dès son audition devant les services de police au mois de septembre 1998, d'abord du bout des lèvres certes, puis de façon plus précise, qu'il existait des emplois fictifs au RPR alors qu'il était directeur administratif et financier, s'est vu affublé durant toute l'instruction, et même pendant les trois premiers jours de votre audience, d'un chapeau un peu trop grand pour lui !

Haro sur celui qui a reconnu les faits, un peu plus ou un peu moins, quelle importance ?

Cette situation a heureusement évolué favorablement pour M. Rigault, dont les déclarations avaient été jusqu'à présent qualifiées de «*peu convaincantes*», notamment par l'ordonnance de renvoi, essentiellement parce qu'elles avaient été contestées par Yves Cabana.

Votre tribunal connaît parfaitement le dossier; il a donc pu constater qu'à chaque fois qu'il a été entendu, M. Rigault a déclaré que, dès lors qu'il a été convaincu de l'existence d'emplois fictifs au sein du RPR, jugeant cette situation anormale, il en avait référé, en bon militaire, à Yves Cabana, son supérieur hiérarchique direct. Mais à chaque fois, Yves Cabana, sur un ton que l'on peut imaginer pour l'avoir vu à l'œuvre à la barre de ce tribunal, l'a éconduit. Yves Cabana lui a dit de ne pas s'en mêler, que ce n'était pas d'actualité, qu'il y avait d'autres priorités, politiques notamment…

Ces déclarations, le mis en examen Yves Cabana n'a eu de cesse de les contester pendant tout le temps de l'instruction: «*Je démens catégoriquement les affirmations de M. Rigault, dont la crédibilité sur ce sujet me paraît hautement suspecte*», déclarait-il au juge d'instruction le 23 novembre 2000. Yves Cabana n'a eu de cesse également de traiter M. Rigault d'incompétent et de se féliciter d'avoir été à l'origine de son départ: «*Dès que j'ai été en mesure de le faire, j'ai obtenu que le secrétaire général prenne la décision de se passer de ses services*» a-t-il encore affirmé. Mesdames, Messieurs du tribunal, on imagine la scène à la fin de l'année 1990: le petit marquis du haut de ses 30 ans à peine, face au colonel de plus de vingt ans son aîné. «*Vous paraissez fatigué, vous avez trop travaillé; vous devriez songer à partir…*» Fatigué, M. Rigault l'était en effet, non pas d'avoir trop travaillé, mais de n'avoir jamais eu les moyens de travailler comme il avait espéré pouvoir le faire. Fatigué à tel point qu'il demandera à M. Boyon au mois de janvier 1991, d'intervenir en sa faveur auprès du ministère de la Défense pour pouvoir être enrôlé dans les troupes françaises en partance pour la première guerre du Golfe en Irak. Intervention que M. Boyon fera très aimablement mais qui ne connut aucune suite.

Et puis il y a eu votre audience, le témoin Yves Cabana qui, libéré du carcan de la mise en examen, fort du non-lieu qu'il a finalement obtenu à force de dénégations, et donc à l'abri de toute poursuite, a tenu un autre discours: oui, il savait que cette situation juridique existait, et d'ailleurs, a-t-il ajouté: «*Tout le monde savait!*» Pourquoi a-t-il soudain fait cette déclaration? Peut-être pour se sentir moins seul, peut-être par provocation, peut-être pour d'autres motifs dont nous dirons pudiquement qu'ils nous échappent.

L'essentiel pour M. Rigault, c'est qu'Yves Cabana, son supérieur hiérarchique direct, reconnaisse aujourd'hui que lui le savait.

L'essentiel pour M. Rigault, c'est que votre tribunal admette aujourd'hui qu'il n'a pas voulu fuir ses responsabilités et qu'il n'a dit jusqu'à présent que l'exacte vérité : oui, il a parlé des emplois fictifs à M. Cabana, oui à chaque fois, celui-ci l'a éconduit, ce qui est d'ailleurs parfaitement logique. Pourquoi Yves Cabana l'a-t-il ainsi éconduit ? Certainement pour plusieurs raisons. La principale étant sans doute que nous étions alors en 1989 et 1990, c'est-à-dire à un moment où le RPR avait encore de grosses difficultés financières ainsi que d'autres priorités politiques et électorales. Le RPR ne retrouvera une situation d'aisance financière qu'à partir de 1993. Ce qui fut d'ailleurs une aubaine pour MM. Woerth et Oudin, qui ont du coup été chargés à partir de cette date de régulariser les emplois fictifs et qui ont, pour cela, bénéficié d'un non-lieu.

Madame la présidente, Madame, Messieurs du tribunal, je dois rendre ici hommage à M. le procureur de la République qui, tenant compte des déclarations faites à cette barre par les prévenus et les témoins, s'est très honnêtement démarqué de ses réquisitions écrites. M. le procureur a reconnu que, bien que directeur administratif et financier, M. Rigault n'avait ni l'autorité, ni les moyens d'intervenir pour faire cesser des pratiques qui existaient depuis des décennies. M. le procureur a ainsi admis que, dans ces conditions, M. Rigault ne pouvait avoir été complice par abstention puisque cette abstention n'avait pas été le signe de son approbation mais de son impuissance. M. le procureur a donc demandé à votre tribunal de bien vouloir limiter sa responsabilité pénale aux seuls contrats pour lesquels le dossier démontre que M. Rigault serait intervenu effectivement, soit deux emplois fictifs au lieu des vingt-deux visés dans l'ordonnance de renvoi. En conclusion, M. le procureur vous demande de prononcer une peine de cinq mois d'emprisonnement avec sursis assortie d'une amende.

Je dois avoir l'honnêteté de reconnaître que ces réquisitions ne sont pas sévères. Qu'elles le sont d'autant moins que, grâce aux effets de la loi d'amnistie de 1995, cette peine aujourd'hui requise est amnistiable et ne devrait donc pas, si elle était prononcée, figurer sur le casier judiciaire de M. Rigault.

Je me permettrai cependant de soumettre à votre tribunal deux questions que je me pose. D'abord, ces poursuites ne sont-elles pas prescrites ? Cette question ne valant pas seulement pour les deux emplois, mais pour les vingt-deux, je ne vous développerai pas plus longtemps ce moyen qui vous a déjà été longuement exposé par les conseils des autres prévenus. Seconde interrogation : compte tenu de la situation de relative impuissance dans laquelle se trouvait M. Rigault – pas d'autorité, pas d'instruction, pas de moyens –, compte tenu du désordre ambiant qui faisait que finalement les personnes qui travaillaient à l'administration du RPR œuvraient chacune de son côté sous couvert d'instructions anciennes, sans qu'il soit même besoin pour M. Rigault d'intervenir – il vous l'a dit, il a été reçu «*comme un chien dans un jeu de quille*», ou plutôt, pour prendre une image largement utilisée au cours cette audience, «*comme un doryphore dans une ruche*» – compte tenu de l'ensemble de ces éléments, ne peut-on pas considérer que le délit n'est pas constitué faute d'élément intentionnel ? Ne peut-on pas considérer que même s'il est démontré que M. Rigault est intervenu dans la conclusion de deux contrats en sachant que ce dispositif était irrégulier – et encore le savait-il vraiment ? – ne peut-on pas considérer que, placé devant le fait accompli et n'ayant eu ni le choix, ni les instructions d'agir différemment, il n'a jamais eu la volonté de participer à la commission d'un délit ?

Je reprendrai à mon compte, parce qu'elle me plaît, et que je la crois utile à la défense de M. Rigault, l'image évoquée par Yves Cabana avec la modestie qui le caractérise : «*J'étais*, a-t-il dit, *le chef d'orchestre.*» Sans doute était-il le chef d'orchestre, mais lorsque l'un de ses premiers violons l'a averti qu'il y avait quelques faux accords dans la partition, il lui a demandé de ne pas s'en préoccuper et de continuer à jouer la même petite musique. Quel autre choix pour ce premier violon, si ce n'est celui de continuer à jouer avec des musiciens qui n'avaient même pas besoin de lui tant ils connaissaient la partition par cœur pour l'avoir apprise bien avant qu'il ne complète l'orchestre ? Quitter l'orchestre ? C'est ce qu'il a fait en jurant bien de n'y plus revenir ! Faut-il donc condamner M. Rigault pour complicité d'abus de biens sociaux ?

Et s'il le faut, les réquisitions de M. le procureur ne sont-elles pas, finalement, trop sévères ? Une dispense de peine, à défaut pour votre tribunal de prononcer la relaxe, ne serait-elle pas aujourd'hui la réponse pénale la mieux adaptée à la situation de M. Rigault ?

Je pose la question à votre tribunal car je sais que, pour M. Rigault, votre décision est symboliquement très importante, qu'elle ait ou non vocation à être amnistiée. Je sais que vous saurez l'apprécier en toute équité et que, surtout, vous aurez à cœur de rendre à M. Rigault un peu de sa sérénité et de sa dignité perdues il y a maintenant quatre ans, lorsque lui fut notifiée sa mise en examen un jour de novembre 1999 et qu'il comprit alors, un peu tard sans doute, que l'aventure politique, plus que toute autre peut-être, avait aussi ses pièges, ses écueils, ses dangers et malheureusement ses dérives.

Jugement

Le 30 janvier 2004, le tribunal correctionnel de Nanterre a condamné M. Rigault à 7 mois de prison avec sursis.

4. Le procès de la Banque Mondiale et du FMI

En 2006, le réalisateur mauritanien Abderrahmane Sissako a inventé une Cour de justice. Et en a fait un film, entre fiction et réalité, intitulé *Bamako*. Il s'agissait de juger de faits véritables : le pillage des pays du Sud par ceux du Nord, avec la bénédiction, sinon l'active participation, des institutions financières internationales, en particulier la Banque mondiale et le FMI. Le cinéaste a installé son tribunal imaginaire dans l'arrière-cour d'un quartier populaire de Bamako. Mais il a engagé des avocats et des magistrats professionnels et fait défiler, en tant que témoins, les représentants de la société civile africaine. Tous sont venus rappeler la dette de l'Occident à l'égard de leur continent.

Pourquoi faire place, dans ce livre, à un procès fictif? Le cinéma a plus d'une fois puisé dans le matériau judiciaire pour raconter des histoires. La démarche de Sissako est exactement inverse. Il ne s'inspire d'aucune procédure existante (à ce jour, les «crimes» du néo-colonialisme et de la mondialisation ne sont pas poursuivis). Grâce à la caméra et à la magie des images, il comble un vide. Et le résultat est saisissant. «*La force de l'art est de rendre tout possible*», dit le cinéaste. La force de l'art et la force de la parole, magnifiée tout au long du film. En ce sens, *Bamako* rejoint la réalité puisque les procès sont toujours de mini-théâtres où les mots peuvent d'un coup tout faire basculer.

Un tribunal se penchera-t-il un jour sur le sort du continent africain? Est-ce souhaitable, ou même seulement possible? Dans la rêverie juridique de Sissako, ce sont de «vrais» avocats qui défendent accusés et victimes. Des hommes engagés qui se sont prêtés au jeu parce qu'ils y retrouvent les combats menés, jour après jour, dans leurs cabinets ou à la barre. Le Malien Mamadou Konaté et le français Roland Rappaport plaident, à rebours de leurs convictions, pour la Banque mondiale et le FMI. William Bourdon, dont nous publions l'intervention, vole au secours du Sud. Tout sauf un rôle de composition pour cet éternel jeune homme. Des «biens mal acquis» des potentats africains aux «travailleurs forcés» de Total en Birmanie, il s'est fait connaître dans plusieurs dossiers où la «raison d'État» sert bien souvent d'alibi au cynisme et à l'impunité des élites. Il ne conçoit pas son métier sans «*éthique ni morale*» et fait souvent la leçon à ceux qu'il appelle les «*mercenaires*», capables de défendre n'importe quelles causes. «*Le droit*, dit-il, *est un instrument de la cité et du monde. Et à cet égard, les avocats ont une vraie responsabilité citoyenne.*» Il a milité à la Fédération internationale des droits de l'homme, siège au Conseil d'administration de France Liberté, l'association créée par Danielle Mitterrand. Il est l'avocat de Transparency International (une ONG qui traque la corruption des États) et de Survie (très active dans la dénonciation de la Françafrique et des organisateurs et complices du génocide rwandais). En 2001, il a fondé Sherpa, dont l'objet est de «*défendre les victimes de crimes commis par des opérateurs économiques*». Autant d'engagements qui lui valent les sarcasmes de nombre de confrères mais aussi quelques campagnes de presse le présentant comme un agent de la CIA cherchant à déstabiliser la France dans son pré carré africain! William Bourdon y voit la preuve de la justesse de ses combats et des intérêts qu'il dérange. Dans *Bamako*, il ne réclame rien de moins qu'une condamnation de la Banque mondiale pour «*association de malfaiteurs*».

Plaidoirie prononcée par William Bourdon, avocat de la société civile africaine, en 2006, dans le film *Bamako* d'Abderrahmane Sissako

Votre cour doit déclarer coupable la Banque mondiale et les autres, ses complices, d'association de malfaiteurs.

Le bilan est bien effrayant, les chiffres sont meurtriers et les statistiques assassines! Les statistiques parlent et sont éloquentes sur la tragédie qui se déroule devant nous : ces vingt dernières années, des plans de destruction, des plans d'appauvrissement structurel se sont mis en place alors que le taux moyen d'espérance de vie baissait tragiquement : 46 ans.

Aujourd'hui on ne cesse de manipuler les chiffres du sida cyniquement pour faire oublier que le taux de mortalité augmente par ailleurs et qu'il est bien évidemment lié à la baisse significative du revenu par tête d'habitant. La messe est dite !

Les plans d'ajustement structurel ont globalement échoué. Ce sont 50 millions d'enfants africains dont la mort est programmée pour les cinq prochaines années, ce sont 3 millions de morts du paludisme qui sont programmées pour l'année prochaine. Et on va dire, face à ces chiffres meurtriers, que la Banque mondiale et les autres ont triomphé ? On ne peut pas le dire et on ne le dira pas. Et on le dira d'autant moins que les plans d'ajustement structurel ont, de toute évidence, mis l'Afrique dans un cercle tout aussi vicieux qu'absurde. Un cercle qui a commencé, vous le savez, et la cour l'a parfaitement compris, par la dette !

La dette est comme une pierre au cou de l'Afrique. La dette est comme le signe de l'allégeance, de l'esclave à son maître. Ses chiffres parlent d'eux-mêmes : 220 milliards de dollars en 2003 ! On sait par les dernières statistiques, Monsieur le président, que si 4 dollars par tête d'habitant étaient remboursés, 4 dollars resteraient encore à payer. Cette dette, elle a mis à genoux et elle met à genoux l'Afrique ! Elle a mis à genoux l'Afrique parce qu'elle lui vole sa souveraineté financière et son indépendance économique. Elle a mis à genoux l'Afrique parce qu'elle a démantelé sa fonction publique. Elle a mis à genoux l'Afrique parce qu'elle l'a obligée à brader ses services publics au mieux des intérêts des prédateurs financiers. Elle a mis à genoux l'Afrique parce qu'elle a mis par terre certains de ses hôpitaux publics. Elle a mis à genoux l'Afrique parce qu'elle a privatisé l'école par la faiblesse des revenus conférés aux fonctionnaires publics. Elle a mis à genoux l'Afrique et l'Afrique devient ainsi le miroir sinistre de ce que le monde est en train d'écrire, c'est-à-dire un monde privatisé. Et dans ce monde qui se privatise devant nous, la Banque mondiale, qui devrait être la banque de l'Humanité, est devenue la banque de l'inhumanité !

Cette banque est devenue la banque de l'inhumanité parce qu'elle est devenue le cheval de Troie du capitalisme financier. Alors évidemment, on nous expliquera que la corruption est partagée entre les Africains et les Européens. Mais va-t-on dire, tout à l'heure de l'autre côté de la barre, que les Africains ont inventé la corruption ? Va-t-on oublier que les corrupteurs viennent des pays riches et jamais des pays pauvres ?

La boucle est ainsi bouclée ! On confond la cause et la conséquence. Le meurtre ici se dédouble avec sa facette sinistre : le cynisme de la Banque mondiale. Alors, loin de nous l'idée, Monsieur le président, Madame, Monsieur, de prétendre que la Banque mondiale, comme le dieu Moloch, se nourrit des enfants africains, loin de nous l'idée de dire que la Banque mondiale déteste l'eau potable. Évidemment que la Banque mondiale n'est pas animée par un instinct de meurtre ! Mais la Banque mondiale est simplement la pierre cardinale, le centre de gravité de ce capitalisme qui a perdu la tête parce qu'il est devenu un capitalisme financier, un capitalisme prédateur, c'est-à-dire un capitalisme qui ignore l'intérêt général pour organiser ce qu'il souhaite par-dessus tout : fabriquer des profits à perpétuité !

Certes, la Banque mondiale cherche, de temps à autre, à s'humaniser. Mais je vais donner un exemple de l'humanisation formidable de la Banque mondiale. Qui a dit, il y a quelques jours à Paris, avec des larmes de crocodile : « *Chaque semaine 200 000 enfants de moins de cinq ans meurent dans le monde en voie de développement* » ? C'est Paul Wolfowitz [président de la Banque mondiale de 2005 à 2007]. Vous savez Paul Wolfowitz, celui qui a conceptualisé la guerre en Irak. Une guerre dont le coût est supérieur au coût qu'il faudrait mettre pour organiser la distribution de l'eau potable et sauver tous les malades du sida en leur offrant des génériques. C'est lui, Paul Wolfowitz ! C'est lui qui a fait semblant de pleurer dans une tribune à Paris, il y a quelques semaines. Alors cessons ce bal des hypocrites, cessons ce bal maudit des prédateurs !

Arrêtons-nous un moment sur les derniers arguments de la Banque mondiale. Il y aurait une « malédiction » sur l'Afrique. C'est ce miroir épouvantable que l'Europe réfléchit sur l'Afrique et qui, de temps en temps, pollue quelques cerveaux, tue les consciences critiques ! L'Afrique serait vouée au malheur, la pauvreté y serait aussi naturelle que le génocide tropical, l'esclavage, le néocolonialisme ! Et cette espèce de fatalité, on la trouverait également dans cette certitude : l'Africain est toujours ignare. Et d'ailleurs, que n'a-t-on entendu, il y a quelques jours, quand Mme Souko a déposé. Elle a eu le toupet Mme Souko de dire qu'elle savait lire un bilan. «*Femme savante !*», a-t-on dit de l'autre côté de la barre ! «*Femme savante !*» Mais oui, les Africains, ils ne connaissent rien à la complexité du monde ! Et puisqu'ils n'y connaissent rien, cela permet de disqualifier et de délégitimer tout esprit critique.

Alors oui ! Vous allez déclarer coupable la Banque mondiale d'avoir abusé de la confiance du peuple africain ! Oui ! Vous allez déclarer coupable la Banque mondiale de non-assistance à peuple en danger ! Oui ! Vous allez déclarer coupable la Banque mondiale de ne pas avoir respecté son mandat d'origine, c'est-à-dire servir l'humanité ! Et ce faisant, vous allez rouvrir la voie de l'utopie qui permet de dessiner un monde nouveau derrière les collines ! L'utopie, qui est en quelque sorte ce bélier africain qui vient déchirer la raison d'État du marché ! L'utopie, demain, pour éviter ce qui se prépare dans les banlieues d'Abidjan ou du Caire. C'est-à-dire des gamins ivres de pauvreté et de souffrance qui se transforment en boules de feu. Vous allez donc déclarer coupable la Banque mondiale pour la faire redevenir une banque de l'Humanité. Vous allez déclarer coupable la Banque mondiale pour les crimes d'inhumanité et de cynisme qu'elle commet depuis vingt ans.

Et évidemment, la seule peine possible, c'est la peine la plus modeste, c'est la peine la plus douce, car Paul Wolfowitz, on ne va pas le jeter dans le Niger, les caïmans n'en voudront même pas ! La peine qu'il faut prononcer, et c'est ce que nous vous demandons…, ce sont des travaux d'intérêt général pour l'Humanité, à perpétuité.

5. Le procès de Dominique de Villepin

De mémoire de chroniqueur judiciaire, ce fut le procès le plus violent, le plus fou, le plus étrange de ces 25 dernières années. Il est vrai que les observateurs politiques les plus audacieux n'auraient sans doute jamais pu imaginer une situation aussi inédite sous la Ve : un président de la République en exercice poursuivant un ancien Premier ministre. Nicolas Sarkozy a porté plainte car il est convaincu d'avoir été victime d'un complot monté par Dominique de Villepin. Le chef de l'État a même promis de «*pendre à un croc de boucher*» l'auteur de cette manipulation. Dès le début, le ton est donc donné : le «film» qui va se jouer devant le tribunal sera plein de bruit et fureur. Au premier jour du procès, le 27 septembre 2009, Dominique de Villepin arrive d'ailleurs au Palais de justice dans une cohue digne du festival de Cannes. Les photographes courent, les radios se bousculent, les équipes de télé jouent des coudes. Même les gendarmes, d'ordinaire si placides, s'agitent dans tous les sens. L'ancien Premier ministre, entouré par toute sa famille, s'arrête un instant devant l'entrée de la salle d'audience. Il se retourne vers la centaine de caméras et d'objectifs qui le mitraillent et délivre un message fracassant, véritable déclaration de guerre : «*Je suis ici par la volonté d'un homme, je suis ici par l'acharnement d'un homme, Nicolas Sarkozy. J'en sortirai libre et blanchi au nom du peuple français.*» Dominique de Villepin a bien pris soin de détacher chacun de ses mots. Il parle avec les mêmes accents dans la voix que le jour où il s'est exprimé à la tribune de l'ONU, pour dénoncer l'hégémonie américaine. Passée cette entrée en matière ultra-médiatique, le procès peut débuter. Durant trois semaines, le tribunal va plonger dans les méandres d'une histoire «*abraca-*

dabrantesque». En résumé, un mathématicien génial, mais quelque peu dérangé, Imad Lahoud, a réussi à convaincre un industriel, féru de renseignement et paranoïaque, Jean-Louis Gergorin, que des oligarques russes avaient corrompu la moitié de la classe politique française, à commencer par Nicolas Sarkozy. Toutes ces spéculations reposent sur des listings trafiqués émanant d'une obscure chambre de compensation basée au Luxembourg, baptisée Clearstream. Ce dossier, bien que délirant, aboutira cependant sur le bureau du Premier ministre, Dominique de Villepin. S'en est-il servi comme d'une arme pour abattre son adversaire politique de toujours, l'actuel chef de l'État ? C'est tout l'enjeu des débats. Au fil des audiences, impérial, rarement mis en difficulté, aidé même par le président de la République qui, depuis les États-Unis, fait des déclarations maladroites laissant entendre qu'il doit être condamné alors qu'il n'a pas encore été jugé, Dominique de Villepin ne cesse de marquer des points. Non, il n'était pas le seul au sein du gouvernement à avoir eu vent de cette folle machination, le ministre de l'Intérieur, et encore plus la ministre de la Défense, étaient eux aussi parfaitement au courant. Non, il n'y a pas la moindre preuve qu'il ait initié ou encouragé le complot en transmettant le « dossier Clearstream » à un juge d'instruction.

Quant au procureur qui lui reproche de n'être pas intervenu pour stopper la calomnie, qu'il relise ses manuels de droit, répond en substance Villepin : la loi, dit-il, ne réprime pas ou uniquement dans des cas très exceptionnels le « *délit par abstention* ». Pour sa défense, l'ancien Premier ministre est assisté par une équipe de quatre avocats. Le plus en vue est certainement Olivier Metzner. Ce pénaliste chevronné a commencé sa carrière en défendant des voyous. Il étudie alors avec la passion d'un entomologiste les dossiers d'accusation montés contre ses clients et y déniche souvent quelques erreurs de procédure qui lui permettent d'obtenir nombre de relaxes inespérées. Lorsqu'arrive la vague des « affaires politico-financières », il se met au service des grands patrons et devient, peu à peu, l'avocat préféré du CAC 40. Discret, pudique, voire timide, il apparaît rarement sous les feux de la rampe. C'est pendant l'affaire Bertrand Cantat qu'il va se frotter aux médias et devenir célèbre. Il prend la défense du chanteur de Noir Désir et obtient un excellent verdict devant les assises de Vilnius, en Lituanie. Depuis, il est partout. Avocat de Jean-Marie Messier, du général Noriega, des PDG de Yahoo ou de Moulinex, de Nike, de Jérôme Kerviel, ou encore de Françoise Bettencourt-Meyers. Au fil du temps, le réservé Olivier Metzner s'est transformé en avocat frondeur avec une liberté de ton et un esprit d'indépendance qui lui font oser ce que beaucoup de ses confrères n'osent pas ou n'osent plus.

Plaidoiries prononcées par Luc Brossolette, Olivier d'Antin, Olivier Metzner et Henri Leclerc, avocats de Dominique de Villepin, le 21 octobre 2009, devant le tribunal correctionnel de Paris

Luc Brossolette est le premier des quatre avocats de l'ancien Premier ministre à prendre la parole. C'est sans aucun doute, parmi les «*mousquetaires*» de Villepin, celui qui connaît le mieux les arcanes de ce dossier politico-judiciaire tentaculaire. Il s'attaque sabre au clair à la forteresse Rondot. Les petits carnets du général constituent en effet la pièce maîtresse de l'accusation, la preuve aux yeux du ministère public de l'acharnement dont Dominique de Villepin aurait fait preuve pour piéger Nicolas Sarkozy. Durant près de deux heures, Luc Brossolette plaide avec panache, sans retenir ses coups. Une plaidoirie fiévreuse dans laquelle il s'emploie à torpiller le témoignage de l'encombrant général.

Luc Brossolette

Je suis sûr que Philippe Rondot est un homme bien. Mais je sais aussi que, dans cette affaire, il a des raisons pour ne pas dire toute la vérité. Le général Rondot n'est ni un témoin canonisé ni un observateur neutre. Bien au contraire, c'est un témoin impliqué. C'est un général qui rédige des rapports de «couverture», un militaire qui ment pour couvrir et se couvrir! Sa première mission n'est-elle pas de défendre la ministre de la Défense, Michèle Alliot-

Marie ? Il se doit de protéger sa ministre parce qu'elle aussi a eu connaissance des listings trafiqués. Dominique de Villepin n'était pas le seul à savoir que le nom de Nicolas Sarkozy figurait sur ces listes frelatées. Non, Mme la ministre elle aussi a su très tôt que le nom de Nicolas Sarkozy était cité, et qu'a-t-elle fait ? Rien. Elle s'est abritée prudemment dans le silence. Philippe Rondot couvre donc sa hiérarchie mais il cherche surtout à se couvrir lui-même. Lui, ce général ambitieux qui, grâce aux informations transmises par Imad Lahoud, rêvait d'être celui qui arrêterait Ben Laden ! Rondot est un enquêteur qui cherche à dissimuler la vanité de son enquête et qui veut nous faire croire qu'il a été lucide. Mais est-il si fiable ce haut gradé ? N'a-t-il pas refusé de témoigner au début de l'affaire, exigeant d'obtenir le statut de témoin assisté ? Ce chantage ne lui a-t-il pas permis d'avoir accès au dossier ? Et ensuite, ce général n'a-t-il pas détruit des preuves ? En réalité, je vous le dis : droit comme un i, vous avez un général qui ment, un général qui a une vérité orientée, reconstruite.

Maintenant les carnets… Quinze lignes résument sa réunion avec Dominique de Villepin, le 19 juillet 2004, ce jour fameux, où il écrit : « *Si nous apparaissons, le président de la République et moi, nous sautons.* » Voilà, c'est tout, quinze lignes pour résumer une heure de rendez-vous, il faudrait en savoir plus sur ce dialogue, beaucoup plus. C'est cela, la justice ? Faire de ces notes la preuve d'une culpabilité ? Avons-nous perdu l'esprit ? Prenons cette salle d'audience, relevons les notes de chacun, et nous verrons que nous n'assistons pas au même procès. Oui, les notes de Rondot sont impressionnistes, nécessairement !

Elle n'est pas digne, cette information judiciaire qui repose sur une interprétation fallacieuse de rapports tronqués ! On a traîné un homme dans la boue pour une accusation qui n'a pas existé. C'est un acte d'injustice. Ce dossier porte l'empreinte d'un homme [Nicolas Sarkozy] obnubilé, quasi hystérique, d'un prince capricieux. On le sait aujourd'hui, c'est un procès politique, un triste procès politique.

***

Olivier d'Antin, second conseil de Dominique de Villepin, un avocat spécialisé en droit de la presse, fustige un autre protagoniste du scandale Clearstream : Jean-Louis Gergorin, l'ancien n°2 d'EADS.

Olivier d'Antin

L'erreur initiale de ce dossier, c'est d'en faire un dossier politique alors qu'il s'agit d'une rivalité industrielle. Monsieur Gergorin, empêtré dans vos théories du complot, prisonnier de votre passion paranoïaque pour le monde du renseignement, vous n'aviez, contrairement à ce que vous soutenez, aucun besoin du quitus de Dominique de Villepin pour aller voir le juge d'instruction. C'est vous et vous seul qui avez choisi de dénoncer. On vous a surnommé le « corbeau ». Moi je ne sais si, dans cette sombre affaire, vous êtes un corbeau ou un pigeon, vous êtes en tout cas un drôle d'oiseau.

***

Olivier Metzner entre alors en lice. D'un pas lourd, il s'avance vers son pupitre. Ce ténor habitué depuis de nombreuses années à plaider tout en rondeur va, en cette occasion, apparaître sous un tout nouveau visage. Ironique, féroce, même cruel. Durant une heure, il défend pied à pied Dominique de Villepin, avec une cible unique dans son viseur : Nicolas Sarkozy.

Olivier Metzner

Contrairement à Dominique de Villepin, je ne suis pas arrivé à cette audience le cœur léger. Je plaiderai le cœur lourd. Comme à chaque fois où je défends un homme ou une femme, quels qu'ils soient, et que je sais que, de ces quelques mots, l'avenir de cette personne dépend.

Pendant quatre ans, la justice a été endormie par Clearstream. Clearstream par-ci. Clearstream par-là. Plus aucun autre dossier ne semblait exister. C'était l'affaire du siècle. Au pôle financier du Palais de justice de Paris, les dossiers Vivendi et Messier pouvaient attendre, la fraude présumée du comité d'entreprise d'EDF aussi. Pendant des mois, le juge d'instruction chargé de l'affaire

Clearstream a annulé toutes les convocations dans toutes les autres procédures qu'il était pourtant censé suivre… Et l'on vient nous dire que c'est un procès comme les autres ! Avec une partie civile qui est président de la République ! Une partie civile qui nomme les magistrats qui jugent et qui choisit les procureurs qui requièrent. Une partie civile qui se cache derrière son immunité présidentielle. Une partie civile tellement ordinaire qu'elle dispose des discours du secrétaire général de l'Élysée, et des lumières d'un conseiller spécial pour les affaires de justice pour la défendre… Allons donc… C'est bien connu, dans tous les procès ordinaires le président de la République demande qu'on pende les prévenus à des crocs de bouchers, tandis que le procureur croit utile de se déplacer dans les médias pour requérir radiophoniquement leurs condamnations. Non, ce n'est pas un procès ordinaire, c'est tout le contraire du droit !

Ce dossier a été construit à l'envers. On a une cible, on en déduit un tireur et on essaie ensuite de tracer une ligne entre les deux. Dans le nom de Nicolas Sarkozy, on veut forcément voir l'empreinte de Dominique de Villepin. Comme si les procureurs avaient décrété une nouvelle jurisprudence : toute agression contre Nicolas Sarkozy est forcément signée Dominique de Villepin. On a désespérément cherché un mobile, mais comme on sent que tout cela est faible, on va tisser une toile d'araignée mais cette toile n'est reliée à rien. Il n'y a, à l'encontre de Dominique de Villepin, aucune infraction pénale. Monsieur le procureur de la République, vous voyez dans la manipulation qui a visé le président de la République, la patte de M. de Villepin, on lui prête un esprit machiavélique, on veut faire des faux listings un complot organisé, pensé, réfléchi, mais des faux comme cela, je peux en fabriquer tous les week-ends. Il n'y a jamais marqué Clearstream et ce ne sont pas des relevés bancaires. Qui ces faux pouvaient-ils réellement abuser ? J'imagine Stéphane Bocsa et Paul de Nagy [les deux patronymes de Nicolas Sarkozy] se présentant à l'enseigne Clearstream, munis de ces listings, en disant : « *J'ai un document qui dit que j'ai de l'argent, voulez-vous m'en donner ?* » Vous croyez une seconde qu'ils vont repartir avec les poches remplies de billets ? En réalité, ces listings n'accusent personne, on leur prête un pouvoir de nuisance qu'ils n'ont pas. Tout comme on parle dans ce dossier de recel, de vol, c'est tout juste si on n'accuse pas les prévenus d'avoir volé la mobylette de Jean Sarkozy… Non, rassurez-vous, M. Dominique de Villepin n'est pour rien dans le vol du scooter du fils du président de la République.

En vérité, nous sommes face à une contagion aiguë de paranoïa. Une épidémie qui semble avoir frappé nombre de parties civiles. Ces personnes sont venues régler leurs comptes avec Dominique de Villepin. Et puis, il faut bien exister et pour exister, il faut charger Dominique de Villepin. C'est tellement plus chic de plaider contre lui. Je ne m'arrêterai que sur quelques noms. Arcady Gaydamak… il veut se victimiser, il s'est trompé de salle d'audience, le procès de l'Angolagate c'est à côté ! Charles Pasqua… c'est vrai que lui, il commence à bien connaître la 11e chambre correctionnelle ! Alain Madelin, son avocat est venu vous dire que Villepin était coupable en raison d'un rendez-vous qu'il situe le 21 avril 2004. Et bien sachez qu'il invente une rencontre qui n'existe pas. Dommage… il n'a pas ouvert le dossier.

Que viennent faire ici toutes ces « soi-disant » parties civiles. La vraie partie civile, il n'y en a qu'une seule, présidentielle. Une partie qui tente, par son omniprésence, d'interférer sur la procédure judiciaire. Mais si la culpabilité de Dominique de Villepin est tellement évidente, pourquoi avoir besoin de l'extérieur ? Pourquoi multiplier les rodomontades ? Pourquoi dire qu'on va pendre Villepin à un croc de boucher ? Remarquez qu'à l'époque, la mode n'était pas encore au Karcher…

Enfin, Monsieur le procureur, il y a la qualification que vous avez retenue contre Dominique de Villepin : un délit par abstention. À vous en croire, Dominique de Villepin serait coupable parce qu'il n'est pas intervenu. Il serait coupable parce qu'il n'a pas stoppé la manipulation contre le président. J'ai qualifié cette accusation d'acrobatique et d'audacieuse. Je ne regrette pas ces propos. Coupable parce qu'on n'a rien fait, ça me choque ! Dans votre réquisitoire, vous vous êtes basé sur des affaires précédentes où le délit par abstention avait été retenu par les tribunaux. J'aurais aimé citer le professeur de droit sur lequel vous vous êtes appuyé. Dans tous les manuels, il y a toujours un chapitre sur la complicité par abstention, mais il est vide ! Surtout, les exemples que vous avez cités ne sont en rien comparables avec la situation dans laquelle s'est trouvé imbriqué Dominique de Villepin. Le patron de bistrot qui s'est abstenu de faire cesser le tapage, le banquier qui ne vérifie pas les comptes de son client… Point besoin d'être un fin juriste pour constater que ces dossiers n'ont rien de commun avec l'affaire Clearstream. Nous avons sous les yeux les mêmes jurisprudences, mais je n'ai pas la même interprétation que vous. Jamais on n'a condamné quelqu'un en France pour avoir empêché de faire quelque chose ! Vous ne pourrez en droit et en fait que relaxer Dominique de Villepin.

***

Le mot de la fin revient au dernier des mousquetaires de l'ancien Premier ministre, le vieux lion des prétoires : Henri Leclerc.

Henri Leclerc

Danton, Marie-Antoinette, Robespierre ont été jugés dans cette même salle, et maintenant vous, Dominique de Villepin. J'ai lu l'intégralité de l'ordonnance signée par les deux juges d'instruction qui ont demandé votre renvoi devant ce tribunal. Il n'y a pas un seul mot à décharge. Tout est construit pour fabriquer un coupable. Cela ne me surprend guère, Dominique de Villepin ne peut être innocent… S'il était innocent, vous imaginez la tête que ferait le président de la République… Quand le président de la République, garant de l'indépendance de la justice, désigne un coupable, il désigne Dominique de Villepin parce qu'il veut sa peau ! Nicolas Sarkozy a dit qu'il fallait le pendre à un croc de boucher, qu'il fallait le pulvériser. L'empereur a baissé son pouce, il faut condamner. Cela fait 50 ans que je plaide et je n'ai jamais vu un tel acharnement ! Monsieur le procureur de la République, je vous connais, cela ne vous ressemble pas de porter une attaque aussi vilaine sur un homme contre lequel on n'a aucune preuve. On n'a pas le droit de salir un homme avec des sous-entendus. Vous l'avez accusé de forfaiture, vous n'aviez pas le droit ! Mais que vouliez-vous qu'il fît ? Il n'était pas le seul à connaître les accusations formulées par Jean-Louis Gergorin contre le chef de l'État. Le ministère de la Justice, le ministère de la Défense, le ministère de l'Intérieur, tout le monde savait, mais personne n'a songé à faire quelque chose. Et quoi faire ? Convaincre Jean-Louis Gergorin de se mettre à genoux place de la Concorde et de supplier : « *Voilà ce que j'ai fait, je ne recommencerai plus !* » Dominique de Villepin n'a rien fait parce qu'il n'y avait rien à faire. La culpabilité par abstention est impensable. Vous n'en avez pas la possibilité et le droit vous l'interdit.

Mesdames et Messieurs du tribunal, vous avez entre les mains quelque chose de formidable : l'honneur de la justice. J'ai toujours fait confiance aux juges, parfois je l'ai regretté. Mais je sais que vous faites le métier le plus beau, vous jugez les hommes en votre âme et conscience. L'honneur de la République et de la justice est entre vos mains, défendez-le ! Vous ne pouvez le défendre qu'en acquittant Dominique de Villepin.

Jugement

Le 28 janvier 2010, le tribunal correctionnel de Paris a relaxé Dominique de Villepin. Le parquet a fait appel de cette décision. Le 14 septembre 2011, à l'issue d'un second procès, Dominique de Villepin a été de nouveau relaxé.

6. Le procès de Carlos

Nom: «*Ramirez Sanchez*». Prénom: «*Ilich*». Profession: «*Révolutionnaire!*» Ce 7 novembre 2011, l'homme qui, pendant des années, a incarné le terrorisme, avant qu'Oussama Ben Laden et ses émules d'Al Qaïda ne lui volent la vedette, se tient replet, presque joufflu, devant la cour d'assises spéciale de Paris. Ilich Ramirez Sanchez, dit Carlos, ou Le Chacal, a l'air enchanté de comparaître. La grève de la faim qu'il prétend s'être imposée en prison ne semble pas lui avoir fait perdre un gramme. Aussi décontracté qu'une rock star en tournée promotionnelle, appuyé contre la vitre de son box ou nonchalamment assis, papotant avec son escorte ou levant un poing martial à l'adresse de son comité de soutien (dont l'humoriste Dieudonné), alternant pitreries pathétiques et fumeuses diatribes anti-impérialistes, il jouit de voir le rire que provoque dans le public son accent sud-américain. Le démon fait le clown.

Il y avait longtemps que le sexagénaire vénézuélien n'avait pas eu rendez-vous avec la justice française. Des années qu'il n'avait pu cabotiner à son aise. Il est si fier de son cursus. Meurtres, tentatives d'assassinat, explosions à la voiture piégée de Londres à Paris, notamment devant les locaux de *Minute* et de *L'Aurore*, attaque au lance-roquettes depuis la terrasse de l'aéroport d'Orly sur un avion de la compagnie El Al… Entre Bande à Baader et sbires de Mouammar Kadhafi, Stasi est-allemande et services syriens, Carlos a monté sa petite entreprise. La prise en otages de onze ministres de l'OPEP, en 1975 à Vienne, le rendra mondialement célèbre. Recherché par toutes les polices occidentales, il se réfugie en Libye, au Yémen, au Liban, d'où il dirige toujours ses «*opérations*», en Syrie où il coule une semi-retraite avec sa compagne Magdalena Kopp, puis enfin au Soudan où, lâché par ses hôtes, il est arrêté en août 1994, au beau milieu d'une opération de chirurgie esthétique, par les policiers de la Direction de surveillance du territoire (DST), parmi lesquels le fameux général Rondot, qu'il poursuivra par la suite pour «*enlèvement et séquestration*».

Trois ans après cette spectaculaire arrestation, ordonnée par Charles Pasqua, alors ministre de l'Intérieur, Carlos connaît son premier procès à Paris et écope d'une condamnation à perpétuité pour le meurtre des deux policiers et de leur informateur, commis le 27 juin 1975. Il comparaît alors devant une cour d'assises ordinaire, le triple assassinat relevant plus de la tragique «bavure» que de l'action armée revendiquée. En 2011, en revanche, c'est devant une cour composée de sept magistrats professionnels qu'il est jugé pour des actes de terrorisme. Quatre attentats, onze morts et plus d'une centaine de blessés en 1982 et 1983. Selon l'accusation, Carlos a perpétré cette campagne de terreur pour obtenir la libération de deux membres de son groupe, sa compagne Magdalena Kopp et le Suisse Bruno Breguet, arrêtés à Paris. La preuve? Ses empreintes digitales ont été relevées sur un ultimatum de «*trente jours*» reçu par le ministre de l'Intérieur de l'époque, Gaston Defferre. Un mois plus tard, en effet, le 29 mars 1982, une bombe explosera dans un train Paris-Toulouse, tuant cinq passagers. Le 22 avril suivant, au premier jour du procès de Kopp et Bréguet, l'explosion d'une voiture piégée rue Marbeuf à Paris fera une victime de plus. Quant aux deux autres attentats, le 31 décembre 1983 à la gare de Marseille – deux morts – et contre un TGV Marseille-Paris – trois morts –, ils ont lieu non seulement après la condamnation de ses deux «*camarades*» mais aussi suite à un raid de l'aviation française au Liban, contre une base du Hezbollah pro-iranien. Sur les communiqués de revendication signés par une mystérieuse «Organisation de lutte armée arabe», des experts disent aussi avoir identifié l'écriture de l'activiste vénézuélien.

Lors de sa comparution, Carlos dément toute participation, accumulant les provocations devant les associations ou les familles des victimes, défendues par Francis Szpiner et Paul-Albert Iweins. «*Les victimes sont des innocents qui se trouvaient là au mauvais moment. Mais, au paradis, ils ne souffrent plus*», ose dire celui que les avocats des parties civiles ont traité, un peu plus tôt, de «*Général Alcazar*». Loin d'esquisser l'ombre d'un regret, il se fait accusateur. Il reproche notamment à la justice de s'appuyer essentiellement sur les archives des services de renseignement des pays de l'ex-pacte de Varsovie – RDA, Hongrie, Roumanie. Tout en protégeant et en armant Carlos pendant des années, les espions de l'ancien bloc de l'Est l'ont en effet soumis à une étroite surveillance. Ces documents, accablants pour le Vénézuélien et sa bande de «*psychopathes*» (dixit le directeur des renseignements est-allemand de l'époque), ont été retrouvés en 1989 après la chute du mur de Berlin et ont permis de relancer l'instruction et l'enquête sur les attentats reprochés à Carlos et commis sur le sol français. «*Processus de blanchiment barbouzo-administratif!*», tonne l'intéressé à la barre.

C'est Francis Vuillemin, un quadragénaire aux allures de gendre idéal qui défend, lors de ce procès, le vieux terroriste sur le retour. Me Vuillemin aime les causes et les clients difficiles (de Ziad Tiakeddine, l'atrabilaire intermédiaire libanais mis en examen dans le dossier Karachi, à Youssef Fofana, chef du «*gang des barbares*» et meurtrier antisémite du jeune Ilan Halimi). Il faut dire que, dès ses débuts, le sémillant avocat a mis la barre très haut: son premier procès d'assises, en 1997, fut le plus long des annales judiciaires et jugeait rien de moins qu'un crime contre l'humanité. Francis Vuillemin avait alors tout juste 29 ans, et à peine débarqué de Besançon, il assurait aux côtés de son mentor, Jean-Marc Varaut, la défense de Maurice Papon, l'ancien secrétaire général de la préfecture de Bordeaux. Jour après jour, au milieu d'une trentaine de robes noires déjà célèbres, le jeune homme a taillé sa route et s'est fait un nom. Extrême courtoisie, manières un peu surannées mais toujours le verbe haut et une fougue inentamée, même pour défendre l'indéfendable.

C'est grâce à Papon justement, dont il a continué jusqu'au bout à «*honorer la mémoire*», que Francis Vuillemin a connu… Carlos. «*J'étais venu visiter un client à la Santé et Ilich Ramirez Sanchez m'a reconnu au parloir. Son premier procès pour meurtres avait été un peu noyé par le procès Papon. "Yé vous félicite. C'est très courageux d'avoir défendu Papon", m'a-t-il dit après avoir cogné à la vitre, avec cette cordialité qui le caractérise. "Yé vais demander au juge Bruguière pour que vous veniez me visiter"... Le courant est passé entre nous. Ilich Ramirez Sanchez est un personnage incroyable. Je sais qu'aux yeux de beaucoup, j'aggrave mon cas. Mais j'assume, c'est mon métier.* » (*L'Express*, 9 novembre 2011).

Avant Francis Vuillemin, Carlos a usé des dizaines d'avocats (dont l'inévitable Jacques Vergès). Ce qui ne l'a pas empêché de se marier, en prison et selon les rites de la religion musulmane, avec l'un de ses conseils, Isabelle Coutant-Peyre, admiratrice inconditionnelle et épouse attentionnée qui s'indigne lors du procès de 2011 que l'administration pénitentiaire n'ait pas « *fait suivre le foulard et le coupe-ongles* » de son mari jusque dans le box des prévenus. Me Vuillemin, lui, n'hésitera pas à rendre hommage au « *courage* » de son client, « *ce personnage historique, au même titre que Maurice Papon* ». Et puis, abandonnant vite une phraséologie « *révolutionnaire* » qui n'a jamais été dans ses habitudes, il concentre ses attaques sur l'enquête policière et judiciaire (en particulier celle du juge Jean-Louis Bruguière) et sur les documents et les archives brandies par l'accusation.

Plaidoirie prononcée par Francis Vuillemin, avocat d'Ilich Ramirez Sanchez, dit Carlos, le 14 décembre 2011, devant la cour d'assises spéciale de Paris

En ce moment où je me lève pour plaider, je m'adresse d'abord à vous, Ilich, et je dis l'honneur qui est le mien d'être à vos côtés depuis plus de treize ans.

Dieu sait pourtant que vous n'êtes pas un personnage facile, ni pour les juges, ni pour un avocat !

Il faut du caractère pour affronter votre tempérament de feu, votre violence verbale, vos colères spectaculaires qui font trembler les murs des prisons. Toute cette flamme irrationnelle héritée d'une longue lignée sud-américaine de révolutionnaires exaltés, au panthéon desquels trône Simon Bolivar, Le Libérateur, votre lointain compatriote vénézuélien…

Il faut du caractère pour être à vos côtés, pour vous résister aussi… et à vrai dire, il faut être un peu fou.

Au cours de ce procès, vous avez été injurié, traité de lâche. Un Septembre noir, sous la mitraille, une kalachnikov à la main, en avant de vos frères palestiniens tombant sous les balles de l'armée jordanienne, et vous-même gravement blessé, étiez-vous un lâche ? Étiez-vous un lâche face aux opérations homicides de tant de services secrets ? Lors de la spectaculaire opération de l'OPEP du 21 décembre 1975, avec une chance sur mille de survivre, étiez-vous un lâche ? En Occident, vous serez à jamais Carlos, Le Chacal. En Palestine et ailleurs, vous êtes un frère d'armes pour l'Histoire. Votre corps est emprisonné. Mais votre esprit est libre. Aucun juge, aucun gardien ne pourra l'enfermer.

J'en viens maintenant au dossier et à la procédure. Personne n'en a rien à faire mais c'est mon devoir d'aborder ces questions.

Il y a d'abord eu votre enlèvement, le 14 août 1994 à Khartoum, au Soudan, par la DST sur ordre de Charles Pasqua, sans mandat d'extradition. Un enlèvement dont l'illégalité manifeste, évidente, aveuglante, chacun le sait, a été occultée, couverte et finalement justifiée par toutes les juridictions qui ont eu à connaître ce secret étalé dans tous les médias. Avec, à chaque fois, des motivations tortueuses pouvant se résumer ainsi : «*Attendu qu'il s'agit de Carlos, attendu que nous le tenons enfin, que la fin a justifié les moyens, par ces motifs : vu le droit, les lois et règlements dont nous n'avons que faire s'agissant d'Ilich Ramirez Sanchez, déclarons parfaitement légitime le kidnapping de celui qui l'a bien cherché !*»

Ensuite vous avez été maintenu à l'isolement total, et éloigné aux confins du territoire, parfois plusieurs années, comme à Clairvaux. Vous avez été loin de vos avocats, dans des moments cruciaux comme la préparation de l'audience devant la chambre de l'instruction en appel du renvoi devant la cour d'assises : atteinte volontaire aux droits de la défense ! Mais ce n'est pas tout, le juge Jean-Louis Bruguière a refusé systématiquement de vous fournir une copie de votre dossier. Un dossier tentaculaire dont il est impossible, pour les avocats, de rendre fidèlement compte : atteinte volontaire et préméditée aux droits de la défense ! Toutes vos demandes de confrontations ont été rejetées : atteinte volontaire, préméditée et tactique aux droits de la défense ! L'instruction sous perfusion a été artificiellement prolongée. Nous sommes aujourd'hui 30 ans après les faits. C'est un délai totalement irraisonnable. Tout cela dans un seul objectif, retarder indéfiniment votre transfèrement légal au Venezuela : atteinte volontaire aux droits du prisonnier ! Enfin, ces derniers mois et ces dernières semaines, vous avez été l'objet d'un traitement pénitentiaire spécial : privation prolongée de l'usage de votre ordinateur (sans accès possible aux DVD de votre dossier qui vous avaient été remis tardivement), mise à l'isolement injustifiée, illégitime, illégale. Encore une atteinte volontaire aux droits du prisonnier et aux droits de la défense.

Quant au dossier lui-même… Parlons-en de ce dossier ! C'est un monstre de papier indigeste, sans témoins, sans aucune preuve scientifique. Il ne suffit pas d'avoir le sentiment d'une intime conviction : il faut vous demander sur quoi vous avez le droit – ou pas le droit ! – de fonder ce sentiment. J'ai entendu parler d'une évidence de culpabilité, mais cette évidence, elle se fonde sur quoi ? Le dossier d'accusation n'est qu'une nébuleuse d'éléments indiciels sans cohérence, puisés, de surcroît, de façon sélective dans des documents sans aucune fiabilité.

Premier de ces documents : la fameuse lettre, la lettre virtuelle, la lettre magique, la prétendue lettre de menace que vous auriez écrite au gouvernement français en février 1982. Où est la lettre ? La vraie lettre. Pas le mauvais document présenté comme une copie. Certains auraient vu l'original ? Je me souviens pourtant de cette phrase du policier Patrick Martin : «*Personne ne l'a jamais vue, cette lettre.*» Le préfet Grimaud, né en 1913, n'est pas aussi radical dans les déclarations qu'on lui prête : il a vu la lettre entre les mains de Gaston Defferre, ce dernier lui en aurait donné connaissance il y a 30 ans, et aujourd'hui il dit que «*dans son souvenir*» le contenu de la copie qu'on lui présente «*semble correspondre*»…

Admettons cependant que certains aient aperçu l'original… Mais quel original ? Quel était son contenu ? M. Blanville, expert dactyloscopique de la Police judiciaire, venu à cette barre après avoir déposé au mois d'octobre, aurait vu l'original… Mais qu'a-t-il vu exactement ? D'abord on ne lui a montré qu'une seule page, alors que la copie qu'on vous présente en comporte trois. Ensuite la description qu'il fait de cette page unique ne correspond pas du tout à la troisième page de la copie figurant au dossier. Enfin les circonstances dans lesquelles M. Blanville a dû effectuer sa vérification dactyloscopique avec sa loupe sont mystérieuses. «*J'ai voulu prendre le feuillet pour aller faire l'examen dans mon bureau* – dit-il lors de son audition du 25 octobre 2011 – *mais M. Simonin n'a pas voulu, disant que le document, eu égard à l'importance de l'affaire, ne devait pas quitter la pièce.*» Précautions mystérieuses et surtout cocasses quand on sait ce qu'est devenu cet original : il a été… perdu ! La vérité est qu'en réalité cette lettre a été occultée. Rien n'établit son contenu, elle n'a pas été perdue par hasard, c'est impossible ! Judiciairement, la lettre de menace du 25 février 1982 n'existe donc pas.

En revanche, sont judiciairement établies les négociations secrètes inavouables… Négociations entre Carlos et le gouvernement français. Ces négociations qui curieusement n'ont laissé aucun souvenir aux témoins de l'époque. Ainsi Jean- Claude Colliard, cet ancien conseiller à l'Élysée, non cité par le parquet mais par la défense. Il s'est fait porter pâle *in extremis*… mais il a adressé une lettre à votre cour pour jurer ses grands dieux que jamais, au grand jamais, il n'a trempé dans la moindre négociation secrète, et qu'interdiction lui avait même été faite de prendre Jacques Vergès au téléphone !…Fermez le ban ! Il y a aussi Roland Kessous, conseiller, lui, au ministère de l'Intérieur. Il nous en a dit un peu plus : «*J'ai reçu Vergès, j'ai écouté, j'ai rendu compte à l'autorité politique, la suite, je ne la connais pas…*» Roland Kessous a fait, en outre, une réflexion dont la portée générale me plaît beaucoup : «*Quand on m'a montré un document de la Stasi de 1983, je ne l'ai pas pris au sérieux. C'était* Tintin au pays des Soviets…» Louis Jouanet, conseiller à Matignon, nous a tenu sensiblement le même discours : «*J'ai reçu Vergès, je l'ai écouté… maiiis… je l'ai éconduit : on ne mange pas de ce pain-là !*» Alors ce pain dont la République officiellement ne mange pas, qu'en est-il ? Laissez-moi vous retracer le curieux, pour ne pas dire l'étrange, parcours judiciaire du bras droit de Carlos, Bruno Breguet et aussi de Magdalena Kopp.

Kopp et Breguet sont interpellés le 16 février 1982, à Paris. Ils s'apprêtent alors à commettre un attentat avec des explosifs surpuissants, avec tentative d'homicide sur un agent de sécurité.

Le juge d'instruction conduit son information au pas de charge, en quelques semaines – un record unique dans l'histoire de la justice française. La tentative d'homicide est abandonnée, et il n'est pas question d'attentat, reste, pour l'essentiel, la simple détention d'un engin explosif, l'usage de fausses plaques d'immatriculation et de faux papiers. Kopp et Breguet sont jugés le 22 avril 1982 (c'est presque de la comparution immédiate…). Et, sur des réquisitions *a minima* de 2 à 3 ans de prison, ils sont finalement condamnés à 4 et 5 ans (il faut donner le change ! On ne mange pas de ce pain-là, tout de même !). La cour d'appel de Paris confirme le jugement le 8 juin 1982 (3 mois et 3 semaines après les faits)… Soit au total une justice éclair et très clémente.

Venons-en maintenant à ce qui constitue la matrice du dossier de l'accusation : les archives de l'Est, les archives hongroises. Ces archives, en vérité, Monsieur l'avocat général, sont votre talon d'Achille. Nous ne possédons aucun original de ces documents. Ce ne sont que des photocopies de photocopies de photocopies… On nous dit que ces photocopies ont été établies à partir d'originaux. Mais aucune d'entre elles n'est certifiée conforme à l'original. Et, surtout, ces originaux, personne ne les a jamais vus, et je le prouverai !…

Parfois, il ne s'agit que des photocopies médiocres de mauvaises photographies. Sans originaux, bien entendu, et sans conservation, évidemment, de la moindre pellicule… Certaines photos font l'objet de découpages et de recomposition par collage, puis à nouveau re-photocopiage ! Et cela de l'aveu même des autorités hongroises contemporaines et démocratiques. Tripatouillage ! Quant aux fameuses «*photocopies de photographies supposées de notes manuscrites*»… qui a décrypté ces pattes de mouches parfaitement illisibles ? (je ne parle même pas de traduction pour l'instant, mais de simple décryptage : quel mot, en anglais, en allemand ou en chinois est inscrit ?) Qui ? La DST ! Mais quel policier à la DST ? Son nom, son matricule ? On ne le sait pas… Nous n'avons que des procès-verbaux d'exploitation faisant état du décryptage de ces notes manuscrites et de leur traduction libre (et l'on sait ce que vaut la traduction libre de la DST dans le dossier Carlos) par des traducteurs anonymes (comme en Hongrie…). On aimerait connaître l'identité de ce Champollion de la DST, car ces notes manuscrites, Monsieur le président, vous les connaissez comme moi, elles sont pires que les hiéroglyphes des parois de la tombe de Thoutmosis III dans la Vallée des Rois !

Ces remarques concernant l'anonymat abyssal des documents concernent aussi – cela a été dit, répété et démontré – les transcriptions d'écoutes téléphoniques et autres sonorisations d'appartements dont les bandes d'enregistrement sont inexistantes (je me moque de la légalité ou de l'illégalité des écoutes, ou des «*standards de 1979 et 2011*» ! Je fais un constat de fait : pas de bandes d'enregistrement !), et les auteurs des rapports d'écoutes, inconnus, comme inconnus les traducteurs. Inconnues les adresses des lieux supposés des écoutes hongroises («*Stasi : mentions de numéros de chambres d'hôtel*» mais c'est la seule indication !).

Une fois que tout cela a été dit, répété, martelé au point de vous fatiguer – mais c'est nécessaire –, au-delà de ces questions cruciales de forme, absolument fondamentales, s'ajoutent d'autres flèches à l'arc de la défense. Qu'en est-il du contenu même de cet amas de papiers ? Est-ce qu'au moins c'est fracassant contre Carlos ? Et contre les accusés absents ? L'accusation a longtemps soutenu que la défense critiquait la forme pour éviter le fond des documents… Erreur ! Nous critiquons la forme car elle est critiquable, chacun le sait, et c'est notre devoir, mais c'est dans le contenu de ces archives virtuelles, et dans les dépositions mêmes des vieux agents, que nous trouvons la preuve la plus radicale de leur absence de fiabilité : archives de l'Est, fiabilité zéro ! D'autant plus que pendant les treize années d'instruction, il n'y a jamais eu la moindre confrontation entre Carlos et l'un quelconque des ex-agents de l'Est, alors que ceux-ci étaient encore accessibles, jeunes et bien portants. Et aujourd'hui, l'accusation voudrait que nous acceptions de débattre avec quelques vieillards survivants par visio-conférence ! C'est-à-dire dans un débat totalement vitrifié par écran plasma interposé, sans aucune possibilité de mettre sous le nez de ces messieurs des documents supposés être les munitions principales de Messieurs les avocats généraux. Nous nous sommes opposés à ces simulacres de confrontations et nous avons eu raison !

Je voudrais enfin m'arrêter sur les deux témoins capitaux de l'accusation : Magdalena Kopp, l'épouse laconique sous pression et Ali Al Issawi dit «*Le Fantôme*». Mme Kopp est l'épouse légitime d'Ilich Ramirez Sanchez, aux yeux de la loi. Épouse encore à ce jour mais dont le statut matrimonial évolutif au cours de ses onze auditions successives – et pour refuser parfois de témoigner – devrait suffire à décrédibiliser définitivement son témoignage (dont le fond au demeurant n'a rien de fracassant). Alternativement «*mariée-célibataire-mariée-célibataire-mariée-célibataire*» puis finalement mariée pour refuser de témoigner devant cette cour! Elle refuse de témoigner devant cette cour! Elle avait fait de même devant le tribunal de Berlin, et les juges allemands, eux, ont rejeté ses dépositions antérieures aléatoires.

Sur le fond, que dit-elle? Elle n'est témoin de rien. Les attentats de 1982 et 1983? Elle était en prison! L'attentat du Capitole, le train Paris-Toulouse? «*Je sais seulement qu'il a été commis par le groupe...*» Sur le TGV de la gare Saint-Charles à Marseille, elle déclare au juge: «*Je ne sais rien quant aux détails de la répartition des tâches...*» C'est aussi laconique que cela. Sur la forme comme sur le fond: Kopp n'est pas le témoin magique de l'accusation qui viendrait sanctifier les archives de l'Est et leur nébuleuse «*indicielle*». Les déclarations de l'épouse laconique sous pression, c'est du vent!

Le Fantôme, maintenant. Ses déclarations, elles non plus, ne valent pas tripette. Ali Al Issawi, dit «*Le Fantôme*», a été entendu en Jordanie en mars 2001, sur commission rogatoire internationale de Jean-Louis Bruguière, par les services de sécurité jordaniens. Par qui? Les SS jordaniens. Oui, mais quel officier, son nom, son matricule, son grade! Nul ne le sait et ne le saura jamais. Lors de l'exécution de sa commission rogatoire en Jordanie, le juge était présent, mais attention – c'est le droit jordanien nous dit-on – il n'avait pas le droit d'interroger directement Le Fantôme. Mieux, il n'avait même pas le droit d'être présent dans la pièce où se déroulait l'interrogatoire, mais seulement dans une autre pièce, à côté ou peut-être dans un autre étage! Mieux encore, il n'avait surtout «*pas le droit de voir son visage*». Résultat? Un rapport d'interrogatoire, en arabe, ne comportant aucune signature. Ni celle du Fantôme Ali Al Issawi, ni même celle du moindre policier jordanien. Un tel document n'a rien à faire dans un dossier judiciaire! Et Le Fantôme a du plomb dans l'aile!

Il me faut désormais conclure. Et je sais que quelle qu'elle soit, votre décision sera scandaleuse. Si vous condamnez Ilich Ramirez Sanchez, c'est un scandale judiciaire ! Pourquoi ? Parce que ce serait une condamnation sans aucun témoin, sans preuves scientifiques, fondée exclusivement sur de prétendues archives, dénuées de toute fiabilité. Un scandale minimal qui provoquera peu d'émotion dans l'opinion, mais un scandale judiciaire tout de même…

Si vous acquittez Ilich Ramirez Sanchez, c'est un scandale maximal ! Un scandale dans l'opinion, le 20 heures garanti, les premières pages des journaux, les blogs, les débats télévisés, sans compter le Café du commerce… La classe politique s'y mettra sans doute. Et alors ? Vous êtes une cour d'assises, un tribunal judiciaire. Vous n'êtes pas le tribunal de l'opinion. Mieux encore, vous êtes une cour d'assises spécialement composée non pas de jurés populaires mais de juges professionnels, avec donc une exigence de rigueur renforcée, une sérénité à toute épreuve. Vous êtes capables de dépasser les provocations répétées de Carlos, jetées à votre visage comme autant d'incitations à sa condamnation. Pour ne répondre en réalité qu'à une seule question fondamentale : des magistrats professionnels peuvent-ils fonder une condamnation sur la base d'un dossier composé d'éléments de nature exclusivement indicielle, extraits de façon sélective d'archives de renseignements de l'Est, sans aucun original des notes, rapports, photographies et écoutes, documents découpés et reconstitués par collage, systématiquement anonymes et non signés ?

Des juges professionnels peuvent-ils fonder une condamnation sur cela ? Des juges professionnels cautionneront-ils le rapport d'interrogatoire du fantôme Ali Al Issawi ? Des juges professionnels accepteront-ils les lettres de menace contre Mme Kopp adressées de façon occulte par Jean-Louis Bruguière au procureur général de Berlin pour n'obtenir d'ailleurs que des déclarations laconiques ou inexactes ? Des juges professionnels estimeront-ils normal le rejet systématique par le juge d'instruction de toutes nos demandes de confrontations avec les témoins ?

Si vous l'acquittez, ce sera un scandale pour Ilich Ramirez Sanchez lui-même ! Il sera tellement déçu de ne pas avoir été condamné par une justice spécialement composée, par une justice aux ordres, avec un dossier manipulé, bidonné… Donnez-lui une leçon : un scandale provoqué par des magistrats qui n'auront fait qu'accomplir leur mission en portant haut, très haut la dignité de la magistrature.

Monsieur le président, Mesdames et Messieurs de la cour, vous avez l'occasion unique, spectaculaire – vous n'en aurez pas d'autre – de frapper très fort en fracassant ce dossier virtuel, au nom d'une certaine idée de la justice. Un jury populaire en serait incapable ! En êtes-vous capables ? Oui, vous en êtes capables, vous le pouvez, vous le devez. Osez, osez acquitter Carlos !

Verdict

Le 15 décembre 2011, la cour d'assises spéciale de Paris a condamné Carlos à la réclusion criminelle à perpétuité assortie d'une peine de sûreté de 18 ans. Il a fait appel de ce verdict. Le 26 juin 2013, à l'issue d'un second procès, il est condamné à la même peine.

7. Le procès du délit de solidarité

Entre 2015 et 2016, l'Europe a été confrontée à sa plus importante crise migratoire depuis l'après-guerre. Suite au conflit irako-syrien, plus de 2 millions de réfugiés sont venus, souvent au péril de leur vie, demander asile au vieux continent. Si quelques pays, en particulier l'Allemagne, ont ouvert largement leurs portes, la France, elle, s'est montrée très frileuse. Ce choix des autorités politiques a alors incité de simples citoyens à prendre en charge directement des migrants, quitte à entrer dans l'illégalité.

C'est ainsi qu'en août 2016, Cédric Herrou, éleveur de poulets et producteur d'olives installé dans les Alpes-Maritimes, est interpellé alors qu'il transporte des réfugiés dans sa camionnette pour les aider à passer la frontière franco-italienne.

En octobre 2016, il est de nouveau arrêté, avec trois de ses camarades, pour avoir organisé l'accueil d'une cinquantaine de migrants dans des locaux désaffectés appartenant à la SNCF. Il est alors renvoyé devant le tribunal correctionnel de Nice et condamné à 3 000 euros d'amende. Il conteste ce jugement et comparait devant la cour d'appel d'Aix-en-Provence.

Cette fois-ci, la juridiction a la main beaucoup plus lourde. Elle le condamne à quatre mois de prison avec sursis pour avoir prêté aide et assistance aux réfugiés. L'agriculteur se voit également sanctionné pour avoir occupé les bâtiments de la SNCF. Le dossier devient très politique. Des associations humanitaires dénoncent la création en France d'un «*délit de solidarité*». Cédric Herrou, lui, face à l'iniquité de la loi, prône la désobéissance civile.

Alors que la décision de la cour d'appel d'Aix-en-Provence provoque l'incompréhension d'une large partie de l'opinion publique, un jeune avocat, Félix Molteni, inscrit aux barreaux de Bordeaux et de Libourne, défend avec ardeur la cause de Cédric Herrou, le

27 janvier 2018, lors du concours international de plaidoiries pour les droits de l'homme au mémorial de Caen.

Plaidoirie prononcée par Félix Molteni pour Cédric Herrou, le 27 janvier 2018, lors du concours international de plaidoiries pour les droits de l'homme au mémorial de Caen

Mesdames et messieurs les membres du jury,

Les mots que je m'apprête à prononcer devant vous, je les ai écrits lors de la dernière semaine des soldes.

Cette semaine-là, j'en ai découvert des choses.

Cette semaine-là, j'ai appris que, pour devenir l'heureux propriétaire d'une batterie de cuisine Tefal inox à induction, il fallait payer 39 euros et 99 centimes.

Cette semaine-là, j'ai également appris que, pour avoir hébergé un Soudanais qui a fui la guerre, il fallait accepter de payer un prix beaucoup plus lourd : huit gardes à vue, cinq perquisitions, un contrôle judiciaire, une condamnation à quatre mois de prison avec sursis et 1 000 euros d'amende.

L'homme que je défends aujourd'hui – Cédric Herrou – habite à côté de la frontière franco-italienne. Il connaissait certainement le coût d'une batterie de cuisine… mais pas celui de la solidarité.

Cédric Herrou a été condamné sur la base d'un texte de loi qui symbolise à la perfection l'expression selon laquelle l'enfer est pavé de bonnes intentions.

C'est le texte que le milieu associatif appelle « délit de solidarité ». C'est le texte que nous, juristes, avec l'extravagance incroyable qui nous caractérise, appelons « article L.622-1 du Code de l'entrée et du séjour des étrangers et du droit d'asile ».

Cet article a été instauré pour punir les passeurs et les trafiquants d'êtres humains. Il permet de condamner le fait de faciliter l'entrée, la circulation ou le séjour d'un étranger en situation irrégulière. Et puisque le but – je le rappelle –, c'est de condamner ces passeurs et ces trafiquants d'êtres humains, et bien on a instauré dans la loi ce que l'on appelle « l'immunité humanitaire ». À savoir l'impossibilité de poursuivre tous ceux qui aident les étrangers mais sans pour autant en recevoir la moindre contrepartie, tous ceux qui viennent en aide avec comme but, et pour seul but, celui de préserver la dignité et l'intégrité de l'étranger en situation irrégulière.

Mais, malgré tout cela, malgré ce dispositif qui semble en apparence bien pensé, Cédric Herrou, pour avoir hébergé des Afghans, des Érythréens et des Soudanais, pour les avoir hébergés chez lui, ainsi que dans une ancienne colonie de vacances de la SNCF qu'il a transformée en centre d'accueil, pour avoir fait tout cela sans aucune contrepartie, Cédric Herrou a été condamné à quatre mois de prison avec sursis et à 1 000 euros d'amende.

Monsieur le président, mesdames et messieurs les membres du jury, la question que l'on doit se poser est évidente : pourquoi Cédric Herrou, qui a agi sans avoir touché la moindre enveloppe, n'a-t-il pas pu bénéficier de l'immunité humanitaire ?

Et la réponse, ou malheureusement, vous le verrez, l'absence de réponse, on la trouve dans un jugement de la cour d'appel d'Aix-en-Provence. Un jugement qui mêle des considérations tout aussi absurdes que puantes.

Commençons par l'absurde avec ce passage surréaliste dans lequel les juges nient ce qu'ils ont pris, eux-mêmes, le soin de constater. Ainsi, au début du jugement, il est mentionné – je cite – que « *Cédric Herrou et ses camarades ont installé deux grandes tables avec, posé dessus, plein de nourriture* ».

Mais, à la fin du même jugement, il est précisé – je cite toujours – que Cédric et ses camarades « *n'avaient pas pour ambition de fournir des prestations de restauration* ».

Comprenne qui pourra. Alors, forcément, on tique un peu, mais on laisse le bénéfice du doute à ces juges. Puis on continue à lire, on continue et, là, on est touché par la grâce.

On est frappé par l'audace de ces juges qui, alors qu'ils avancent dans la rédaction de leur jugement, ne s'efforcent même plus de sauter une ligne entre deux affirmations contradictoires, de ces juges qui passent en un clin d'œil de Franz Kafka et son goût pour l'irrationnel à Philippe Candéloro et son amour de la pirouette, avec ce passage magnifique que je ne peux m'empêcher, là aussi, de vous citer : « *L'hébergement, mesdames, messieurs, l'hébergement de nombreux étrangers par Cédric Herrou n'avait pas pour but de leur fournir des prestations d'hébergement.* »

Et ce n'est pas tout ! Il en va de même au sujet du soutien médical apporté aux réfugiés. Il est d'abord souligné que « *les policiers constatent la présence de nombreux bénévoles sur les lieux, dont Médecins du Monde* ». Puis, un peu plus loin, les juges considèrent, et, une nouvelle fois, je vous cite un extrait du jugement : « *qu'en aucun cas, Cédric Herrou et ses amis bénévoles n'avaient pour ambition de dispenser des soins médicaux* ». On a envie d'objecter aux magistrats qu'il est quand même plus probable que Médecins du Monde ait été là pour dispenser des soins médicaux plutôt que pour refaire le crépi…

Évidemment, on sourit, on sourit un peu et puis, brutalement, on ne sourit plus du tout.

Car on passe de l'absurde au puant à la lecture de cette phrase : « *L'hébergement de nombreux étrangers en situation irrégulière par Cédric Herrou n'avait pas non plus pour but de préserver leur intégrité physique, car aucune atteinte d'une telle gravité n'a été objectivée.* »

Puant. Puant parce que, ce faisant, les juges nient une réalité douloureuse : ils nient la douleur de ces personnes dans ce camp de fortune à la frontière franco-italienne ; ils nient la fatigue physique et nerveuse de ces gens qui se déracinent, qui voyagent parfois à l'arrière des camions, dans la coque des bateaux, souvent au péril de leur vie ; ils nient l'état de malnutrition des enfants mais aussi de leurs parents ; ils nient les viols, l'exploitation sexuelle des femmes, les morts sur les routes et dans les gares.

Mais, selon les juges, « *aucune atteinte à l'intégrité physique n'a été objectivée* ».

Dans cette ancienne colonie de vacances de la SNCF, il y avait un homme qui avait une balle de fusil dans la jambe depuis trois jours. Une balle de fusil dans la jambe, mais « *aucune atteinte à l'intégrité physique n'a été objectivée* ».

Mesdames, messieurs, cette décision de justice résonne comme une insulte.

Une insulte à l'institution judiciaire, une insulte à nos juges – puisqu'il s'agit bien sûr d'une décision à caractère politique –, une insulte aussi à nos engagements internationaux. Cet arrêt de la cour d'appel d'Aix-en-Provence viole les recommandations de la Commission européenne contre le racisme et l'intolérance, viole la résolution 2059 du Conseil de l'Europe, viole l'article de la déclaration des Nations unies sur les défenseurs des droits de l'homme. Oui, cette décision contredit toutes ces dispositions qui se contentaient pourtant de nous rappeler l'évidence : on ne peut pas condamner un homme au seul motif qu'il ait aidé un autre homme à survivre.

Mais cette décision, c'est aussi un miroir. Un miroir parce que ce n'est pas une décision isolée, un miroir parce qu'en laissant perdurer un texte qui a été mal rédigé, et en l'interprétant dans un sens contraire à celui voulu par le législateur, la France choisit qui elle condamne. Elle condamne ceux qui aident les étrangers et elle exonère de poursuites tous les autres. La France ne condamne pas les dysfonctionnements avérés du dispositif d'asile, ou les évacuations de campement opérées sans solutions de relogement adaptées, la France ne condamne pas les violations quotidiennes vécues par des personnes migrantes et réfugiées, la France ne condamne pas la mort de dizaines d'entre elles sur notre sol et sous nos yeux. Non, l'État français condamne Cédric Herrou. L'État français intimide. L'État français harcèle. L'État français entrave. L'État français condamne celui qui a décidé d'assumer ses responsabilités quand la France avait déserté les siennes.

Oui, nous ressentons de la honte lorsqu'on réalise qu'il s'agit de notre pays, de notre loi et de nos juges. Voilà ce qu'est l'enfer.

Et quand, au cœur de cet enfer, je demande à Cédric Herrou ce qu'il compte faire dorénavant, il me répond : « *Eh bien, je vais continuer à les héberger parce qu'il faut bien que quelqu'un le fasse* », même s'il sait désormais que l'interprétation qui est faite de cette loi le lui interdit, même s'il sait qu'il risque la prison, Cédric Herrou continuera. Et la légalité, la vraie légalité, sera toujours de son côté parce que Cédric Herrou n'exerce pas son action contre la loi. Il sort de la loi pour la réaffirmer.

Cédric Herrou, en protégeant les droits de personnes migrantes, nous montre que la France est le pays des droits de l'homme par la volonté de ses citoyens, ceux à qui l'Histoire donnera raison. L'Histoire avec un grand H, celle qu'évoque Francis Vallat, le président de SOS Méditerranée : « *On se souviendra avec honte*, dit-il, *qu'au début du XXI*e *siècle, une démocratie, son État, ses gouvernants et ses juges ont criminalisé un geste élémentaire d'humanité : la solidarité, et qu'ils l'ont fait alors que notre continent, face à une crise humanitaire sans précédent, avait rendez-vous avec son âme.* »

Suite de l'affaire

En juillet 2018, les avocats de Cédric Herrou, qui ont saisi le Conseil constitutionnel, obtiennent une première victoire. Le Conseil consacre le principe de fraternité et la liberté d'aider autrui dans un but humanitaire. Le Parlement assouplit la loi. Ce qui conduit la Cour de cassation, en décembre 2018, à annuler partiellement l'arrêt de la cour d'appel qui sanctionnait Cédric Herrou. Cependant, sa condamnation pour avoir occupé illégalement des bâtiments de la SNCF est maintenue.

VI. COMBAT POUR LA LIBERTÉ ET L'ÉGALITÉ

1. L'affaire de Bobigny

Le procès de Bobigny, qui se tint en octobre et novembre 1972, est un procès politique par excellence. Au sens noble du terme, puisqu'il a largement contribué à la dépénalisation de l'interruption de grossesse, la loi Veil, votée trois ans plus tard. L'accusée n'était pourtant ni une féministe ni une militante. Juste une jeune fille de 16 ans, victime d'un viol.

Un soir du mois d'août, elle a suivi un copain de lycée, Daniel, pour – pensait-elle – faire un petit tour en voiture et écouter de la musique. Mais le jeune homme l'amène chez lui et se jette sur elle. «*Il m'a frappée*, expliquera-t-elle plus tard devant le tribunal, *il m'a donné des claques, j'ai cédé, je n'ai eu qu'une seule fois des rapports avec lui, et je me suis sauvée ensuite.*» Cela aura suffi pour qu'elle soit enceinte. La suite de l'histoire ressemble à toutes ces histoires de viols et d'avortements honteux ou traumatisants que connurent des milliers de femmes avant la loi Veil. Marie-Claire, évidemment désemparée, se confie à sa mère. «*On l'élèvera en faisant des sacrifices*», lui répond Michèle Chevalier qui s'occupe pourtant déjà toute seule de ses trois filles adolescentes avec un modeste revenu de 1500 francs par mois qu'elle perçoit comme employée à la RATP. Mais Marie-Claire refuse, elle ne veut pas de «*l'enfant d'un voyou*». Surtout, elle ne s'imagine pas mettre au monde un enfant à son âge. Elle n'imagine pas non plus aller porter plainte. Dans ces années 1970, le viol, encore tabou, est peu réprimé. Sa mère part donc en quête d'un gynécologue et finit par trouver un médecin qui accepte de pratiquer un avortement clandestin sur sa fille pour 4500 francs. Comment trouver une telle somme ? Michèle Chevalier appelle à l'aide une collègue de travail, qui la renvoie vers une jeune secrétaire qui a appris les techniques de l'avortement en le pratiquant sur elle-même. Elle accepte d'opérer l'adolescente pour 1 200 francs. Marie-Claire subit à cinq reprises l'épreuve de la sonde artisanale et du speculum. Peur, souffrance, hémorragie, transfert d'urgence dans une clinique. Les médecins qui la soignent garderont le silence et l'histoire aurait pu s'arrêter là. Mais entre-temps, Daniel, le jeune violeur, a été arrêté pour un vol de voiture et, voulant sans doute amadouer les policiers, ne trouve rien de mieux que dénoncer sa victime ! Marie-Claire est poursuivie devant le tribunal pour enfants qui, considérant qu'« *elle a souffert de contraintes d'ordre moral, familial, auxquelles elle n'a pu résister* », prononce sa relaxe le 11 octobre 1972. Affaire classée ? Non. La mère de la jeune fille, son amie de la RATP et la secrétaire « *faiseuse d'anges* » sont elles aussi renvoyées devant le tribunal de grande instance de Bobigny pour complicité d'avortement. Le procès s'ouvre le 8 novembre suivant. Les féministes se mobilisent. Et c'est Gisèle Halimi qui défend Michèle Chevalier. L'avocate est depuis longtemps de toutes les luttes : l'indépendance de la Tunisie et de l'Algérie, la dénonciation des tortures pratiquées par l'armée française, la révélation des crimes de guerre commis par l'armée américaine au Vietnam. En 1971, avec son amie Simone de Beauvoir, elle a fondé le mouvement « Choisir la cause des femmes » et milite activement en faveur de la dépénalisation de l'avortement en France. Avec l'accord des inculpées, elle fera de ce procès une magistrale tribune pour plaider la cause de millions de femmes et dénoncer une loi aussi archaïque qu'injuste (les Françaises qui en ont les moyens vont à l'étranger pour se faire avorter). Le procès suscite des débats dans tout le pays. Les personnalités défilent à la barre pour soutenir les accusées, l'académicien Jean Rostand, le biologiste Jacques Monod, les comédiennes Delphine Seyrig ou Françoise Fabian, Michel Rocard ou Aimé Césaire. Et le professeur Paul Milliez, médecin et catholique… « *Gisèle Halimi a voulu s'adresser, par-dessus la tête des magistrats, à l'opinion publique tout entière.* » Elle y a parfaitement réussi. Aujourd'hui à plus de 80 ans, elle n'a pas changé, toujours aussi engagée, battante, même rebelle, forte de ses convictions. Quand on lui demande, quelle est sa définition de la plaidoirie, la réponse fuse : « *Quand je plaide, je pars au combat !* »

Plaidoirie de Gisèle Halimi, avocate de Michèle Chevalier, prononcée le 8 novembre 1972 devant le tribunal de grande instance de Bobigny

Monsieur le président, Messieurs du tribunal.

Je ressens avec une plénitude jamais connue à ce jour un parfait accord entre mon métier qui est de plaider, qui est de défendre, et ma condition de femme.

Je ressens donc au premier plan, au plan physique, il faut le dire, une solidarité fondamentale avec ces quatre femmes, et avec les autres.

Ce que j'essaie d'exprimer ici, c'est que je m'identifie précisément et totalement avec Mme Chevalier et avec ces trois femmes présentes à l'audience, avec ces femmes qui manifestent dans la rue, avec ces millions de femmes françaises et autres.

Elles sont ma famille. Elles sont mon combat. Elles sont ma pratique quotidienne. Et si je ne parle aujourd'hui, Messieurs, que de l'avortement et de la condition faite à la femme par une loi répressive, une loi d'un autre âge, c'est moins parce que le dossier nous y contraint que parce que cette loi est la pierre de touche de l'oppression qui frappe la femme.

C'est toujours la même classe, celle des femmes pauvres, vulnérables économiquement et socialement, cette classe des sans-argent et des sans-relations qui est frappée.

Voilà vingt ans que je plaide, Messieurs, et je pose chaque fois la question, et j'autorise le tribunal à m'interrompre s'il peut me contredire. Je n'ai encore jamais plaidé pour la femme d'un haut commis de l'État, ou pour la femme d'un médecin célèbre, ou d'un grand avocat, ou d'un PDG de société, ou pour la maîtresse de ces mêmes messieurs. Je pose la question. Cela s'est-il trouvé dans cette enceinte de justice ou ailleurs ? Vous condamnez toujours les mêmes, les «*Mme Chevalier*». Ce que nous avons fait, nous, la défense, et ce que le tribunal peut faire, ce que chaque homme conscient de la discrimination qui frappe les mêmes femmes peut faire, c'est se livrer à un sondage très simple. Prenez des jugements de condamnation pour avortement, prenez les tribunaux de France que vous voudrez, les années que vous voudrez, prenez 100 femmes condamnées et faites une coupe socio-économique : vous retrouverez toujours les mêmes résultats :

– 26 femmes sont sans profession, mais de milieu modeste, des « ménagères » ;

– 35 sont employées de bureau (secrétaires-dactylos) : au niveau du secrétariat de direction, déjà, on a plus d'argent, on a des relations, on a celles du patron, un téléphone… ;

– 15 employées de commerce et de l'artisanat (des vendeuses, des coiffeuses…) ;

– 16 de l'enseignement primaire, agents techniques, institutrices, laborantines ;

– 5 ouvrières ;

– 3 étudiantes.

Autre exemple de cette justice de classe qui joue, sans la moindre exception concernant les femmes : le manifeste des « 343 ».

Vous avez entendu à cette barre trois de ses signataires. J'en suis une moi-même. 343 femmes (aujourd'hui, 3 000) ont dénoncé le scandale de l'avortement clandestin, le scandale de la répression et le scandale de ce silence que l'on faisait sur cet avortement. Les a-t-on seulement inculpées ? Nous a-t-on seulement interrogées ? Je pense à Simone de Beauvoir, à Françoise Sagan, à Delphine Seyrig – que vous avez entendues – Jeanne Moreau, Catherine Deneuve… Dans un hebdomadaire à grand tirage je crois, Catherine Deneuve est représentée avec la légende : « *La plus jolie maman du cinéma français* » ; oui certes, mais c'est aussi « *la plus jolie avortée du cinéma français* » !

Retournons aux sources. Pour que Marie-Claire, qui s'est trouvée enceinte à 16 ans, puisse être poursuivie pour délit d'avortement, il eût fallu prouver qu'elle avait tous les moyens de savoir comment ne pas être enceinte, et tous les moyens de prévoir.

Ici, Messieurs, j'aborde le problème de l'éducation sexuelle.

Vous avez entendu les réponses des témoins. Je ne crois pas que, sur ce point, nous ayons appris quelque chose au tribunal. Ce que je voudrais savoir, c'est combien de Marie-Claire en France ont appris qu'elles avaient un corps, comment il était fait, ses limites, ses possibilités, ses pièges, le plaisir qu'elles pouvaient en prendre et en donner ? Combien ?

Très peu, j'en ai peur.

Il y a dans mon dossier une attestation de Mme Anne Pério, professeur dans un lycée technique, qui indique que, durant l'année scolaire 1971-1972, il y a eu treize jeunes filles entre 17 ans et 20 ans en état de grossesse dans ce lycée. Vous avez entendu, à l'audience, Simone Iff, vice-présidente du Planning familial. Elle est venue vous dire quel sabotage délibéré les pouvoirs publics faisaient précisément de cet organisme qui était là pour informer, pour prévenir, puisque c'est de cela qu'il s'agit.

Vous avez, Messieurs, heureusement pour vous, car je vous ai sentis accablés sous le poids de mes témoins et de leur témoignage, échappé de justesse à deux témoignages de jeunes gens de 20 ans et de 17 ans, mes deux fils aînés, qui voulaient venir à cette barre. Ils voulaient vous dire d'abord à quel point l'éducation sexuelle avait été inexistante pendant leurs études. L'un est dans un lycée et l'autre est étudiant. Ils voulaient faire – il faut le dire – mon procès. Mon procès, c'est-à-dire le procès de tous les parents. Car l'alibi de l'éducation sexuelle à la maison, il nous faut le rejeter comme quelque chose de malhonnête.

Je voudrais savoir combien de parents – et je parle de parents qui ont les moyens matériels et intellectuels de le faire – abordent tous les soirs autour de la soupe familiale l'éducation sexuelle de leurs enfants.

Mme Chevalier, on vous l'a dit, n'avait pas de moyens matériels, et elle n'avait pas reçu elle-même d'éducation sexuelle. Je parle de moi-même et de mes rapports avec mes enfants. Moi, je n'ai pas pu le faire. Pourquoi ? Je n'en sais rien. Mais je peux peut-être essayer de l'expliquer. Peut-être parce que, entre les parents et les enfants, il y a un rapport passionnel, vivant, vivace, et c'est bon qu'il en soit ainsi ; peut-être aussi parce que, pour les enfants, il y a cette image des rapports amoureux des parents et que cela peut culpabiliser et l'enfant et la mère ? Toujours est-il que l'on ne peut décider que les parents auront l'entière responsabilité de l'éducation sexuelle. Il faut des éducateurs spécialisés, quitte pour les parents à apporter, en quelque sorte, une aide complémentaire.

Pourquoi ne pratique-t-on pas l'éducation sexuelle dans les écoles puisqu'on ne veut pas d'avortements ?

Pourquoi ne commence-t-on pas par le commencement ?

Pourquoi ?

Parce que nous restons fidèles à un tabou hérité de nos civilisations judéo-chrétiennes qui s'oppose à la dissociation de l'acte sexuel et de l'acte de procréation. Ils sont pourtant deux choses différentes. Ils peuvent être tous les deux acte d'amour, mais le crime des pouvoirs publics et des adultes est d'empêcher les enfants de savoir qu'ils peuvent être dissociés.

Deuxième responsabilité : l'accusation, je le lui demande, peut-elle établir qu'il existe en France une contraception véritable, publique, populaire, gratuite ? Je ne parle pas de la contraception gadget, de la contraception clandestine qui est la nôtre aujourd'hui. Je parle d'une véritable contraception. Je dois dire que j'ai cru comprendre que même la contraception était prise à partie dans ce débat. Je dois dire qu'il m'est arrivé de parler à plusieurs reprises de ce problème, publiquement. J'ai eu en face de moi des hommes d'Église : même eux n'avaient pas pris cette position. La contraception, à l'heure actuelle, c'est peut-être 6 % ou 8 % des femmes qui l'utilisent. Dans quelles couches de la population ? Dans les milieux populaires, 1 % !

Dans la logique de la contraception, je dis qu'est inscrit le droit à l'avortement. Supposons que nous ayons une parfaite éducation sexuelle. Supposons que cela soit enseigné dans toutes les écoles. Supposons qu'il y ait une contraception véritable, populaire, totale, gratuite. On peut rêver… Prenons une femme libre et responsable, parce que les femmes sont libres et responsables. Prenons une de ces femmes qui aura fait précisément ce que l'on reproche aux autres de ne pas faire, qui aura manifesté constamment, régulièrement, en rendant visite à son médecin, sa volonté de ne pas avoir d'enfants et qui se trouverait, malgré tout cela, enceinte.

Je pose alors la question : « *Que faut-il faire ?* »

J'ai posé la question à tous les médecins. Ils m'ont tous répondu, à l'exception d'un seul : « *Il faut qu'elle avorte.* » Il y a donc inscrit, dans la logique de la contraception, le droit à l'avortement. Car personne ne peut soutenir, du moins je l'espère, que l'on peut donner la vie par échec. Et il n'y a pas que l'échec. Il y a l'oubli. Supposez que l'on oublie sa pilule. Oui. On oublie sa pilule. Je ne sais plus qui trouvait cela absolument criminel. On peut oublier sa pilule. Supposez l'erreur. L'erreur dans le choix du contraceptif, dans la pose du diaphragme.

L'échec, l'erreur, l'oubli…

Voulez-vous contraindre les femmes à donner la vie par échec, par erreur, par oubli ? Est-ce que le progrès de la science n'est pas précisément de barrer la route à l'échec, de faire échec à l'échec, de réparer l'oubli, de réparer l'erreur ? C'est cela, me semble-t-il, le progrès. C'est barrer la route à la fatalité et, par conséquent, à la fatalité physiologique. J'ai tenu à ce que vous entendiez ici une mère célibataire. Le tribunal, je l'espère, aura été ému par ce témoignage. Il y a ici des filles, des jeunes filles qui, elles, vont jusqu'au bout de leur grossesse pour des raisons complexes mais disons, parce qu'elles respectent la loi, ce fameux article 317. Elles vont jusqu'au bout.

Que fait-on pour elles ?

On les traite de putains. On leur enlève leurs enfants. On les oblige, la plupart du temps, à les abandonner ; on leur prend 80 % de leur salaire, on ne se préoccupe pas du fait qu'elles sont dans l'obligation d'abandonner leurs études. C'est une véritable répression qui s'abat sur les mères célibataires. Il y a là une incohérence au plan de la loi elle-même.

J'en arrive à ce qui me paraît le plus important dans la condamnation de cette loi. Cette loi, Messieurs, elle ne peut pas survivre, et, si l'on m'écoutait, elle ne pourrait pas survivre une seconde de plus. Pourquoi ? Pour ma part, je pourrais me borner à dire : parce qu'elle est contraire, fondamentalement, à la liberté de la femme, cet être depuis toujours opprimé. La femme était esclave, disait Bébel, avant même que l'esclavage fût né. Quand le christianisme devint une religion d'État, la femme devint le « *démon* », la « *tentatrice* ». Au Moyen Âge, la femme n'est rien. La femme du serf n'est même pas un être humain. C'est une bête de somme. Et malgré la Révolution où la femme émerge, parle, tricote, va aux barricades, on ne lui reconnaît pas la qualité d'être humain à part entière. Pas même le droit de vote. Pendant la Commune, aux canons, dans les assemblées, elle fait merveille. Mais une Louise Michel et une Hortense David ne changeront pas fondamentalement la condition de la femme.

Quand la femme, avec l'ère industrielle, devient travailleur, elle est bien sûr – nous n'oublions pas cette analyse fondamentale – exploitée comme les autres travailleurs. Mais à l'exploitation dont souffre le travailleur, s'ajoute un coefficient de surexploitation de la femme par l'homme, et cela dans toutes les classes. La femme est plus qu'exploitée. Elle est surexploitée. Et l'oppression – Simone de Beauvoir le disait tout à l'heure à cette barre – n'est pas seulement celle de l'économie. Elle n'est pas seulement celle de l'économie, parce que les choses seraient trop simples, et on aurait tendance à schématiser, à rendre plus globale une lutte qui se doit, à un certain moment, d'être fractionnée. L'oppression est dans la décision vieille de plusieurs siècles de soumettre la femme à l'homme. «*Ménagère ou courtisane*», disait d'ailleurs Proudhon qui n'aimait ni les Juifs, ni les femmes. Pour trouver le moyen de cette soumission, Messieurs, comment faire? Simone de Beauvoir vous l'a très bien expliqué. On fabrique à la femme un destin: un destin biologique, un destin auquel aucune d'entre nous ne peut ou n'a le droit d'échapper. Notre destin à toutes, ici, c'est la maternité. Un homme se définit, existe, se réalise par son travail, par sa création, par l'insertion qu'il a dans le monde social. Une femme, elle, ne se définit que par l'homme qu'elle a épousé et les enfants qu'elle a eus.

Telle est l'idéologie de ce système que nous récusons.

Savez-vous, Messieurs, que les rédacteurs du Code civil, dans leur préambule, avaient écrit ceci, et c'est tout le destin de la femme: «*La femme est donnée à l'homme pour qu'elle fasse des enfants... Elle est donc sa propriété comme l'arbre à fruits est celle du jardinier*»? Certes, le Code civil a changé, et nous nous en réjouissons. Mais il est un point fondamental, absolument fondamental sur lequel la femme reste opprimée, et il faut, ce soir, que vous fassiez l'effort de nous comprendre.

Nous n'avons pas le droit de disposer de nous-mêmes. S'il reste encore au monde un serf, c'est la femme, c'est la serve, puisqu'elle comparaît devant vous, Messieurs, quand elle n'a pas obéi à votre loi, quand elle avorte. Comparaître devant vous. N'est-ce pas déjà le signe le plus certain de notre oppression? Pardonnez-moi, Messieurs, mais j'ai décidé de tout dire ce soir. Regardez-vous et regardez-nous. Quatre femmes comparaissent devant quatre hommes... Et pour parler de quoi? De sondes, d'utérus, de ventres, de grossesses, et d'avortements!...

Croyez-vous que l'injustice fondamentale et intolérable n'est pas déjà là? Ces quatre femmes devant ces quatre hommes?

Ne croyez-vous pas que c'est là le signe de ce système oppressif que subit la femme ? Comment voulez-vous que ces femmes puissent avoir envie de faire passer tout ce qu'elles ressentent jusqu'à vous ? Elles ont tenté de le faire, bien sûr, mais quelle que soit votre bonne volonté pour les comprendre – et je ne la mets pas en doute – elles ne peuvent pas le faire. Elles parlent d'elles-mêmes, elles parlent de leur corps, de leur condition de femmes, et elles en parlent à quatre hommes qui vont tout à l'heure les juger. Cette revendication élémentaire, physique, première, disposer de nous-mêmes, disposer de notre corps, quand nous la formulons, nous la formulons auprès de qui ? Auprès d'hommes. C'est à vous que nous nous adressons.

Nous vous disons : «*Nous, les femmes, nous ne voulons plus être des serves.*» Est-ce que vous accepteriez, vous, Messieurs, de comparaître devant des tribunaux de femmes parce que vous auriez disposé de votre corps ?... Cela est démentiel ! Accepter que nous soyons à ce point aliénées, accepter que nous ne puissions pas disposer de notre corps, ce serait accepter, Messieurs, que nous soyons de véritables boîtes, des réceptacles dans lesquels on sème par surprise, par erreur, par ignorance, dans lesquels on sème un spermatozoïde. Ce serait accepter que nous soyons des bêtes de reproduction sans que nous ayons un mot à dire.

L'acte de procréation est l'acte de liberté par excellence. La liberté entre toutes les libertés, la plus fondamentale, la plus intime de nos libertés. Et personne, comprenez-moi, Messieurs, personne n'a jamais pu obliger une femme à donner la vie quand elle a décidé de ne pas le faire.

En jugeant aujourd'hui, vous allez vous déterminer à l'égard de l'avortement et à l'égard de cette loi et de cette répression, et surtout, vous ne devrez pas esquiver la question qui est fondamentale. Est-ce qu'un être humain, quel que soit son sexe, a le droit de disposer de lui-même ? Nous n'avons plus le droit de l'éviter.

J'en ai terminé et je prie le tribunal d'excuser la longueur de mes explications. Je vous dirai seulement encore deux mots : a-t-on encore, aujourd'hui, le droit, en France, dans un pays que l'on dit «civilisé», de condamner des femmes pour avoir disposé d'elles-mêmes ou pour avoir aidé l'une d'entre elles à disposer d'elle-même ? Ce jugement, Messieurs, vous le savez – je ne fuis pas la difficulté, et c'est pour cela que je parle de courage – ce jugement de relaxe sera irréversible, et à votre suite, le législateur s'en préoccupera. Nous vous le disons, il faut le prononcer, parce que nous, les femmes, nous, la moitié de l'humanité, nous nous sommes mises en marche. Je crois que nous n'accepterons plus que se perpétue cette oppression.

Messieurs, il vous appartient aujourd'hui de dire que «*l'ère d'un monde fini commence*».

Jugement

Le 22 novembre 1972, Michèle Chevalier a été condamnée à 500 francs d'amende avec sursis. Un jugement dont elle fit immédiatement appel. Le Ministère public laissa passer un délai de 3 ans sans fixer de date pour l'audience. Il y eut prescription. Au regard de la loi, Michèle Chevalier n'a donc jamais été condamnée.

2. Le procès des caricatures de *Charlie Hebdo*

Ce 8 février 2007, l'ambiance est électrique devant la 17e chambre du tribunal correctionnel de Paris. Une foule de journalistes se presse sur les bancs du public, pour l'un des « procès de l'année », où vont s'affronter des notions aussi fondamentales que la « liberté d'expression » et le « respect des convictions ». Le débat est d'autant plus brûlant qu'il touche à la religion, et plus particulièrement à l'islam. Il a déjà suscité des manifestations partout dans le monde, souvent violentes, des fatwas, des polémiques passionnées, des tribunes à la pelle. L'accusé aimerait maintenant qu'on laisse parler le droit. L'accusé, c'est *Charlie Hebdo*, le journal satirique qui, depuis les années 1960, revendique le droit de moquer les dévots et les bigots.

Deux ans plus tôt, en février 2005, il a défrayé la chronique en publiant douze caricatures de Mahomet parues, en septembre de la même année, dans un quotidien danois, le *Jyllands-Posten*. Des milliers de musulmans en colère avaient alors défilé dans les rues de Copenhague, des ambassades avaient été incendiées de Damas à Beyrouth. Le *Jyllands-Posten* avait fini par présenter ses excuses, mais plusieurs journaux européens avaient imprimé à leur tour les cartoons litigieux pour défendre la liberté de pensée, à leurs yeux menacée. En France, le numéro spécial de *Charlie Hebdo* – dont les locaux seront protégés par la police après une avalanche de menaces de mort – se vendra à plus de 600 000 exemplaires (contre 60 000 en temps normal), malgré l'interdiction réclamée, en vain, par la Grande Mosquée de Paris et l'Union des organisations islamiques de France (UOIF) qui déposeront aussi une plainte pour « *injure publique à l'égard d'un groupe de personnes à raison de la religion* » contre Philippe Val, le directeur de publication de l'époque.

Lorsque le procès s'ouvre, trois dessins sont visés. L'un, extrait du journal danois, montre le prophète coiffé d'un turban cachant une bombe. L'autre, toujours tiré du *Jyllands-Posten*, met en scène Mahomet accueillant des kamikazes au paradis aux cris de: «*Arrêtez, arrêtez, nous n'avons plus de vierges!*» Le troisième est une œuvre originale de Cabu, que l'hebdo de Philippe Val a publié en une de son numéro de combat: on y voit un Mahomet consterné qui soupire: «*C'est dur d'être aimé par des cons!*» Depuis des décennies, *Charlie* passe à la sulfateuse du rire «*bête et méchant*» curés, bonnes sœurs, papes, rabbins ou imams. Ces caricatures de Mahomet, dit-il, s'inscrivent dans la tradition du journal. Doit-il s'autocensurer parce que les «*intégristes*» ont de moins en moins le sens de l'humour? L'UOIF, lui, dénonce une «*islamophobie*» rampante et l'offense faite aux croyants. Quant à Dalil Boubakeur, le recteur de la Grande Mosquée de Paris, il développe une argumentation plus subtile. Ses conseils, Francis Szpiner et Christophe Bigot, ne réclament pas la condamnation de *Charlie Hebdo* pour «*blasphème*» (une incrimination qui, de toute façon, n'existe pas en France). Ils attaquent le journal parce que «*les images qu'il a publiées risquent de véhiculer un amalgame entre musulman et terroriste, et que cet amalgame n'est pas acceptable*».

L'argument est aussitôt retourné par leurs adversaires: c'est justement parce que les musulmans sont les premières victimes du terrorisme qu'il faut dénoncer ou moquer l'islam quand il est instrumentalisé à des fins politiques. Plusieurs intellectuels musulmans, philosophes, poètes ou journalistes, viennent le dire à la barre, lors d'un procès où le Tout-Paris semble s'être donné rendez-vous. Élisabeth Badinter, François Hollande ou François Bayrou volent au secours du journal iconoclaste. Mais aussi le ministre de l'Intérieur, Nicolas Sarkozy, qui – de manière assez peu orthodoxe – fait porter une lettre de soutien en pleine audience («*Un excès de caricature vaut mieux qu'un excès de censure*»). La missive est lue par Georges Kiejman, l'un des avocats de Philippe Val. Le célèbre ténor est aux anges, ferraillant, comme à son habitude, dans le prétoire avec autant de gourmandise que de férocité. Pour l'occasion, il s'est fait le «collaborateur» de son ancien stagiaire, Richard Malka, l'avocat historique de *Charlie Hebdo*.

Auteur de bandes dessinées à ses heures (notamment du best-seller *La Face karchée de Sarkozy*), ce quadragénaire est un habitué de la 17e chambre correctionnelle spécialisée dans les affaires de presse, de diffamation, de droit à l'image ou d'atteinte à la vie privée. Avocat de plusieurs journaux, maisons d'édition, journalistes, auteurs, Richard Malka n'aime rien tant que ces disputes intellectuelles, éthiques ou politiques. Sa ligne de conduite ? Ne jamais céder un pouce de terrain aux censeurs et aux intégristes, surtout quand ils avancent masqués derrière les oripeaux de la lutte antiraciste ou de la morale. Il défend avec la même fougue un vendeur de sex-toys poursuivi par des associations catholiques, une directrice de crèche accusée de «*discrimination*» après avoir licencié une puéricultrice voilée et Dominique Strauss-Khan, mis en examen pour «*complicité de proxénétisme*» dans l'affaire dite du «Carlton». Ce chantre de la liberté de la presse n'hésitera pas alors à attaquer les journaux qui se «*repaissent*» de la saga DSK et «*piétinent son intimité*». Toujours au nom des mêmes principes : la morale ne doit pas se substituer au Code pénal et le droit ne se confond pas avec la vertu.

Plaidoirie prononcée par Richard Malka, avocat de Charlie Hebdo, le 8 février 2007 devant le tribunal correctionnel de Paris

Monsieur le président, Messieurs du tribunal, Madame la procureur, j'aimerais commencer par vous raconter une histoire. Une histoire que nous rapporte Mme Fethi Ben Slama, professeur de psychopathologie à l'université de Paris VII et musulmane croyante, pas plus mais pas moins non plus que les parties civiles qui nous poursuivent aujourd'hui. Mme Ben Slama nous raconte ceci : il y a quelque temps, le caricaturiste algérien Dilem mettait en scène, le jour de la fête du sacrifice, un mouton fuyant à toute vitesse, poursuivi par un homme brandissant un couteau et, dans la bulle, le mouton dit : « *Mais pourquoi veux-tu m'égorger ? Pourtant, je ne suis ni une femme ni un intellectuel.* » Mme Ben Slama commente ainsi cette histoire: «*Voyez-vous, Mesdames, Messieurs, chers amis, ce mouton blasphème, non seulement il veut se soustraire à la place que lui assigne Dieu dans les Saintes Écritures lorsqu'il a voulu le substituer au fils du prophète Abraham mais, de plus, ce mouton parle et, ce faisant, brouille les frontières de la création divine entre l'homme et l'animal. La bête parle et fait de l'humour avec les affaires religieuses, c'est ignoble. Il y a plus grave encore: en courant plus vite que l'homme qui veut le trucider, il ridiculise ce paisible musulman sacrifiant et humilie l'ensemble de la communauté musulmane, sinon la totalité des milliards de musulmans morts. Mais le pire n'est-il pas que ce mouton fuyant de peur devant un musulman qui veut le manger est, de toute évidence, islamophobe?*»

Et Mme Ben Slama poursuit: «*Mais ce mouton insoumis pourrait voir se lever un imam spontané qui le cartouche d'une fatwa. Nous verrons alors le MROPP* (Mouvement pour ramener les ovins chez les prédicateurs paranoïaques) *intenter un procès en diffamation de sacrifiant tandis que la République, par ses voix les plus autorisées, présenterait ses excuses à tous les pratiquants modérés de méchoui sacré et les assurerait de son respect.*»

Et voilà en une fable, en une caricature, résumée toute l'absurdité des demandes qui vous sont faites. Voilà en une fable, en une caricature, résumé le problème de société qui vous est posé et Mme Ben Slama, par la suite, continue en se faisant plus grave: «*Voici des années que la tonsure de l'esprit arme la censure qui tue. Car la censure au nom de l'esprit tue, sacrifie, grille au feu de l'enfer et dévore les insoumis afin de les soumettre à la religion et à la soumission.*»

Ce n'est pas *Charlie Hebdo* qui parle, ce n'est pas une islamophobe, pas une raciste, c'est une musulmane, une croyante, et manifestement une croyante que les parties civiles ne représentent pas. Mme Ben Slama nous rappelle que «*le blasphème fut l'acte d'accusation de tous ces penseurs, de tous ces intellectuels de l'islam, de tous ces intellectuels et écrivains qui ont été assassinés et tués parce qu'ils avaient blessé la foi de certains, parce qu'ils avaient porté atteinte à des sentiments religieux*».

Naguib Mahfouz, prix Nobel de littérature, 83 ans, poignardé à la gorge au Caire en juin 1992, l'écrivain Farag Foda, tué parce qu'il préconisait la séparation de la religion et de l'État, Sodiq Melallah, poète, décapité au sabre par les autorités d'Arabie Saoudite pour crime de blasphème... Ceux-là et tous les autres ont été assassinés, tués parce qu'ils avaient porté atteinte à la Foi. Ce qui nous est aujourd'hui reproché.

Cette indignation de Mme Ben Slama est partagée par d'innombrables musulmans du monde entier, d'innombrables poètes, romanciers, intellectuels, citoyens musulmans du monde entier. Nous recevons à *Charlie Hebdo*, en ce moment, 1 000 lettres de musulmans par jour nous disant : nous sommes avec vous, vous nous représentez et vous représentez aussi quelque chose pour laquelle nous voulons combattre et nous sommes à vos côtés.

Or, me direz-vous, de l'autre côté, il y a des institutions religieuses qui représentent mieux que ces musulmans lambda la religion. J'ai beaucoup de respect pour M. le recteur Boubakeur. Il faut reconnaître qu'il a eu des combats courageux, il faut reconnaître que c'est un homme modéré, il faut reconnaître que nous avons besoin de lui. C'est pour cela que nous sommes attristés de le voir sur le banc des parties civiles, aujourd'hui, aux côtés de l'UOIF et de la Ligue islamique mondiale.

Mais, malgré tout le respect que je lui dois, ce n'est pas une injure de dire qu'il n'est pas une autorité théologique du monde musulman. Il est médecin, pas théologien. Les parties civiles ne peuvent pas dire qu'elles représentent tous les musulmans du monde, elles ne représentent pas le milliard 300 millions de musulmans du monde. Mohamed Talby, une institution dans le monde arabe, reconnaît aux caricaturistes le droit de brocarder le Prophète, le droit de dire et d'écrire que l'islam est la religion la plus con du monde. Il dit ceci : « *La religion, quelle qu'elle soit, ne doit pas être une contrainte. Je veux décrisper les gens, je veux le faire au nom du Coran. La foi est un choix. Je ne cesserai jamais de dire que l'islam nous donne la liberté, y compris celle d'insulter Dieu.* »

Je ne vois pas pourquoi les musulmans seraient les seuls citoyens au monde qui ne seraient pas capables de rire d'eux-mêmes. Ils peuvent dire : notre Dieu est mis en cause, cela nous blesse. On leur reconnaît cette légitimité de la blessure, bien sûr que cette blessure est légitime. Est-ce qu'on va chercher à interdire ce qui nous blesse dans la mesure où la blessure est une notion subjective ? Il ne resterait plus rien dans le débat et plus rien dans la liberté d'expression si chacun cherchait à interdire ce qui le blesse. Que ces choses soient blessantes, évidemment il faut le reconnaître, mais de là à vouloir interdire… Je ne veux pas interdire tout ce qui me blesse.

La France est le pays d'Europe qui comprend la plus grande communauté musulmane, ainsi que la plus grande communauté juive et la plus grande communauté bouddhiste. Quelle est la meilleure garantie pour toutes ces communautés ? C'est le pacte républicain, c'est la laïcité. C'est ce qui fait que toutes les religions sont mises sur un pied d'égalité. La mosquée de Paris est au cœur de la cité. Il n'y a pas un autre pays d'Europe où il y a une mosquée au cœur de la cité.

Si vous demandez qu'on ne puisse plus critiquer l'islam, contrairement à toutes les autres religions, si vous demandez qu'on ne puisse plus critiquer le Prophète comme on le veut, y compris de manière violente, comme on caricature Jésus de manière bien pire encore, alors vous sortirez du cœur de la cité. Vous protégerez Dieu, mais vous créerez de l'incompréhension. L'incompréhension crée le ressentiment, le ressentiment crée la peur. C'est avec le feu que vous êtes en train de jouer.

Alors que nous dites-vous aujourd'hui ? Nous sommes des racistes, des islamophobes, qui plus est animés d'intentions malfaisantes, puisque ce que nous avons voulu faire dans le cadre d'une opération mûrement réfléchie, c'est gagner de l'argent. Ce grief est évidemment indigne de la qualité des débats, il est extrêmement mesquin. Je dois dire que je m'attendais à le trouver dans les écritures de l'UOIF, de la Ligue islamique mondiale, pas de la mosquée de Paris. Cela m'a fait beaucoup de peine, c'est le seul reproche que je vous ferai car personne ne vous dénie le droit à ce procès. C'est de manière parfaitement légitime que vous vous adressez à un tribunal pour dire le droit. Personne ne vous conteste ce droit, je loue votre démarche mais cet argument figure dans vos citations, c'est cela que je vous reproche.

Pourquoi cet argument ? Parce que vous n'admettez pas que l'autre puisse être animé d'une conviction sincère. Vous n'admettez pas que votre opposant ne soit pas un ennemi avec lequel aucun débat n'est possible. Du coup, vous n'avez pas à vous remettre en question puisque l'autre est animé d'intentions mercantiles. C'est une rhétorique, c'est une sémantique qui est au cœur de ce procès. C'est continuellement ainsi : vous êtes dans le déni de l'autre alors que nous ne demandons qu'à discuter, que nous ne cherchons qu'à dédramatiser. Si on nous enlève le rire contre ce qui nous fait peur, contre la terreur, qu'est-ce que vous allez nous laisser pour dédramatiser, pour nous défendre contre ces actes de terreur ? C'est quand même une réalité qui existe, il faut bien en parler. Dans vos citations, vous le dites clairement noir sur blanc, on nous interdit d'associer l'islam et le terrorisme. Comment fait-on pour parler de l'actualité ? Comment cela serait-il possible ? Évidemment, c'est une minorité infime qui a agi au nom de l'islam. Mais quand ils égorgent, il y a les versets du Coran derrière eux. On ne peut pas faire abstraction de la réalité, autrement on serait dans le déni.

On nous reproche le mot «*intégriste*». Là aussi, la citation fait vraiment froid dans le dos. On nous dit que «*l'intégrisme est un degré d'intensité de la foi*». C'est le recteur Boubakeur qui écrit cela. On nous dit, s'agissant de la couverture : vous avez employé le mot intégriste, vous auriez dû employer d'autres mots : «*fanatisme*», «*terrorisme*». On nous dit ensuite – c'est l'argument d'après – que le mot «*intégrisme dans le contexte*», cela renvoyait à tous les musulmans qui s'étaient émus. Mais alors, si on avait employé les mots «*fanatisme ou terrorisme*», on aurait donc qualifié de fanatiques et de terroristes tous les musulmans qui s'étaient émus. Donc, on ne pouvait plus rien dire, on ne pouvait plus commenter. Les arguments des parties civiles s'entrechoquent les uns les autres.

J'en viens au blasphème, à la foi. Dans les citations qui nous ont été délivrées, certes, on ne parle pas de blasphème, mais à 31 reprises sont utilisés les mots «foi», «religion», «croyance». On ne parle pas de blasphème ?

De quoi nous parle-t-on ici ? Du sacré, de la religion et des objets de vénération. J'ai tout à coup l'impression d'être transporté au Vatican devant un tribunal ecclésiastique, je vais me reconvertir et faire du droit canon. Comment peut-on demander à un tribunal républicain qu'il instaure une protection pour le sacré, le religieux, les objets de vénération cultuelle ? Cela voudrait dire quoi ? Cela voudrait dire que plus jamais nous ne pourrions faire une caricature de Mahomet, plus jamais une caricature de Dieu ! Vous êtes les Messieurs Jourdain du blasphème, vous demandez son rétablissement sans le savoir. C'est la définition même du blasphème : l'interdiction de la critique de la religion. Vous réclamez aussi une égalité de traitement entre les religions. Mais regardez ! Le pape Jean-Paul II est mort, il y a quelque temps, nous avons fait un hors-série « *Popeye a cassé sa pipe* ». Vous voulez une égalité de traitement ? Vraiment n'en demandez pas trop, on va vous l'accorder ! Tenez une autre couverture : « *Le pape va mieux, il a canonisé deux yaourts* ». Vous voulez vraiment une égalité de traitement ? Comment pouvez-vous franchement nous soutenir cela ? Ce que je peux vous dire, c'est que, même à *Charlie Hebdo*, on n'oserait pas faire le dixième de cela à l'égard du prophète Mahomet. Personne dans ce pays n'oserait faire le dixième de cela à l'égard du prophète Mahomet !

Charlie Hebdo n'aurait plus de raison d'être si on n'avait pas publié ces caricatures. Nous n'aurions pas pu nous regarder dans la glace, on nous aurait dit : vous faites dans la facilité ; pour les chrétiens ou les juifs, vous ne risquez rien ; quand il s'agit des musulmans, il n'y a plus personne. Nous aurions été face à une contradiction.

Tout cela a un sens, le sens de tout cela, c'est le combat de *Charlie Hebdo* pour la laïcité depuis toujours. On ne s'est pas réveillé avec ces caricatures de Mahomet. Ce que l'on vous demande aujourd'hui, c'est la plus formidable des restrictions à la liberté d'expression qu'on ait jamais demandées à un tribunal, pas seulement sous l'angle du blasphème, de la religion, des caricatures et de l'humour mais parce que le monde entier était à feu et à sang, le monde entier parlait de ces caricatures, on en entendait parler du matin au soir par tout le monde. Et le peuple n'aurait pas eu le droit de les voir ? Qui peut décider de cela ?

J'aimerais répondre à l'argument de la liberté de croyance, c'est complètement hors sujet. En quoi trois malheureuses caricatures empêchent qui que ce soit de croire ce qu'il veut ? En quoi cela agresse-t-il un croyant ? Nous essayons juste de rire, de discuter et de débattre. C'est ainsi que s'est construit le débat, c'est ainsi que s'est construit notre pays.

Vous verrez une caricature de Mahomet du XVIIe siècle en poisson. C'est le pire que l'on puisse imaginer. C'est une animalisation de Mahomet, une diabolisation, elle a été publiée en France par le magazine *Historia*, il y a deux semaines. Qu'est-ce que vous allez répondre à la Ligue islamique mondiale quand elle va vous demander de condamner *Historia*? *Historia* va dire: «*On fait de l'histoire.*» Nous, nous n'avons fait que traiter l'actualité.

L'histoire de la caricature en France est une noble histoire. Et cela me fait beaucoup de peine de voir le recteur Boubakeur se reporter à la déclaration des Droits de l'homme du Caire qui définit la liberté d'expression d'une manière un peu particulière: «*Article 22: Tout le monde doit avoir le droit d'exprimer librement son expression de telle sorte qu'elle ne soit pas en conflit avec la charia.*» Et encore: «*L'information est un impératif vital pour la société mais il est prohibé de l'utiliser et de l'exploiter pour porter atteinte au sacré, à la dignité du Prophète.*» Quand vous lisez cela, c'est le programme de l'UOIF. Il faudrait donc interdire Sade qui tue Jésus, Lautréamont qui le représente ivre mort, Renan qui lui a dénié sa paternité. Il faudrait interdire Dante qui, dans le IXe cercle de la *Divine Comédie* a éventré Mahomet, et a fendu en deux la tête du prophète Ali. Il faudrait interdire tout cela? Il faudrait interdire Voltaire?

Je finirai par une seule phrase, celle d'un des plus prestigieux universitaires tunisiens, professeur à l'Université de Tunis, M. Hamadi Redissi. Au moment où la caricature de Mahomet avec la bombe dans le turban a été publiée, il s'est adressé à l'Occident depuis Tunis, et il l'a fait avec courage pour nous dire ceci: « *Vous ne devez pas renoncer à la libre critique. Si vous cédez, ce sera fini.* »

Jugement

Le 22 mars 2007, le tribunal correctionnel relaxe Philippe Val, estimant, comme le parquet, que les trois caricatures mises en cause ne constituent pas une injure vis-à-vis de la communauté musulmane mais une critique des intégristes. Le tribunal considère que *Charlie Hebdo* est un journal satirique et que «*le genre littéraire de la caricature, bien que délibérément provoquant, participe à ce titre à la liberté d'expression et de communication des pensées et des opinions*». Les attendus du jugement sont cependant tout en nuance. Ils considèrent que ni le dessin de Cabu, intitulé «*Mahomet débordé par les intégristes*» («*C'est dur d'être aimé par des cons*»), ni celui mettant en scène quatre terroristes se présentant devant le Prophète après leurs attentats, ne peuvent être perçus comme visant l'ensemble des musulmans en raison de leur religion. En revanche, observe le tribunal, le dernier dessin – Mahomet coiffé d'un turban en forme de bombe à la mèche allumée – «*laisse clairement entendre que cette violence terroriste serait inhérente à la religion musulmane*». Mais, dit-il aussi, «*en dépit du caractère choquant, voire blessant, de cette caricature pour la sensibilité des musulmans, le contexte et les circonstances de sa publication dans le journal* Charlie Hebdo *apparaissent exclusifs de toute volonté délibérée d'offenser directement et gratuitement l'ensemble des musulmans ; les limites admissibles de la liberté d'expression n'ont donc pas été dépassées*». Contrairement à l'UOIF, la Grande Mosquée de Paris ne fera pas appel, son avocat, Francis Szpiner se félicitant même du jugement : «*Le tribunal a affirmé clairement que ce type de caricature était susceptible d'être condamné et que dans un autre contexte, elle le serait. Nous nous réjouissons de voir que les musulmans de France, comme n'importe quelle partie de la population, bénéficient de la protection des lois de la République…*»

3. Le procès du prix Nobel chinois, Liu Xiaobo

Un an avant de recevoir le prix Nobel de la Paix 2010, l'écrivain et intellectuel chinois Liu Xiaobo a été condamné à onze ans de prison, pour «*activités subversives*». Onze ans de détention pour avoir simplement et pacifiquement exprimé ses convictions démocratiques, appelé au respect des droits de l'homme, demandé la liberté d'expression. Onze ans de détention décrétés dans l'épais secret d'un tribunal de Pékin, les diplomates étrangers ou les sympathisants venus le soutenir ayant tous été refoulés. Onze ans de prison à l'issue d'une parodie de procès et après deux heures de «*débat*».

L'intervention de Liu Xiaobo devant ses accusateurs a pourtant franchi les murs de la censure. Dans le texte que nous publions ici, le dissident retrace les raisons de son engagement. Il raconte comment, alors qu'il enseignait aux États-Unis, à l'université de Columbia, il a décidé de revenir en Chine en 1989 pour participer au mouvement démocratique de Tiananmen. Pour soutenir les étudiants face au régime toujours aussi inflexible, il n'hésite pas à entamer une grève de la faim sur la célèbre esplanade de Pékin. Puis, jusqu'à la dernière minute, avant l'intervention de l'armée, il tente une médiation pour obtenir une évacuation pacifique. Après la répression du mouvement, il écope pourtant d'un an et demi en prison sans jamais avoir été condamné. Entre 1996 et 1997, il est à nouveau expédié dans un camp de rééducation «*par le travail*» pour avoir réclamé une réforme politique et la libération d'autres militants de Tiananmen toujours emprisonnés. Exclu de l'université, interdit de publication en Chine, il devient malgré tout l'un des dissidents les plus écoutés et les plus respectés. En 2008, à l'occasion du 60e anniversaire de la Déclaration des droits de l'homme, il participe à la rédaction d'une charte appelant à des élections pour un «*pays libre, démocratique et constitutionnel*». C'est cette «Charte 2008» qui lui vaut son retour dans les geôles chinoises, pour onze années. Une sentence confirmée en appel malgré les protestations des États-Unis, de l'Europe ou de l'ONU. «*Grossières ingérences dans les affaires intérieures chinoises*», selon Pékin qui qualifiera aussi de «*farce politique obscène*» l'attribution du prix Nobel au dissident, en 2010, symboliquement déposé sur une chaise vide, un geste sans précédent pour rappeler «*au monde*» que Liu Xiaobo croupit en prison sans raison.

L'écrivain a malgré tout toujours gardé espoir. Dans chacune de ses prises de parole, il a inlassablement expliqué que les réformes étaient inéluctables. «*Je n'ai pas d'ennemi, je n'ai pas de haine*», assure aussi, lors de son procès, celui qui se sait pourtant condamné à plus d'une décennie de nuit carcérale. Sa longue et émouvante «plaidoirie» est aussi un pari sur l'avenir. On y mesure le courage du militant qui ne renonce à rien, la clairvoyance et la sagesse de l'intellectuel qui a toujours refusé la violence, l'amour, enfin, du mari privé d'une épouse qui n'aura même pas été autorisée à pénétrer dans le tribunal pour entendre ses derniers mots.

Plaidoirie prononcée par Liu Xiaobo, qui plaide pour lui-même, le 23 décembre 2009, devant un tribunal de Pékin

Juin 1989 a été un tournant au cours des 50 ans de mon existence.

Je faisais partie du premier groupe d'étudiants admis à l'université après le rétablissement des examens d'entrée (rétablis après la Révolution culturelle en 1977). Ma carrière a suivi son cours jusqu'à la maîtrise. Une fois diplômé, je suis resté comme maître de conférences à l'École normale de Pékin.

J'étais un enseignant populaire, bien accueilli par les étudiants. J'étais aussi un intellectuel public. Dans les années 1980, j'ai publié des articles et des livres qui ont eu un certain impact. J'étais invité à parler un peu partout, y compris, en tant que professeur, en Europe et aux États-Unis.

Ma règle dans l'existence était de vivre honnêtement, avec un sens des responsabilités et de la dignité dans mes actes comme dans mes écrits.

Lorsque je suis rentré des États-Unis pour participer au mouvement de 1989, j'ai été emprisonné pour «*propagande contre-révolutionnaire et incitation au meurtre*», et j'ai perdu tout ce que j'aimais. Je n'ai plus jamais été autorisé à publier ou à parler en public en Chine. Tout simplement pour avoir exprimé une opinion politique divergente et avoir participé à un mouvement pacifique et démocratique, un enseignant a perdu son estrade, un auteur a perdu le droit de publier et un intellectuel a perdu le droit de s'exprimer publiquement. C'est triste pour moi en tant qu'individu, mais aussi pour la Chine qui venait de connaître trois décennies d'ouverture et de réformes.

Quand j'y repense, je réalise que toutes les expériences les plus dramatiques de ma vie depuis le 4 juin 1989 se sont déroulées dans des tribunaux. Et que les deux seules occasions que j'ai eues de m'exprimer publiquement ont eu lieu lors de mes deux procès devant le tribunal intermédiaire du peuple à Pékin, l'un en 1991, l'autre aujourd'hui. Bien que le chef d'accusation ait été différent dans les deux cas, il s'agissait en fait de la même chose à chaque fois : le délit d'opinion.

Vingt ans plus tard, les âmes innocentes du 4 juin attendent toujours de reposer en paix, et moi, qui ait été conduit sur le chemin de la dissidence, j'ai perdu le droit à la parole dans mon propre pays après avoir quitté la prison de Qincheng en 1991. Je ne pouvais plus m'exprimer qu'à travers les médias étrangers et j'ai donc été surveillé pendant des années, placé en résidence surveillée (mai 1995-janvier 1996), envoyé en camp de rééducation par le travail (octobre 1996-octobre 1999). Aujourd'hui, je me retrouve de nouveau mis au banc des accusés par mes ennemis au sein du régime.

Mais je veux dire à ce régime, qui me prive de ma liberté, que je maintiens ce que j'ai dit dans ma déclaration de grève de la faim du 2 juin, il y a vingt ans : je n'ai pas d'ennemi, je n'ai pas de haine. Aucun des policiers qui m'ont surveillé, arrêté, interrogé, aucun des procureurs qui m'ont poursuivi, aucun des juges qui m'ont condamné, ne sont mes ennemis.

Et même si je ne peux pas accepter votre surveillance, vos poursuites ou vos condamnations, je respecte vos professions et vos personnalités. Cela s'applique aux deux procureurs actuels Zhang Rongge et Pan Xueqing : j'ai été conscient de votre respect et de votre sincérité lorsque vous m'avez interrogé le 3 décembre [2009].

La haine ronge la sagesse et la conscience d'une personne, le sentiment d'inimitié peut empoisonner l'esprit d'une nation, inciter à des luttes pour la vie et la mort, détruire la tolérance et l'humanité d'une société et bloquer la progression d'un pays vers la démocratie et la liberté. J'espère ainsi transcender mes vicissitudes personnelles en une compréhension du développement de l'État et des changements de la société, m'opposer à l'hostilité du régime avec mes meilleures intentions et atténuer la haine avec de l'amour. Comme nous le savons tous, les réformes et l'ouverture ont entraîné une transformation de l'État et des changements de la société. De mon point de vue, cela a commencé par l'abandon du principe de la «*lutte des classes comme facteur dominant*» qui était le principe suprême de l'ère Mao. Nous nous sommes consacrés au contraire au développement économique et à l'harmonie sociale.

Le processus conduisant à l'abandon de cette «*philosophie de la lutte*» est passé par l'affaiblissement graduel de la mentalité d'inimitié, l'élimination de la psychologie de la haine et l'évacuation du «*lait de la louve*» dans lequel nous avions été plongés. C'est ce processus qui a créé un environnement plus détendu pour les réformes et l'ouverture, à l'intérieur comme à l'extérieur du pays. Mais aussi pour le rétablissement de l'amour entre les peuples et la coexistence pacifique de différentes valeurs et de différents intérêts ou pour l'explosion de la créativité populaire et le retour de sentiments chaleureux plus conformes à la nature humaine [...].

Même dans le champ politique, où les progrès ont été les plus lents, l'affaiblissement de la mentalité d'inimitié a rendu le pouvoir plus tolérant et a permis de diminuer sensiblement le nombre de poursuites de dissidents, le mouvement de 1989 qualifié auparavant de «*rébellion organisée*» étant désormais considéré comme «*soulèvement politique*».

L'affaiblissement de la mentalité d'inimitié a conduit les pouvoirs politiques à accepter progressivement l'universalité des droits de l'homme. En 1998, le gouvernement chinois a promis au monde de signer les deux conventions internationales des Nations unies sur les droits de l'homme, marquant la reconnaissance par la Chine de l'universalité des droits humains. En 2004, pour la première fois, le Congrès du peuple [Parlement] a inscrit dans la Constitution que «*l'État respecte et garantit les droits de l'homme*». Dans le même temps, le régime actuel a annoncé vouloir mettre «*l'humain au centre*», et créer une «*société harmonieuse*», ce qui constituait un progrès dans la conception du pouvoir du Parti [communiste chinois].

Ce progrès a été notable, y compris dans ma propre expérience depuis mon arrestation. Même si j'insiste sur mon innocence et sur le fait que les accusations portées contre moi sont anticonstitutionnelles, depuis que j'ai perdu la liberté, il y a un peu plus d'un an, j'ai connu deux lieux de détention, quatre officiers de police menant l'enquête, trois procureurs et deux juges. Dans leur manière de traiter mon cas, il n'y a eu aucun manque de respect, aucun délai prolongé, aucun aveu contraint. Leur attitude calme et rationnelle a montré à plusieurs reprises leur bonne volonté.

Le 23 juin [2009], j'ai été transféré de ma résidence surveillée au centre de détention n° 1 du Bureau de la sécurité publique de Pékin, connu sous le nom de «*Beikan*». J'avais connu le vieux Beikan (Banbuqiao) en 1996. Lors de mon deuxième séjour, j'ai constaté, pendant les six mois que j'y ai passé, de grands progrès, aussi bien dans les installations matérielles que dans la gestion humaine qui s'incarne dans le journal *Émission chaleureuse et repentance*, dans la musique jouée avant les repas, au lever et au coucher, donnant aux détenus un sentiment de dignité et l'envie de garder leurs cellules ordonnées… J'ai eu des contacts étroits avec Liu Zhen, qui était en charge de ma cellule. Les gens étaient réconfortés par son respect et par ses soins apportés aux détenus. Ce fut pour moi une chance, à Beikan, d'avoir pu connaître le bon, sincère, honnête et responsable M. Liu.

Les croyances politiques sont basées sur de telles expériences personnelles et convictions. Je suis fermement persuadé que le progrès politique de la Chine ne cessera jamais, et je suis très optimiste sur la perspective de voir la liberté arriver dans l'avenir, car aucune force ne peut bloquer le désir humain de liberté.

La Chine deviendra un jour un État de droit dans lequel les droits de l'homme régneront en maître. J'espère que de tels progrès se feront également sentir dans le déroulement de ce procès et dans un juste verdict de cette cour – un verdict qui tiendra face au jugement de l'Histoire.

Demandez-moi quelle a été l'expérience la plus heureuse de ces deux dernières décennies, et je vous répondrai que c'est d'avoir obtenu l'amour sans limites de ma femme Liu Xia. Elle ne peut pas être présente dans ce tribunal aujourd'hui. Mais je veux quand même te le dire, mon amour : je sais que tes sentiments pour moi seront toujours les mêmes.

Au fil des années, dans ma vie non libre, notre amour a connu de l'amertume provoquée par l'environnement extérieur. Mais en y repensant, il est sans limites. Je suis condamné dans une prison visible, alors que tu attends dans une prison invisible. Ton amour est la lumière du soleil qui transcende les murs et les barreaux des prisons, qui caresse chaque endroit de ma peau, qui réchauffe chacune de mes cellules et qui me permet de conserver mon calme intérieur de telle sorte que chaque minute passée en prison soit pleine de sens.

Mais mon amour pour toi est plein de culpabilité et de regrets, au point d'alourdir parfois mes pas. Je suis un rocher dur dans le monde sauvage, qui doit affronter de terribles intempéries, et trop froid pour qu'on ose le toucher. Mais mon amour est solide, acerbe et peut franchir tous les obstacles. Et même si je suis réduit en poussière, je t'envelopperai de mes cendres.

Avec ton amour, j'affronte ce procès calmement, sans aucun regret sur mes choix, et en regardant l'avenir avec optimisme. J'espère qu'un jour mon pays sera un pays de libre expression où toutes les paroles des citoyens seront traitées avec égalité ; où différentes valeurs, idées, croyances et opinions politiques rivaliseront et coexisteront pacifiquement ; où les opinions de la majorité et de la minorité auront les mêmes garanties ; où les opinions de ceux qui divergent avec le pouvoir seront respectées et protégées ; où toutes les opinions politiques pourront s'exprimer pour que le peuple puisse choisir ; où tous les citoyens pourront exprimer leurs opinions politiques sans craintes ; où plus personne ne subira de persécutions politiques pour avoir exprimé une opinion divergente.

J'espère être la dernière victime de l'inquisition intellectuelle sans fin en Chine et qu'après moi, plus personne ne sera plus jamais emprisonné pour ses prises de position. La liberté d'expression est la base des droits de l'homme, la source de l'humanité et la mère de la vérité. Bloquer la liberté d'expression, c'est fouler aux pieds les droits de l'homme, étrangler l'humanité et supprimer la vérité.

Je ne me sens pas coupable d'avoir voulu utiliser mon droit constitutionnel à la liberté d'expression et d'avoir rempli mes responsabilités sociales en tant que citoyen chinois. Et même si on m'en accusait, je ne m'en plaindrai pas. Merci[12].

Jugement

Le 25 décembre 2009, Liu Xiaobo a été condamné à 11 ans de prison pour « *subversion au pouvoir de l'État* ». Son procès n'a duré que deux heures. La cour d'appel de Pékin a ensuite confirmé ce jugement.

12. Plaidoirie publiée par le site Rue 89 à partir de la version anglaise rendue publique par le Chinese Law Prof Blog.

4. Le procès de l'adoption par un couple de même sexe

Pendant quinze ans, Caroline Mécary a labouré le terrain. À elle toute seule, dans les prétoires et les juridictions spécialisées, elle a fait autant que les manifestations de rue, les pétitions d'associations, ou les travaux parlementaires. Elle a chamboulé le droit de la famille, bien avant l'élection de François Hollande et l'application de sa promesse de campagne sur le « mariage gay », bien avant que la représentation nationale ne s'empare de la question de la filiation dans les couples homosexuels, de leurs droits, ou non, à adopter, à élever ou à « faire » des enfants.

Caroline Mécary, petite femme brune mais ô combien tenace, a mené le combat quand il n'était pas encore dans « l'air du temps », quand il suscitait plus de sarcasmes et de mépris que de soutien dans une opinion publique toujours divisée. Cette coureuse de fond – également ceinture noire de karaté – est partie à l'assaut des forteresses juridiques pour y creuser toutes les brèches possibles. Elle a, si l'on peut dire, miné le système de l'intérieur, mettant à profit les contradictions de la loi pour en forcer l'évolution. Sans attendre que le mariage homosexuel soit autorisé, elle s'est employée à faire reconnaître, de manière concrète, les droits des enfants élevés par deux personnes de même sexe. C'est elle qui arrache, en 2001, le premier jugement d'adoption simple pour un couple homosexuel. Puis, en 2004, le premier jugement sur la délégation de l'autorité parentale dans un couple lesbien. Ou, en 2010, la première résidence alternée pour un enfant né d'une procréation médicalement assistée au sein d'un couple de femmes qui venaient de se séparer. Caroline Mécary collectionne les records qui, s'ils n'ont pas toujours fait la une des journaux, ont semé les germes d'une petite révolution.

Activiste de la cause homosexuelle ? Elle n'aime pas qu'on la qualifie ainsi : «*Il ne vient à l'esprit de personne de dire d'un ténor des assises qu'il est "militant de la cause des criminels" !*» Si à toute cause, il faut un avocat, alors elle préfère qu'on la définisse comme une militante de l'égalité devant la loi. «*La loi*, dit-elle, *discrimine les lesbiennes et les gays puisqu'elle leur interdit le mariage civil, l'adoption, et l'assistance médicale à la procréation...*» Voilà pourquoi elle ne se contente pas de défendre au mieux ses clients ; à l'occasion de chaque dossier, elle démonte consciencieusement les présupposés politiques ou idéologiques qui sous-tendent le droit de la famille, met sous le nez des juges des raisonnements à la logique imparable, dégage, au forceps, de nouvelles jurisprudences devant les tribunaux civils ou administratifs, devant la Cour de cassation ou devant la Cour européenne des droits de l'homme, dans la douzaine d'ouvrages juridiques, la centaine d'articles ou de tribunes qu'elle a écrits pour démontrer la justesse de son combat. Elle savoure ses victoires mais mesure le chemin à parcourir : «*Je sais que, trop de fois, je serai accablée de ne pas avoir su trouver les mots qui auraient bousculé les fausses certitudes de ces juges qui préfèrent le confort à la justice ; je sais aussi que parfois ces mêmes juges auront laissé parler le droit plutôt que les préjugés. Pour ces moments trop rares, je suis devenue, je suis, je serai avocat*», confie-t-elle dans son dernier ouvrage *L'Amour et la Loi* (Alma Éditeur).

Caroline Mécary se dit avocate «*par vocation*» et assure qu'elle ne pourrait «*défendre une cause à laquelle elle ne croit pas*». Elle a ferraillé pour le couple homosexuel de Bègles, marié, en dehors de tout cadre légal, par Noël Mamère. Elle a été aux côtés de SOS Homophobie contre Christian Vanneste – ce député UMP qui avait qualifié l'homosexualité de «*menace pour la survie de l'humanité*» – ou contre les agresseurs d'un jeune gay, sauvagement passé à tabac. Elle se bat pour ouvrir le don du sang aux homosexuels et aux bisexuels (comme le recommande l'Institut national de veille sanitaire ou le Comité consultatif d'éthique). Élue conseillère régionale d'Île-de-France en 2010, sur la liste Europe Écologie et coprésidente de la fondation Copernic, un *think tank* de gauche, l'infatigable Mécary anime aussi le Réseau d'aide aux victimes d'agression et de discrimination (RAVAD).

Dans la plaidoirie qui suit, la voici devant la Cour européenne des droits de l'homme, en 2011. Elle défend alors un dossier qui lui tient particulièrement à cœur : celui de la petite Alexandra, élevée par deux femmes qui vivent ensemble depuis quinze ans. L'une d'entre elle est sa mère biologique suite à une assistance médicale à la procréation, pratiquée en Belgique. Elle est son seul «*parent légitime*». Sa compagne, elle, n'a aucune existence aux yeux de la loi. À deux reprises, les tribunaux français lui ont refusé le principe d'une adoption. Cette procédure serait pourtant automatique, souligne Caroline Mécary, si elle concernait un couple hétérosexuel. L'avocate demande donc à la Cour européenne des droits de l'homme de condamner la France pour «*discrimination en raison de l'orientation sexuelle*».

Plaidoirie prononcée par Caroline Mécary, avocate d'une mère de famille et de sa compagne [13], le 12 avril 2011, devant la Cour européenne des droits de l'homme

Monsieur le président, Mesdames, Messieurs les Juges.

En 1979, votre cour, dans une affaire qui concernait la Belgique, a protégé une jeune fille, Alexandra Marckx, dont la mère célibataire se trouvait dans une situation inimaginable aujourd'hui : elle devait, selon le droit belge, adopter sa propre fille pour améliorer ses droits successoraux, car cette Alexandra était considérée comme une enfant illégitime.

Aujourd'hui, je viens vous parler d'une autre Alexandra, Alexandra Joubert. Et dans ce dossier, c'est d'une situation inimaginable en droit français dont il est question. Alexandra Joubert est née le 21 septembre 2000. Sa mère, Nathalie Joubert, vit en concubinage avec Valérie Merle depuis 1989 et elles se sont pacsées

13. Pour préserver la confidentialité des deux requérantes, leurs noms ont été modifiés.

en 2002. Alexandra Joubert a été conçue par une insémination artificielle avec donneur anonyme, pratiquée en Belgique, et dont sa mère, Mme Joubert, a bénéficié. Bien qu'Alexandra Joubert soit élevée depuis sa naissance par Mme Joubert et Mme Merle, cette dernière n'a, sur le plan juridique, qu'un seul parent : Mme Joubert qui lui a transmis son nom, qui exerce seule l'autorité parentale et qui lui transmettra ses biens à sa mort. Mme Merle, bien qu'élevant quotidiennement Alexandra, avec sa mère, n'est rien sur le plan juridique : elle n'a ni devoir ni droit vis-à-vis de l'enfant.

En 2004, Mme Joubert et Mme Merle ont souhaité que Mme Merle puisse adopter Alexandra Joubert dans le cadre d'une adoption simple car c'est ce qui permet d'instituer un lien de filiation, c'est-à-dire la plus grande sécurité juridique pour un enfant. L'adoption simple permet d'établir un lien qui s'ajoute à la filiation d'origine. À la différence de l'adoption plénière, dont il n'est pas question dans cette affaire, et qui, elle, l'efface. Une adoption simple permet la transmission du nom, du patrimoine et l'exercice de l'autorité parentale durant la minorité de l'enfant. Alexandra, avec cette adoption simple, aurait eu juridiquement deux parents et la sécurité juridique que cela entraîne.

Le TGI de Nanterre en 2006, puis la cour d'appel de Versailles en 2006, ont refusé de la prononcer. Et aujourd'hui Alexandra Joubert attend toujours de pouvoir bénéficier de la protection qui résulterait d'une adoption simple par Mme Merle qui l'élève depuis sa naissance.

La question dont est saisie la cour vise l'ensemble de la législation française. Elle concerne l'adoption simple et l'insémination avec donneur anonyme. Le droit français empêche en effet d'établir un lien de filiation adoptif entre Mme Merle et Alexandra Joubert, alors que cela serait possible si Mme Merle était un homme.

L'application de cette législation à la situation familiale de Mme Merle, Mme Joubert et leur fille Alexandra constitue une discrimination fondée directement et indirectement sur l'orientation sexuelle. Il s'agit d'une différence de traitement incontestable et illégitime et donc d'une violation de la convention de sauvegarde des droits de l'homme et des libertés fondamentales.

Pour que vous puissiez en prendre toute la mesure, je voudrais vous parler maintenant d'une amie hypothétique d'Alexandra

Joubert. Il s'agit d'Alexandra Dupond. Oui, elle s'appelle aussi Alexandra. Et elle est, elle aussi, née en France en 2000. Elle a, elle aussi, été conçue par insémination artificielle avec un donneur anonyme. La seule différence, c'est que sa mère, Mme Dupond, vit en concubinage, non pas avec une femme, mais avec un homme, M. Durand. Alexandra Dupond, conformément à la législation française, a juridiquement deux parents : sa mère, Mme Dupond qui a accouché, et le compagnon de sa mère, M. Durand qui, par application de l'article 311-20 du Code civil, est le père juridique de l'enfant, sans être en le père génétique. Il n'est même pas obligé de demander l'adoption simple de l'enfant.

Alexandra Joubert et Alexandra Dupond sont donc deux petites filles. Elles ont été conçues de la même manière, elles ont les mêmes chances théoriques dans la vie et encourent les mêmes risques théoriques. Mais elles sont juridiquement traitées différemment en raison de l'orientation sexuelle de leurs parents.

Trois exemples concrets de cette différence de traitement juridique. Premier exemple : la scolarité. Alexandra Joubert peut être inscrite dans une école uniquement par sa mère, Mme Joubert. Sa compagne, Mme Merle ne peut pas l'inscrire à l'école. Alexandra Dupond, elle, peut être inscrite à l'école par sa mère Mme Dupond et par son père M. Durand.

Deuxième exemple : la santé. Mettons-nous dans la situation d'un accident de la circulation, eh bien Alexandra Joubert doit obligatoirement être accompagnée à l'hôpital par sa mère car Mme Joubert est la seule à pouvoir autoriser les actes médicaux nécessaires. Si Mme Joubert est absente, Mme Merle ne peut pas autoriser une intervention médicale. Alexandra Dupond, elle, peut être accompagnée par sa mère, Mme Dupond ou par son père, M. Durand, qui tous les deux peuvent autoriser les actes médicaux nécessaires. Ainsi, en l'absence de Mme Dupond, M. Durand prend le relais : il peut donner toutes les autorisations nécessaires pour une intervention chirurgicale.

Troisième exemple : le décès de la mère. Si Mme Joubert décède, Alexandra Joubert devient orpheline. Elle ne sera pas confiée à Mme Merle, qui est juridiquement une étrangère à l'égard de l'enfant. Elle sera confiée à un tuteur ou à la Direction départementale de l'aide sociale, qui la placera dans une famille d'accueil. En revanche, si Mme Dupond décède, Alexandra Dupond sera confiée à son père, M. Durand. Elle n'ira jamais en famille d'accueil.

Il y a pour Alexandra une différence de traitement juridique selon qu'elle est élevée par deux femmes vivant en concubinage ou ayant conclu un Pacs, ou par une femme et un homme qui vivent en concubinage ou ayant conclu un Pacs. Cette différence de traitement est contraire au principe posé par la jurisprudence de votre cour.

Mais, allons plus loin maintenant. Imaginons que le père d'Alexandra Dupond décède et que sa mère Mme Dupond, rencontre un autre homme, M. Nouveau, et décide de vivre en concubinage ou de se marier avec lui. Dans les deux cas (concubinage ou mariage), M. Nouveau peut demander l'adoption simple d'Alexandra Dupond. L'adoption simple prononcée donnera ainsi à Alexandra Dupond un deuxième ou troisième parent qui lui transmettra son nom, son patrimoine et exercera avec la mère l'autorité parentale. Cet exemple montre qu'il y a une différence de traitement. Entre, d'une part, la situation de deux femmes qui vivent en concubinage ou qui ont conclu un Pacs mais qui ne peuvent pas se marier et donc qui ne pourront jamais obtenir l'adoption simple de l'enfant de la mère. Et d'autre part, la situation d'une femme et d'un homme qui, se mariant, autorise le conjoint de la mère à demander l'adoption simple de l'enfant de la mère, avec un partage automatique de l'autorité parentale. Il s'agit là d'une discrimination indirecte contraire au principe posé par votre cour. Cette différence de traitement est incontestable, mais elle est aussi illégitime.

Est-il en effet légitime qu'Alexandra Joubert n'ait qu'une seule filiation ? Est-il légitime qu'Alexandra Joubert n'hérite pas de Mme Merle ? Est-il légitime qu'Alexandra Joubert ne puisse être inscrite à l'école par Mme Merle ? Est-il légitime qu'Alexandra Joubert puisse être placée dans une famille d'accueil si sa mère, Mme Joubert, vient à mourir ?

La position du gouvernement français n'est qu'une suite de prétextes illégitimes. Le gouvernement français soutient que la délégation-partage de l'autorité parentale (DPAP) serait suffisante. C'est parfaitement inexact. Cette délégation concerne la seule autorité parentale. Elle ne comprend pas, comme l'adoption simple, la transmission du nom et des biens à l'enfant. Plus précisément, le bénéficiaire de la DPAP peut transmettre ses biens, mais alors l'enfant doit supporter 60 % de taxes à payer à l'État sur les biens légués, ce que ne fait pas un enfant adopté. Qui plus est, la délégation-partage de l'autorité parentale est temporaire. Elle s'achève au plus tard à la majorité de l'enfant, à 18 ans. Elle peut même être révoquée avant s'il y a un événement nouveau comme, par exemple, la séparation du couple. L'adoption simple, elle, dure jusqu'à la mort du parent adoptif ou de l'enfant adopté. Et même au-delà car, si le parent adoptif meurt, l'enfant en est toujours la fille ou le fils. L'autorité parentale est temporaire alors que l'adoption simple n'est pas temporaire, c'est pour la vie.

De plus, depuis que la Cour de cassation a fait évoluer sa doctrine en juillet 2010, les possibilités de délégation-partage de l'autorité parentale se sont considérablement restreintes au sein des couples homosexuels. Ainsi, en novembre 2010, une juge aux affaires familiales de Paris a refusé la délégation-partage de l'autorité parentale à un couple de femmes pacsées. Elle l'a encore refusée, dans un jugement plus récent, du 4 mars 2011.

Cependant, et ce n'est pas le moindre des paradoxes, la justice française a déjà été amenée à reconnaître l'adoption d'un enfant par deux parents du même sexe. Cela a été le cas lorsqu'elle a rendu exécutoires des décisions de justice étrangère. Ainsi, le 8 juillet 2010, la Cour de cassation a ordonné l'exequatur d'un jugement d'adoption prononcé aux États-Unis au bénéfice de la compagne de la mère de l'enfant. Cette adoption simple par le second parent est donc reconnue sur le sol français, ce qui fait que cette enfant a deux parents de même sexe aux États-Unis et en France. Et les juges font maintenant application de cette jurisprudence. La cour d'appel de Paris, dans un premier arrêt du 24 février 2011, a exéquaturé, cette fois-ci, un jugement d'adoption d'un enfant par deux hommes, prononcé au Canada. Et dans un second arrêt du même jour, elle a exéquaturé un jugement d'adoption d'un enfant par deux hommes au Royaume-Uni.

En France, un enfant peut donc déjà, dans certains cas, avoir juridiquement deux parents de même sexe par adoption. Dès lors, la position du gouvernement français n'est pas tenable.

En réalité, la France propose à Alexandra Joubert deux voies pour avoir juridiquement deux parents. Première voie :

Mme Joubert doit rompre avec Mme Merle et se marier avec un homme qui pourrait adopter Alexandra dans le cadre d'une adoption simple. Deuxième voie : Mme Joubert et Mme Merle doivent, dans un premier temps, fuir la France pour Londres, Bruxelles, Francfort, Barcelone, New York ou Montréal, et y habiter durant une période suffisante afin de demander l'adoption d'Alexandra par Mme Merle. Puis, dans un second temps, rentrer en France et demander l'exequatur du jugement d'adoption par le second parent, conformément à la jurisprudence de la Cour de cassation du 8 juillet 2010. Comment ces bouleversements pourraient-ils être dans l'intérêt d'Alexandra ?

Le rôle du gouvernement français devrait, bien au contraire, être de proposer les modifications législatives qui mettraient fin à cette discrimination. La France pourrait modifier la législation sur l'adoption simple, ou modifier la législation sur la procréation médicalement assistée. Elle pourrait même modifier les deux. Par exemple, les modifications législatives pourraient s'appliquer à tous les couples vivant en concubinage depuis deux ans ou uniquement aux couples pacsés.

Les requérantes sont un couple très stable, vivant en concubinage depuis plus de 21 ans, et pacsé depuis presque 9 ans. La France pourrait également s'inspirer de ce qui est mis en place au-delà de ses frontières. Le récent projet de loi luxembourgeois est un exemple de modification législative envisageable puisqu'il propose d'ouvrir l'adoption simple à tous les couples ayant conclu l'équivalent d'un pacs. Toutes les combinaisons intelligentes sont possibles.

Ce qui est clair, c'est que le refus de la France de permettre, par quelque moyen que ce soit, l'établissement d'un lien de filiation entre Alexandra Joubert et Mme Merle, est une violation de l'article 14, combiné avec l'article 8 de la Convention européenne des droits de l'homme. Dans l'une de vos précédentes décisions [l'arrêt Karner], vous aviez estimé que «*lorsque la marge d'appréciation laissée aux États est étroite, dans le cas par exemple d'une différence de traitement fondée sur le sexe ou l'orientation sexuelle, non seulement le principe de proportionnalité exige que la mesure retenue soit normalement de nature à permettre la réalisation du but recherché mais il oblige aussi à démontrer qu'il était nécessaire, pour atteindre ce but, d'exclure certaines personnes – en l'espèce les individus vivant une relation homosexuelle – du champ d'application de la mesure dont il s'agit [...]*».

Dans la présente affaire, la France n'a nullement démontré pourquoi il serait «*nécessaire*» d'exclure Mme Merle de la possibilité de demander l'adoption simple d'Alexandra Joubert.

Comme je le soulignais en préambule, votre cour a fait cesser, en 1979, la discrimination intolérable qui pesait sur Alexandra Marckx, pour être née enfant «*illégitime*». Aujourd'hui, 12 avril 2011, je vous demande de faire cesser la discrimination insupportable qui pèse sur Alexandra Joubert, uniquement parce qu'elle est élevée par un couple de femmes lesbiennes. Je vous demande de permettre à Alexandra Joubert d'avoir deux parents sur le plan juridique, quand bien même ces deux parents sont deux femmes lesbiennes. Je vous demande de permettre à Alexandra Joubert de porter le nom de Merle, de pouvoir être recueillie par Mme Merle si Mme Joubert venait à mourir, de devenir l'héritière de Mme Merle, qui l'élève avec sa mère depuis sa naissance et qu'ainsi toutes les trois puissent être réunies par les liens de l'amour et du droit.

Arrêt

Le 15 mars 2012, la Cour européenne des droits de l'homme rejette la demande formulée par Caroline Mécary. La cour considère que le refus de l'adoption simple n'est pas constitutif d'une violation des articles 14 et 8 de la Convention.

5. Le procès de la dictature érythréenne

Qui connaît Dawit Isaak ? Et qui sait situer l'Érythrée sur une carte ? Dawit Isaak, journaliste et dramaturge, meurt à petit feu dans une geôle de la dictature érythréenne, l'une des dictatures les plus féroces de la planète. Dawit Isaak est enfermé dans une cellule de 6 m^2. La température y dépasse les 40° C. Les gardiens lui jettent la nourriture à même le sol. Dawit Isaak a 48 ans et sa vie s'est arrêtée en 2001, quand le maître tout-puissant de l'Érythrée, le président Issayas Afewerki a décidé de le jeter en prison, sans même le faire comparaître devant un tribunal. Dawit Isaak n'a jamais été jugé. Il n'a commis aucun crime, aucun délit. Il est réduit au silence. Personne, en Érythrée, n'a jamais pu parler en son nom.

C'est quand on est privé des plus élémentaires droits de la défense qu'on mesure à quel point ils sont précieux. Dans nos démocraties, il ne se passe pas un jour sans que la justice soit critiquée. Avec l'eau du bain, on jette souvent les avocats : hâbleurs, inefficaces, cyniques, trop chers, « vendus », égotiques... Dawit Isaak, lui, n'a pas d'avocat. Même pas un défenseur pour la forme. L'Érythrée fait partie de ces pays qui ne s'embarrassent pas de faux-semblants. La justice n'y est pas une mascarade. Elle n'existe pas.

Ce morceau de la corne de l'Afrique, entre le Soudan et l'Éthiopie, figure depuis des années à la dernière place de tous les classements internationaux en matière de droits de l'homme et de liberté d'expression. Il enregistre en revanche tous les records de pauvreté et de corruption. Ancienne colonie italienne, passée sous domination britannique puis éthiopienne, indépendant depuis 1993, l'Érythrée n'a connu qu'une vague parenthèse démocratique avant de passer sous la férule de son tyran. Le 23 septembre 2001, alors que le monde entier a le regard fixé sur les décombres du World Trade Center, le président Issayas Afewerki fait arrêter tous les opposants et les réformistes érythréens, ferme les journaux, incarcère leurs directeurs. Parmi eux : Dawit Isaak. Ce poète, exilé quinze ans plus tôt en Suède, vient de rentrer au pays pour fonder un hebdomadaire indépendant, *Setit*, devenu rapidement le journal le plus lu du pays. Et il a commis l'impardonnable : il a osé publier une lettre ouverte critiquant le régime en place. Aussitôt, Afewerki le fait mettre au secret dans un camp pénitentiaire tenu par l'armée. Une chape de plomb s'abat sur le pays. Le président, à la tête d'un parti unique, s'arroge tous les pouvoirs. Plus rien n'est toléré à part la lourde propagande du régime. Le ministère de l'Information surveille et contrôle tout. Un mot de trop et c'est la prison pour une durée indéterminée. Des centaines de milliers d'Érythréens fuient. Le journaliste poète, lui, est toujours en attente d'un hypothétique procès.

Qui entend sa souffrance et celle de tant d'autres qui croupissent comme lui derrière les barreaux d'Asmara ? En février 2012, une jeune avocate parisienne, Prisca Orsonneau, a prêté sa voix au prisonnier érythréen. L'enceinte où elle prend la parole n'a aucune existence juridique, n'est reconnue par aucun traité international. Elle est pourtant devenue l'un des lieux où s'élève la parole de tous les bâillonnés de la terre. Prisca Orsonneau parle au Mémorial de Caen, ce musée de Normandie consacré à la paix et où se tient chaque année un Concours international de plaidoiries. Depuis 23 ans, des avocats venus du monde entier se retrouvent pour dénoncer, devant des milliers de spectateurs, un cas individuel de violation des droits de l'homme. Les plus grands noms ont présidé le jury du concours : Boutros Boutros-Ghali, Abdou Diouf, Barbara Hendricks, Stéphane Hessel ou Jorge Semprun. Et à plusieurs reprises, les plaidoiries de cette cour virtuelle ont permis de réelles avancées. En 2001, par exemple, elles ont contribué à la libération de Michael Pardue, dit le « *plus jeune* serial killer *de l'Alabama* », emprisonné aux États-Unis pendant près de 30 ans pour trois meurtres qu'il n'a jamais commis. Elles ont aidé, en 2003, à l'acquittement de la nigériane Amina Lawal, condamnée à mort pour adultère. Ou encore à la remise en liberté, en 2004, de Raùl Rivero, poète et journaliste cubain condamné pour « *activités subversives* » par le régime castriste.

Ce 1er février 2012, c'est avec tous ces exemples en tête que Prisca Orsonneau se lève pour plaider. L'avocate, qui exerce dans un cabinet spécialisé en droit de la presse et assiste régulièrement pour *Reporters sans frontières* des journalistes en danger, sait que le concours de Caen n'est pas seulement un exercice oratoire où les artistes du verbe viennent se faire plaisir. Elle parle pour que les cris du prisonnier politique Dawit Isaak résonnent au-delà de l'Érythrée.

Plaidoirie prononcée par Prisca Orsonneau, avocate de Dawit Isaak, le 1er février 2012, lors du concours international de plaidoiries du Mémorial de Caen

Les cris de Dawit Isaak, journaliste arrêté le 23 septembre 2001 lors d'une terrible vague de nettoyage politique qui a coûté la liberté à des dizaines de journalistes indépendants, sonnent.

Les cris de Dawit Isaak, détenu au secret, sans jugement et dans des conditions d'une atrocité inconcevable, pour avoir soutenu des réformes démocratiques, retentissent. Pourtant, ces cris se perdent dans le vide d'une cellule de 6 m².

Personne ne t'entend Dawit. Le jour funeste de ton arrestation, il y a dix ans, le 23 septembre 2001, la communauté internationale avait les yeux rivés sur New York.

Je vous invite aujourd'hui, Monsieur le président, Mesdames et Messieurs du jury, à avoir les yeux rivés sur l'Érythrée, ce petit triangle de 120 000 km², situé dans la corne de l'Afrique, entre l'Éthiopie, le Soudan et Djibouti. Je vous invite à poser le regard sur cette jeune nation de 4,5 millions de citoyens auxquels Dawit consacrait la plus grande part de son temps et de ses écrits.

Regardez la belle capitale, Asmara, connue pour sa douceur et sa lumière si bien décrite par Jean-Christophe Rufin dans son livre *Les Causes perdues*. L'Érythrée, cette beauté colonisée par les Italiens, occupée par les Britanniques puis par les Éthiopiens, a toujours eu soif de liberté. Pourtant, depuis l'indépendance du pays en 1993, Issayas Afewerki mène son peuple d'une main de fer. Celui qui est appelé en cachette Napoléon, Goliath, ou DIA – acronyme de dictateur Issayas Afewerki – surveille, réprime et punit : absence totale de liberté d'expression, surveillance constante, pressions sur les familles, disparitions forcées, détention au secret dans des conditions inhumaines.

Tournez votre regard vers la population d'un des pays les plus pauvres du monde. Vers ce peuple pris en otage à qui il est interdit de quitter le pays sans autorisation spéciale du ministre. Pour échapper à ces terribles conditions de vie, certains tentent de fuir clandestinement. Au péril de leur vie, ils traversent l'une des frontières les plus dangereuses de la planète, terrain de chasse pour les gardes érythréens qui ont ordre de tirer à balles réelles sur leurs concitoyens. 120 000 personnes ont fui depuis 1998. Un exil massif, une ultime révolte contre l'absence de liberté et l'enrôlement militaire à vie. Parmi eux, des journalistes exaspérés par l'impossibilité de s'exprimer librement, apeurés par les menaces constantes.

Certains parviennent à s'enfuir. D'autres n'ont pas cette chance. Le reporter Eyob Kessete a été arrêté à l'été 2010 alors qu'il tentait pour la seconde fois de quitter sa patrie. Son confrère, Paulos Kidane, est mort en 2007 alors qu'il franchissait la frontière avec le Soudan. Plus récemment, en avril 2011, Lidya Mengesteab, qui travaillait pour la radio publique Dimtsi Hafash et la télévision Eri-TV, est morte avec de nombreux autres exilés en tentant de traverser la Méditerranée. Certains, comme Dawit Isaak, n'ont pas eu le temps de prendre la fuite. J'ose à peine décrire ses conditions de détention. Elles sont insoutenables.

Un ancien gardien rapporte que les prisonniers sont maintenus dans la lumière électrique et l'isolement d'une cellule de 6 m^2 toute la journée. Cette immense solitude est seulement rompue par deux médiocres rations quotidiennes de nourriture jetées à même le sol. Seule sortie : la conduite dans une salle d'interrogatoire où de hauts responsables du parti au pouvoir, le Front populaire pour la démocratie et la justice (PFDJ), les humilient. Les prisonniers sont torturés, frappés à coups de fouet. Comble de l'horreur et du cynisme – le président érythréen est connu pour son « humour » et son ironie –, des messages sont inscrits dans ces salles de torture.

L'un d'eux dit: «*Avez-vous vu ceux qui sont morts avant vous?*», un autre: «*Si vous n'aimez pas le message, tuez le messager.*»

Dawit Isaak ne se doutait pas, lors de son retour dans son pays natal, qu'il deviendrait un «*messager*» indésirable. Installé en Suède à la fin des années 1980, tandis que la guerre d'indépendance fait rage en Éthiopie, il connaît le déchirement de l'exil. Pendant ces longues années de déracinement, Dawit acquiert, en 1992, la nationalité suédoise. Il vit de petits boulots. Sa plume, vive et inspirée, l'aide à entretenir la flamme de *L'Espoir*, titre évocateur d'un de ses recueils de poèmes. Il écrit des pièces de théâtre, de la poésie, des articles, l'imagination est sa principale arme. L'écrivain fonde un foyer. Comme tout père de famille, il imagine l'avenir de ses deux enfants: «*Ils grandiront, étudieront et serviront leur nouveau pays, une Érythrée libre et démocratique.*» À la fin des années 1990, cet espoir pousse Dawit à retourner à Asmara et à ouvrir les tribunes de son journal, *Setit*, aux idées réformistes. Mais le rêve de Dawit et de nombre de ses confrères est stoppé net. Malgré lui, l'écrivain devient le symbole de la folie répressive du régime.

Dans sa paranoïa, le gouvernement érythréen piétine ses propres lois. Car, il ne faut pas s'y méprendre, sur le papier, l'Érythrée passerait pour un État de droit. L'article 17 de la Constitution érythréenne prévoit que toute personne arrêtée doit être présentée devant un juge dans les 24 heures. L'article premier du Code de procédure pénale dispose qu'une personne doit être présumée innocente tant que sa culpabilité n'est pas établie. Il garantit le droit à une enquête et à un jugement contradictoire. Les articles 61 et 62 de ce même code assurent le droit pour la personne détenue d'être en contact avec sa famille, de recevoir du courrier, d'avoir accès à des journaux et des livres, d'être défendu par un avocat. Les engagements internationaux de l'Érythrée, qui a ratifié la Charte africaine des droits de l'homme et des peuples et le Pacte international relatif aux droits civils et politiques, condamnent évidemment avec la même vigueur ces emprisonnements arbitraires. Toutes ces règles sont le fondement d'une protection, même minimale.

Mais les portes des tribunaux érythréens resteront closes. Les avocats et la famille des prisonniers n'iront pas tenter de les entrouvrir. Mes confrères tremblent dans leur bureau, violemment réduits au silence. Aucun d'entre eux n'a pu brandir l'article 17 de la Constitution prévoyant ce droit fondamental historique, le recours à l'habeas corpus pour demander la comparution des prisonniers devant un juge ! Sont-ils toujours vivants ? Quel est leur état de santé ? Comment vont-ils ? Les autorités refusent de délivrer ces informations. Comme une chienne enragée qui dévorerait ses petits, l'Érythrée broie ses enfants, ses intellectuels, ses forces vives. Cette violence et ce silence s'exportent. En septembre dernier, pour avoir rapporté la situation des prisonniers d'opinion en Érythrée, une journaliste érythréenne, Meron Estefanos, a été menacée et deux journalistes suédois ont été violentés à New York par les gardes du corps d'Issaya Afewerki.

Puisque le sort de Dawit Isaak ne peut s'améliorer à Asmara, tournons-nous vers la communauté internationale, notamment vers l'Europe et la Suède, son pays d'adoption. La Suède doit exercer sa protection diplomatique, règle élémentaire du droit international pour protéger les ressortissants de l'Union européenne. Les États européens doivent, sur le fondement des accords de Cotonou auxquels l'Érythrée est partie, repenser leur aide économique. L'article 96 prévoit en effet un système de sanctions en cas d'irrespect par un État des droits de l'homme et des principes démocratiques. Ces 96,8 millions d'euros versés entre 2002 et 2007, ces 122 millions ajoutés pour la période de 2009 à 2013, sont des devises entachées de sang.

En outre, la protection de l'article 19 de la Déclaration universelle des droits de l'homme, qui garantit le droit à l'information, la résolution 1 738 du Conseil de sécurité des Nations unies du 23 décembre 2006, ainsi que la déclaration de Medellin de l'UNESCO sur la sécurité des journalistes, sont autant de normes qui obligent les États à redoubler d'efforts pour secourir ces journalistes dont le travail relève d'une mission d'intérêt général. Un arsenal législatif et diplomatique doit être déployé pour obtenir des libérations ou, *a minima*, pour exiger de connaître le sort de ces détenus.

Les textes internationaux et autres déclarations onusiennes ne manquent pas. Comme autant de ritournelles d'espoir, ils font briller les yeux des étudiants en droit. Mais alors, pourquoi les officiels érythréens viennent-ils effectuer des visites en Europe ?

Pourquoi M. Naizghi Kiflu, ministre de l'Information et conseiller présidentiel à l'époque de ces rafles, a-t-il pu s'installer au Royaume-Uni sans être poursuivi ? Que fait-on de l'article 134 du *Criminal Justice Act*, qui sanctionne la pratique de la torture ? Pourquoi l'exemplaire Union européenne a-t-elle renouvelé sa promesse d'aide au développement sans condition ? Et surtout pourquoi ce silence, ce désintérêt, cette méconnaissance de la situation érythréenne ? Les rues de la belle Asmara sont calmes : ni soulèvement, ni révolution. La population érythréenne souffre en silence alors que la cruauté de son leader ne fait l'objet d'aucune réprobation au sein de la communauté internationale.

Pour Dawit et ses codétenus, c'est l'enfer, pour le peuple érythréen, c'est la tragédie. C'est pourquoi, Monsieur le président, Mesdames et Messieurs du jury, Mesdames, Messieurs, ces arguments, brièvement exposés, doivent de toute urgence prendre corps devant un tribunal national ou international, dans les salons feutrés des ambassades, dans les couloirs onusiens.

Je demande que Dawit Isaak et ses codétenus puissent avoir accès à un tribunal indépendant et impartial et qu'ils puissent voir leur famille. Que les responsables de ces exactions soient empêchés de circuler sur le territoire européen. Que ceux présents dans des pays démocratiques soient poursuivis. Que l'Union européenne conditionne son aide en matière de coopération. Que les médias relaient cette tragédie dans un pays qui ne connaîtra certainement pas l'élan d'un printemps arabe. Et qu'aujourd'hui, chacun, en rentrant chez lui, regarde sur une carte ce petit triangle placé à l'est de l'Afrique et pense à Dawit Isaak, à ses codétenus et à leur famille. Ne pas les oublier ! Je vous remercie.

6. Le procès de Gustave Flaubert pour *Madame Bovary*

En cette année 1857, le tribunal correctionnel de Paris juge deux des plus grands auteurs français: Gustave Flaubert pour *Madame Bovary* en janvier, et Charles Baudelaire pour *Les Fleurs du mal* en août. Les deux écrivains comparaissent pour «*outrage à la morale publique et religieuse et aux bonnes mœurs*».

L'époque est à la répression. Le Second Empire vit son apogée. Napoléon III, qui a été porté au pouvoir par une France rurale et conservatrice, est soucieux de faire respecter l'ordre, la morale, la religion. L'empereur ne tolère aucune opposition, la liberté d'expression est quasi inexistante, et le procureur impérial Ernest Pinard veille à poursuivre tous ceux qui osent défier les valeurs bourgeoises ou dénoncer l'hypocrisie sociale.

Alors que Flaubert aura passé cinq longues années à écrire un roman qu'il voulait «moderne», non sans avoir vécu – comme il le confiera ensuite – l'enfer des «*affres du style*», le procureur Pinard, lui, ne lit dans *Madame Bovary* qu'une honteuse invitation à la débauche. Il reproche à l'écrivain d'avoir magnifié l'adultère. À ses yeux, le roman est immoral, car l'héroïne, qui a trompé son mari (le pauvre Charles) et qui a connu deux amants, «*meurt dans tout le prestige de sa jeunesse et de sa beauté*», sans même que personne ait pu «*lui faire baisser la tête*». Le magistrat dénonce donc une intolérable invitation au vice.

Pour le représenter, Flaubert a choisi un conseil renommé, ami de la famille, qui incarne également l'ordre et la vertu: Jules Sénart, ancien procureur général de Rouen, ancien président de l'Assemblée durant les journées sanglantes de juin 1848, et ancien ministre de l'Intérieur. Habile orateur, volubile, Sénart va plaider durant quatre heures. Mais, plutôt que de se poser en défenseur de la liberté de création, il préfère se faire l'avocat du roman : une œuvre qu'il considère comme « *éminemment morale et religieuse* », et dans laquelle l'héroïne coupable d'infidélité finit par payer ses fautes.

Plaidoirie prononcée par Jules Sénart pour Gustave Flaubert, le 31 janvier 1857, devant le tribunal correctionnel de Paris

Messieurs,

M. Gustave Flaubert est accusé devant vous d'avoir fait un mauvais livre, d'avoir, dans ce livre, outragé la morale publique et la religion.

M. Gustave Flaubert est auprès de moi. Il affirme devant vous qu'il a fait un livre honnête, il affirme devant vous que la pensée de son livre, depuis la première ligne jusqu'à la dernière, est une pensée morale, religieuse et, que si elle n'était pas dénaturée, elle serait pour vous ce qu'elle a été déjà pour les lecteurs du livre, une pensée éminemment morale et religieuse pouvant se traduire par ces mots : l'excitation à la vertu par l'horreur du vice.

M. Gustave Flaubert est un homme d'un caractère sérieux, porté par sa nature aux choses graves, aux choses tristes. Ce n'est pas l'homme que le ministère public est venu vous présenter comme un faiseur de tableaux lascifs. Non.

Il appartient à l'école réaliste en ce sens qu'il s'attache à la réalité des choses. Oui, ce qui a le plus préoccupé mon client dans l'étude à laquelle il s'est livré, c'est précisément ce but utile, poursuivi en mettant en scène trois ou quatre personnages de la société actuelle, vivant dans les conditions de la vie réelle, et présentant aux yeux du lecteur le tableau vrai de ce qui se rencontre le plus souvent dans le monde.

Le ministère public, résumant son opinion sur *Madame Bovary*, a dit : « *Le second titre de cet ouvrage pourrait être : "Histoire des adultères d'une femme de province".* » Je proteste énergiquement. Non. Le second titre de ce livre, s'il vous en faut absolument un, c'est: "Histoire de l'éducation trop souvent donnée en province"; "Histoire des périls auxquels elle peut conduire"; "Histoire de la dégradation, de la friponnerie"; "Histoire d'une vie déplorable". Voilà ce que M. Flaubert a voulu peindre, et non pas les adultères d'une femme de province.

Le ministère public a aperçu dans tout cela, par-dessus tout, la couleur lascive. S'il m'était possible de prendre le nombre de lignes du livre que le ministère public a découpé et de le mettre en parallèle avec le nombre des autres lignes qu'il a laissé de côté, nous serions dans la proportion totale d'1 à 500 et vous verriez que cette proportion d'1 à 500 n'est pas une couleur lascive.

Ce livre, mis dans les mains d'une jeune femme, pourrait-il avoir pour effet de l'entraîner vers des plaisirs faciles, vers l'adultère, ou de lui montrer au contraire le danger, dès les premiers pas, et de la faire frissonner d'horreur? La question ainsi posée, c'est votre conscience qui la résoudra.

Je dis ceci: M. Flaubert a voulu peindre la femme qui, au lieu de chercher à s'arranger dans la condition qui lui est donnée, avec sa situation, avec sa naissance; au lieu de chercher à se faire la vie qui lui appartient, reste préoccupée de mille aspirations étrangères puisées dans une éducation trop élevée pour elle; qui, au lieu de s'accommoder des devoirs de sa position, d'être la femme tranquille du médecin de campagne avec lequel elle passe ses jours, au lieu de chercher le bonheur dans sa maison, dans son union, le cherche dans d'interminables rêvasseries et puis, qui, bientôt, rencontrant sur sa route un jeune homme qui coquette avec elle, joue avec lui le même jeu.

Le ministère public s'irrite, et je crois qu'il s'irrite à tort, au point de vue de la conscience et du cœur humain, de ce que, dans la première scène, Mme Bovary trouve une sorte de plaisir, de joie à avoir brisé sa prison, et rentre chez elle en disant: «*J'ai un amant.*» Vous croyez que ce n'est pas là le premier cri du cœur humain!

Mais il fallait regarder un peu plus loin, et vous auriez vu que, si le premier moment, le premier instant de cette chute, excite chez cette femme une sorte de transport de joie, de délire, quelques lignes plus loin, la déception arrive et, suivant l'expression de l'auteur, elle semble à ses propres yeux humiliée.

Oui, la déception, la douleur, le remords lui arrivent à l'instant même. L'homme auquel elle s'était confiée, livrée, ne l'avait prise que pour s'en servir comme d'un jouet ; le remords la ronge, la déchire. Ce qui vous a choqué, cela a été d'entendre appeler cela « les désillusions de l'adultère ». Ce mot vous a choqué ; au lieu des *désillusions*, vous auriez voulu les *souillures* de l'adultère. Le tribunal jugera.

Quant à moi, si j'avais à faire poser le même personnage, je lui dirais : « Pauvre femme ! Si vous croyez que les baisers de votre mari sont quelque chose de monotone, d'ennuyeux, si vous n'y trouvez que les platitudes du mariage, s'il vous semble voir une souillure dans cette union à laquelle l'amour n'a pas présidé, prenez-y garde, vos rêves sont une illusion et vous serez un jour cruellement détrompée. »

Celui qui crie bien fort, messieurs, qui se sert du mot « souillure » pour exprimer ce que nous avons appelé « désillusion », celui-là dit un mot vrai, mais vague, qui n'apprend rien à l'intelligence.

J'aime mieux celui qui ne crie pas fort, qui ne prononce pas le mot « souillure », mais qui avertit la femme de la déception, de la désillusion, qui lui dit : « Là où vous croyez trouver l'amour, vous ne trouverez que le libertinage ; là où vous croyez trouver le bonheur, vous ne trouverez que des amertumes. Un mari qui va tranquillement à ses affaires, qui vous embrasse, qui met son bonnet de coton et mange la soupe avec vous est un mari prosaïque qui vous révolte ; vous aspirez à un homme qui vous aime, qui vous idolâtre, pauvre enfant !

« Cet homme sera un libertin, qui vous aura pris une minute pour jouer avec vous. L'illusion se sera produite la première fois, peut-être la seconde ; vous serez rentrée chez vous enjouée, en chantant la chanson de l'adultère : "*J'ai un amant !*" La troisième fois, vous n'aurez pas besoin d'arriver jusqu'à lui, la désillusion sera venue. Cet homme que vous aviez rêvé aura perdu tout son prestige ; vous aurez retrouvé dans l'amour les platitudes du mariage ; et vous les aurez retrouvées avec le mépris, le dédain, le dégoût et le remords poignant. »

Voilà, messieurs, ce que M. Flaubert a dit, ce qu'il a peint, ce qui est à chaque ligne de son livre ; voilà ce qui distingue son œuvre de toutes les œuvres du même genre. C'est que, chez lui, les grands travers de la société figurent à chaque page, c'est que, chez lui, l'adultère marche plein de dégoût et de honte. Il a pris dans les relations habituelles de la vie l'enseignement le plus saisissant qui puisse être donné à une jeune femme. Oh ! mon Dieu, celles de nos jeunes femmes qui ne trouvent pas dans les principes honnêtes, élevés, dans une religion sévère de quoi se tenir fermes dans l'accomplissement de leurs devoirs de mères, qui ne le trouvent pas surtout dans cette résignation, cette science pratique de la vie qui nous dit qu'il faut s'accommoder de ce que nous avons, mais qui portent leurs rêveries au-dehors, ces jeunes femmes les plus honnêtes, les plus pures, qui, dans le prosaïsme de leur ménage, sont quelquefois tourmentées par ce qui se passe autour d'elles, un livre comme celui-là, soyez-en sûrs, en fait réfléchir plus d'une.

Voilà ce que M. Flaubert a fait.

L'adultère, chez lui, n'est qu'une suite de tourments, de regrets, de remords ; et puis il arrive à une expiation finale, épouvantable. Elle est excessive. Si M. Flaubert pèche, c'est par l'excès, et je vous dirai tout à l'heure de qui est ce mot. L'expiation ne se fait pas attendre, et c'est en cela que le livre est éminemment moral et utile. C'est qu'il ne promet pas à la jeune femme quelques-unes de ces belles années au bout desquelles elle peut dire : «Après cela, on peut mourir.» Non ! Dès le second jour arrivent l'amertume, la désillusion. Le dénouement pour la moralité se trouve à chaque ligne du livre.

Mon client est allé chez Lamartine, et il a trouvé chez lui non pas seulement un homme qui l'a encouragé, mais un homme qui lui a dit : « *Vous m'avez donné la meilleure œuvre que j'aie lue depuis vingt ans.* » C'étaient en un mot des éloges tels que mon client, dans sa modestie, osait à peine me les répéter. Lamartine lui prouvait qu'il avait lu les livraisons, et le lui prouvait de la manière la plus gracieuse, en lui en disant des pages tout entières. Seulement, Lamartine ajoutait : « *En même temps que je vous ai lu sans restriction jusqu'à la dernière page, j'ai blâmé les dernières. Vous m'avez fait mal, vous m'avez fait littéralement souffrir ! L'expiation est hors de proportion avec le crime ; vous avez créé une mort affreuse, effroyable ! Assurément, la femme qui souille le lit conjugal doit s'attendre à une expiation, mais celle-ci est horrible, c'est un supplice comme on n'en a jamais vu. Vous avez été trop loin, vous m'avez fait mal aux nerfs ; cette puissance de description qui s'est appliquée aux derniers instants de la mort m'a laissé une indicible souffrance !* »

Et quand Gustave Flaubert lui demandait : « *Mais, monsieur de Lamartine, est-ce que vous comprenez que je sois poursuivi, pour avoir fait une œuvre pareille, devant le tribunal de police correctionnelle pour offense à la morale publique et religieuse ?* » Lamartine lui répondait : « *Je crois avoir été toute ma vie l'homme qui, dans ses œuvres littéraires comme dans ses autres, a le mieux compris ce que c'était que la morale publique et religieuse ; mon cher enfant, il n'est pas possible qu'il se trouve en France un tribunal pour vous condamner. Il est déjà très regrettable qu'on se soit ainsi mépris sur le caractère de votre œuvre et qu'on ait ordonné de la poursuivre, mais il n'est pas possible, pour l'honneur de notre pays et de notre époque, qu'il se trouve un tribunal pour vous condamner.* »

Voilà ce qui se passait hier entre Lamartine et Flaubert, et j'ai le droit de vous dire que cette appréciation est de celles qui valent la peine d'être pesées.

Cependant, je ne puis pas m'en tenir là. Le ministère public attaque le livre, il faut que je prenne le livre même pour le défendre, que je complète les citations qu'il en a faites, et que, sur chaque passage incriminé, je montre le néant de l'incrimination ; ce sera toute ma défense.

Et d'abord, je déclare que rien n'est plus faux que ce qu'on a dit tout à l'heure de la couleur lascive. La couleur lascive ! Où donc avez-vous pris cela ?

M. Flaubert fait constamment ressortir la supériorité du mari sur la femme, et quelle supériorité, s'il vous plaît ? Celle du devoir rempli, tandis qu'Emma s'en écarte ! Et puis la voilà placée sur la pente de cette mauvaise éducation, la voilà partie après la scène du bal avec un jeune enfant, Léon, inexpérimenté comme elle. Elle coquettera avec lui, mais elle n'osera pas aller plus loin ; rien ne se fera. Vient ensuite Rodolphe qui la prendra, lui, cette femme. Après l'avoir regardée un instant, il se dit : « *Elle est bien cette femme !* » Et elle sera à lui, car elle est légère et sans expérience. Quant à la chute, vous relirez les pages 42, 53 et 44. Je n'ai qu'un mot à vous dire sur cette scène : il n'y a pas de détails, pas de description, aucune image qui nous peigne le trouble des sens ; un seul mot nous indique la chute : « *Elle s'abandonna.* »

Mais je rencontre ici l'indignation de M. l'avocat impérial.

Vous m'opposez les caresses de Léon à la page 60 : hélas !, elle va payer bientôt la rançon de l'adultère ; et cette terrible rançon, vous la trouverez quelques pages plus loin dans l'ouvrage que vous incriminez. Elle a cherché le bonheur dans l'adultère, la malheureuse ! Et elle y a trouvé, outre le dégoût et la fatigue que la monotonie du mariage peut donner à une femme qui ne marche pas dans la voie du devoir, elle y a trouvé la désillusion, le mépris de l'homme auquel elle s'était livrée. Est-ce qu'il manque quelque chose à ce mépris ? Oh non ! Et vous ne le nierez pas, le livre est sous vos yeux : Rodolphe, qui s'est révélé si vil, lui donne une dernière preuve d'égoïsme et de lâcheté. Elle lui dit : « *Emmène-moi ! Enlève-moi ! J'étouffe, je ne puis plus respirer dans la maison de mon mari, dont j'ai fait la honte et le malheur.* » Il hésite ; elle insiste ; enfin il promet et, le lendemain, elle reçoit de lui une lettre foudroyante, sous laquelle elle tombe, écrasée, anéantie. Elle tombe malade, elle est mourante. La livraison qui suit vous la montre dans toutes les convulsions d'une âme qui se débat, qui peut-être serait ramenée au devoir par l'excès de sa souffrance mais, malheureusement, elle rencontre bientôt l'enfant avec lequel elle avait joué quand elle était inexpérimentée.

Voilà le mouvement du roman, et puis vient l'expiation.

À chaque ligne de son livre, M. Flaubert fait ressortir la désillusion, et au lieu de terminer par quelque chose de gracieux, il s'attache à nous montrer cette femme, après le mépris, l'abandon, la ruine de sa maison, arrivant à la mort la plus épouvantable. En un mot, je ne puis que répéter ce que j'ai dit en commençant la plaidoirie, que M. Flaubert est l'auteur d'un bon livre, d'un livre qui est l'excitation à la vertu par l'horreur du vice.

Je défends un homme qui, s'il avait rencontré une critique littéraire sur la forme de son livre, sur quelques expressions, sur trop de détails, sur un point ou sur un autre, aurait accepté cette critique littéraire du meilleur cœur du monde. Mais se voir accusé d'outrage à la morale et à la religion! M. Flaubert n'en revient pas ; et il proteste ici devant vous avec tout l'étonnement et toute l'énergie dont il est capable contre une telle accusation.

Vous n'êtes pas de ceux qui condamnent des livres sur quelques lignes, vous êtes de ceux qui jugent avant tout la pensée.

La lecture de ce livre ne peut pas produire sur vous une impression autre que celle qu'elle a produite sur nous, à savoir: que ce livre est excellent dans son ensemble, et que les détails en sont irréprochables. Toute la littérature classique nous autorisait à des peintures et à des scènes bien autres que celles que nous nous sommes permises. Et le faisant venir en police correctionnelle, lui, que vous connaissez maintenant un peu par son livre, lui que vous aimez déjà un peu, j'en suis sûr, et que vous aimeriez davantage si vous le connaissiez davantage. Il est bien assez, il est déjà trop cruellement puni. À vous maintenant de statuer. Vous avez jugé le livre dans son ensemble et dans ses détails; il n'est pas possible que vous hésitiez!

Jugement

Le tribunal correctionnel prononce l'acquittement de Gustave Flaubert. Mais les attendus du jugement sont sévères pour le romancier. Les juges lui infligent un blâme, car «*la mission de la littérature doit être d'orner et de récréer l'esprit en élevant l'intelligence et en épurant les mœurs, plus encore que d'imprimer le dégoût du vice en offrant le tableau des désordres qui peuvent exister dans la société*».

VII. LA PLAIDOIRIE DE ROBERT BADINTER POUR L'ABOLITION DE LA PEINE DE MORT

L'ABOLITION DE LA PEINE DE MORT

17 septembre 1981. «*La parole est à M. le garde des Sceaux, ministre de la Justice.*» L'Assemblée retient son souffle. Robert Badinter monte à la tribune du Parlement. Il pose fermement ses mains sur le pupitre. Il ne tremble pas. Il n'est entré en politique que pour cet instant. Il doit convaincre. Ce discours devant les députés sera sa dernière plaidoirie. Et l'aboutissement d'un long combat débuté en 1972. Cette année-là, à Troyes, Roger Bontems et Claude Buffet, les deux auteurs d'une prise d'otages à la centrale de Clairvaux durant laquelle une infirmière et un gardien de prison ont été assassinés, sont condamnés à la guillotine. Durant le procès, Buffet revendique les crimes. Bontems, en pleurs, nie avoir donné la mort. Robert Badinter, son avocat, est convaincu qu'il dit vrai. Les jurés ne feront pas la différence entre l'assassin et son complice. Les deux hommes seront exécutés. Robert Badinter est révolté. Comment peut-on condamner à mort quelqu'un qui n'a pas tué ? À 44 ans, ce fils d'immigrés russes vient de trouver sa cause. Il milite dans des associations, participe à des congrès, multiplie les interventions à la radio et à la télévision. Il est charismatique. Il devient une voix qu'on écoute. Et le porte-parole du mouvement abolitionniste.

1976, Robert Badinter est de retour à Troyes. Il défend cette fois Patrick Henry, l'assassin du jeune Philippe Bertrand. Ce fait divers a traumatisé les Français. L'opinion publique, chauffée à blanc, exige une peine exemplaire : la mort du criminel qui, seule, semble pouvoir réparer la douleur des parents. À l'audience, l'avocat se bat comme un enragé, tentant de faire partager cette conviction profonde qui le porte : la mort ne dissuade pas, ne libère pas. À la barre, il convoque des experts en criminologie, des personnalités religieuses. Il transforme le procès Henry en procès de la peine de mort. « *Vous avez, vous et vous seuls, à cette minute, le droit de vie et de mort sur quelqu'un*, lance-t-il aux jurés à la fin de son plaidoyer. *Croire que, quand on aura liquidé un criminel, on en aura fini avec le crime, ce n'est pas vrai. Exactement comme jadis, on brûlait ceux qu'on considérait comme des sorciers, parce que, en même temps, on se disait qu'on en aurait fini avec le Malin, évidemment ça recommençait. Dites-vous bien, que, si vous le coupez en deux, eh bien ça ne dissuadera rien ni personne.* » À l'énoncé du verdict, la salle du tribunal se fige, stupéfaite, incrédule : Patrick Henry est condamné à la réclusion criminelle à perpétuité et échappe à l'échafaud. Il fallait huit voix sur douze pour la peine capitale et sept membres du jury seulement ont voté la mort. Désormais, rien ne sera plus jamais comme avant. Des jurés ont donné sa chance au pire des criminels et accepté l'idée qu'il puisse changer. Ce verdict marque une étape décisive dans la lutte pour l'abolition. Certes, les Français dans leur majorité – tous les sondages réalisés à cette époque le démontrent – restent partisans de la guillotine. Mais devant la cour d'assises de Troyes, Robert Badinter a prouvé que l'inimaginable était désormais possible.

1981. La gauche remporte les élections. Durant la campagne électorale, François Mitterrand a fait connaître son opposition à la peine de mort. Robert Badinter devient ministre de la Justice. Et ce 17 septembre 1981, dans l'hémicycle, il se lance dans son ultime bataille contre sa vieille ennemie.

Extraits du discours de Robert Badinter prononcé le 17 septembre 1981 à l'Assemblée nationale pour demander aux députés l'abolition de la peine de mort

Monsieur le président, Mesdames, Messieurs les députés, j'ai l'honneur au nom du gouvernement de la République, de demander à l'Assemblée nationale l'abolition de la peine de mort en France.

Le débat qui est ouvert aujourd'hui devant vous est d'abord un débat de conscience, et le choix auquel chacun d'entre vous procédera l'engagera personnellement.

Près de deux siècles se sont écoulés depuis que, dans la première assemblée parlementaire qu'ait connue la France, Le Pelletier de Saint-Fargeau demandait l'abolition de la peine capitale. C'était en 1791.

Je regarde la marche de la France.

La France est grande, non seulement par sa puissance, mais au-delà de sa puissance, par l'éclat des idées, des causes, de la générosité qui l'ont emporté aux moments privilégiés de son histoire.

La France est grande parce qu'elle a été la première en Europe à abolir la torture malgré les esprits précautionneux qui, dans le pays, s'exclamaient à l'époque que, sans la torture, la justice française serait désarmée, que, sans la torture, les bons sujets seraient livrés aux scélérats.

La France a été parmi les premiers pays du monde à abolir l'esclavage, ce crime qui déshonore encore l'humanité.

Il se trouve que la France aura été, en dépit de tant d'efforts courageux, l'un des derniers pays, presque le dernier – et je baisse la voix pour le dire – en Europe occidentale, dont elle a été si souvent le foyer et le pôle, à abolir la peine de mort. Attendre, après 200 ans !

Attendre, comme si la peine de mort ou la guillotine était un fruit qu'on devrait laisser mûrir avant de le cueillir !

Attendre ? Nous savons bien en vérité que la cause était la crainte de l'opinion publique. D'ailleurs, certains vous diront, Mesdames, Messieurs les députés, qu'en votant l'abolition vous méconnaîtriez les règles de la démocratie parce que vous ignoreriez l'opinion publique. Il n'en est rien.

Nul plus que vous, à l'instant du vote sur l'abolition, ne respectera la loi fondamentale de la démocratie.

Je me réfère non pas seulement à cette conception selon laquelle le Parlement est, suivant l'image employée par un grand Anglais, un phare qui ouvre la voie de l'ombre pour le pays, mais simplement à la loi fondamentale de la démocratie qui est la volonté du suffrage universel et, pour les élus, le respect du suffrage universel.

En vérité, la question de la peine de mort est simple pour qui veut l'analyser avec lucidité. Elle ne se pose pas en termes de dissuasion, ni même de technique répressive, mais en termes de choix politique ou de choix moral.

Je l'ai déjà dit, mais je le répète volontiers au regard du grand silence antérieur : le seul résultat auquel ont conduit toutes les recherches menées par les criminologues est la constatation de l'absence de lien entre la peine de mort et l'évolution de la criminalité sanglante. Il n'est pas difficile d'ailleurs, pour qui veut s'interroger loyalement, de comprendre pourquoi. Si vous y réfléchissez simplement, les crimes les plus terribles, ceux qui saisissent le plus la sensibilité publique – et on le comprend – ceux qu'on appelle les crimes atroces sont commis le plus souvent par des hommes emportés par une pulsion de violence et de mort qui abolit jusqu'aux défenses de la raison. À cet instant de folie, à cet instant de passion meurtrière, l'évocation de la peine, qu'elle soit de mort ou qu'elle soit perpétuelle, ne trouve pas sa place chez l'homme qui tue.

Qu'on ne me dise pas que, ceux-là, on ne les condamne pas à mort. Il suffirait de reprendre les annales des dernières années pour se convaincre du contraire. Olivier, exécuté, dont l'autopsie a révélé que son cerveau présentait des anomalies frontales. Et Carrein, et Rousseau, et Garceau.

Quant aux autres, les criminels dits de sang-froid, ceux qui pèsent les risques, ceux qui méditent le profit et la peine, ceux-là, jamais vous ne les retrouverez dans des situations où ils risquent l'échafaud. Truands raisonnables, profiteurs du crime, criminels organisés, proxénètes, trafiquants, maffiosi, jamais vous ne les trouverez dans ces situations-là. Jamais !

Ceux qui interrogent les annales judiciaires, car c'est là où s'inscrit dans sa réalité la peine de mort, savent que, dans les trente dernières années, vous n'y trouvez pas le nom d'un « grand » gangster, si l'on peut utiliser cet adjectif en parlant de ce type d'hommes. Pas un seul « ennemi public » n'y a jamais figuré.

En fait, ceux qui croient à la valeur dissuasive de la peine de mort méconnaissent la vérité humaine. La passion criminelle n'est pas plus arrêtée par la peur de la mort que d'autres passions ne le sont qui, celles-là, sont nobles.

Et si la peur de la mort arrêtait les hommes, vous n'auriez ni grands soldats, ni grands sportifs. Nous les admirons, mais ils n'hésitent pas devant la mort. D'autres, emportés par d'autres passions, n'hésitent pas non plus. C'est seulement pour la peine de mort qu'on invente l'idée que la peur de la mort retient l'homme dans ses passions extrêmes. Ce n'est pas exact.

Je vous dirai pourquoi, plus qu'aucun autre, je puis affirmer qu'il n'y a pas dans la peine de mort de valeur dissuasive : sachez bien que, dans la foule qui, autour du Palais de justice de Troyes, criait au passage de Buffet et de Bontems : «*À mort Buffet ! À mort Bontems !*», se trouvait un jeune homme qui s'appelait Patrick Henry. Croyez-moi, à ma stupéfaction, quand je l'ai appris, j'ai compris ce que pouvait signifier, ce jour-là, la valeur dissuasive de la peine de mort !

Et pour vous qui êtes hommes d'État, conscients de vos responsabilités, croyez-vous que les hommes d'État, nos amis, qui dirigent le sort et qui ont la responsabilité des grandes démocraties occidentales, aussi exigeante que soit en eux la passion des valeurs morales qui sont celles des pays de liberté, croyez-vous que ces hommes responsables auraient voté l'abolition ou n'auraient pas rétabli la peine capitale s'ils avaient pensé que celle-ci pouvait être de quelque utilité par sa valeur dissuasive contre la criminalité sanglante ? Ce serait leur faire injure que de le penser.

Il suffit, en tout cas, de vous interroger très concrètement et de prendre la mesure de ce qu'aurait signifié exactement l'abolition si elle avait été votée en France en 1974, quand le précédent président de la République confessait volontiers, mais généralement en privé, son aversion personnelle pour la peine de mort.

L'abolition votée en 1974, pour le septennat qui s'est achevé en 1981, qu'aurait-elle signifié pour la sûreté et la sécurité des Français ? Simplement ceci : trois condamnés à mort, qui se seraient ajoutés aux 333 qui se trouvent actuellement dans nos établissements pénitentiaires. Trois de plus.

Lesquels ? Je vous les rappelle. Christian Ranucci : je n'aurais garde d'insister, il y a trop d'interrogations qui se lèvent à son sujet, et ces seules interrogations suffisent, pour toute conscience éprise de justice, à condamner la peine de mort. Jérôme Carrein : débile, ivrogne, qui a commis un crime atroce, mais qui avait pris par la main devant tout le village la petite fille qu'il allait tuer quelques instants plus tard, montrant par-là même qu'il ignorait la force qui allait l'emporter. Enfin, Djandoubi, qui était unijambiste et qui, quelle que soit l'horreur – et le terme n'est pas trop fort – de ses crimes, présentait tous les signes d'un déséquilibre et qu'on a emporté sur l'échafaud après lui avoir enlevé sa prothèse.

Loin de moi l'idée d'en appeler à une pitié posthume : ce n'est ni le lieu ni le moment, mais ayez simplement présent à votre esprit que l'on s'interroge encore à propos de l'innocence du premier, que le deuxième était un débile et le troisième un unijambiste. Peut-on prétendre que si ces trois hommes se trouvaient dans les prisons françaises, la sécurité de nos concitoyens se trouverait de quelque façon compromise ?

C'est cela la vérité et la mesure exacte de la peine de mort. C'est simplement cela.

La question ne se pose pas, et nous le savons tous, en termes de dissuasion ou de technique répressive, mais en termes politiques et surtout de choix moral.

Que la peine de mort ait une signification politique, il suffirait de regarder la carte du monde pour le constater. Les choses sont claires. Dans la majorité écrasante des démocraties occidentales, en Europe particulièrement, dans tous les pays où la liberté est inscrite dans les institutions et respectée dans la pratique, la peine de mort a disparu. Dans les pays de liberté, la loi commune est l'abolition, c'est la peine de mort qui est l'exception. Partout, dans le monde, et sans aucune exception, où triomphent la dictature et le mépris des droits de l'homme, partout vous y trouvez inscrite, en caractères sanglants, la peine de mort. Voici la première évidence : dans les pays de liberté, l'abolition est presque partout la règle ; dans les pays où règne la dictature, la peine de mort est partout pratiquée.

Ce partage du monde ne résulte pas d'une simple coïncidence, mais exprime une corrélation. La vraie signification politique de la peine de mort, c'est bien qu'elle procède de l'idée que l'État a le droit de disposer du citoyen jusqu'à lui retirer la vie. C'est par là que la peine de mort s'inscrit dans les systèmes totalitaires.

Je sais qu'aujourd'hui – et c'est là un problème majeur – certains voient dans la peine de mort une sorte de recours ultime, une forme de défense extrême de la démocratie contre la menace grave que constitue le terrorisme. La guillotine, pensent-ils, protégerait éventuellement la démocratie au lieu de la déshonorer.

Cet argument procède d'une méconnaissance complète de la réalité. En effet, l'Histoire montre que s'il est un type de crime qui n'a jamais reculé devant la menace de mort, c'est le crime politique. Et, plus spécifiquement, s'il est un type de femme ou d'homme que la menace de la mort ne saurait faire reculer, c'est bien le terroriste. D'abord, parce qu'il l'affronte au cours de l'action violente ; ensuite parce qu'au fond de lui, il éprouve cette trouble fascination de la violence et de la mort, celle qu'on donne, mais aussi celle qu'on reçoit. Le terrorisme qui, pour moi, est un crime majeur contre la démocratie, et qui, s'il devait se lever dans ce pays, serait réprimé et poursuivi avec toute la fermeté requise, a pour cri de ralliement, quelle que soit l'idéologie qui l'anime, le terrible cri des fascistes de la guerre d'Espagne : « *Viva la muerte !* », « *Vive la mort !* » Alors, croire qu'on l'arrêtera avec la mort, c'est illusion.

Allons plus loin. Si, dans les démocraties voisines, pourtant en proie au terrorisme, on se refuse à rétablir la peine de mort, c'est, bien sûr, par exigence morale, mais aussi par raison politique. Vous savez, en effet, qu'aux yeux de certains et surtout des jeunes, l'exécution du terroriste le transcende, le dépouille de ce qu'a été la réalité criminelle de ses actions, en fait une sorte de héros qui aurait été jusqu'au bout de sa course, qui, s'étant engagé au service d'une cause, aussi odieuse soit-elle, l'aurait servie jusqu'à la mort. Dès lors, apparaît le risque considérable, que précisément les hommes d'État des démocraties amies ont pesé, de voir se lever dans l'ombre, pour un terroriste exécuté, vingt jeunes gens égarés. Ainsi, loin de le combattre, la peine de mort nourrirait le terrorisme.

À cette considération de fait, il faut ajouter une donnée morale : utiliser contre les terroristes la peine de mort, c'est, pour une démocratie, faire siennes les valeurs de ces derniers. Quand, après l'avoir arrêté, après lui avoir extorqué des correspondances terribles, les terroristes, au terme d'une parodie dégradante de justice, exécutent celui qu'ils ont enlevé, non seulement ils commettent un crime odieux, mais ils tendent à la démocratie le piège le plus insidieux, celui d'une violence meurtrière qui, en forçant cette démocratie à recourir à la peine de mort, pourrait leur permettre de lui donner, par une sorte d'inversion des valeurs, le visage sanglant qui est le leur.

Cette tentation, il faut la refuser, sans jamais, pour autant, composer avec cette forme ultime de la violence, intolérable dans une démocratie, qu'est le terrorisme.

Du malheur et de la souffrance des victimes, j'ai, beaucoup plus que ceux qui s'en réclament, souvent mesuré dans ma vie l'étendue. Que le crime soit le point de rencontre, le lieu géométrique du malheur humain, je le sais mieux que personne. Malheur de la victime elle-même et, au-delà, malheur de ses parents et de ses proches. Malheur aussi des parents du criminel. Malheur enfin, bien souvent, de l'assassin. Oui, le crime est malheur, et il n'y a pas un homme, pas une femme de cœur, de raison, de responsabilité, qui ne souhaite d'abord le combattre.

Mais ressentir, au profond de soi-même, le malheur et la douleur des victimes, mais lutter de toutes les manières pour que la violence et le crime reculent dans notre société, cette sensibilité et ce combat ne sauraient impliquer la nécessaire mise à mort du coupable. Que les parents et les proches de la victime souhaitent cette mort, par réaction naturelle de l'être humain blessé, je le comprends, je le conçois. Mais c'est une réaction humaine, naturelle. Or tout le progrès historique de la justice a été de dépasser la vengeance privée. Et comment la dépasser, sinon d'abord en refusant la loi du talion ?

La vérité est que, au plus profond des motivations de l'attachement à la peine de mort, on trouve, inavouée le plus souvent, la tentation de l'élimination. Ce qui paraît insupportable à beaucoup, c'est moins la vie du criminel emprisonné que la peur qu'il récidive un jour. Et ils pensent que la seule garantie, à cet égard, est que le criminel soit mis à mort par précaution.

Ainsi, dans cette conception, la justice tuerait moins par vengeance que par prudence. Au-delà de la justice d'expiation, apparaît donc la justice d'élimination, derrière la balance, la guillotine. L'assassin doit mourir tout simplement parce que, ainsi, il ne récidivera pas. Et tout paraît si simple, et tout paraît si juste !

Mais quand on accepte ou quand on prône la justice d'élimination, au nom de la justice, il faut bien savoir dans quelle voie on s'engage. Pour être acceptable, même pour ses partisans, la justice qui tue le criminel doit tuer en connaissance de cause. Notre justice, et c'est son honneur, ne tue pas les déments. Mais elle ne sait pas les identifier à coup sûr, et c'est à l'expertise psychiatrique, la plus aléatoire, la plus incertaine de toutes, que, dans la réalité judiciaire, on va s'en remettre. Que le verdict psychiatrique soit favorable à l'assassin, et il sera épargné. La société acceptera d'assumer le risque qu'il représente, sans que quiconque s'en indigne. Mais que le verdict psychiatrique lui soit défavorable, et il sera exécuté. Quand on accepte la justice d'élimination, il faut que les responsables politiques mesurent dans quelle logique de l'Histoire on s'inscrit.

Il s'agit bien, en définitive, dans l'abolition, d'un choix fondamental, d'une certaine conception de l'homme et de la justice. Ceux qui veulent une justice qui tue, ceux-là sont animés par une double conviction : qu'il existe des hommes totalement coupables, c'est-à-dire des hommes totalement responsables de leurs actes, et qu'il peut y avoir une justice sûre de son infaillibilité au point de dire que celui-là peut vivre et que celui-là doit mourir.

À cet âge de ma vie, l'une et l'autre affirmations me paraissent également erronées. Aussi terribles, aussi odieux que soient leurs actes, il n'est point d'hommes en cette terre dont la culpabilité soit totale et dont il faille pour toujours désespérer totalement. Aussi prudente que soit la justice, aussi mesurés et angoissés que soient les femmes et les hommes qui jugent, la justice demeure humaine, donc faillible.

Cette sorte de loterie judiciaire, quelle que soit la peine qu'on éprouve à prononcer ce mot quand il y va de la vie d'une femme ou d'un homme, est intolérable.

Le choix qui s'offre à vos consciences est donc clair : ou notre société refuse une justice qui tue et accepte d'assumer, au nom de ses valeurs fondamentales – celles qui l'ont faite grande et respectée entre toutes – la vie de ceux qui font horreur, déments ou criminels ou les deux à la fois, et c'est le choix de l'abolition ; ou cette société croit, en dépit de l'expérience des siècles, faire disparaître le crime avec le criminel, et c'est l'élimination.

Parce que l'abolition est un choix moral, il faut se prononcer en toute clarté. Le gouvernement vous demande donc de voter l'abolition de la peine de mort sans l'assortir d'aucune restriction ni d'aucune réserve.

Dans le même dessein de clarté, le projet n'offre aucune disposition concernant une quelconque peine de remplacement.

Pour des raisons morales d'abord : la peine de mort est un supplice, et l'on ne remplace pas un supplice par un autre.

J'en ai terminé.

Demain, grâce à vous la justice française ne sera plus une justice qui tue. Demain, grâce à vous, il n'y aura plus, pour notre honte commune, d'exécutions furtives, à l'aube, sous le dais noir, dans les prisons françaises. Demain, les pages sanglantes de notre justice seront tournées.

À cet instant plus qu'à aucun autre, j'ai le sentiment d'assumer mon ministère, au sens ancien, au sens noble, le plus noble qui soit, c'est-à-dire au sens de « service ». Demain, vous voterez l'abolition de la peine de mort. Législateurs français, de tout mon cœur, je vous en remercie.

VERDICT

Le 18 septembre 1981, les députés votent l'abolition de la peine de mort par 369 voix pour 113 contre.

Remerciements

Je tiens d'abord à remercier tous les avocats qui ont accepté de me confier leurs plaidoiries. Ce livre n'aurait pas pu exister sans leur contribution.

Un grand merci aussi à Pascale Robert Diard et à tous les confrères qui m'ont permis de consulter leurs notes d'audience.

Merci également à Marie-France Etchegoin, pour sa relecture attentive, et à Yves Ozanam, pour son aide précieuse.

Merci enfin à Clara, Lily, Vincent et Augustin pour leur soutien chaleureux.

Ces *Grandes Plaidoiries des ténors du Barreau*
ont été adaptées pour le théâtre et mises en scène
par Éric Théobald.
Richard Berry y fait revivre cinq grands procès.
Jouée au Théâtre Antoine puis au Théâtre Libre,
la pièce fera l'objet d'une tournée de représentations
dans toute la France.

Parus chez Mareuil Éditions

Histoire du 36, quai des Orfèvres, édition actualisée, Claude Cancès, 2015, rééd. 2019.

Dans le secret de l'action, Jean-Louis Fiamenghi et Franck Hériot, 2016.

Le Souffleur. Dans l'ombre des négociateurs du Raid, Danielle Thiéry et Christophe Baroche, 2016.

Commissaire à la Crim', Claude Cancès, 2017.

James Bond n'existe pas. Mémoires d'un officier traitant, François Waroux, 2017.

Histoire du 36 illustrée, Charles Diaz et Claude Cancès, 2017.

Patron du Raid, Jean-Michel Fauvergue et Caroline de Juglart, 2017.

Le Raid, comment manager une unité d'élite ?, Jean-Michel Fauvergue, 2018.

Mémoires de Rossignol, ex-inspecteur principal de la Sûreté, présentés par Charles Diaz, 2018.

Mon témoignage sur l'affaire Pierre Conty, Henri Klinz, 2018.

Les Gorilles de la République, Gilles Furigo, 2018.

Ces grands flics qui ont fait le 36, Charles Diaz et Claude Cancès, 2018.

BRI, histoire d'une unité d'élite, Danielle Thiéry avec la collaboration de Chistophe Molmy, 2018.

Histoire de la police judiciaire de Marseille, Alain Tourre, rééd. 2019.

Femme de policier d'élite, Véronique Fauvergue, Catherine Salinas, Caroline de Juglart, 2019.

Histoire du Raid illustrée, Charles Diaz et Ange Mancini, beau livre, 2019.

La Voix du Raid, Tatiana Brillant avec Christine Desmoulins, 2019.

Commis d'office, chroniques de garde à vue, Thierry Chevillard, 2020.

Achevé d'imprimer pour Mareuil Éditions en février 2020
par Elcograf
Dépot légal : février 2020